중국의 부상과 한반도의 미래

정재호 지음

서울대학교출판문화원

서문

대학 3년생이던 1981년 어느 날, 중국에 대해 평생 공부하며 연구하겠다고 결심했던 때로부터 어언 30년이 흘렀다. "이토록 치열한 냉전이 끝나고 나면 한국과 중국의 관계는 과연 어떻게 될 것인가?"라는 다소 막연한 질문으로 시작된 짧지 않았던 노정이 굽이굽이를 돌아 이제 이 한 권의 책으로 조금이나마 정리되는 듯하다. 1988년 가을 캘리포니아 대학 버클리 캠퍼스에서 발간되는 『아시안서베이』(*Asian Survey*)라는 학술지에 한-중 관계에 대한 글이자 필자의 첫 논문을 게재한 후, 이 주제에 대한 문헌자료의 수집, 현지조사, 인터뷰 및 집필을 지속적으로 수행해왔다. 그 결과물로 2007년에 『동맹과 파트너 사이에서 - 한-중 관계와 미국』(*Between Ally and Partner: Korea-China Relations and the United States*)이라는 제목의 총 9장으로 이루어진 저서를 컬럼비아 대학 출판사에서 출간하였다.

위의 책은 학계에서 꽤나 긍정적인 평가를 받았으며, 출간된 지 1년여 만에 페이퍼백으로 재판이 나오기도 했다. 이러한 호평에 힘입어 이 책을 한국어로 번역해 국내에도 널리 소개하면 좋겠다는 의견을 몇몇 지인들이 개진했지만, 직접 번역하기는 어쩐지 겸연쩍고 그렇다고 막상 번역을 맡기자니 다국어 자료의 번역 및 다양한 뉘앙스(nuance)의 문제로 마음이 썩 놓이지 않는 상황이었다. 그렇게 얼마간을 고민하다 내린 결론은 아예 책을 새로 다시 쓰자는 것이었다. 그리고 그 후 4년의 시간이 흘러 이제 총 14장으로 구성된 이 책을 내놓게 되었다.

한-중 관계에 대한 필자의 연구가 실질적으로 시작된 시점이

1987년이었으므로 24년의 여정이었던 셈인데, 그동안의 관심과 노력을 이 책에서 새로이 쓴 몇 편의 글과 함께 세밀하게 증류, 도출하고자 했다. 이 책의 전편에 걸쳐 가능한 한 최근까지의 자료, 통계까지 치밀히 분석하고 고려했음을 밝히고자 한다. 한-중 관계 60년사(1949-2009)에 대한 조망과 해석, 한-중 관계에 있어 포괄적인 자료집으로서의 가치, 향후 미-중 사이에서 한국이 설정해야 할 전략적 좌표에 대한 제언에 이르기까지 필자가 욕심을 갖고 쓴 글만을 모았다고 할 수 있다.

냉전기를 다루는 제1부 2장의 일부 내용은 *Between Ally and Partner*의 3장으로부터 가져왔으며, 제1부의 3장은 김세균 (편), 『북한체제의 형성과 한반도 국제정치』(서울대학교출판부, 2006)에 실린 필자의 논문을 증보한 것이다. '전환기'로 규정한 1980년대와 한-중 수교가 이루어진 1992년까지의 기간을 다루는 제2부의 4장은 *Between Ally and Partner*의 4장을 증보한 것이며, 5장과 6장 역시 *Between Ally and Partner*의 5, 6장을 각각 대폭 수정 및 증보한 것이다. 특히 1992년에 이루어진 한-중 수교 교섭과정에 대한 상세한 논의를 제시하는 6장에서는, 최근에 출간된 중국 측 자료에 대한 분석과 함께 당시 교섭에 직접 참여했던 인사들에 대한 추가 인터뷰를 통한 증보의 폭이 상당히 컸음을 밝힌다.

탈냉전기 한-중 관계의 복합화 과정에 초점을 둔 제3부 9장은 "From a Special Relationship to Normal Partnership: Interpreting the 'Garlic Battle' in Sino-South Korean Relations"(*Pacific Affairs*, 2003-4)에 실린 논문을 보완한 것이며, 10장은 "China's 'Soft' Clash with South Korea: The History War and Beyond"(*Asian Survey*, 2009)를 역시 큰 폭으로 증보한 것임을 밝힌다. 중국의 부상과 요동치는 미-중 관계로 인해 급변하는 21세기의 전략구도 속에서 한국이 겪

게 될 전략적 딜레마와 한국 외교가 고민해야 할 중장기적 과제에 초점을 맞춘 제4부의 13장은 *Between Ally and Partner*의 9장을 크게 보완한 것이다.

이 책이 나오기까지 너무도 많은 분들의 도움을 받았다. 우선 1987년 이후 24년 동안 필자가 품었던 수많은 질문에 대해 때론 조심스럽게 때론 열정적으로, 때론 자유로운 인터뷰를 통해, 또 때로는 구조화된 설문을 위해 귀한 혜안과 시간을 아낌없이 내주었던 190여 명의 인터뷰 대상자들에게 이 지면을 빌어 큰 감사를 드린다. 서울, 베이징, 상하이, 칭다오, 홍콩, 타이베이, 워싱턴, 뉴욕, 스탠포드, 앤아버, 도쿄 등지에서 많은 도움을 주었던 미국인, 중국인, 한국인 정부관리, 학자, 전문가 여러분께 마음 깊은 곳에서 우러나오는 절절한 고마움을 표하고자 한다. 특히, 어렵고 바쁜 환경 속에서도 시간과 고민을 기꺼이 함께 나눠주었던 대한민국 외교부의 많은 분께 감사를 드린다. 익명 유지의 필요성 또는 다른 이유 때문에 일일이 거명할 수는 없어도 이들 모두께 큰 고마움을 표하고자 한다.

이 책을 구성하는 도합 열네 장의 대략적 얼개는 필자가 2007년 가을 연구학기를 맞아 중국인민대학(中國人民大學)에서 국제교류재단 파견교수(Korea Foundation Visiting Professor)로 한-중 관계에 대한 대학원 세미나를 강의할 때 만들어졌다. 이를 지원해준 국제교류재단에 감사의 마음을 보낸다. 2008년의 초기 작업을 지원해준 대한발전전략연구원 김종인 이사장께도 고마움을 표하고 싶다. 그리고 3년여에 걸친 이 책의 수정과 증보에 있어 2009년 2월부터 필자가 수행하고 있는 「Sino-Korean Conflicts and the Role of the United States」 프로젝트로부터 큰 도움을 받았으며, 이를 지원해주고 있는 맥아더재단(The John D. and Catherine T. MacArthur Foundation)에도 감사의 마음을 전한다. 또 이 프로젝트에 함께 참여해 이모저모로 지혜와 시간의 공유를 아끼지 않았던 여러 동학께도 깊은 사의를 표한다.

지금까지 책을 여러 권 냈음에도 불구하고 새 책을 출간할 때마다 두려운 마음이 드는 것은 여전하다. 들어간 시간이 무척이나 길었던 책인만큼 그 설레임과 두려움도 배나 더해지는 것 같다. 모든 학문연구가 그렇듯이 그 성과는 '잠정적'(tentative)일 수밖에 없으며 사회과학 연구는 더더욱 그런 것 같다. 향후 보다 탁월한 방법론적 사유, 더욱 정치한 이론의 틀, 보다 유용한 분석기법, 그리고 다양한 정부문서의 공개 등을 통해 보다 방대한 자료의 획득이 가능해지면 어김없이 보완적 연구와 새로운 작업이 이루어져야 할 것이기 때문이다.

이 책은 단순히 학술적 내용만 담고 있지는 않다. 2부와 3부의 곳곳에서 대 중국 외교에서 드러난 우리의 실수(失手)와 패착(敗着)에 대한 상세한 실증적 논의를 통해 21세기를 위한 함의를 모색하고 있다. 특히, 4부에서는 중국의 부상으로 파생된 전략적 딜레마와 관련해 한반도와 한국이 반드시 풀어야만 할 '미래전략방정식'에 대한 고민과 해법을 함께 제시하고 있다. 한국의 외교가 그 어느 때보다도 중요한 갈림길에 선 21세기 초의 지금 바로 여기에서, 우리가 과연 무엇을 어떻게 준비해야 하는지에 대해 필자는 독자들과 이를 함께 고민할 것을 청하고 있다. 물론 학술적인 접근과 논의에 대해서는 동학들의 그 어느 때보다도 치열한 질정(叱正)을 기대한다.

이 책의 연구과정에서 여러 모로 도움을 주었던 조교들 - 정유선, 조성진, 이찬송, 장숙인, 전명종, 한광희, 박가희 - 에게 고마움을 표한다. 또 출판과정 전반을 꼼꼼이 챙겨주었던 서울대학교출판문화원 형난옥 본부장과 김미진 연구원에게도 감사를 드린다. 무엇보다도 이 책이 나오기까지 격려와 기도를 아끼지 않았던 병상의 어머니, 아내 혜경(惠京), 그리고 이제는 성인이 되어 한국의 미래를 함께 고민하게 된 사랑하는 딸 유진(裕眞)에게 다 말할 수 없는 감사의 마음을 전한다.

2011년 5월
관악 연구실에서

목차

서문 ii

목차 vii

표 목차 xi

제1장 중국의 '부상,' 미국, 그리고 한반도의 미래 1

1. 중국의 '부상': 대전제의 평가 7
2. 중국의 부상, 미국, 그리고 동아시아의 불확실성 11
3. 한반도의 과거와 미래: 역사, 인식, 구조적 제약 14
4. 자료와 방법론에 대하여 22
5. 책의 구성 24

제1부 냉전기의 중국과 한반도

제2장 냉전기의 한-중 관계 39

1. 적대관계에서 상호 간의 관심으로 40
2. 한-중 관계 변화의 배경과 동인(動因) 46

제3장 냉전기의 북-중 관계 69

1. 북-중 관계의 형성: 1950년대의 동학(動學) 71
2. 중-소 분쟁과 1960년대의 북-중 관계 75
3. 1970년대의 데탕트와 북-중 관계 78
4. 냉전기의 북-중 관계: 소결 84

제2부 전환기의 중국과 한반도

제4장 전환기의 한-중 관계(I): 교류 확대의 정치경제 95

1. 한-중 간 상호 탐색기(1979-1983) 96
2. 관계 개선의 초기단계(1984-1987) 99
3. 관계 개선 초기의 한-중 간 경제교류 101
4. 한-중 관계에 대한 정치적 제약 110

제5장 전환기의 한-중 관계(II): 관계 회복의 정치경제 119

1. 도약기의 한-중 관계(1988-1990) 120
2. 관계 회복기의 한-중 관계(1991-1992) 124
3. 한-중 교역(1988-1992) 127
4. 한국의 대 중국 투자(1988-1992) 129
5. 한-중 관계 기반 구조의 발전 132
6. 한-중 관계 발전에 대한 외부적 제약 135

제6장 한-중 국교 정상화의 정치 147

1. 엘리트의 인식과 비공식 채널의 역할 148
2. 관료정치의 제(諸) 요인 158
3. '동해사업'(東海事業): 사실과 교훈 168

제7장 전환기의 북-중 관계 197

1. 전환기 북한 대외관계의 주요 변화 199
2. 북한의 대외환경 변화에 대한 논의 203
3. 북한의 대내적 환경 변화에 대한 평가 209
4. 한-중 관계의 개선과 북-중 관계의 변환 212
5. 소결 216

제3부 탈냉전기의 중국과 한반도

제8장 수교 이후 탈냉전 시기의 한-중 관계 225

1. 탈냉전기 동아시아의 전략적 불확실성 226
2. 수교 이후의 한-중 관계: 보완, 경쟁 및 협력의 정치경제 232
3. 경제협력을 넘어서: 전략적 제휴 가능성의 모색 244

제9장 한-중 밀월기(蜜月期)의 종언: 통상 갈등의 정치경제 261

1. 마늘분쟁의 기원: 한국 내 정치역학 263
2. 중국의 보복조치: 정치경제적 배경 268
3. 분규 타결의 정치 276
4. 비교적 관점에서 본 한-중 마늘분쟁 280
5. 2005년 김치파동의 급습: '정상적 관계'의 정착? 283

제10장 한-중 역사분쟁과 '연성 갈등'의 도전 295

1. 한국 내 대 중국 인식의 변화 297
2. '동북공정': 한-중 간 역사관의 충돌 302
3. 한-중 관계에서의 '연성 갈등'과 전망 312

제11장 북-중 관계의 변환과 한반도의 국제정치 323

1. 북핵 문제와 북-중 관계 325
2. 중국의 대 북한 영향력 평가 330
3. 북-중 관계의 변환 가능성과 '정상적 관계'로의 전환 337

제4부 중국의 부상, 미국, 그리고 한국의 전략적 선택

제12장 중국의 부상과 한-미 관계: 인식과 정책의 변화 351

1. 중국의 부상과 한국의 대 중국 인식 변화 355
2. 대 중국 인식의 양면성과 모호성 361
3. 한-미 관계의 경색: 균열의 공간? 365

제13장 동맹과 동반자 사이에서: 한국의 전략적 선택은 무엇인가? 387

1. 중국의 미래에 대한 전망: 이분법적 사고를 넘어서 390
2. 전략적 대안의 범위와 합리적 선택 396
3. 미-중 간의 수렴점(收斂點)과 한국의 선택 404
4. 21세기의 불확실성과 한국 외교 409

제14장 명민외교를 위한 제언 427

1. 명민외교의 개념과 내용 431
2. 뒤집어 보는 사례: 만약 명민외교가 이루어졌다면? 440
3. 책을 맺으며 446

부록 459

찾아보기 465

표 목차

표 3-1 1970년대 북한의 대 중국 및 소련 교역액 80
표 4-1 관계 개선 초기 단계의 한-중 교역, 1979-1987 103
표 4-2 한국의 대 중국 석탄 수입 현황, 1979-1987 106
표 5-1 한-중 교역에서의 상위 품목, 1988-1992 128
표 5-2 한국의 대 중국 투자 추이, 1985-1992 130
표 6-1 한국의 대 중국 투자 항목의 성별 분포 164
표 7-1 북한의 연평균 성장률 210
표 7-2 북한의 방위비 부담 비율의 변화, 1975-1990 211
표 7-3 북-중 및 한-중 교역 통계, 1980-1992 213
표 8-1 국교 정상화 이후 한-중 교역 현황 234
표 8-2 한국의 대 중국 수출 상위 10개 품목 236
표 8-3 한국의 대 중국 투자 추이, 1991-2008 238
표 8-4 한-중 간 상호방문자 통계 243
표 9-1 한국의 중국산 마늘 수입량 추이, 1996-1999 265
표 9-2 한국에서의 마늘 가격 변화 추이, 1996-1999 266
표 9-3 국내산 마늘의 생산량 추이, 1996-1999 267
표 9-4 수교 이후의 한-중 교역구조 270
표 9-5 분규 대상 품목의 교역액 비교 277
표 9-6 한국의 중국산 김치 수입 추이, 2001-2005 284
표 10-1 한국의 대 중국 무역의존도, 1985-2009 299
표 10-2 고구려사 논쟁이 대 중국 인식에 미친 영향 301

표 11-1 북한의 대 중국 교역 및 교역의존도 332
표 11-2 북핵 문제 해결에 있어서의 중국의 영향력 추이, 2003-2010 336
표 12-1 한국인의 연령별 대 중국 인식의 변화, 1989/1990 357
표 12-2 한국인의 연령별 대 미국 인식의 변화, 1989/1990 357
표 12-3 한국인의 연령별 대 중국 및 미국 인식, 1993과 1996 357
표 12-4 한국인의 대 중국 및 미국 선호도의 변화, 1997-2010 358
표 12-5 미군 주둔에 대한 한국인의 인식, 1988-2003 367
표 12-6 미국, 일본 및 중국의 한국에 대한 인식, 2000 373
표 12-7 미국과 중국의 대 한국 인식 및 호감도 374
표 13-1 한국의 전략적 선택에 대한 미국인 및 중국인 전문가들의 의견 분포 407
표 13-2 대만 문제를 둘러싼 미-중 갈등과 한국의 대응에 대한 전문가 의견 분포 408
표 14-1 대한민국 외교통상부 정원 추이 435

제1장
중국의 '부상,' 미국, 그리고 한반도의 미래

개혁·개방을 시작한 지 30년 만에, 중국의 '부상'은 이미 전 지구적 중요성을 띠는 현상이자 국제정치 담론의 핵심 화두가 되었다.[1] 지정학적으로나 역사적으로 중국과의 관계는 뗄래야 뗄 수 없는 것이었고, 그 관계의 구체적인 성격에 따라 국익이 좌우될 수밖에 없었던 한반도에서 21세기 중국의 부상은 그 어떤 외적 요인들보다도 중요한 변수로 작동할 것이다. 쇠퇴해가던 청조(淸朝)와 강대국화의 가도를 내달리던 일본과 미국 사이에서 100여 년 전 조선이 품을 수밖에 없었던 깊은 번민을, 이제는 초강대국 미국과 부상하는 중국 사이에서 한반도 전체가 다시 한 번 안게 된 것이다. 이러한 고뇌는 단순히 학술적이거나 형이상학적 사치에 그치는 것이 아니며 장래의 국운과 국익을 송두리째 바꿔놓을 수도 있다는 점에서 현재 한반도에서 살아가는 우리 모두의 고민일 수밖에 없다.[2]

1997년 여름 필자가 미국 서부의 한 대학에서 열린 국제학술회의에서 향후 미국과 중국 사이에서 한국이 겪게 될 전략적 딜레마에 대한 논의를 처음 제시했을 당시만 해도 양국의 대다수 학자들은 그리 큰 공감을 표시하지 않았다.[3] 이는 당시 미국과 한국 학자 대부분이 한-미 관계와 동맹의 절대성이라는 인식의 관성 내지는 당위론에 매달려 있기도 했지만, 또 한편으로는 상당수 전문가들의 관심이 주로 단기적이며 정책적인 현안에 매몰되어 있어 큰 그림에 기반을 둔 장기적이고도 전략적인 사고를 할 형편이 아니었기 때문이다. 그로부터 4년 뒤인 2001년 "독수리(미국)와 용(중국) 사이에 선 한국"이라는 제목의 논문이 발표된 이후에야 비로소 미국과 한국을 비롯한 국제학계에서 이 주제가 지닌 중요성과 그 함의에 대해 인식을 하기 시작했다.[4]

2002년 여름 '효순, 미선 사건'으로 불거진 반미 감정이 그해 겨울 처음으로 대외관계가 핵심 현안으로 등장했던 대통령 선거로 이어지면서 한-미 관계는 심각한 위기를 맞게 된다. 또 북한과 북핵 문제에 대한 한-미 간의 시각차와 '전략적 유연성' 및 연합사 해체 등을 둘러싼 진통으로 인해 한-미 관계는 적어도 2005년 말까지는 악화일로를 달렸다고 해도 과언이 아니다. 이런 일련의 과정에서 삐걱거리던 한-미 관계는 '21세기를 향한 전면적 협력동반자관계'로 격상된 한-중 관계와 큰 대조를 보이면서 일면 '영합적 관계'(zero-sum game)의 모습을 띠게 된다.[5] 여기서 아무리 강조해도 지나침이 없는 것은 곧 한국의 국익에 가장 중요한 기점(基點)은 미, 중 양국과 공히 우호적 관계를 유지하고 또 실리의 극대화를 추구해야 한다는 것이다. 미국과 중국 중 어느 한쪽만을 선택해야 하는 국면이야말로 우리에게는 최악의 시나리오일 수밖에 없기에 어떤 방법을 써서라도 그와 같은 상황만은 피해야 할 것이다.[6]

중국의 부상이 한국에게만 전략적 딜레마를 만들어내는 것은 아니다. 북한 역시 중장기적으로는 적잖은 부담을 안을 수밖에 없을 것이다. 북한은 핵무기 개발과 이의 해결을 위한 6자회담 과정에서 중국과의 관계가 손상되는 결과를 감수했고, 그 핵심에는 미국과의 관계 개선이라는 지고의 목표가 있었다.[7] 이러한 변화들은 미국과의 수교를 위한 전술적인 측면도 있지만 대 중국 견제라는 전략적 성격을 가질 가능성도 크다. 즉 일단 북-미 관계가 정상화되면, 1960년 중-소 분쟁 발발 이후 베이징과 모스크바 사이에서 수행했던 전략적 '이중 플레이'를 평양이 미국과 중국 사이에서 재연할 개연성이 높아 보인다.[8]

실제로 한반도와 한국이 풀어야 할 미래전략방정식은 위에서 기술한 것보다 훨씬 더 복잡하고 난해하게 얽혀 있다. 우선 가장 중심적 변수로 향후 중국의 부상이 그려가게 될 궤적(軌跡)을 들 수 있겠다. 사실 중국의 강대국화 과정이 그리 순탄치 않다거나 그 위상의 유지가 그리 오래 지속되지 않을 것이라는 예측이 가능하다면, 그 종속변수로서 한국이 겪어야 할 전략적 번민 또한 그다지 심각하지 않을 것이다.[9] 반면 중국이 미국과 패권의 향배를 놓고 경쟁할 만큼의 능력과 의지를 장기간에 걸쳐 유지한다는 전망이 가능할 경우, 앞으로 한국이 감당해야 할 전략적 고민은 이에 상응하는 수준으로 깊어질 수밖에 없다.

밀접하게 연관된 또 하나의 변수로 미-중 관계의 향방을 들 수 있다. 중국과 미국 사이의 관계가 경쟁적이기보다는 우호적일 경우, 한국의 입장에서는 심각한 전략적 딜레마가 닥쳐올 가능성이 비교적 적다고 평가할 수 있다. 그러나 미-중 간에 소위 격렬한 '패권경쟁'(hegemonic competition)이 벌어지고 또 그 결과로 양국 간에 외교 갈등과 군사 분쟁이 일어나면 미국과는 동맹관계를, 그리고 중국과는 최대 교역 및 투자국의 '파트너십'을 유지하고 있는 한국에게는 악몽과도 같은 상황이 닥치게 될 것이다. 문제는 미-중 관계의 향배가 이처럼 우리의 국익에 절대적인 영향력을 미침에도 불구하고 한국은 단지 종속변수일 뿐 미-중 관계에 대해 우리가 가진 영향력과 지렛대는 거의 전무하다는 점이다. 바로 이런 측면에서 향후 우리가 배양해야 할 전략적 '명민'(明敏)의 필요성과 당위성이 제기된다.

한 걸음 더 나아가 우리가 주시해야 할 것은 규모가 크건 작건, 또 능력이 강하건 약하건 간에 세계 각국이 중국의 부상에 대해 나름대로 신중히 연구하고 대응하고자 노력하고 있다는 점이다. 어떤 나라들은 중국의 부상 자체를 반기고 이를 국익 확대에 적극적으로 활용하려는 '편승'(便乘: bandwagoning)의 양태를 보이는가 하면, 어떤 나라들은 중국의 부상에 경계의 빛을 보이면서 양자 또는 다자적 경로를 통한 '균형'(balancing)의 모습을 보이고 있다. 또 다른 유형의 국가들은 중국에 대한 '관여'(engagement)를 통해 경제 교류를 극대화함과 동시에 향후의 전략적 불확실성을 감안해 '역외 전략적 균형자'(offshore strategic balancer)로서 미국과의 관계 강화에도 역점을 두는 '양다리 걸치기/위험 분산'(hedging)에 전력하는 모습을 보이고 있다.[10] 우리가 관심을 가져야 할 것은 바로 세 번째 유형으로서, 이는 모방과 창의를 포괄하는 전략적 '명민'의 필요성이 무엇보다도 부각되는 영역이다.

한반도를 둘러싼 중국의 부상과 국제정치의 방정식은 이외에도 여러 가지 변수들을 내포하고 있는데, 여기에는 역사의 흐름을 통해 축적되어온 인식과 관계사의 측면도 포함된다. 긴 세월에 걸쳐 이루어진 국가와 국가 사이의 관계에도 감성, 기억 및 명성(reputation) 등이 작동하기 때문이다. 제3세계에 보편적으로 퍼져 있는 반미주의(anti-Americanism)와 아랍문화권에 편재해 있는 반유대주의(anti-Zionism) 등이 그 대표적인 예이며, 양자적 사례로는 인도와 파키스탄, 그리고 터키와 쿠르드족 사이의 관계와 인식을 들 수 있겠다. 보다 가깝게 동북아에서는 중-일 간, 한-일 간의 미묘한 감정의 역학을 예로 들 수 있다. 세대를 뛰어넘는, 가정 교육과 학교 교육을 통해 지속적으로 재생산되는 인식의 힘은 일반적인 상상의 범주를 초월해 국제관계에까지 큰 영향을 미치는 경우가 많다. 이러한 인식적 변수가 큰 힘을 발휘할 때 한반도의 역학이 우리의 선호와는 사뭇 다른 방향으로 전개될 가능성을 완전히 배제하기 어렵다는 점에 주목해야 한다.[11]

결론적으로, 미래전략방정식의 해(解)를 구함에 있어 어느 하나도 간단히 풀리거나 쉬운 등식이 없다는 점이다. 그럼에도 불구하고 지금까지 여러 논자들은 마치 역내 다자안보체제의 수립이 한반도 미래의 만병통치약인 것처럼 이야기한다든지, 한-미 간에 동맹관계만 잘 유지되면 그 어떤 문제도 해결될 것이라든지, 또는 남북한 간의 협력만 제대로 이루어지면 모든 문제가 다 해결될 것인 양 주장해왔다. 동북아에서 다자안보체제의 수립은 근본부터가 유럽이나 동남아와는 다른 성격을 가질 뿐 아니라, 실제로 그런 것이 성립된다 하더라도 반드시 한반도와 한국의 이익을 보장해주는 쪽으로만 진행될 것이라고 장담하기 어렵다. 한-미 동맹도 한국의 전략적 이익에 큰 도움이 되는 구조적 요소임에 틀림없으나, 그 자체가 미-중 관계의 악화 시 한국의 전략적 고민을 해결해준다거나 한-일 간 갈등을 근원적으로 처치해주지는 못한다. 뿐만 아니라 상호성을 결여한 채 진행되었던 남북한 협력 자체가 지닌 한계에 대해 우리가 지금까지 지나치게 무관심했던 것은 아닌가라는 문제의식을 가질 때가 되기도 했다.

21세기 한반도의 미래가 이처럼 간단히 해를 찾을 수 있는 방정식이 아니라는 것을 전제로, 이 책에서는 향후 국제정치의 구조와 한-중 관계 및 북-중 관계를 통해 중국의 '부상'이 한반도에 미치게 될 영향에 대해 실증적으로 분석해보고 우리가 어떤 전략적 해법을 구상해야 하는지를 함께 고민하고자 한다. 본 장의 남은 부분에서는 우선 이 책의 대전제인 중국의 부상에 대해 간략하지만 전반적인 평가를 제시한다. 그다음 중국의 부상이 미국과의 관계 설정에 있어 어떤 불확실성을 초래하게 될 것인지를 논의한 후, 그 맥락에서 '명민외교'(明敏外交)의 필요성과 중요성에 대해 살펴본다. 마지막으로 본 연구에 사용한 자료 및 방법론에 대한 간단한 논의와 함께 이 책 전체의 구성을 제시함으로써 이 장을 맺는다.

중국의 '부상': 대전제의 평가

지금으로부터 50년쯤 후에 학자들이 지금 이 시기를 돌아보며 연구하게 될 가장 중요한 주제가 아마도 세계의 최대 빈국(最大貧國)이던 중국이 어떻게 최강대국(最强大國)으로 변신할 수 있었는가에 대한 것일지도 모른다. 27년에 걸친 마오쩌둥(毛澤東)의 사회주의 낙원에 대한 실험이 참담한 실패로 끝난 후 등장한 덩샤오핑(鄧小平)의 실사구시에 기반을 둔 개혁·개방정책은 중국을 전 세계의 관심의 대상이자 국제정치의 화두로 만들었다. 중국보다 사회주의의 구속으로부터 일찍 벗어난 러시아와 동구의 상당수 국가들이 이제 막 정체의 단계에서 벗어나고 있는 것과는 대조적으로 중국은 그야말로 급속한 경제성장을 이루어내고 있기 때문이다.

1978-2007년의 기간에 중국경제는 연평균 10퍼센트에 달하는 고성장을 지속적으로 이루어냈으며, 이는 전례를 찾기가 쉽지 않은 성과라고 평가할 수 있다. 2007년에도 상반기에만 11.5퍼센트의 성장률을 기록해 중국정부가 예상했던 8퍼센트 성장률을 무려 3퍼센트나 상회했고, 이렇듯 빠른 성장속도를 기반으로 2007년에 독일을 제치고 세계 3대 경제대국으로 자리매김했다. 이는 당초 2010년에나 이룰 것으로 예상했던 목표를 3년이나 앞당겼음을 의미한다.[12)]2010년에는 중국이 일본을 제치고 세계 2위의 경제대국(구매력 기준이 아닌 GDP 절대액 기준)으로 부상했다. 뿐만 아니라 2009년 기준으로 중국은 세계 1위의 수출국이자 세계 최대 자동차 판매시장이 되었으며, 여기에 세계 최대 무역국의 위상과 2조 9천억 달러가 넘는 외환보유고 지표를 더하면 중국의 부상은 이미 이루어지고 있다고 해도 과언이 아니다.[13)]

이러한 변화 속에서 드러나는 핵심 추세가 있다면 그것은 미국의 상대적 쇠퇴와 중국의 부상이라는 인식의 확산일 것이다. 미국 국가정보위원회(NIC)가 발간한 *Global Trend 2025*(2008년 11월 간)에서 이미 '미국 독주시대의 종료'가 선언되었고, 저명 자문사인 프라이스워터하우스쿠퍼(PWC)도 2008년 3월에 낸 보고서에서 2025년이면 중국의 경제력이 미국을 앞서게 될 것으로 전망했다. 또 2009년 말 현재 중국은 미국 국채를 8948억 달러나 가진 최대 채권국(일본은 7657억 달러 보유)이 되었으며, 『포린폴리시』(*Foreign Policy*) 1월호에 실린 한 논문에서도 2040년에 중국경제가 전 세계 GDP의 40퍼센트를 점할 것이나 미국의 비중은 14퍼센트에 그칠 것이라는 전망을 제시했다. 2010년 『워싱턴포스트』와 ABC방송이 공동으로 수행한 한 조사에 따르면 경제 영향력(41% 대 40%)과 국제적 영향력(43% 대 38%) 부문에서 공히 중국이 미국을 앞지르는 것으로 나타났다.[14)]

여기서 관건이 되는 질문을 던져본다. 과연 중국의 성장 추세가 지속될 수 있을 것인가? 이와 관련해 다음의 네 가지를 언급할 수 있는데, 우선 첫째로 개혁 초기부터 중국은 이미 구체적이면서도 실질적인 발전의 성과를 보여줌으로써 해외의 다양한 - 중립적이거나 악의적 성격의 - 비판과 회의론을 잠재워왔다는 점이다. 1980년대 후반에 고도의 인플레이션과 경기과열이 일어났고 곧이어 비극적인 천안문 사건이 발생했지만, 1990년대 초반 이후 고성장을 지속함으로써 해외에 편재했던 '중국붕괴론'을 불식시켰다. 또 1990년대 후반 동아시아 전체가 금융위기로 휘청거릴 때에도 중국은 보란 듯이 고성장 기조를 유지했다. 여러 우려와 달리 2000년대에도 고성장은 지속되는 추세에 있으며, 경제위기의 와중에서도 가장 빠른 회복세를 보이고 있다. 이를 근거로 중국의 향후 지속 성장 가능성은 높은 편이라고 평가할 수 있겠다.[15)]

둘째는 중국 발전의 내재적 논리에 대한 논의이다. 비록 지금까지 중국의 경제성장이 상당 부분 대외무역의 확대와 해외직접투자의 유치에 기인한 것은 사실이나 그렇다고 해서 중국의 자생적 경쟁력을 무시할 수는 없다.[16] 특히, 중국의 경제발전에 대해 미국 등 서방의 개입과 억제가 가능할 것이라고 보는 시각에는 적잖은 오류가 있는 것으로 보인다. 경제발전의 동학은 상당 부분이 내재적 논리이며 그에 대해 외부적 요인이 절대적 영향을 미친다고 보기 어렵기 때문이다.[17] 뿐만 아니라 자신의 경제성장과 부상에 적합하고 또 대체로 호의적인 외부환경을 만들고자 했던 중국은 '화평발전'(和平發展)이나 '화해세계'(和諧世界) 등의 담론을 통해 국제사회의 분위기가 적대적으로 바뀔 가능성을 차단하는 데에도 상당 부분 성공한 것으로 보인다.[18] 2006년 현재, 중국이 세계경제 성장에 있어 이미 25퍼센트를 기여하고 있어(미국은 20%) 외부환경 자체가 오히려 중국에 대해 긍정적으로 변할 가능성도 배제하기는 어렵다.[19]

셋째로는 중국이 30년 넘게 지속적으로 보여주고 있는 높은 학습효과(learning effects)와 연관된 것이다. 개혁·개방 초기 주로 임가공(來料加工) 방식을 통해 노동집약적 산업분야의 기술을 습득한 후 '시장과 기술을 교환하는'(以市場換技術) 방법을 통해 중간 단계의 기술을 축적하고, 2000년대부터는 '밖으로 나가는'(走出去) 방식을 통해 외국에 산재한 저평가 기업들을 적극적으로 합병, 매수해 선진기술을 획득하고 있다. 다국적 기업 IBM의 단말기 생산회사인 레노보(Lenovo)와 한국의 쌍용자동차 매수 등이 대표적인 예이다. 이와 더불어 대학 차원에서의 연구와 교육에 대한 획기적인 투자와 중국인 해외 유학생들의 적극적인 국내 유치는 향후 중국의 지속성장 가능성을 든든히 뒷받침해줄 요인인 것이다.[20]

마지막으로는 지속적 성장의 공간(空間)에 대한 문제로, 지난 4

반세기 동안 중국의 고성장을 창출해낸 연해지역이 긍정적 역할을 계속해낼 수 있을 것인가 하는 점이다. 미국의 예를 보더라도 '골드러시'(gold rush)와 같이 서부지역에 대한 정복과 개발을 통해 지속적 성장의 지역적 발판을 마련하는 데에 성공했다. 중국에서도 2050년을 완료 시점으로 상정하는 서부대개발(西部大開發)을 비롯해 '중부굴기'(中部崛起)와 '진흥동북'(振興東北) 등 21세기판 지역발전 전략들이 단계적으로 진행되고 있다. 이들 전략의 성패를 구체적으로 단언하기는 아직 이르지만, 만일 이들이 성공을 거둔다면 중국 또한 지속적 성장의 충분한 공간(및 시간)을 마련하는 셈이 되어, 앞서 언급한 내재적 발전의 논리를 보다 충실히 뒷받침하게 될 것이다.[21)]

이상의 논의를 종합해볼 때, 필자는 중국의 지속적 성장 가능성에 대해 신중하지만 긍정적인 전망을 제시하고자 한다. 물론 문제는 중국의 '부상'이 단순히 경제적 성장만으로 가능할지, 아니면 지속적 경제성장이 비경제적 요인들에 의해 지대한 영향을 받을 수도 있는가 하는 것이다. 여기서 말하는 비경제적 요인이란 이미 20여 년의 역사를 지닌 기층선거의 수직적 확대와 민주화를 포함해 집권 공산당의 명운을 가르게 될 정치적 변수들, 중국 역대 왕조들의 흥망을 좌우했던 중앙-지방 관계와 대규모 시위사건(群體性治安事件)의 전국적 확산 등의 정치사회적 변수들, 그리고 미-중 관계 및 양안 관계를 포괄하는 대외관계 요인의 돌출 가능성을 가리킨다. 이들 요인 하나하나가 다 중국의 '부상'을 가로막거나 지연시키는 주요 변수로 작동할 수 있지만, 이들을 종합적으로 분석해 내린 평가 역시 중국의 '부상' 가능성에 대해 신중하지만 긍정적인 전망을 제시하고 있다.[22)]

중국의 부상, 미국, 그리고 동아시아의 불확실성

중국의 부상이 동북아나 한반도뿐 아니라 전 지구적 함의를 갖는 이유는 중국이 향후 패권국 미국과 어떠한 전략적 관계를 맺게 될 것이며 또 그 결과로 국제정치 구조와 규범에 어떤 변화를 가져올 것인지가 중요하기 때문이다.[23] 넓은 의미에서 '중국위협론'의 범주에 속하는 몇몇 논의는 중국의 부상이 궁극적으로 그리고 필연적으로 미-중 간 패권경쟁과 이로 인한 갈등을 만들어낼 수밖에 없는 것으로 보고 있다. 이러한 논의에는 크게 두 가지가 있는데, 하나는 일단 패권국에 버금가는 능력을 갖게 되면 중국이 국제정치/경제의 제도와 규범을 자신의 선호에 맞게 바꾸려는 '수정주의'적 경향을 보일 것이며 그 결과로 미국과의 패권경쟁이 파생될 것으로 보는 의도 중심의 시각이다.[24] 다른 하나는 중국의 의도나 세계관과는 무관하게 부상 그 자체가 지금까지 미국이 누려왔던 주도적 지위와 전략적 공간을 축소시킬 수밖에 없기에 미-중 간 경쟁이 불가피하다고 보는 구조 중심적 관점을 가리킨다.[25]

반면에 중국의 부상이 반드시 미-중 간의 패권경쟁을 초래하지 않을 수도 있다는 입장을 개진하는 전문가도 적지 않다. 물론 이 경우에도 자신들의 주장을 뒷받침하는 근거에서는 상당한 편차를 보인다. 어떤 이들은 현재로서는 중국이 가진 힘의 증대에 상응하는 정도의 수정주의적 경향을 보이지 않고 있기 때문에 미-중 패권경쟁의 가능성에 대해 유보적인 입장을 보인다.[26] 어떤 이들은 중국의 부상이 진전되더라도 그 위상을 패권국으로까지 격상시키는 데에는 한계가 있어 미국의 전 지구적인 전략적 우위를 뒤집기는 힘들 것으로 보는 견해를 개진한다.[27] 또 어떤 학자들은 중국의 대외 전략과 외교행태가 점점 세련되어짐에 따라 종합국력이 획기적으로 증대하더라도 미국과의 직접적인 분규와 갈등을 가능한 한 피하려는 노력을 상당 기간 기울일 것이라는 견해를 피력한다.[28]

중국의 부상이 미국과의 전략적 관계의 설정에서 어떤 결과를 가져올지에 대한 논의를 전 지구적 관점으로부터 동아시아 지역으로 조금 좁게 설정하면 미-중 관계의 미래가 보다 구체적으로 다가온다. 지정학적으로 중국의 전략적 구상은 그 대부분이 아직은 주변부 통제를 위주로 아시아, 그것도 동아시아에 초점을 두고 이루어지고 있기 때문이다. 문제는 최근 들어 다자적 협력에서의 일정한 진전에도 불구하고 동아시아에서의 중국의 부상이 양자적 구조(hub-and-spoke system)를 기반으로 전략적 그림을 짜는 미국과의 '영합적' 인식과 갈등의 모습으로 나타난다는 것이다.[29] 뿐만 아니라 동아시아는 역사적으로 중국을 정점(頂點)으로 하는 위계적 질서에 익숙해 있어 일방적으로 미국 편에 서서 중국을 견제하지 않을 것이라는 견해도 제기된다.[30] 실제로 이것이 현실로 구현된다면, 미국으로서는 심각한 갈등을 상정하더라도 훨씬 강력한 중국 견제의 틀을 모색할 수밖에 없을지도 모른다.

이상의 논의를 종합하면 향후 중국의 부상이 그리게 될 궤적, 떠오르는 중국의 전 지구적 전략 및 지역적 의도와 이에 대한 미국의 대응, 그리고 그 결과로서 국제정치구조의 변화 등이 상당 부분 불확실한 가운데 미-중 관계가 그리 순탄치만은 않을 것으로 보인다.[31] 불확실성의 증대는 국제정치체제에서 독립변수이기보다는 종속변수에 가까운 중소국가들에게는 매우 불리한 요인으로 작동한다. 이들은 체제에 영향을 미치지는 못하면서 체제 변화에는 민감할 수밖에 없기 때문이다. 또, 패권국에 대한 일방적 편승이나 부상국에 대한 지지의 모습을 선불리 보였다가 당초 예상과 달리 상황이 진전될 경우 큰 낭패를 볼 수도 있기 때문이다.

중국의 부상과 이에 따른 국제환경의 변화는 중소국가들에게 심각한 전략적 딜레마를 초래할 것이며, 이는 동아시아 대부분의 국가들에게 예외 없이 다가오고 있다. 예컨대 10여 년 전, 즉 1990년대 중후반만 해도 동아시아의 안보와 경제의 논리는 공히 미국을 중심으로 움직였다고 해도 과언이 아니다. 그러나 2010년 현재 동아시아의 주요 국가들 - 일본, 한국, 호주 등 - 의 최대교역국은 이미 미국이 아닌 중국이 되었고, 이제는 미국을 기반으로 한 안보 논리와 중국을 중심으로 한 경제 논리가 '이분화'(bifurcation)되어 운용되고 있다. 이는 곧 동아시아 국가들 대부분이 안보 논리만을 위해 경제 논리를 희생시키기 어려운 구조적 딜레마에 이미 진입했음을 가리킨다.[32]

이러한 상황에서 중소국들은 대개 '위험 분산/양다리 걸치기'를 선택해 손실을 극소화하려는 경향을 띠지만 이 또한 그리 용이하지만은 않은데, 이는 다음의 세 요인이 작동하기 때문이다.[33] 우선 '양다리 걸치기'는 주변 국가들로부터 '기회주의자'라는 평가를 받기 쉽다는 문제가 있다. 다만 대개의 국가들이 다 같은 선택을 할 경우 이러한 위험은 줄어들 수도 있다. 또 하나는 국가 간의 감정과 인식의 측면에서 볼 때, 대개 패권국과 부상국에 대해 똑같은 인식의 '거리'를 갖고 시작하는 경우가 드물기 때문에 진정한 의미에서의 '양다리'가 가능할 것인지의 문제가 있다. 마지막으로는 특정 국가와 동맹과 같은 고착된 구조적 관계를 유지할 경우, 유연성이 생명이랄 수도 있는 '양다리 걸치기'의 실질적인 효과를 제고함에 있어 적잖은 제한을 받을 수 있다. 결국 중국의 부상에 대해 이루어질 동아시아의 전략적 대응과 선택은 그 본질상 결코 쉬운 성격의 문제가 아니라는 의미이다.

한반도의 과거와 미래: 역사, 인식, 구조적 제약

역사와 지정학

중국의 전통적 세계관과 주변부(소위 '오랑캐'[夷狄]) 왕조들에 대한 조공관계로 이루어진 화이질서(華夷秩序)의 구조와 규범에 대해 여기서 재론할 필요는 없겠다.[34] 일부 중국 측 자료에는 한-중 관계가 5,000년 전으로까지 거슬러 올라간다고 나와 있지만, 아시아적 국제관계인 조공의 질서는 송대(宋代)에 와서야 한국과 중국 사이에 공식적으로 성립된 것으로 평가된다. 기실 고려는 원(元) 제국의 등장 이전까지 조공체계의 규범 준수에 그리 열성적이지 않았으며, 한-중 간 조공체계는 명대(明代)인 14세기에 와서야 비로소 공고한 제도화를 이룬 것으로 볼 수 있다. 즉, 무인 중심의 체제였던 고려에서 문관 위주의 조선으로 왕조 교체가 완료된 후에야 한국의 대중국 사대(事大)의 규범이 본격적인 모습을 갖췄다는 것이다.[35]

또 다른 주요 조공국이었던 안남(安南: 베트남)이 종종 대외적으로도 - 내부적으로는 물론이고 - 칭황(稱皇)을 했던 반면, 한국은 거의 예외 없이 중국의 황제와 대비되는 낮은 격(格)으로서 왕의 지위를 견지했다. 또 중국의 지배 이념과 국정 운영방식(즉, 신유학 이념의 적용, 과거제의 실시, 조공 사절의 파견 등)을 적극적으로 수용하고 내재화하는 모범 조공국으로 인식되었다.[36] 이 시대 한반도의 엘리트였던 사대부는 자신들의 정치적 운명이 곧 '상관'(superior)인 중국 왕조의 향배에 의해 좌우된다고 보았기에 중국에 대한 진심 어린 충성을 표현하곤 했다.[37)]

조공체제를 통한 600여 년에 걸친 밀접한 관계 외에도 한국과 중국은 지정학적 '저주'를 공유하고 있다. 한반도가 대륙세력과 해양세력 사이의 기로(岐路)에 위치한 관계로 한국은 줄곧 중국의 목을 겨누는 '단검'에 비유되곤 했다. 예컨대 1592년 명나라의 대장군이었던 쉐판(薛帆)은 "요동(遼東)은 북경의 팔이며 조선은 곧 요동의 울타리"라고 말해 중국에 대한 조선의 전략적 중요성을 강조했다. 명의 관리인 자오충산(趙崇山)도 "조선의 보호는 중국의 방어에 있어 가장 핵심적이며, 경상도와 전라도의 장악은 조선의 방어에 있어 관건(關鍵)"이라고 보았다.[38)] 명은 이와 같은 지정학적 고려에 기반해 16세기 말 일본의 침략으로부터 조선을 구하기 위해 대규모 군대를 파견했으며, 이로 인해 조선은 명을 '자국을 소생시킨 은인'(再造之恩惠國)으로 칭하면서 명에 대한 사대가 심화되었던 것이다.[39)]

17세기 들어 정묘호란(丁卯胡亂)과 병자호란(丙子胡亂)을 겪은 후, 쇠퇴하던 명과의 관계는 단절되고 조선과 청(淸)의 관계가 조명관계(朝明關係)와 같은 위계적 관계로 바뀌게 된다. 임진왜란 시기에 조선을 지원했던 명조에 대한 도덕적 사대가 비한족 왕조인 청에 대해 조금 더 일찍 외교적 유연성을 보이기 어렵게 만든 점도 있었다.[40)] 이와 유사한 상황이 19세기 말에도 있었는데, 종주국 청조에 대한 관성적 사대가 조선으로 하여금 당시 강대국으로 부상하던 미국, 일본 및 러시아에 대해 보다 빨리 - 즉, 청일전쟁이 발발하기 전에 - 그리고 보다 유연하게 대처할 수 있는 기회와 의지를 약화시킨 것으로도 볼 수 있다.[41)]

20세기 중반 냉전 구조가 전 지구적 범위로 확대되어갈 때, 동북아의 '대륙동맹'(즉, 소련, 중국 및 북한)은 한반도에서 '해양동맹'(즉, 미국, 일본 및 한국)과 대치하게 된다. 양 동맹 사이에서 일어난 한국전쟁은 한반도가 중국에게 전략적으로 얼마나 중요한지를 다시 한 번 증명해 보인 사례였다. 당시 중국은 쓰촨(四川), 꾸이저우(貴州), 티베트 등에서 국민당과의 내전이 진행 중이었고, 또 국민당 정부가 남기고 간 엄청난 인플레를 겪고 있었기에 건국 1년 만에 한국전쟁에 참전하기에는 모든 상황이 그리 우호적이지 않았다.[42] 마오쩌둥은 350여 년 전 조선을 보호하기 위해 대군을 파견했던 명의 운명이 어떻게 되었는지 잘 알고 있음에도 불구하고 핵무기를 보유한 초강대국 미국과 UN의 반대편에 서기를 선택했다. 즉, 중국의 안보에 있어 관건이라고 할 북한 방어를 위해 자국의 이익 - 경제발전과 대만통일 - 을 희생했던 것이다.[43]

북한에 대한 중국의 군사적 지원 결정에는 단순히 이념적 연대를 뛰어 넘는 어떤 이유가 있었다.[44] 중국이 한반도 또는 북한에 대해 언급할 때 주로 사용하는 지전략적 개념은 '순치상의'(脣齒相依) 또는 '순망치한'(脣亡齒寒)으로 대변된다. 즉, 입술(한반도 혹은 북한과 같은 완충지역)이 없다면 무엇보다 중요한 치아(즉, 중국)가 큰 타격을 받을 수밖에 없다는 의미이다.[45] 이러한 상호성의 개념은 한국전쟁 이후 북-중 관계를 가리키는 '혈맹'(鮮血凝成的關係)이나 '형제와 같은 관계'(兄弟之邦) 등의 특수한 호칭으로 발전하였다. 따라서 지정학적 관점에서 보면 중국의 부상이 미국과의 경쟁과 분규를 만들어낼 가능성이 커질수록 한반도에 다시 한 번 고통스러운 선택과 그에 따른 딜레마가 찾아올 수밖에 없음을 예고하는 것이다.

역사와 상호인식

역사의 흐름을 통해 집적된 국가 간의 정서와 상호인식은 동아시아 국제관계에서도 중요한 역할을 해왔다. 이미 유럽에서 거의 해결이 된 '독일 문제'와는 달리 '일본 문제'는 아직도 걸림돌로 남아 있는 것이 대표적 예다.[46] 반일 감정은 한국과 중국에 아직 강하게 남아 있으며, 이와 관련해서는 북한의 경우에도 사실 큰 차이는 없다. 이러한 정서는 대체로 36년(1910-1945)에 걸친 식민 지배에 기인하는 것으로, 한국에서 일본은 매우 비우호적으로 인식되며 때로는 북한보다 그 선호도가 더 낮게 나타나기도 한다. 대부분의 한국인은 1945년에 종결된 일본의 식민 지배를 잊지 않았고 또 잊으려 하지도 않지만, 1953년에 종결된 중국의 한국전쟁 참전에 대해서는 대개 잊었거나 또는 큰 관심이 없는 듯하다.[47]

우리는 여기서 매우 흥미로운 질문에 직면하게 된다. 타국에 대한 부정적 인식을 결정짓는 것이 특정 사건의 시간적 근접성(temporal immediacy)인지 아니면 그 사건의 지속 기간(duration)인가 하는 문제이다. 만약 전자가 더 중요하다면, 식민지 시기 이후에 발발한 한국전쟁에 대한 기억이 보다 생생한 한국으로서는 일본보다 중국에 대해 더 부정적 인식을 가져야 하나 실제 현실은 그렇지 않은 것으로 보인다. 반면 후자(지속 기간)가 더 중요하다면 한국의 뿌리 깊은 반일 감정은 이와 제대로 들어맞는 것 같기도 하다. 그러나 유사 이래 한국이 경험한 900회를 상회하는 외침의 대부분이 한반도를 자신의 '세력판도'(勢力範圍)로 인식했던 중국과 북방 이민족 왕조들에 의해 이루어졌음을 감안하면 때론 무조건적 선호로까지 비춰지는 한국인의 대 중국 호감도가 흥미로운 현상임에는 틀림없다.[48]

조공체제는 당시 아시아 전역에서 통용되던 국제관계의 특수한 성격을 구현한 것이었고, 종주국-속국 관계라는 형식에도 불구하고 조선의 내정에 대한 중국의 실질적인 간섭은 드물었다.[49] 중국 북부와 서부 변경에 소재한 유목 위주의 이민족들과 비교할 때 한반도는 중국에 큰 위협이 되지 않았으며, 그로 인해 한반도에 대해서는 이른바 '행정제도상의 내부 식민지화'(行政建制的內地化)가 적극적으로 시행되지 않았다. 즉, 한반도에 대한 중국의 통제는 순응을 전제로 한 문화적, 규범적 기제로 특징지어졌다는 점이다.[50] 한반도의 관점에서도 당시의 중국은 신뢰할 수 있는 보호자이자 고급문화(즉, 소프트 파워)의 원천이었으며, 이는 자발적이지만 제한적인 '중국화'(漢化: Sinification)를 통해 한민족이 만주족이나 거란족처럼 정치, 문화적으로 소멸되는 것을 방지했다. 무엇보다도 천자(天子)의 문명적 통치에 대한 보편적 인식 때문에 한-중 간의 간헐적 충돌이 있었음에도 불구하고 중국은 대체로 유덕(有德)한 통치의 주체로 인식되었던 것이다.

현대에 들어서도 인종적 편견이 만연했던 문혁 시기(1966-69)를 제외하면 대체로 상호 간의 배려, 우호적 원조와 협력이 북-중 관계의 상당 부분을 특징지었다고 볼 수 있다. 중-소 분쟁 발발 이후 북한은 소련의 경제원조와 군사 지원을 극대화하는 가운데서도 전반적으로는 중국 쪽에 조금 더 가까웠던 것으로 평가된다.[51] 북-중 관계의 부침(浮沈)과는 무관하게 양국 관계의 '특별함'은 1992년 한-중 수교가 이루어지기 전까지 상당 부분 유지되었다고 볼 수 있다. 2002년 후반 2차 북핵 위기가 일어나면서 중국이 북한 정책을 전면 재검토하는 징후가 포착되기도 했지만 중-북 간에 유지되어 온 전략적 관계의 근간이 변할지 여부는 판단하기 쉽지 않다.[52]

한국의 경우에도 - 2장에서 상세히 논하겠지만 - 냉전체제가 무너지기 전부터 이미 수차례에 걸쳐 대 중국 관계 개선을 위한 노력을 기울였음을 보게 된다. 북한과 중국 사이의 '특별한' 관계는 이념의 공유와 지정학적 관점에서 비교적 쉽게 이해할 수 있지만, 중국에 대한 한국의 우호적 시각은 동일한 관점으로 설명될 수 없다. 물론 대 북한 억지(抑止)를 위해 중국을 활용하려는 한국의 전략적 현실주의 패러다임과 무역 및 투자 증대를 통해 상호 이익의 극대화를 추구하려는 자유주의적 시각으로 이에 대한 부분적인 설명은 가능하다. 또 중국의 관점에서 본다면, 안정적인 대외환경의 유지를 위해 과거에 적대적이던 국가들에 대해 일정한 정책 조정을 할 수밖에 없었다는 주장도 가능하다.[53] 이러한 관점들이 부분적으로 타당한 설명을 제공한다고 하더라도 그토록 짧은 기간에 '전면적 협력 파트너십'이 형성될 정도로 급속히 확대된 한-중 관계를 설명하기에는 여전히 뭔가 부족한 것으로 보인다.

한-중 교역이 25년 만에 4,176배나 증가했고, 2004년에는 중국이 미국을 제치고 한국의 최대교역국으로 부상한 것은 무엇으로 설명이 가능한가? 대 미국 투자보다 20년이나 늦게 시작되었음에도 불구하고 누적액 기준으로 한국의 대 중국 투자액이 대 미국 투자액을 상회하는 이유는 무엇인가? 2009년 기준으로 중국에 유학 중인 외국학생 중 한국인 학생의 수가 가장 많고(40%대), 재한국 유학생의 총수에서 중국인의 비중이 무려 70퍼센트에 달한 것은 어떻게 이해할 것인가? 2001년 이래 한-중 간 교차 방문객의 수가 한-미 간의 그것을 월등히 초과해버린 사실은 또 어떻게 봐야 하는가?[54] 심지어 중국이 한-미 동맹을 대체할 '전략적 대안'이 될 수 있는지 여부에 대한 논쟁까지 있었던 것은 또 어찌 볼 것인가?[55]

과거 적대적이던 양국을 그렇게 맹렬한 기세로 끌어당긴 '자석'은 과연 무엇이었는가? 이를 명시적이며 실증적인 방법으로 드러내는 것은 용이치 않으나 대략 세 가지 가능성을 생각할 수 있다.

첫째, 앞에서도 언급했지만 남북한을 막론하고 한국인이라면 중국에 대해 갖고 있는 어떤 정서나 역사적으로 형성된 인식을 상정할 수 있겠다. 이는 유전적이기보다는 후천적으로 습득되어 재생산되는 인식에 속할 가능성이 크다. 둘째, 중국에 대해 한국인들이 가진 우호적 인식이 실제로는 중국과의 접촉이 부족한 것에서 기인한 '희망 어린 기대'(wishful thinking)일 수도 있다. 즉, 중국의 실체를 제대로 보지 못한 데서 나온 '오인식'일 수도 있다는 점이다.[56] 셋째, 오랜 피침(被侵)의 역사 속에서 어쩌면 한국인들은 일본에 대한 전략적 균형추로서 중국에 대한 인식을 배양해왔는지도 모른다. 즉, 중국이 좋아서라기보다는 본능적으로 중국을 일본에 대한 견제 축으로 활용할 수도 있다는 인식을 품었다는 의미이다.

한반도의 미래와 선택

지난 30년의 궤적을 중심으로 볼 때, 거의 확실시되는 중국의 강대국화는 지정학적, 역사적 그리고 인식적인 측면에서 향후 남북한을 포괄한 한반도에 적잖은 변화를 가져올 수밖에 없다. 이미 경제를 포함한 다방면에서 높은 중국 의존도를 보이는 북한으로서는 미국과의 관계 개선을 통해 전략적 균형을 이루려고 노력할 것이고, 미국보다 더 큰 규모의 경제관계를 중국과 갖게 된 한국으로서도 예전처럼 단순히 안보동맹의 논리에만 매달릴 수 없는 상황을 맞았다. 그럼에도 불구하고 동아시아에 있어 영토적 야심이 없는 '역외균형자'(offshore balancer)로서의 미국과 어떠한 형태로든 구조적 관계를 지속하는 것은 향후 중국의 부상이 가져올 수도 있는 불확실성에 대비하기 위해 한국이 챙겨야 할 위험 분산의 방안이자 보험정책인 것으로 보인다.

한국과 북한이 공히 갖고 있는 지상목표는 세 가지, 즉 안보적으로 생존의 명제, 경제적으로는 발전의 명제, 그리고 단순히 '무엇을 할 것인가'를 넘어 '무엇이 될 것인가'에 대한 비전(vision) 제시와 그 성취가 있겠다. 우선 중국의 부상으로 인해 첫째와 둘째 목표를 통제하는 논리 자체가 분화(分化)되고 있어, 중장기적으로 볼 때 남북한에게 전략적 딜레마의 도래는 시간문제일 것으로 보인다. 남북한 공히 국익의 극대화를 위해서 이 두 논리를 관장하는 미국 및 중국과 좋은 관계를 유지해야 하지만, 앞서 언급한 것처럼 미-중 관계가 우리의 선호와는 매우 다른 방향으로, 또 독립적으로 발전할 수 있다는 문제가 존재한다. 뿐만 아니라 일본의 전략적 미래와 남북관계의 향배 역시 추가적인 변수로 작동할 개연성이 크다.

이상과 같은 고도의 불확실성을 감안할 때, 한국의 선택은 무엇이어야만 하는가? 우리는 (1) 다양한 상황의 전개 가능성을 미리 검토하고 사전에 대비하는 물질적, 심리적 상황을 마련해야 하고, (2) 국익에 불리한 상황의 전개가 일어날 경우 이에 적극적으로 대처할 능력을 지닌 국제적 연계망과 국내적 인재를 양성해야 하며, (3) 상황에 관계없는 고착적 해법에 집착하기보다 '중형 강국'이 가질 수 있는 유연성(flexibility)에 기반을 둔 전략을 설계하고 수행해야 할 것이다. 이 책에서 제시하는 '명민외교'는 바로 이런 점을 염두에 두고 '명석한 이해와 준비에 바탕을 두되 민활한 대처를 할 수 있는 능력을 가진 외교'라는 의미로 필자가 조어(造語)한 것이다(각론은 14장을 참조).

자료와 방법론에 대하여

이 책은 주제의 성격상 하나의 방법론에 천착하기보다는 합목적성과 실용성에 입각해 다양한 방법과 방법론에 열려 있는 연구서라고 할 수 있다. 이론적 틀의 측면에서 보면, 전반적으로 현실주의적 시각(즉, 피침의 역사로 점철된 한국에게는 생존과 안보가 가장 중요한 목표이며 이를 담보하기 위해 독자적 힘의 증대가 필수라는 관점)에 충실하면서도 자유주의 시각(즉, 복합적인 교류의 증대를 통해 국가 간 협력 및 한반도 통일을 위한 다자적 협력의 실행이 가능하고 또 필요하다는 관점)도 상당 부분 활용하고 있다. 더 나아가 국가 간 인식이 외교정책 및 대외전략의 수립에 있어 중추적인 영향력을 가짐을 인정하는 입장을 취한다. 전반적으로 필요에 따라 '취사선택'(eclectic)하는 입장을 취하되, 다만 이들을 가능한 한 구체적이며 실증적인 방법들(empirical methods)의 활용을 통해 설득력 있게 제시하고자 한다.[57)]

이 책은 역사의 흐름에 큰 관심을 갖고 있다. 역사의 굽이굽이마다 있었던 주요 사건들의 이해에 있어 본서는 합리적 선택의 시각과 함께 지역연구의 맥락적 접근을 병행해 충실한 '사후적 설명'(post-facto explanations)을 제시하고자 한다. 이를 위해 다양한 분석 수준에 대한 고려와 함께 국내적 및 대외적 환경으로부터 오는 제약요인(constraints)을 함께 분석하였다. 합리적 선택의 시각으로 살펴본 상황과 실제의 분석 결과가 일치하지 않을 경우, 이들 제약요인의 작동이 있었다는 의미이며 바로 이것이 미래에 대해서도 유용한 함의를 제공할 것으로 생각하기 때문이다.[58)]

본서에서는 또한 두 유형의 비교방법을 활용하였다. 하나는 명시적 비교로서 한-중 관계의 변화와 북-중 관계의 변천을 동일한 국제환경과 시기에 놓고 대조 분석한 것을 지칭한다. 다른 하나는 명시적인 비교 방법을 사용하지는 않았으나 한-중 관계 개선의 배경과 과정을 분석함에 있어 중국과 남아프리카, 인도네시아 및 이스라엘과의 관계 개선이라는 유사 사례를 부분적으로 비교해 분석한 것을 가리킨다.

한-중, 북-중 및 한-미 관계에서 드러난 상호인식의 변화를 실증적으로 보이기 위해 근 20여 년에 걸쳐 한국인, 미국인, 중국인 학자, 전문가 및 관리들에 대해 필자가 수행했던 '자유로운 인터뷰'(unstructured interviews)의 내용을 다수 인용하였다. 또 1998년, 2002-3년, 2004년, 그리고 2007년의 네 차례에 걸쳐 서울, 워싱턴, 상하이 및 베이징에서 수행한 '구조화 설문'(structured interviews)의 분석 내용도 함께 제시하였다.[59]

마지막으로 본서의 연구에 사용된 자료에 대해 간략한 설명을 제시할 필요가 있겠다. 우선 한국, 중국(홍콩 및 대만 포함), 그리고 미국의 다양한 매체에 실린 관련 자료들을 분석했는데, 한국의 경우 1948년부터 최근까지 『조선일보』, 『동아일보』, 『중앙일보』, 『한겨레신문』 및 경제지에 실린 자료를 서울대 중앙도서관 소장분 및 한국언론재단의 기사검색 데이터베이스(http://www.kinds.or.kr)를 활용해 분석하였다. 중국어 자료의 경우, 공식자료인 『인민일보』와 『환구시보』뿐 아니라 지방단위의 신문들과 대만, 홍콩에서 발행되는 다양한 잡지와 신문들을 참조했으며, 특히 홍콩중문대학 대학복무중심(USC)에 소장된 방대한 자료의 도움이 컸음을 밝힌다. 영문 매체의 경우, *New York Times*, *Washington Post*, *Economist*, *Far Eastern Economic Review* 등을 활용하였다. 보다 중요하게는 위 세 가지 언어로 출간된 학술단행본, 회고록, 자서전, 국제정치 및 지역학 관련 정기 학술지뿐 아니라 다양한 정책보고서, 자료선집 및 통계연감들도 활용하였다. 또한 『대한민국 외교문서』를 통해 공개된 1948-1975년 기간의 정부문서도 참조하였다.[60]

책의 구성

본 장을 제외하고 이 책은 다음의 네 부분으로 나뉜다. 먼저 제1부에서는 냉전기 30여 년 동안 한반도의 남과 북이 각각 중국과 유지했던 관계의 성격, 그리고 이에 따른 동북아 국제관계의 역학에 대한 논의를 제시한다.[61] 안보와 경제관계의 핵심변수로서 중국의 부상을 북한은 이미 냉전기에 겪었음을 살펴보는 한편, 냉전의 논리와 구조에서 중국과 적대적 관계를 유지할 수밖에 없었던 한국의 국내외 역학도 함께 다룬다. 따라서 2장에서는 냉전기의 한-중 관계를, 그리고 3장에서는 같은 시기 북-중 관계의 내용과 변화를 담게 된다.

제2부에서는 '전환기'로 규정한 1980년대와 한-중 수교가 이루어진 1992년까지의 한-중 관계와 북-중 관계를 다루게 된다. 먼저 4장과 5장에서는 냉전의 종식 이전에 이미 한국과 중국 사이에 '해빙'(解氷)이 이루어진 배경과 함께 경제 협력의 증대가 궁극적으로 외교관계의 정상화를 만들어내는 과정에 대한 분석을 제시한다. 6장에는 한-중 수교를 위한 협상과정에 대한 자세한 논의를 담았는데, 이는 단순히 교섭사에 대한 자료적 의미뿐 아니라 수교 이후의

한-중 관계를 좌우해온 인식의 측면을 이해하는 데에도 큰 도움을 주게 될 것이다. 제2부의 마지막 7장에서는 전환기의 북-중 관계를 다루는데, 중국의 개혁·개방 정책과 한-중 관계의 개선이 북-중 관계에 미친 부정적 영향에 대해 중점적으로 논하게 된다.

제3부에서는 탈냉전기(1992년 8월의 수교 이후) 한-중 및 북-중 관계의 변화와 그 함의에 초점을 두고 있다. 총 네 개의 장으로 구성된 3부는 우선 8장에서 한-중 및 북-중 관계에 대한 독립변수랄 수 있는 탈냉전기 동아시아의 전략 환경에 대한 논의와 함께 수교 이후 한-중 관계의 발전에 대한 포괄적인 평가를 제시한다. 이어 9장에서는 수교 이후의 한-중 관계가 '특별한 배려의 관계'로부터 '정상적인 파트너십'으로 전환되는 과정을 2000년에 일어난 한-중 간 '마늘분쟁'의 사례를 통해 분석하였다. 10장에서는 2000년대 들어 한-중 관계에 밀어 닥친 다양한 도전과 과제들에 대해 논의하는데, 특히 '고구려사 논쟁'을 둘러싼 한국에서의 대 중국 인식의 변화를 다루게 된다. 11장에서는 한-중 수교 이후 불거진 북핵 문제로 인한 중-북 관계의 변화와 그 동학을 실증적으로 다룬다.

마지막으로 제4부는 세 개의 장으로 이루어져 있으며, 여기서는 양자관계에 대한 역사적 논의를 벗어나 중국의 부상과 더불어 급변하는 동아시아 전략구도 속에서 한국 외교가 해결해야 할 중장기적 과제 - 안보, 발전 및 통일 - 에 대한 논의를 제시한다. 우선 12장에서 중국의 부상에 따른 국제정치구조의 변동, 한국의 대 미국 및 대 중국 인식의 변화와 중국에서의 대 한국 인식 추이에 대한 실증적 분석을 제시한다. 13장에서는 향후 중국의 미래 궤적들에 대해 살펴보고, '강대국화'의 구현을 전제로 한국이 가용(可用)할 수 있는 전략적 선택들과 함께 각각의 잠재적 비용에 대한 분석을 제공한다. 마지막으로 14장에서는 이들 목표를 이루고 또 한국의 국격을 지키기 위한 관건이자 당위로서의 '명민외교'를 어떻게 준비하고 수행할 것인지에 대한 필자의 구체적인 고민을 독자들과 공유하고자 한다.

주석

1 강대국으로서 중국의 등장을 여기서는 '부상'(浮上: rise 또는 ascent)이라는 단어로 표현하였다. 중국에서도 한때 '굴기'(崛起)라는 개념이 지나치게 빠른 속도의 등장을 지칭한다고 논란이 되기도 했다. 이 책에서는 그러한 별도의 의미를 부여하지 않고 단순히 국제정치의 구조 및 규범의 형성에 실질적인 영향력을 행사할 수 있는 '상층국가' 혹은 '선도국가'로서의 등장을 가리킨다. '강대국' 및 '강대국화'의 개념에 대한 상세한 논의로는 정재호, "강대국화의 조건과 중국의 부상," 정재호 (편), 『중국의 강대국화 - 비교 및 국제정치학적 접근』 (서울: 도서출판 길, 2006), pp. 11-52를 보라.

2 이러한 전략적 번민에 대하여는 Andre Schmid, *Korea between Empires, 1895-1919* (New York: Columbia University Press, 2002), ch. 2; Jae Ho Chung, *Between Ally and Partner: Korea-China Relations and the United States* (New York: Columbia University Press, 2007), ch. 9를 참조하라.

3 이 논문은 약 1년 반 뒤에 Jae Ho Chung, *The Korean-American Alliance and the "Rise of China": A Preliminary Assessment of Perceptual Changes and Strategic Choices* (Stanford, CA: Institute for International Studies, February 1999)로 출간되었으며 〈http://ldml.stanford.edu/aparcpubsearch〉에서 원문을 확인할 수 있음.

4 Jae Ho Chung, "South Korea between Eagle and Dragon: Perceptual Ambivalence and Strategic Dilemma," *Asian Survey*, Vol. 41, No. 5 (September-October 2001), pp. 777-796을 보라.

5 예컨대 Norman D. Levine, *Do the Ties Still Bind? The U.S.-ROK Security Relationship after 9/11* (Santa Monica, CA: RAND, 2004); David Steinberg (ed.), *Korean Attitudes toward the United States: Changing Dynamics* (Armonk, N.Y.: M. E. Sharpe, 2005)를 보라.

6 시간이 갈수록 - 즉, 미국과 중국 사이의 국력 차가 줄어들수록 - 아마도 우리가 한쪽 편을 선택할 수밖에 없는 이런저런 상황이 점차 많아질 것으로 보인다. 바로 그런 딜레마 상황을 미리 제대로 대비하기 위함이 이 책을 쓰게 된 중요한 목적 중 하나이다.

7 이 과정에서 중국은 북한을 '제멋대로인'(悍然) 국가라고 비판했을 뿐 아니라, 북한 외무성의 김계관 부상은 2007년 초 뉴욕에서 "미국이 핵 문제 해결을 위해 중국에 의존해서 실제로 해결된 것이 무엇인가"라며 중국을 겨냥하기도 했다.

8 이와 관련해 Byung Chul Koh, *The Foreign Policy Systems of North and South Korea* (Berkeley: University of California Press, 1984), pp. 204-210; Jae Ho Chung, "Korea and China in Northeast Asia: From Stable Bifurcation to Complex Interdependence," in Charles Armstrong, Samuel S. Kim, Stephen Kotkin and Gilbert Rozman (eds.), *Korea at the Center: Dynamics of Regionalism in Northeast Asia* (Armonk: M. E Sharpe, 2006), pp. 203-213을 참조하라.

9 물론 이러한 시각은 일정한 논리적 취약성을 갖고 있다. 예컨대 지금의 기준으로 볼 때 '강대국'에 훨씬 못 미치는 능력을 가졌던 중국이 1950년 한국전쟁 참전 이후 줄곧 한반도와 연관된 다양한 현안들에 직간접으로 적잖은 영향력을 미쳐왔음을 감안하면, 전 지구적 투사능력을 갖지는 못하더라도 최소한 한반도와 관련해서 중국이 가진 역할과 비중을 상당 부분 인정해야만 하기 때문이다. 중국의 미래 궤적에 대하여는 본서의 13장을 참조하라.

10 이들 논의에 대해서는 Evelyn Goh, *Meeting the China Challenge: The U.S. in Southeast Asian Regional Security Strategies* (Washington, D.C.: The East-West Center, 2005); Denny Roy, "Southeast Asia and China: Balancing or Bandwagoning?" *Contemporary Southeast Asia*, Vol. 27, No. 2 (2005), pp. 312-331; Robert S. Ross, "Balance of Power Politics and the Rise of China: Accommodation and Balancing in East Asia," *Security Studies*, Vol. 15, No. 3 (July-September 2006); Jae Ho Chung, "East Asia Responds to the Rise of China: Patterns and Variations," *Pacific Affairs*, Vol. 82, No. 4 (Winter 2009/2010), pp. 657-675를 보라.

11 이와 관련해 Albin Z. Rubinstein and Donald Smith, "Anti-Americanism: Anatomy of a Phenomenon," in Albin Z. Rubinstein and Donald Smith (eds.), *Anti-Americanism in the Third World* (New York: Praeger, 1985); Robert Wistrich, *Anti-Zionism and Antisemitism in the Contemporary World* (New York: New York University Press, 1990); Rita R. Rogers, "Intergenerational Transmission of Historical Enmity," in Vamik D. Volkan et al., *The Psychodynamics of International Relationships* (Lexington, MA: Lexington Books, 1990), pp. 91-96을 보라.

12 Dominic Wilson and Roopa Purushothaman, "Dreaming with BRICs: The Path to 2050," *Goldman Sachs Global Economic Paper*, No. 99 (October 1, 2003); Donald Barboza, "China's Economy Growing at a Breakneck Pace," *New York Times*, July 19, 2007; Graeme Weardon, "China Becomes

World's Third Largest Economy," *Guardian*, January 14, 2009.

13 "China's Foreign Currency Reserve Almost $1 Trillion," posted on October 13, 2006 at http://www.bloomberg.com/apps/news?pid=20601080&sid=aL_WRpn5WSmU&refer=asia (최종 검색일: 2007년 9월 26일); *Financial Times*, August 25, 2009; 『香港經濟時報』, 2009년 12월 28일; 『조선일보』, 2010년 1월 13일과 8월 17일; 劉利剛, "中國將超日本成爲世界第2大經濟體?" 『改革內參』, 2期 (2010), pp. 42-43을 보라.

14 Christopher Layne, "The Coming End of the United States' Unipolar Moment," *International Security*, Vol. 31, No. 2 (Fall 2006), pp. 7-41; 『조선일보』, 2008년 9월 25일; Peter Van Ness, "The Problem with George: US Hegemony in Disarray," *Global Asia*, Vol. 4, No. 1 (Spring 2009), pp. 50-51; *Wall Street Journal*, February 26, 2010; Robert Fogel, "123,000,000,000,000: China's Estimated Economy by Year 2040," *Foreign Policy* (January/February 2010); *Washington Post*, February 25, 2010을 보라.

15 이와 유사한 평가에 대해서는 The Center for Strategic and International Studies and the Institute for International Economics, *China: The Balance Sheet* (New York: Public Affairs, 2006); James Kynge, *China Shakes the World: A Titan's Rise and Troubled Future* (New York: Houghton Mifflin, 2006); Angus Maddison, *Chinese Economic Performance in the Long Run, 960-2030 AD*, 2nd ed. (Paris: OECD, 2007), ch. 4를 참조하라.

16 이와 관련한 쟁점에 대해서는 Yasheng Huang, *Selling China: Foreign Direct Investment during the Reform Era* (Cambridge: Cambridge University Press, 2003)을 보라.

17 A. F. K. Organski and Jacek Kuglar, *The War Ledger* (Chicago: University of Chicago Press, 1980), ch. 2를 보라. 중국의 이와 같은 시각에 대하여는 章百家, "改變自己 影响世界," 牛軍 (編), 『中國學者看世界: 中國外交卷』 (北京: 新世界出版社, 2007), pp. 25-26을 보라.

18 David Shambaugh, "China Engages Asia: Reshaping the Regional Order," *International Security*, Vol. 29, No. 3 (Winter 2004), pp. 64-99; Avery Goldstein, *Rising to the Challenge: China's Grand Strategy and International Security* (Stanford: Stanford University Press, 2005), chs. 5-6.

19 세계 경제에 대한 중국과 미국의 기여도에 대해서는 *Wall Street Journal*, 2007년 10월 9일 자를 보라. 또 "A Special Report on China's Place in the World," *The Economist*, December 2, 2010을 보라.

20 이와 관련하여 http://www.eurosfaire.prd.fr/7pc/doc/1172656141_china_final_demos_2007.pdf; "China Almost Ties with US in Number of Researchers," *Bloomberg*, November 25, 2009을 참조하라.

21 Hongyi Lai, "China's Western Development Program," *Modern China*, Vol. 28, No. 1 (October 2002), pp. 432-466; Jae Ho Chung, Hongyi Lai and Jang-Hwan Joo, "Assessing the 'Revive the Northeast'(*Zhenxing dongbei*) Program: Origins, Policies and Implementation," *The China Quarterly*, No. 197 (March 2009), pp. 108-125를 보라.

22 예컨대 Jae Ho Chung (ed.), *Charting China's Future: Political, Social and International Dimensions* (Lanham, MD: Rowman & Littlefield, 2006)의 각 장을 참조하라.

23 Gregory Chin and Ramesh Thakur, "Will China Change the Rules of Global Order?" *The Washington Quarterly*, Vol. 33, No. 4 (October 2010), pp. 119-138을 보라.

24 이러한 시각에 대해서는 Aaron Friedberg, "Ripe for Rivalry: Prospects for Peace in a Multipolar Asia," *International Security*, Vol. 18, No. 3 (Winter 1993-94), pp. 5-33; Richard Betts, "Wealth, Power and Instability: East Asia and the United States after the Cold War," *International Security*, Vol. 18, No. 3 (Winter 1993-94), pp. 34-77; Thomas Christensen, "China, the US-Japan Alliance, and the Security Dilemma in East Asia," *International Security*, Vol. 23, No. 4 (Spring 1999), pp. 49-80; Denny Roy, "China's Reaction to American Predominance," *Survival*, Vol. 45, No. 3 (Autumn 2003), pp. 57-78 (특히, pp. 70-71)을 참조하라.

25 후자의 시각으로는 Thomas Christensen, "Posing Problems without Catching Up: China's Rise and Challenges for U.S. Security Policy," *International Security*, Vol. 25, No. 4 (Spring 2001), pp. 5-40; John Mearsheimer, *The Tragedy of Great Power Politics* (New York: W. W. Norton, 2001), ch. 1; Brian Efird, Jacek Kuglar and Gaspore M. Genna, "From War to Integration: Generalizing Power Transition Theory," *International Interactions*, Vol. 29 (2003), pp. 305-309; John Mearsheimer, "China's Unpeaceful Rise," *Current History* (April 2006), pp. 160-162를 보라.

26 Alastair I. Johnston, "Is China a Status Quo Power?" *International Security*, Vol. 27, No. 4 (Spring 2003), pp. 5-56; Allen Carlson, *Unifying China, Integrating with the World: Securing Chinese Sovereignty in the Reform Era* (Stanford: Stanford University Press, 2005)를 참조하라.

27 예컨대 Gerald Segal, "Does China Matter?" *Foreign Affairs*, Vol. 78, No. 5 (September/October 1999), pp. 24-36; Robert G. Sutter, *China's Rise in Asia: Promises and Perils* (Lanham, MD: Rowman & Littlefield, 2005); Lester Thurow, "A Chinese Century? Maybe It's the Next One," *New York Times*, August 19, 2007을 보라.

28 Evan Medeiros and M. Taylor Fravel, "China's New Diplomacy," *Foreign Affairs*, Vol. 82, No. 6 (November-December 2003), pp. 22-35; Shambaugh, "*China Engages Asia*," pp. 64-99; Goldstein, *Rising to the Challenge*, chs. 5-6. 또 沈驥如, "中國威脅論的實質是企圖渴制中國發展顚覆中國政權,"『領導參閱』, 12期 (2006年), pp. 17-23을 보라.

29 Michael D. Swaine and Ashley J. Tellis, *Interpreting China's Grand Strategy: Past, Present, and Future* (Santa Monica, CA: RAND, 2000), ch. 3. 중국의 대 아시아 전략에 초점을 둔 논의로 陳向陽,『中國睦隣外交思想實踐前瞻』(北京: 時事出版社, 2004)을 보라.

30 David Kang, "Getting Asia Wrong: The Need for New Analytical Frameworks," *International Security*, Vol. 27, No. 4 (Spring 2003), pp. 57-85를 보라. 이러한 관점을 반박하는 논의로 Amitav Acharya, "Will Asia's Past Be Its Future?" *International Security*, Vol. 28, No. 3 (Winter 2003/04), pp. 149-164를 참조하라. 실제로 동아시아에서 중국의 부상에 대한 명시적인 견제가 적다는 견해에 대해서는 Barry Buzan, "How and To Whom Does China Matter?" in Barry Buzan and Rosemary Foot (eds.), *Does China Matter? A Reassessment* (London: Routledge, 2004), pp. 152-154을 보라.

31 예컨대 그리즈(Peter H. Gries)는 향후 미-중 관계가 친구(friends)나 적(enemies)보다는 그 중간 단계인 파트너(partners)와 경쟁자(rivals)를 오가는 관계가 될 가능성이 크다고 본다. "The Future of United States-China Relations: System-, State- and Individual-level Drivers," in Chung (ed.), *Charting China's Future*, pp. 155-160을 보라. 또 David M. Lampton and Cheng Li, "China in the Year 2020," *Asia Policy*, No. 4 (July 2007), pp. 1-52도 참조하라.

32 이에 대해서는 Chung, *Between Ally and Partner*, pp. 3-4를 참조하라.

33 '양다리 걸치기'에 대해서는 Evan Medeiros, "Strategic Hedging and the Future of Asia-Pacific Stability," *The Washington Quarterly*, Vol. 29, No. 1 (Winter 2005/06), pp. 145-168; Evelyn Goh, "Understanding 'Hedging' in Asia-Pacific Security," *PacNet*, No. 43 (August 31, 2006) at http://www.

csis.org/pacfor/pacnet (최종 검색일: 2007년 3월 2일)을 보라.

34 이에 대해서는 Mark Mancall, "The Ch'ing Tribute System: An Interpretive Essay," in John King Fairbank (ed.), *The Chinese World Order: Traditional China's Foreign Relations* (Cambridge, MA: Harvard University Press, 1968), pp. 63-89; 黃枝蓮, 『亞洲的華夏秩序』 (北京: 中國人民大學出版社, 1992); Michael D. Swaine and Ashley J. Tellis, *Interpreting China's Grand Strategy: Past, Present, and Future* (Santa Monica: RAND, 2000), pp. 22-79를 보라.

35 楊紹全, 何彤美, 『中國朝鮮韓國關係』 (天津: 天津人民出版社, 2001), 上卷, pp. 4-6; 黃枝蓮, 『亞洲的華夏秩序』, 2장; Peter Yun, "Confucian Ideology and the Tribute System in Chosun-Ming Relations," 『史叢』, No. 55 (September 2002), pp. 67-70을 보라.

36 Hae-jong Chun, "Sino-Korean Tributary Relations in the Ch'ing Period," in Fairbank (ed.), *The Chinese World Order*, pp. 90-91; 楊少全, 何彤美, 『中國朝鮮韓國關係』, 下卷, pp. 542-579; Alexander Woodside, *Vietnam and the Chinese Model* (Cambridge, MA: Harvard University Press, 1971), p. 237을 보라.

37 黃枝蓮, 『亞洲的華夏秩序』, pp. 167-174; Pow-key Sohn, "Power versus Status: The Role of Ideology during the Early Yi Dynasty," 『東方學誌』, 제10호 (1969년), pp. 211-217; 전해종, 『韓中關係史硏究』 (서울: 일조각, 1970), p. 24를 참조하라.

38 전자는 『宣祖修正實錄』에서, 후자는 명조의 『神宗實錄』에서 각각 발췌한 것으로, 둘 다 최소자, 『明淸時代中韓關係史硏究』 (서울: 이화여자대학교 출판부, 1997), pp. 26, 28로부터 인용하였음.

39 조선 초기의 정도전(鄭道傳)과 조선 중기의 이이(李珥)가 가졌던 중국관에 대한 흥미로운 비교로는 Yun, "Confucian Ideology and the Tribute System in Chosun-Ming Relations," pp. 72-79를 참조하라. 임진왜란이 한-중 관계에서 차지하는 중요성에 대해서는 한명기, 『임진왜란과 한중관계』 (서울: 역사비평사, 1999)를 보라.

40 최소자, 『明淸時代中韓關係史硏究』, pp. 59, 116; 張永江, 『清代藩部硏究』 (哈爾濱: 黑龍江教育出版社, 2001), pp. 36-38.

41 Schmid, *Korea between Empires, 1895-1919*를 보라.

42 당시 중국이 직면했던 상황에 대해서는 Maurice Meisner, *Mao's China: A History of the People's Republic* (New York: Free Press, 1977), pp. 77-79; Zhihua Shen, "China Sends Troops to Korea: Bejing's Policy-Making

Process," in Xiaobing Li and Hongshan Li (eds.), *China and the United States: A New Cold War History* (Lanham: University of America Press, 1999), pp. 13-47; 徐焰, 『毛澤東與抗美援朝戰爭』 (北京: 解放軍出版社, 2003), pp. 88-117을 보라.

43 한국전쟁 참여가 중국경제에 미친 지속적인 악영향에 대해서는 Carl Riskin, *China's Political Economy* (New York: Oxford University Press, 1987), pp. 43-49, 74-76을 보라. 대만을 조기에 '해방'시키려던 마오의 계획이 한국전쟁 참전으로 인해 좌절됐다는 견해에 대하여는 青史, "金日成阻止了毛澤東進攻臺灣計劃," 『明報月刊』 (1994년 7월), pp. 84-90을 보라.

44 Chae-Jin Lee, *China and Korea: Dynamic Relations* (Stanford: The Hoover Press, 1996), pp. 10-21; "中國學者眼中的抗美援朝," 『半月談內部版』, 第10號 (2000年), pp. 33-34; Xiaobing Li, Allan R. Millet and Bin Yu (eds.), *Mao's Gernerals Remember Korea* (Lawrence: University Press of Kansas, 2001)을 보라.

45 이 두 표현은 19세기 후반 만주 동삼성(東三省: 黑龍江省, 吉林省, 遼寧省)의 안보에서 한반도가 차지하는 전략적 중요성을 누구보다도 잘 이해했던 리훙장(李鴻章)에 의해 최초로 사용됐다. 李鴻章, "論日本派勢入朝鮮"과 "向國李裕文書," 『李鴻章 全集』 (海口: 海南出版社, 1997), 제6권, p. 3013과 제9권, p. 4785을 보라.

46 소위 '독일 문제'에 대해서는 Joyce Marie Mushaben, "A Search for Identity: The 'German Question' in Atlantic Alliance Relations," *World Politics*, Vol. 40, No. 3 (April 1988), pp. 395-417을 보라.

47 일본과의 관계에서 공식 사과의 요구가 지속적인 쟁점이었던 것에 반해 한국전쟁 참전에 대해서는 중국 측의 공식적인 유감 표명이 없었다. 한-중 간 수교 교섭 과정과 연관된 이 문제에 대한 논의는 본서 6장에서 제시되며, 여론조사를 포함한 상호인식에 관한 자세한 내용은 12장을 참조하라.

48 한국의 대 중국 인식과 대미·대일 인식 간의 상세한 비교는 Chung, *Between Ally and Partner*, ch. 8을 보라.

49 陳鋒君, 『亞太大國與朝鮮半島』 (北京: 北京大學出版社, 2002)는 "역사에 나타난 중국의 속국들은 모두 독립 국가였으며 내정과 외교를 자주적으로 처리하는 권리를 갖고 있었다"(藩屬國都是獨立國家 具有獨立自主地處理本國內政外交的權利)고 쓰고 있다(p. 279).

50 Swaine and Tellis, *Interpreting China's Grand Strategy*, pp. 25, 66; Mark Mancall, *China at the Center: 300 Years of Foreign Policy* (New York: Free Press, 1984), pp. 16-33; 張永江, 『清代藩部研究』, pp. 27-28, 293을 보라.

51 이와 같은 평가에 대해서는 劉金質, 張敏丘, 張小明, 『當代中韓關係』 (北京: 中國社會科學出版社, 1998), pp. 41-44; 정재호, "냉전기 북-중 관계의 형성 및 운용의 동학," 김세균 (편), 『북한체제의 형성과 한반도 국제정치』 (서울: 서울대학교출판부, 2006), pp. 201-222를 보라.

52 이러한 징후에 대해서는 Jae Ho Chung, "China's Ascendancy and the Korean Peninsula: From Re-evaluation to Re-alignment?" in David Shambaugh (ed.), *Power Shift: China and Asia's New Dynamics* (Berkeley: University of California Press, 2005), pp. 151-169를 보라.

53 예컨대 Chung, *Between Ally and Partner*, ch. 3을 보라.

54 『조선일보』, 2003년 1월 5일; 『뉴스메이커』, 2007년 10월 23일, p. 60을 보라. 2005년 5월, 주간(週間) 운항되는 항공편 총수는 한중 간 380편, 한미 간은 257편이었다. 2008년에 이르면 이 수는 각각 830편 대 300여 편으로 더 큰 차이를 보이게 된다. 『동아일보』, 2008년 8월 29일.

55 예컨대 『조선일보』, 2004년 4월 29, 30일과 『동아일보』, 2004년 5월 4일을 보라.

56 한국의 고대사를 자국의 '지방사'로 편입시키려는 중국의 전례 없는 시도가 '동북공정'에 포함됨에 따라 한국인의 희망어린 기대가 깨지는 징후가 이미 일부 나타나고 있다. 『동아일보』, 2004년 8월 6일과 7일. '동북공정'에 대해서는 馬大正 (主編), 『中國東北邊疆研究』 (北京: 中國社會科學出版社, 2003), pp. 14-19, 149-150을 보라. 보다 자세한 논의는 본서 10장과 12장의 내용을 참조하라.

57 본서는 가능한 한 모든 핵심주장에 대한 체계적이면서도 실증적인 자료와 근거를 제시해 그 설득력을 제고하고자 한다. 필자의 방법론적 관점에 대하여는 정재호, "방법론과 중국연구," 정재호 (편), 『중국연구방법론: 연구설계, 자료수집, 현지조사』 (서울: 서울대학교출판문화원, 2010), 1장을 보라.

58 이에 대한 자세한 논의로 Graham T. Allison and Philip Zelikow, *Essence of Decision: Explaining the Cuban Missile Crisis*, 2nd ed. (New York: Longman, 1999); Matthew Evangelista, "Internal and External Constraints on Grand Strategy," in Richard Rosecrance and Authur A. Stein (eds.), *The Domestic Base of Grand Strategy* (Ithaca: Cornell University Press, 1993), pp. 154-7; David A. Lake and Robert Powell (eds.), *Strategic Choice and International Relations* (Princeton: Princeton University Press, 1999)을 보라.

59 1998년에는 한국의 외교전문가 및 정부관리 20명에 대한 인터뷰를, 2002-3년에는 워싱턴에서 56명의 미국인 외교전문가 및 관리들에 대한 설문과 심층인터뷰를 수행하였다. 2004년과 2007년의 것은 각각 30명과 38

명의 중국인 외교정책전문가들에 대해 수행한 구조화 설문 및 심층인터뷰를 가리킨다. 부록(I)을 참조하라.

60 대표적인 자료집으로 劉金質 (主編), 『中國對朝鮮和韓國政策文件匯編 1949-1994』 (北京: 中國社會科學出版社, 1994); 沈定昌, 劉大軍, 『朝鮮半島相關文獻目錄』 (沈陽: 遼寧民族大學出版社, 2008); 中華人民共和國外交部政策司 (編), 『中國-韓國政府間主要文件集』 (北京: 2008) 등을 들 수 있다. 보다 자세한 것은 필자가 많은 시간과 정성을 들여 작성한 개별 주석들을 참조하기 바람.

61 여기서 말하는 냉전기란 1950년대에서 1970년대 말까지를 의미하는데, 이 책에서는 1980년대를 냉전기에서 탈냉전기로 옮겨가는 '전환기'(轉換期)로 정의하고 따로 나눠 2부에서 다루고 있다.

제1부
냉전기의 중국과 한반도

제2장
냉전기의 한-중 관계

건국 이후 지난 60여 년간의 한-중 관계는 대략 다음의 다섯 단계로 구분할 수 있다. (1) 1948-79년의 적대적 관계 시기, (2) 1979-87년의 관계 개선 초기 단계, (3) 1988년부터 1990년까지의 '도약기,'[1] (4) 1991년부터 1992년까지의 수교 교섭과 관계 정상화의 시기, 그리고 (5) 1993년 이후 지금까지의 '성숙기'가 그것이다. 이 중 바로 첫째 시기, 즉 냉전기의 한-중 관계를 이 장에서 다룬다.[2]

적대관계에서 상호 간의 관심으로

1945년 일본의 패전 이후 한반도와 중국의 공식적 관계는 양국 간의 전통적인 일대일 관계에서 두 쌍의 관계로 재편되었다. 즉, 한국-중화민국(中華民國: 지금의 대만)을 잇는 한 쌍과 북한-중화인민공화국(中華人民共和國: 지금의 중국) 사이의 또 다른 한 쌍을 지칭한다. 양국의 건국 이래 1970년대 초까지의 '한-중 관계'(즉, 한국-중화인민공화국의 관계)는 대체로 적대적이었다고 할 수 있다. 이는 중국의 한국전쟁 참전으로 인해 동아시아의 냉전 구조가 명시적인 적대의 모습을 갖췄을 뿐 아니라 이념적, 군사적 대치를 통해 역내에서 냉전의 구조와 인식이 지속적으로 재생산되고 고착됐기 때문이다.[3]

뿐만 아니라 이 시기 미국/소련 중심의 전략적 경쟁 체제하에서는 한국과 중국 공히 종속변수에 불과했으며 나름대로의 외교적 공간을 갖기가 어려웠기 때문이기도 하다. 반면에 북한과 중국은 1950년대 후반('종파사건' 이후)과 문화대혁명 시기(1966-69)에 극심한 갈등을 겪긴 했어도 대체로 특수한 우호관계를 지속했다고 평가할 수 있다. 그 반대쪽 진영에서는 한국이 대만과 매우 친밀한 관계를 유지했으며, 심지어 60년대 초반에는 서울과 타이베이(臺北) 간 군사동맹의 체결 가능성이 언급되기도 했다.[4)]

이승만 집권 시기인 1950년대에 형성된 한국과 중국 사이의 이러한 적대적 관계는 군사쿠데타를 통해 정권을 잡은 박정희 정부하인 1960년대에도 내내 지속되었다. 당시에 있었던 한-중 간 공식적인 접촉이라고 해야 아주 가끔씩 정전협정을 통해 보장받은 판문점에서의 회동을 통해 이루어지는 것이 전부였다. 1960년대에 발생했던 몇몇 사건은 당시 한국과 중국 사이의 접촉이 어떤 수준이었는지를 잘 보여준다. 이를테면, 1961년 9월 두 명의 중국 공군 조종사가 AN-2 정찰기를 몰고 망명을 시도했을 때 한국정부의 대응을 그 예로 들 수 있다. 한국정부는 중화인민공화국 정부와의 일체의 대화를 거부하고 당시 중국을 대표하는 유일한 합법 정부로 간주했던 대만으로 조종사들뿐만 아니라 기체까지도 이송하는 방식을 선택했기 때문이다.[5)] 중국 또한 자국 수역을 침범했다는 이유로 한국의 어선과 어부들을 최장 12년까지 억류하기도 했다. 그러나 당시 중국과 직접 협상할 수 있는 어떤 공식 통로도 갖지 못했던 한국정부로서는 이들의 송환을 위해 할 수 있는 일이 별로 없었다.[6)]

1970년대 초에 들어 국제전략환경에 극적인 변화들이 발생하게 된다. 1971년 중국이 유엔(UN)에 가입했으며, 1972년에는 수교도 이루어지지 않은 상태에서 사회주의 국가인 중국을 미국 닉슨(R. Nixon) 대통령이 공식 방문하면서, 한국정부는 대 동북아 전략을 대대적으로 조정할 필요를 느꼈다. 당시 중국이 북한에 대해 갖고 있던 잠재적 영향력을 인식했던 한국정부는 중국과의 관계 개선이 한반도에서의 긴장을 완화하고 또 안정과 평화의 유지에 큰 도움이 될 것이라 확신했던 것이다.[7)] 1971년 당시 한국의 외무부 장관이었던 김용식(金溶植)은 "우리 정부의 외교적 방침은 소련 및 중국과의 관계 정상화 가능성에 대해 유연하고도 진지하게 접근하는 것이다" 라고 언급하였다.[8] 1972년 당시 한국정부의 내부적 입장도 중국이 먼저 한국에 대해 적대적 태도를 보이지 않는 한 한국 또한 중국에 대해 적대적으로 대하지 않는다는 것으로 1960년대에 비해 상당히 유연하게 변하고 있었다.[9]

반면에 중국은 여전히 한국에 대해 그리 유연한 모습을 보이지 않았으며 심지어 한국, 대만과 긴밀한 통상관계를 갖고 있던 일본과 미국 기업들에 대해 일종의 보복성 차별조치를 취하기도 했다. 당시 '경제입국'의 목표를 표방하던 한국정부로서는 미국과 일본에서 불던 '중국 열기'가 장기적으로 한국경제에 미치게 될 부정적 영향에 대해 깊은 우려를 갖게 된다.[10] 그러나 이와 같은 어려움에 대해 박정희 정부는 정면 돌파의 전략으로 응수했다. 즉, 1972년에 한국은 대외통상법 2조를 수정해 북한과 쿠바를 제외한 모든 공산국가들과의 교역을 허용하는 획기적인 조치를 시행했던 것이다.[11] 한국의 주요 언론들도 중국 문제와 관련해 국가안보의 관점에서는 경계를 늦추지 말아야 하나, 동시에 외교관계의 개선 가능성은 열어둬야 한다는 분위기를 고조시켰다.[12]

이 시기에 중국과의 관계 개선에 대한 한국 정치인들의 긍정적 인식이 일부 드러난 것도 매우 흥미롭다. 예컨대 1972년 초에 이루어진 한 설문조사에 따르면 조사에 응한 국회의원들의 38퍼센트가 '중공'과의 외교관계 정상화를 지지하는 것으로 나타났다.[13] 또 한국의 외무부(지금의 외교통상부)도 자국 외교관들이 해외공관에서 중국 외교관들과 직접적인 접촉을 하는 것에 대해 허용했으며, 대 중국 간접무역 및 스포츠 교류의 확대를 위한 비공식적 채널의 확보을 위해 노력하였다. 심지어 1972년에는 한국정부가 비밀리에 워싱턴, 런던, 오타와, 파리 및 도쿄 주재 5개 한국대사관과 주 홍콩 총영사관을 대 중국 접촉의 핵심 장소로 지정하기도 했다. 무엇보다도 중요한 것은 이미 1972년에 한국정부는 대만과의 기존 수준을 넘어서는 정무관계의 확대를 내부적으로 금함으로써 대 중국 관계 개선의 방향등을 이미 켰다는 사실이다.[14)]

소위 '닉슨 쇼크'(Nixon shock)에 대한 한국정부의 전략적 대응은 1973년에 발표된 '6·23 선언'을 통해 가장 잘 드러났다. 기존의 폐쇄적이며 반공적인 대외정책을 근본적으로 바꿔 그동안 고수해오던 '할슈타인 원칙'(Hallstein Principle)을 포기했으며, 중국과 소련을 포함한 사회주의 국가들에 문호를 개방하는 획기적인 정책을 선언했기 때문이다. 이러한 변화에 기반하여 1973년 한국은 중국에게 황해의 대륙붕 경계 획정을 위한 협상을 제안하면서 중화인민공화국이라는 공식 명칭을 처음으로 사용하였다.[15)] 뿐만 아니라 한국정부는 당시 중국과 막 수교를 이룬 캐나다와 일본의 국적 항공사가 중국으로 가는 항로를 새로 개설하는 과정에서 한국 비행정보구역(FIR)의 이용을 허용하기도 했다.[16)]

1974년 9월 한국정부는 공산권 국가와의 우편물 교환을 금지하던 규정을 폐지했는데, 이에 맞춰 중국도 국제적십자사를 통해 재중국 조선족들이 한국에 있는 친척들과 편지를 교환하도록 허용했다. 또 같은 해 고려대학교 아세아문제연구소는 한국 관련 서적들을 중국에 보내고 그 답례로 마오쩌둥 시선(毛澤東詩選)과 함께 향후 상호 교환 가능한 서적의 목록을 받기도 했다. 뿐만 아니라 이 시기에 중국 또한 유엔 안전보장이사회와 같은 다자 및 공식적 맥락에서만큼은 한국에 대해 대한민국이라는 명칭을 사용하기 시작했다.[17)] 같은 해 장리췬(Zhan Liqun: 한자 명칭 불명)이라는 사람이 호놀룰루에서 홍콩으로 가는 도중 서울을 경유한 최초의 중국 국적자가 되기도 했다.[18)]

1975년에서 1977년 사이에는 몇몇 요인들로 인해 한-중 관계에서 가시적 진전이 별로 드러나지 않았다. 이 시기 중국에서 나타난 정치적 불안정이 큰 이유였는데, 1976년 마오쩌둥(毛澤東)의 죽음과 함께 일어난 '사인방'(四人幇)의 실각, 그리고 권력 계승을 둘러싼 중난하이(中南海)에서의 갈등으로 인해 중국은 극심한 불확실성과 불안정에 휩싸여 있었다. 게다가 인도차이나에서의 월맹의 승리와 월남의 몰락으로 인해 동아시아의 전략적 환경도 크게 요동치고 있었다. 명확한 근거가 확인되지 않는 한 자료에 따르면, 1975년에 김일성은 마오에게 남한과 대만을 동시에 '수복'하기 위해 북한과 중국이 공동으로 군사행동을 할 것을 제안한 것으로 알려지기도 한다.[19]

베이징에서의 권력계승을 둘러싼 갈등이 다 정리되고 나서야 한국과 중국은 1972년에 미미하게나마 시작된 관계 개선의 움직임을 재개할 수 있었다. 1978년 9월 7일 관영 신화통신사는 중국이 한국의 괄목할만한 경제성장에 주목해야 한다고 논평했다. 이어 동년 11월 1일 당시 박정희 대통령의 외교안보특별보좌관이던 김경원(金瓊元)은 홍콩프레스클럽에서 가진 기자간담회를 통해 한국이 중국과의 관계 개선을 희망하고 있음을 밝혔다. 11월 17일 박동진(朴東鎭) 외무장관은 한국정부가 공식적인 외교관계를 맺지 않은 공산권 국가와의 어떠한 형태의 통상 활동도 금지하지 않을 것임을 분명히 했다.[20] 이는 실제로 1972년의 대외통상법 수정 내용을 다시 한 번 확인한 것이었지만 이 발언이 중국의 대외개방이 공식화되던 시점에 맞춰 이루어졌다는 점에 주목할 필요가 있다. 이어서 한 달 후인 1978년 12월 18일에는 중국의 대외무역부(對外貿易部) 부장 리창(李强)이 홍콩에서의 인터뷰를 통해 중국은 한국 및 이스라엘 등과의 교역을 고려하고 있다고 밝히기도 했다.[21]

일부 자료에서는 한국과 중국 사이의 비공식적 교역이 이미 1976년부터 시작된 것으로 기술하기도 하지만, 당시의 국제정치적 상황을 고려할 때 양국 간에 유의미한 수준의 교역이 이루어진 것은 1970년대 말에 가서야 가능했던 것으로 보인다. 실제로 남아 있는 통계 또한 한-중 간 간접교역이 1979년에 1900만 달러 수준이었던 것으로 제시하고 있으나 당시에는 양국 정부 공히 이를 공개적으로 언급할 수 없는 상황이었다.[22] 그러나 이러한 한-중 간 간접적 경제교류의 시작에도 불구하고 공식적인 접촉은 엄격히 금지되어 있었다. 예를 들어 한국이 이전 대회 우승국으로 참가를 요구할 수도 있다는 우려에 근거해 중국정부는 당초 상해에서 1979년에 개최 예정이던 아시아 청소년 축구대회의 주최 자체를 거부할 정도로 민감하게 반응했기 때문이다.

비록 당시에는 그리 가시적으로 드러나지 않았으나 돌이켜 보면 이미 이 시기에 한-중 관계의 중요한 변화들이 상당 부분 이루어지고 있었던 것으로 보인다. 뒤에 보다 자세히 논하겠지만 한국과 중국의 개방적인 대외관계가 교점을 이루어가는 과정이 이미 이 시기에 시작되었기 때문이다. 1978년 12월부터 중국정부는 재 중국 조선족들이 한국 내의 친척을 방문하거나 또는 영구적으로 한국에 돌아가는 것을 은밀히 허용하기 시작했다.[23] 뿐만 아니라 한국 경제발전 모델의 긍정적인 측면과 이것이 중국에 대해 갖는 함의와 관련해 후야오방(胡耀邦)이나 자오쯔양(趙紫陽)과 같은 최고위 관료들의 호의적 언급이 이어지면서 향후 한-중 관계의 변화를 예고했던 것이다.

한-중 관계 변화의 배경과 동인(動因)

여기서 말하는 한-중 관계는 새로운 것으로서 이는 1895년 갑오전쟁 이후 단절되었던 전통적 유대의 '복원'이라기보다는 새로운 관계의 '건설'에 더 가깝다고 봐야 할 것이다. 그러나 한국전쟁 시기부터 1970년대 후반에 이르기까지 근 30년 동안 한국과 중국은 서로에 대해 깊은 적의(敵意)로부터 무관심에 이르는 주로 부정적 태도만을 취해 왔었다. 그러나 중국이 개혁·개방의 길로 들어서면서 외부 세계, 그리고 한국에 대해 점진적이지만 가시적인 정책 전환의 모습을 보이게 된다.[24] 보다 구체적으로 중국의 대한(對韓) 정책에 나타난 극적인 변화는 소위 '무정책'(無政策)에서 실질적인 통상외교(trade diplomacy)로의 전환을 가리키는 것이었고, 이는 냉전적 적대관계의 종식과 함께 동아시아 경제의 역동성을 부각시켰다는 점에서 상당한 의미를 갖는다고 하겠다.

그렇다면 왜 한-중 간에는 전 지구적 차원에서 냉전이 종식되기도 전에 관계 개선의 새로운 동인을 갖게 되었는가? 그 중요성에도 불구하고 이 질문에 대해 아직은 체계적인 해답이 제시된 적이 없는 것으로 평가된다.[25] 한-중 간 새로운 관계 형성의 기원을 이해하는 것은 곧 기존의 적대국들이 갈등을 접고 협력적 유대를 갖게 되는 원인과 조건을 규명한다는 점에서 이론적으로 유용할 뿐만 아니라 향후 한-중 관계의 발전 경로를 예상하는 데에 있어서도 중요한 단서를 제공하는 것이다.[26] 따라서 이 장의 남은 부분에서는 왜 기존의 두 적대적 행위자들 - 중국과 한국 - 이 협력관계의 형성을 추구했는지를 밝히기 위해 세 가지의 상보적(相補的) 시각을 통해 접근하고자 한다.

중국 외교의 대전환과 전략적 조정

한 국가의 외교정책은 자신을 둘러싸고 있는 구조와 환경에 대한 신중한 인식과 평가로부터 시작된다. 현실주의적 관점에 따르면 국제정치의 환경은 그 본질이 '무정부적'(anarchic)이며 따라서 체제 내의 모든 국가들은 잠재적으로 상호 적대적이며 불신할 수밖에 없다. 그 핵심 결과로 발생하는 '안보의 딜레마'는 국가의 생존 그 자체를 모든 국가의 궁극적인 관심사로 만들게 된다. "당신의 이웃을 정복하라, 그렇지 않으면 당신이 정복될 것이다"는 격언처럼 현실주의에 의하면 항상 군사-전략적인 이슈가 국가의 핵심 의제를 좌우하게 된다. 따라서 국가가 생존을 가장 우선시하는 한 전략적 우려와 안보의 대비가 그 국가의 외교정책 결정에 가장 중요한 변수로 작동할 수밖에 없는 것이다.[27]

아편전쟁 발발 이후 100여 년 동안 제국주의의 침탈이 남긴 상처를 지니고 있는 중국의 경우, 주권국가로서의 생존과 안보의 확보가 지고의 관심사일 수밖에 없었고 현재도 이에는 큰 차이가 없다. '100년 국치'에 대한 인식이 사실인지 아니면 하나의 신화인지에 대한 논쟁은 여전히 지속되고 있지만, 무엇보다 중요한 것은 중국의 정책 결정자들이 그동안 일정한 '포위심리'(siege mentality)에 따라 행동해온 것만은 사실이라는 점이다.[28] 1950년대 후반에 발발한 중-소 분쟁과 이어진 양국 간의 충돌은 중국이 소련의 통제를 수용하지 않으려던 것에서 상당 부분 기인했다. 중국이 다양한 국제기구와 다자간 연계망에 대해 고착적인 불신과 비참여의 입장을 보였던 것 역시 주권에 대한 고도의 집착과 연관되어 있었다. 1980년대 초까지 큰 변화 없이 유지되었던 중국의 제3세계 정책과 함께 중국의 대외관계를 지배해온 세 개의 동심원 - 반외세(反外勢), 반서방(反

西方) 그리고 반패권(反霸權) 노선 - 도 주권(자율성)과 관련한 중국의 '과민성'을 가장 압축적으로 잘 보여주는 것이라 할 수 있다.[29)]

생존과 안보에 대한 우려로 인해 초기에는 소련과의 동맹(一邊倒)을, 그리고 70년대에는 미국과의 전략적 제휴(一條線)를 시도했으나, 중국은 초강대국들에 대한 전략적 의존이 가져올 수밖에 없는 구조적 제약과 한계를 누구보다 예리하게 감지하고 있었다. 결국 1982년에 중국은 '자주독립'(獨立自主)의 외교 노선을 채택하게 된다. 한 전문가가 적절히 표현했듯이 이 노선은 곧 "소련의 위협을 저지하는 것에 모든 것을 걸고 전략적 연계를 만들고자 했던 1970년대 후반의 일관된 노력에서 후퇴한다는 것 …… 대 미국 및 대 소련과의 관계를 그때그때의 상황에 따라 유연하게 결정한다는 것, 그리고 미·소 어느 쪽도 중국을 지정학적 게임의 '저당물'(pawn)로 사용하지 못하게 하는 것을 의미한다."[30)]

일단 소련의 패권주의와 미국의 제국주의 반대라는 기존의 집착으로부터 벗어나면서 중국은 보다 넓은 외교적 공간을 확보할 수 있게 되었다.[31)] 다시 말해 중국이 외교정책의 결정에 있어서 이전에는 자신의 취약성, 불만 및 이념적 순수성을 주로 강조하던 것으로부터 이제는 자신감, 포용 및 유연한 외교에 중점을 두게 되었다는 것이다.[32)] 이와 같은 중국 외교노선의 대변환은 곧 고르바초프(M. Gorbachev)가 집권한 이후의 소련과 새로운 관계를 정립하려던 노력과 함께, 당시까지 매우 적대적 관계를 유지하던 이스라엘, 사우디아라비아, 인도네시아, 말레이시아, 남아프리카공화국 및 한국 등에 대한 정책 변화에서도 명확히 드러난다. 초강대국(미국과 소련)과의 삼각관계에서 발생하는 구조적 제약을 극소화함으로써 중국은 대외관계에서 실질적인 이익을 극대화할 준비를 성공적으로 마친 것이었다.[33)]

전략적 변환에 기초한 중국의 자신감에 찬 외교는 대 한반도 정책에서도 새로운 전제를 갖고 출발하게 된다. 한 중국인 학자가 적절히 지적했듯이, "중국은 이제 더 이상 미국이 대 중국 공격을 위한 도약대로 한국을 사용할 것이라고 판단하고 있지 않다. 이제 '한국 문제'는 자본주의와 공산주의 사이의 갈등이 아니라 한반도 내의 경쟁적 정치세력 간의 분규로 보아야 한다"는 관점은 시사하는 바가 적지 않다.[34] 즉, 중국에게 있어 이제 한반도 문제는 초강대국 간의 대치와 경쟁으로 직접 연결되어 있을 때보다 훨씬 융통성 있고 운신의 폭이 넓어진 게임으로 변했다는 점이다.

이상과 같이 '전략적 조정'이라는 개념을 차용한 시각은 개혁기 중국 대외관계의 새로운 유연성을 설명하거나 이념적 동지이자 완충국가인 북한과의 '불가피한 연합'(inevitable coalition)으로부터 중국이 일정 부분 탈피할 수 있었던 구조적 조건을 설명하는 데에는 유용하다. 그러나 왜 중국이 그 시점에 한국과의 관계 개선을 시작했는지를 설명하기에는 여전히 부족함을 느끼게 한다. 앞서 언급했듯이 1970년대 초반 이미 한국이 관계 개선을 위해 제시했던 일련의 외교적 제스처들을 중국이 거절했음을 감안할 때 70년대 후반 들어 생겨난 전략적 환경의 실질적인 변화가 한-중 관계의 개선을 만들어낸 필요조건으로 작동했음이 분명하다.[35] 환언하면 기회는 일찌감치 제시되었지만 중국은 자국을 둘러싸고 있던 전략적 환경에 내포된 구조적 제약을 최소화하고 나서야 비로소 이 기회를 제대로 활용할 수 있었던 것이다.[36]

'교역국가'로의 대변환

위에서 제시한 '전략적 조정'의 시각이 한-중 관계의 개선을 이끌어낸 중국 측 동인을 부분적으로만 설명하고 있다면, 자유주의적 관점 역시 이에 대해 부분적이기는 하지만 추가적이며 보완적인 근거를 제공해준다. 설사 강대국 외교의 구조적 제약을 최소화함으로써 대외관계의 공간을 늘렸다고 하더라도 중국이 실제로는 오랫동안 견지해 온 '자력갱생'(自力更生)의 노선을 계속 고집할 수도 있었다. 하지만 중국은 이에 집착하지 않고 오히려 적극적인 대외개방을 통해 외부와의 연계를 확대하는 대안을 선택했던 것이다. 특히 북한과 유지해온 '특별한 관계'가 손상될 것이 분명함에도 불구하고 한국과의 관계 개선을 시도했다. 과연 이러한 변화에는 어떤 동인이 작용했던 것인가?

우선 전 지구적 관점에서 보면, 화해의 씨앗이 뿌려지고 있던 데탕트 시기에 중국은 세계정세의 변화 추이를 제대로 이해하고 또 이에 대해 민활하게 반응했던 것으로 보인다. 로제크란스(R. Rosecrance)는 이러한 변화의 추세를 다음과 같이 요약하고 있다.

> 국제관계에서 중심적 위치를 차지하게 된 '교역의 세계'(trading world)는 끊임없는 군사적 분쟁의 악순환으로부터 벗어나 국가 간에 새로운 협력의 패턴을 만들어내는 하나의 대안적 가능성을 제시한다 …… 특히, 오늘날 무역과 협력이 가져다주는 이익은 과거에 군비 경쟁과 영토 확장이 파생시켰던 이익을 큰 폭으로 능가하고 있다. 지금껏 군사적, 영토적 경쟁에만 몰두했던 [미국과 소련 등의] 국가들은 경제적 부흥과 발전을 가능케 하는 '교역 전략'(trading strategy)을 빚어내지 못했던 것이다.[37)]

개혁기 중국의 대외관계를 면밀히 검토해보면 실제로 1980년대 초반 이후 중국이 점진적으로나마 군사전략보다는 '교역전략'을 더 중시해 왔음을 알 수 있다.[38] 물론 군사전략을 포기했다고 볼 수는 없으며 국가안보와 영토 주권의 수호는 여전히 중국의 최대 관심사임에 틀림없다. 다만 국내경제의 지속적 발전을 유지하지 못했던 소련과 — 소련보다는 그 정도가 덜 하지만 — 미국의 '정체' 사례와 대비되는 동아시아 국가들(특히 '아시아의 네 마리 용')의 괄목할만한 성공은 중국으로 하여금 대외관계에 있어서 교역전략의 중요성을 명확히 깨닫게 만들었던 것이다.[39]

전술했듯이, 1970년대 초반부터 한국은 자국의 안보 및 경제적 이익의 증대를 위해 중국과의 관계 개선을 향한 노력을 경주했으나 중국은 이에 적극적으로 응하지 않았다. 그러나 1980년대에 들어 양자 간 협력을 위해 자국의 정책을 조정한 것은 결국 중국이었다. 즉, 교역전략의 핵심에 따르면 "정책조정의 과정을 통해 상대국의 실제 또는 예상되는 선호에 자국의 행동을 맞추는" 과정을 통해 협력관계 형성의 장애물들이 제거되었던 것이다.[40] 군사 및 안보 영역과는 대조적으로 경제 영역에서의 국가 간 협력은 그 호혜성이 높고 또 설사 배신을 당하더라도 그 비용이 상대적으로 낮기 때문에 전체적인 위험도가 낮게 평가되고 따라서 협력의 가능성이 더 높은 것이 사실이다.[41] 다만 중국은 오랜 동맹파트너인 북한의 입장을 고려해 한국과는 비정부 교류를 원칙으로 일단 간접무역만을 허용하는 매우 신중한 경로를 택했던 것이다.

종합하자면 한-중 양자협력은 교역전략에 중점을 둔 두 합리적 행위자의 이해가 적절히 수렴했기 때문에 가능했다. 첫째, 경제발전 전략에서 대 미국 및 일본에의 수출 의존도 비중이 매우 높았던 한국이 모색했던 수출시장의 다변화 정책이 당시 적극적으로 국제무역체제에 진입하려던 중국의 이익과 일치하면서 협력의 기틀이 만들어졌던 것이다.[42] 둘째, 동북아 국제관계 전반과 북한에 대해 중국이 지닌 '건설적' 영향력에 대한 한국의 긍정적 평가가 당시 북한이 소련에 지나치게 경도되지는 않을 것이라는 중국의 자신감과 맞물려진 면도 있었다.[43] 셋째, 미국이나 일본과는 대조적으로 정치적 조건을 달지 않고 투자와 기술을 흔쾌히 제공하고자 했던 한국이 외국 자본과 기술에 대한 갈증을 적잖이 해소해줄 것으로 중국이 판단했기 때문이기도 하다.[44]

일단 적대적 상호 인식을 넘어 양자 간 교류의 발판이 만들어지고 이를 통해 양국 간 협력이 실질적인 이익을 만들어내자, 한국과 중국은 공히 간접교역과 문화 및 체육교류가 갖는 가치와 의미를 인식하게 되었다. 그 결과로 양국의 정책결정자들은 향후 한-중 간의 협력교류가 갖는 정치적 '중요성'에 대해서도 묵시적인 합의를 이루게 된 것이다. 환언하자면 초기의 협력이 양국 모두에게 이익이 됨을 확인하자 향후에도 그러한 관계를 유지하고 확장하는 데 대한 양국의 공감대와 기대가 높아졌다는 뜻이다.[45]

국내정치와 대외관계의 연계

외교정책은 외부로부터의 자극에 대한 전략적 대응이자 복잡한 국내의 정치·경제적 역학을 담아내는 것이기도 하다. 즉, 한 국가의 외교정책은 필연적으로 국제관계의 구조적 속성과 국내환경의 특성으로부터 받는 영향을 조합한 벡터(vector)일 수밖에 없는 것이다. 따라서 이러한 양자의 영향에 대한 면밀한 고려 없이 이루어진 분석은 기껏해야 실제 내용의 한 단면만을 밝히는 것에 그치게 된다.[46] 이러한 맥락에서 한-중 관계 개선의 기원은 국내정치와 대외환경을 연계하는 시각에서도 함께 검토될 필요가 있다.

적대적 관계였던 한국과 협력을 시작하기로 결정한 중국의 인식과 그 배경을 이해하기 위해서는 다음의 세 관점이 유용하다. 우선 첫째로 '학습 모델'을 들 수 있는데, 이는 모든 일에 있어 정치와 이념을 최우선시하고 자력갱생의 전략을 추구했던 과거의 문제점과 과오를 인정하고 수정하려 노력했던 중국의 인식론에 초점을 맞춘 것이다. 둘째로는 '문화/민족주의 모델'이 있는데, 이 모델은 국제체제의 정점(頂點)으로 다시 복귀하려는 중국의 민족주의적 열정이 곧 경제 현대화와 이를 위한 유연한 외교의 주된 동력이었음을 보여준다. 마지막으로는 '확산 모델'을 생각할 수 있는데, 자신을 위한 발전전략의 수립에 있어 동아시아 신흥공업국들(NICs 또는 NIEs), 그중에서도 한국의 성공제법을 활용하려는 중국의 의지를 실증적으로 밝히는 데에 중점을 둔 것이다.

학습 모델

실존했던 사회주의 체제들은 적어도 초기에는 나름대로 여러 가지 사회 변혁을 추구했다. 이러한 변혁의 가장 근본적인 목표는 바로 대다수 국민들의 기본적 욕구를 충족시키는 생산과 분배제도를 창출하는 것이었다.[47] 그러나 중국을 포함한 모든 사회주의 국가에서는 예외 없이 계획경제와 공산당 일당 독재에 의해 가장 기본적인 인간의 필요가 억압되었고, 그 결과 생산성의 하락, 빈곤의 지속, 대중적인 불만, 사회 불안정, 그리고 궁극적으로는 공산주의 체제의 정통성 위기의 만연(蔓延)과 붕괴로까지 이어졌다. 이러한 면에서는 중국도 대다수 사회주의 국가보다 그리 나은 편이 아니었으며 건국 이후 1970년대 중반까지 끊임없이 이어진 정치운동과 이념적 경직성으로 인해 국내의 경제상황은 악화일로의 길을 걸었다.[48]

체제의 생존을 위협하는 경제 위기를 벗어나기 위해 중국이 택할 수밖에 없었던 유일한 방법은 곧 정부가 가진 경제의 통제기제를 대폭 약화 및 제한하고 이념적 통치의 경직성을 완화하여 대외개방을 통해 얻을 수 있는 이익을 극대화하는 것이었다.[49] 1976년 마오쩌둥의 사망과 '사인방'(四人幇)의 체포 이후 등장한 중국의 새로운 지도부는 당시 중국이 직면했던 위기의 중대성을 명확히 인식하고 있었으며, 그 인식을 바탕으로 두 가지 대안을 제시했다. 이는 곧 '개혁'을 통해 국가계획 위주의 경제를 과감히 재구성하고, 또 외국의 자본, 기술 및 경영기법을 획득하기 위해 중국을 획기적으로 '개방'하는 것이었다.[50] 보다 구체적으로 국가계획의 영역과 통제범위를 축소하고 지방의 적극성과 동기를 촉진시키며, 기업 및 사영기업가의 자율성을 확대하고 다양한 방식의 대외연계가 실험되고 시행되었다. 이러한 중국의 변화는 그 후 급격하게 증가한 대외무역 및 외국인 직접투자의 규모가 여실히 보여준다 하겠다.[51]

1970년대 후반 이후 중국이 대외개방을 강력하게 추진한 것은 개혁기의 중국 지도부가 마오식의 '사회주의 낙원' 모델이 지닌 치명적 한계를 인식한 결과였으며, 대외개방이 이루어낸 가장 중요한 성과는 대외무역과 외국인 직접투자로 인해 중국이 실질적인 이익을 얻어내기 시작했다는 점이다.[52] 즉, 무역과 투자의 확대는 자본의 부족과 기술의 도태라는 고질적인 문제를 두드러지게 완화시켰으며, 초기의 성공을 통해 중국 지도부는 자신들이 선택한 개혁노선을 보다 깊이 신뢰할 수 있었던 것이다.[53] 그 결과 중국은 대외관계의 초점을 평등과 호혜의 원칙에 기반을 둔 전방위(全方位) 개방외교에 두고 전 세계 대부분 국가들을 그 대상으로 삼기 시작했다. 이와 같이 과거에 대한 학습효과에 기초한 탈이념화의 맥락에서 한국과 중국사이의 관계 개선이 이루어진 기원에 대한 추가 단서를 찾을 수 있겠다.

문화/민족주의 모델

민족주의는 하나의 문화적 현상이자 심적 상태이며 소위 "인간이 지금껏 형성했던 것 중 가장 큰 그룹(즉, 민족)을 결합하도록 만드는 집단 자의식의 일종"이다.[54] 소위 '그들'이라는 타자에 대응하는 '우리'에 대한 자의식으로서의 민족주의는 자존의식(自尊意識)을 구성하는 핵심요소이기도 하다. 따라서 하나의 민족이 낮은 수준의 자존의식을 갖고 있다면 이들은 곧 현상의 변화에 대한 강한 동기를 가지고 있다고 볼 수 있다. 따라서 특정 민족의 자존의식을 판단하는 기준으로서의 민족주의는 대외정책의 변화를 촉진하는 하나의 중요한 동인이 될 수 있는 것이다.[55]

자국의 지위를 상위 문명체로서의 '중화'(中華) 또는 '세계의 중심'(中國: Middle Kingdom)으로 규정해온 중국의 자인식은 이미 널리 알려져 있는 사실이다.[56] 아편전쟁 이후 서구 열강의 침탈을 받아 100년이 넘게 차(次)식민지의 상태로 전락했을 때 중국의 자존의식은 나락으로 떨어졌다고 해도 과언이 아니다. 중화인민공화국의 대외정책이 왜 단순히 이념에만 초점을 맞춘 공산주의의 발현이 아니라 과거의 치욕적인 기억에 대한 민족주의적 반응을 그토록 자주 그리고 때론 과민하게 보였는지를 문화/민족주의적 관점은 잘 설명해주고 있다.[57]

19세기 후반부터 중국이 지속적으로 고민해온 '자립'과 '의존' 사이의 복잡한 딜레마는 마오의 사망 이후 등장한 실용주의적 지도부가 대외개방과 국제협력의 확대를 통한 경제발전이라는 목표를 표명하면서 부분적으로 그리고 잠정적으로 해결되었다고 할 수 있다. 1978년 이후 국제정치의 정점으로 복귀하려는 중국의 '강대국화' 계획은 최소한 현재까지는 꽤나 효과적으로 작동하는 것으로 보이기 때문이다. 중국은 '후발주자의 이점'(advantages of backwardness)을 매우 잘 활용해 왔고, 부와 위신(威信)에 대한 전 사회적 열의와 함께 유교적 전통이 공산주의 이념을 점진적으로 대체하고 있기도 하다.[58] 따라서 그렇게 강렬한 민족주의적 동인 없이는 중국이 그 많은 논란 속에서 개혁과 개방을 30년 넘게 지속하고, 또 같은 기간 한국을 포함한 많은 국가들과의 관계를 개선하기는 어려웠을 것이다.[59]

확산 모델

앞서 제시한 학습 모델과 문화/민족주의 모델이 한-중 관계 개선의 필요조건 중 일부를 밝혀줬다면, 확산 모델은 왜 중국이 자신의 가장 핵심적인 경제협력의 파트너 중 하나로 한국을 선택했는지를 설명해준다. 즉, 중국이 한국의 발전경험을 매우 긍정적으로 평가했으며 이를 일부 모방 및 차용하려 한 것이 매우 중요한 동인이었다는 점이다. 동일한 행위의 모방과 확산이 일어나려면 대체로 성공적인 결과를 이룬 행위에 대한 모방자의 인식이 선행되게 된다. 환언하면, 모방/차용이 이루어지기 전에 우선 의식의 확산이 일어나게 되며, 통신, 매체 및 교통 기술의 급속한 발달을 매개로 그와 같은 확산은 점점 더 중요성이 증대되고 있다.[60]

다만 확산과 차용이라는 개념과 연관하여 그 인식과 과정에 대한 실증적 근거를 취득하기가 쉽지 않기 때문에 국제정치 연구에서 아직까지는 충분히 활용되지 못했다. 그럼에도 불구하고 확산과 차용의 개념은 다른 관점으로는 쉽게 이해하기 어려운 문제들을 설명하는 데 있어 적지 않은 직관적 도움을 주기도 한다. 예컨대 왜 소련의 스타하노프운동과 중국의 대약진운동 및 북한의 천리마운동이 유사성을 띠는지, 또 왜 중국의 '합자기업법'과 북한의 '합영법'이 비슷한지를 설명함에 있어 확산의 개념은 많은 유용성을 갖는다.[61] 또 다른 예로 1980년대 후반에 필리핀(1986), 대만(1987), 한국(1987), 중국(1989)에서 짧은 기간 동안 거의 동시에 민주화운동이 확산된 과정과 동학을 이해하는 데에도 그 유용성이 있다 하겠다.[62]

중국이 냉전의 종식 이전에 이미 한국과의 관계개선과 경제협력을 모색하고자 한 것 또한 확산의 관점으로 일부 설명할 수 있다. 동아시아 신흥공업국들의 괄목할만한 경제발전은 개혁기 중국 지도부의 높은 관심을 끌기에 충분했으며, 한 경제학자가 지적했듯이 "개방적인 경제정책을 통해 이루어진 동아시아의 성공은 많은 국가들에게 경제발전을 어떻게 이룩해야 하는지를 생각하는 데 지대한 영향을 주었으며, 그 누구보다도 중국에게 가장 큰 영향을 미친 것"으로 보인다.[63] 이와 관련해 중국의 관심을 끌 수 있는 동아시아 신흥공업국들 중 홍콩과 싱가포르는 그 규모와 독특성 때문에 중국이 차용하기는 어려웠을 것으로 보인다. 대만의 경우에는 명시적으로 모방했을 때 파생할 수 있는 정치적 비용 때문에 중국이 선택하기 어려웠을 것이며, 따라서 중국에게 정치적 위험도가 상대적으로 낮은 유용한 모델은 바로 한국이었을 것으로 추론할 수 있다.[64]

중국은 북한의 반발을 우려해 한국의 괄목할만한 경제적 성공에 대해 '계산된 침묵'을 유지했지만 내심으로는 한국의 발전 경험을 선망했고 또 모방하기로 결정했다고 볼 수 있다. 한국의 경제적 성공과 그 비결에 대한 중국의 지대한 관심을 잘 보여주는 몇 가지 근거를 살펴보자. 우선 1979년부터 1991년까지(즉, 수교 이전)의 기간 동안 중국 외교부가 펴내는 정기간행물인 『세계지식』(世界知識)에 수록된 글을 필자가 조사해 본 결과, 한국에 대한 중국의 급증하는 관심을 확인할 수 있었다. 즉 이 시기에 실린 한반도와 직접적 연관이 있는 총 37편의 글 중에서 9편은 동일에 내한 것이있고, 20편(1979-85년: 7편, 1986-91년: 13편)은 한국에 관한 것이었으며, 북한에 대한 글은 단 8편(1979-85년: 7편, 1986-91: 1편)에 불과했기 때문이다.

몇 가지 실증적 근거를 추가적으로 살펴보자. 1978년 말에 중국 사회과학원(CASS)은 산하 세계경제정치연구소(世界經濟與政治研究所)에 한국경제의 발전과정을 연구하기 위한 조선경제연구회(朝鮮經濟研究會)라는 연구모임을 만들었다고 한다.[65] 또 당시 중국 공산당 총서기였던 후야오방(胡耀邦)은 1980년 12월 14일 그리스의 공산당 기관지와의 인터뷰에서 중국의 개방정책이 사실은 한국, 유고슬라비아와 루마니아의 경험을 기초로 한 것이라고 언급했다. 또 같은 달, 자오쯔양(趙紫陽) 총리 역시 유고슬라비아 기자들과 가진 인터뷰에서 중국은 한국의 발전 경험을 연구하고 있다고 말했다.[66]

돌이켜보면 개혁기 중국의 일단계 목표는 우선 한국의 발전 경로를 답습(踏襲)하여 또 하나의 신흥공업국으로 부상하는 것이었다. 특히, 중국은 한국의 수출중심 발선선략을 차용하는 데에 관심이 많았던 것으로 보인다.[67] 심지어 중국은 경제발전 과정에서 한국이 채택했던 주요 목표까지도 일부 차용했던 것으로 보인다. 한 학자에 따르면, 중국이 2000년까지 일인당 국내 총생산 1,000달러를 달성한다는 덩샤오핑(鄧小平)의 목표가 사실은 1980년을 목표시점으로 했던 박정희 대통령의 계획을 따라했다는 것이다.[68] 사실 당시 덩이 박정희 대통령의 발전전략에 특별한 관심을 보였음은 훗날 덩의 장남 덩푸팡(鄧樸方)이 황병태 주중 한국대사에게 직접 확인해 준 기록에서도 드러난다.[69]

확산 모델의 한 전제에 따르면 효율적 모방은 정보와 경험의 공유를 위해 빈번한 접촉과 광범위한 소통을 필요로 한다. 따라서 중국이 일단 한국을 모방하기로 결심했다면 한-중 양자 간의 접촉은 증가할 수밖에 없고 상호 협력을 위한 기반의 구축이 필요하게 되는 것이다. 대 북한 관계에 대한 계속된 우려와 배려로 인해 한국과의 가시적이고 직접적인 접촉은 중국이 회피할 수밖에 없었지만 1980년대에 들어서면서 적잖은 돌파구가 열리게 된다. 물론 차용할 모델에 대한 인식과 학습을 위한 의지가 자동적으로 긴밀한 양자관계를 보장하지는 않는다. 그러나 4장과 5장에서 자세히 제시하겠지만, 1980년대에 나타난 양국 간의 상호작용은 관계 개선과 수교로 이어지는 필수적인 환경을 형성하게 된다. 즉 모방의 의지는 상호작용을 만들어내고, 상호작용을 통해 제고된 상호의존은 적대감을 경감시키며, 다시 적대감의 완화는 상호의존을 보다 심화시키는 결과를 만들었다는 점이다.

주석

1 제4장에서 보다 상세한 논의가 제시되겠지만 1988년의 분기점은 몇 가지 측면에서 매우 중요한데, 특히 확대일로에 있던 한-중 관계가 그해 열린 서울올림픽을 통해 보다 공개적인 관계로 진입하면서 정부 간 교류가 시작될 수 있는 기반을 제공했다는 점에서 그 의미가 더욱 부각된다.

2 둘째 시기는 4장에서, 셋째와 넷째 시기는 각각 5장과 6장에서, 그리고 다섯째 시기는 8-10장에서 상세히 다룰 것이다.

3 예컨대 Robert Jervis, "The Impact of the Korean War on the Cold War," *Journal of Conflict Resolution*, Vol. 24, No. 4 (December 1980), pp. 563-592를 보라.

4 『조선일보』, 1963년 2월 22일 자를 보라.

5 『조선일보』, 1961년 9월 19일과 30일 그리고 10월 18일 자를 참조하라.

6 일부 사례의 경우 북경 소재 영국대사관의 중재로 한국인 어부들이 풀려나기도 했다. 『조선일보』, 1965년 5월 18일과 23일 자 및 『동아일보』, 1967년 4월 20일 자를 보라.

7 당시 한국정부의 입장에서는 또 다른 요인이 있었는데, 이는 곧 미국이 보병사단 한 개 규모의 주한 미군 병력의 감축을 계획했다는 점이다. 이를 통한 군사력 약화에 대비해 박정희 정부는 독자적인 핵 개발 프로그램의 수행과 동시에 대 중국 유화정책을 통해 북한의 도발 가능성을 줄이려는 노력을 기울였던 것이다. Don Oberdorfer, *The Two Koreas: A Contemporary History* (Reading, MA: Addison-Wesley, 1997), pp. 68-72.

8 Chae-Jin Lee, *China and Korea: Dynamic Relations* (Stanford: The Hoover Press, 1996), p. 105를 보라.

9 『대한민국외교문서』, 분류번호-721.1CH/CP, 마이크로필름 롤 번호 C-0044-021를 참조하라.

10 『조선일보』, 1971년 2월 17일, 3월 16일, 4월 11일 및 7월 24일 자를 보라.

11 대외통상법 2조의 수정으로 당시 가장 큰 이익을 본 국가는 소련이었는데, 이미 1974년에 한-소 간 간접교역액은 무려 4백만 달러에 달했다. 이범찬, "한·소 교류현황과 그 확대방안," 『共産圈硏究』, 1987년 5월, p. 15를 보라.

12 '중공'에 대한 보도와 관련해 국내 언론이 과거에 보였던 '과도한 반공주의 논조'에 대한 자성적 비판에 대해서는 『조선일보』, 1973년 3월 4일 자를 보라.

13 『조선일보』, 1972년 3월 30일.

14 『대한민국외교문서』, 분류번호-721.1CP, 마이크로필름 롤 번호 C-0051-03과 분류번호 722.2CP, 마이크로필름 롤 번호 C-0072-10을 보라.

15 『조선일보』, 1973년 3월 17일. 당시 중국은 이 제안을 침묵으로 거절했다.

16 『조선일보』, 1974년 3월 20일과 4월 23일.

17 『조선일보』, 1974년 11월 27일.

18 신명순, "한국과 중공의 관계 개선에 관한 연구," 『한국과 국제정치』, 1권, 1호 (1985년 1월), pp. 55-56; 박치정, "한·중공 민간교류 방안: 학술, 문화 교류를 중심으로," 『중국연구』, 5권 (1986년), p. 44.

19 Parris H. Chang, "Beijing's Policy toward Korea and PRC-ROK Normalization of Relations," in Manwoo Lee and Richard Mansbach (eds.), *The Changing Order in Northeast Asia and the Korean Peninsula* (Seoul: Institute for Far Eastern Studies, 1993), p. 163. 이는 Lee, *China and Korea*, p. 68에서 재인용한 것임.

20 이범찬, "한·소 교류현황과 그 확대방안," p. 15를 보라.

21 김영문, "최근 중소의 대한 정책," 『통일문제연구』, 11권 (1984년 4월), p. 36 (원문은 *Nepszabadsag*, December 29, 1978에서 인용); 『조선일보』, 1978년 12월 19일과 *Washington Post*, 1979년 1월 1일 자를 보라.

22 1970년대 한-중 교역에 대한 이런저런 소문들에 대해서는 신명순, "한국과 중공의 관계 개선에 관한 연구," p. 59와 이기택, "한-중공 대화의 길은 열렸는가?" 『신동아』 (1983년 6월), p. 84를 보라.

23 정용석, "중공의 대한 인식 변화과정," 『북한』, 제148호 (1984년 4월), p. 79.

24 1979년에 대외개방 노선이 공식적으로 천명된 것은 사실이지만 1975년에 채택된 '4개 현대화' 노선도 이미 일정 부분 대외개방을 전제로 했던 것임에 주목해야 한다.

25 한-중 관계에 대한 기존 연구의 대부분은 우선 그 대상으로 하는 시기가 매우 짧을 뿐 아니라 그 연구 범위도 단편적이거나 정책 중심적이고 상당 부분 기술적이어서 분석적 노력이 결여되었다고 봐도 과언이 아니다. 기존 연구에 대한 전반적 평가에 대하여는 Jae Ho Chung, *Between Ally and Partner: Korea-China Relations and the United States* (New York: Columbia University Press, 2007), pp. 6-8을 보라.

26 이에 관해서는 Arthur A. Stein, *Why Nations Cooperate: Circumstance and Choice in International Relations* (Ithaca: Cornell University Press, 1990), ch. 7; and Benjamin Miller, *When Opponents Cooperate: Great Power Conflict and Collaboration in World Politics* (Ann Arbor: University of

Michigan Press, 1995)를 보라.

27 Kenneth N. Waltz, *Theory of International Politics* (New York: Random House, 1979), chs. 6, 8; and David A. Baldwin, "Neoliberalism, Neorealism, and World Politics," in David A. Baldwin (ed.), *Neorealism and Neoliberalism: The Contemporary Debate* (New York: Columbia University Press, 1993), pp. 3-25를 보라.

28 Fei-Ling Wang, "Self-Image and Strategic Intentions: National Confidence and Political Insecurity," in Yong Deng and Fei-Ling Wang (eds.), *In the Eyes of the Dragon: China Views the World* (Lanham: Rowman and Littlefield, 1999), pp. 21-46을 보라. "과거의 굴욕을 망각하지 않으려는" 중국인들의 공감대에 관해서는 Paul A. Cohen, *China Unbound: Evolving Perspectives on the Chinese Past* (London: Routledge Curzon, 2003), pp. 166-169를 보라.

29 Joseph Camilleri, *Chinese Foreign Policy: The Maoist Era and Its Aftermath* (Oxford: Martin Robertson, 1980), pp. 6, 19, 83을 보라. 주권에 대한 중국의 '과민한'(hypersensitive) 반응은 Peter Van Ness, "China and the Third World," in Samuel S. Kim (ed.), *China and the World: Chinese Foreign Policy Faces the New Millennium* (Boulder: Westview, 1998), pp. 158-159; Hongying Wang, "Multilateralism in Chinese Foreign Policy: The Limits of Socialization," *Asian Survey*, Vol. 40, No. 3 (May/June 2000), p. 486을 보라. 또 黃仁偉, 劉杰, 『國家主權新論』(北京: 時事出版社, 2004), pp. 277-290을 참조하라.

30 Carol Lee Hamrin, "China Reassesses the Superpowers," *Pacific Affairs*, Vol. 56, No. 2 (Summer 1983), pp. 210, 212에서 인용. 또 Michel C. Oksenberg, "China's Confident Nationalism," *Foreign Affairs*, Vol. 65, No. 3 (May-June 1987), pp. 501-523을 보라. 또 『人民日報』, 1982년 8월 21일자를 참조하라.

31 중국의 이와 같은 자신감은 1980년대 중반에 들어 최소한의 핵 억지 능력을 확보하게 되었음에도 상당 부분 기반하고 있다. 解放軍總裝備部 (主編.), 『兩彈一星』(北京: 九州出版社, 2001)을 보라.

32 이러한 변화에 대한 중국의 해석으로는 王徐和, 任向群, 『國之尊 - 新中國外交記事』(杭州: 浙江人民出版社, 1999), 5장; 王泰平, 『新中國外交伍十年』(北京: 北京人民出版社, 1999), 1권, pp. 33-37을 보라.

33 이와 같은 주장에 대해서는 Samuel S. Kim, "China and the Third World: In Search of a Neorealist World Policy," in Samuel S. Kim (ed.), *China*

and the World: Chinese Foreign Policy in the Post-Mao Era (Boulder: Westview, 1984), pp. 189-205; Zhu Hongqian, "China and the Triangular Relationship," in Hao Yufan and Huan Guocang (eds.), *The Chinese View of the World* (New York: Pantheon Books, 1989), pp. 42-43을 보라.

34 Gu Weiqun, "Security in the Asian-Pacific Region," in *The Chinese View of the World*, pp. 25-26과 Jianwei Wang and Xinbo Wu, *Against Us or With Us: The Chinese Perspective of America's Alliance with Japan and Korea*, Discussion Paper (Stanford: The Asia/Pacific Research Center, Stanford University, May 1998), pp. 34-35를 보라.

35 1970년대 초반 한국이 중국에 대해 보였던 유화적 태도에 대한 논의로는 Ilpyong J. Kim, "Policies toward China and the Soviet Union," in Youngnok Koo and Sung-joo Han (eds.), *The Foreign Policy of the Republic of Korea* (New York: Columbia University Press, 1985), pp. 202-203, 209-210을 보라.

36 예컨대 스타인(Stein)은 이것을 "환경의 힘"(force of circumstance)으로 부르고 있다. *Why Nations Cooperate*, p. 195를 보라.

37 Richard Rosecrance, *The Rise of Trading State: Commerce and Conquest in the Modern World* (New York: Basic Books, 1986), pp. xi, 223.

38 예컨대 Alastair Iain Johnston, "China's Militarized Interstate Dispute Behavior, 1949-1992: A First Cut at the Data," *The China Quarterly*, No. 153 (March 1998), pp. 1-30을 보라.

39 예를 들어, Seweryn Bialer, *The Soviet Paradox: External Expansion, Internal Decline* (New York: Basic Books, 1986)을 보라. 또한 Lawrence C. Reardon, *The Reluctant Dragon: Crisis Cycles in Chinese Foreign Economic Policy* (Hong Kong: Hong Kong University Press, 2002), 7장을 보라.

40 Robert Keohane, *After Hegemony: Cooperation and Discord in the World Political Economy* (Princeton, NJ: Princeton University Press, 1984), p. 51에서 인용한 것임.

41 Charles Lipson, "International Cooperation in Economic and Security Affairs," *World Politics*, Vol. 37, No. 1 (October 1984), pp. 1-23.

42 당시 한국 측의 경제적 동인에 관해서는 Eul Yong Park, "Foreign Economic Policies and Economic Development," in Koo and Han (eds.), *The Foreign Policy of the Republic of Korea*, pp. 125-127을 보라. 중국의 경제적 동기에 대해서는 Jonathan Woetzel, *China's Economic Opening to the Outside World: The Politics of Empowerment* (New York: Praeger, 1989)를 참조하라.

43 이러한 중국의 자신감에 대해서는 Hao Yufan, "China and the Korean Peninsular," in Hao and Huan (eds.), *The Chinese View of the World*, p. 198을 보라.

44 Jae Ho Chung, "South Korea-China Economic Cooperation: The Current Situation and Its Implications," *Asian Survey*, Vol. 28, No. 10 (October 1988), p. 1047을 보라.

45 이와 같은 협력의 논리에 대해서는 Robert Axelrod and Robert O. Keohane, "Achieving Cooperation under Anarchy: Strategies and Institutions," in Baldwin (ed.), *Neorealism and Neoliberalism*, pp. 108-110을 보라.

46 이러한 논의에는 James N. Rosenau (ed.), *Linkage Politics: Essays on the Convergence of National and International Systems* (New York: The Free Press, 1969); Bruce Russett, "International Interactions and Processes: The Internal vs. External Debate Revisited," in Ada W. Finifter (ed.), *Political Science: The State of the Discipline* (Washington D.C.: American Political Science Association, 1983), pp. 541-568이 있다. 중국에 대한 연구로는 Kenneth Lieberthal, "Domestic Politics and Foreign Policy," in Harry Harding (ed.), *China's Foreign Relations in the 1980s* (New Haven: Yale University Press, 1984), pp. 43-70; David Bachman, "Domestic Sources of Chinese Foreign Policy," in Samuel S. Kim (ed.), *China and the World: New Directions in Chinese Foreign Relations* (Boulder: Westview, 1989), pp. 31-54를 보라.

47 Richard Fagen, Carmen Diana Deere and Jose Luis Coraggio, *Transition and Development: Problems of Third World Socialism* (New York: Monthly Review, 1986), pp. 9-27을 보라.

48 Carl Riskin, "Neither Plan Nor Market: Mao's Political Economy," in William A. Joseph, Christine P. W. Wong and David Zweig (eds.), *New Perspectives on the Cultural Revolution* (Cambridge: Harvard University Press, 1991), pp. 133-152; 王紹光, 『理性與瘋狂』 (武漢: 湖北人民出版社, 1995)를 보라.

49 Ference Feher, Agnes Heller and György Markus, *Dictatorship over Needs: An Analysis of Soviet Societies* (New York: Basil Blackwell, 1983). 사회주의 국가들의 국제무역 확대의 선택에 관해서는 Alec Nove, *The Economics of Feasible Socialism* (London: Allen and Unwin, 1983), p. 108을 보라.

50 1977-78년에 걸쳐 화궈펑(華國鋒)이 '통치'한 약간의 기간이 있었지만 마

오의 사후 시기 전반에 대대적인 변화를 가져오기에는 그 기간이 너무 짧았다고 할 것이다.

51 대표적 논의로 Harry Harding, *China's Second Revolution: Reform after Mao* (Washington, D.C.: The Brookings Institution Press, 1987); Barry Naughton, *Growing out of the Plan: Chinese Economic Reform, 1978-1993* (Cambridge: Cambridge University Press, 1995); Elizabeth Economy and Michel Oksenberg (eds.), *China Joins the World: Progress and Prospects* (New York: Council on Foreign Relations, 1999); Chien-min Chao and Bruce J. Dickson (eds.), *Remaking the Chinese State: Strategies, Society and Security* (London: Routledge, 2001)를 보라.

52 예를 들어, 馬立誠, 凌志軍,『交鋒 – 當代中國三次思想解放實錄』(北京: 今日中國出版社, 1998); 楊繼繩,『鄧小平時代 – 中國改革開放二十年紀實』(北京: 中央編譯出版社, 1998), 제1권, 3장을 보라.

53 Jia Qingguo, "China's Foreign Economic Policy," in Hao and Huan (eds.), *The Chinese View of the World*, p. 67.

54 인용문은 Bruce Russet and Harvey Starr, *World Politics: The Menu for Choice* (New York: W. H. Freeman and Company, 1985), 2nd ed., p. 45에서 발췌했다. 민족주의에 대한 포괄적인 논의로는 Anthony D. Smith, *Nationalism* (Cambridge: Polity Press, 2001), 2장을 보라.

55 Lloyd Jensen, *Explaining Foreign Policy* (Englewood Cliffs: Prentice-Hall, 1982), pp. 28, 53-59.

56 예를 들어, Mark Mancall, *China at the Center: 300 Years of Foreign Policy* (New York: The Free Press, 1984)를 보라.

57 Chih-yu Shih, *The Spirit of Chinese Foreign Policy: A Psychocultural View* (London: Palgrave McMillan, 1990); Michael H. Hunt, *The Genesis of Chinese Communist Foreign Policy* (New York: Columbia University Press, 1996), 1장을 보라. 한 가지 특기할 것은 미국과 일본 등의 강국들에 대해 중국 대중이 표출하는 이러한 민족주의 인식과 정서는 그 성격이 상당히 복합적이라는 점이다. 후자에 대해서는 Peter H. Gries, *China's New Nationalism: Pride, Politics and Diplomacy* (Berkeley: University of California Press, 2004)를 참조하라.

58 Yongnian Zheng, *Discovering Chinese Nationalism in China: Modernization, Identity and International Relations* (Cambridge: Cambridge University Press, 1999), ch. 1; 林尙立, "現代化與文化認同 – 中國的邏輯," 朱國弘, 林尙立, 張軍 (主編),『中國社會變遷』(上海: 復旦大學出版社, 2001), pp. 36-57; 葉

自成,『中國大戰略』(北京: 中國社會科學出版社. 2003), pp. 20-46; 楊再平, 向東,『中國唱不衰』(北京: 經濟科學出版社, 2003); Daniel A. Bell, *China's New Confucianism: Politics and Everyday Life in a Changing Society* (Princeton: Princetone University Press, 2008), chs. 1-3을 보라.

59 1979년부터 2001년의 기간 동안 중국은 총 63개국과 관계 정상화를 이루어 2001년 기준으로 총 수교국은 162개국에 이르렀다.『中國外交辭典』(北京: 世界知識出版社, 2000), pp. 814-821;『中國外交 2001』(北京: 世界知識出版社, 2001), p. 714를 보라.

60 확산의 동학에 대해서는 Charles A. Lave and James G. March, *An Introduction to Models in the Social Science* (New York: Harper and Row, 1975), p. 5와 pp. 341-405를 보라.

61 예컨대 Glenn D. Paige, "North Korea and the Emulation of Russian and Chinese Behavior," in A. Doak Barnett (ed.), *Communist Strategies in Asia* (New York: Praeger, 1963), pp. 228-262; "北韓的中國化趨勢,"『九十年代』(1984년 12월), pp. 38-42; Selig Harrison, "Kim Il Sung Promotes a Chinese Style Open-Door Policy," *Far Eastern Economic Review* (December 3, 1987), pp. 37-38; Yang Ho-min, "Mao Zedong's Ideological Influence on Pyongyang and Hanoi: Some Historical Roots Reconsidered," in Robert A. Scalapino and Dalchoong Kim (eds.), *Asian Communism: Continuity and Transition* (Berkeley: Institute of East Asian Studies, University of California, 1988), pp. 37-66을 보라.

62 예컨대 Samuel P. Huntington, *The Third Wave: Democratization in the Late Twentieth Century* (Norman: Oklahoma University Press, 1991), pp. 100-106을 보라.

63 Dwight H. Perkins, *China: Asia's Next Economic Giant?* (Seattle and London: University of Washington Press, 1986), pp. 5-6.

64 이와 유사한 논의로는 Hajime Izumi and Susumu Kohari, "Sino-South Korean Relations under the Roh Administration," *China Newsletter*, No. 91 (1991), p. 17을 보라.

65 이는 필자가 1987년 11월 14일 미국에서 만난 중국사회과학원 소속의 한 학자와 인터뷰한 내용이다. 실증할 수는 없지만 한국 측의 한 자료에 따르면 당시 영향력이 상당했던 경제학자 류궈광(劉國光)이 1980년에 서울을 방문했다고 언급하고 있다. 이호,『한 · 중 · 소 간의 북방외교 실체』(서울: 제일미디어, 1997), pp. 193-194를 보라.

66 정용석, "중공의 대한인식,"『북한』(1984년 4월), p. 79; 신명순, "한국과 중

공의 관계 개선에 관한 연구," p. 59를 보라.

67 嗚凌耿, "亞洲四小龍經濟奇迹破析," 『紅旗』 (1987년 4월), pp. 29-32; 浦正絡 외, 『亞洲四小與外向型經濟』 (北京: 中國對外經濟貿易出版社, 1990); 임계순, 『중국인이 바라본 한국』 (서울: 삼성경제연구소, 2002), 5장을 보라.

68 일인당 국내총생산 지표의 '모방'에 대해서는 Bruce Cummings, "The Political Economy of China's Turning Outward," in Kim (ed.), *China and the World: Chinese Foreign Policy in the Post-Mao Era*, pp. 246-247을 보라. 또 중국은 한국의 경제개발 5개년 계획에 관한 다양한 정보도 수집한 것으로 알려지는데, 이에 대해서는 이기택, "한-중공 대화의 길은 열렸는가?" p. 84를 보라.

69 황병태, "한-중 경제 숨은 주역은 등소평 아들," 『신동아』 (1996년 3월), p. 471.

제3장
냉전기의 북-중 관계

한국 학계에서 북-중 관계에 대한 연구접근의 대부분은 한-중 관계에 대한 그것과 상당 부분 유사하게 - 또는 어쩌면 더한 정도로 - 단기적이고 또 현안/정책 중심적인 성격을 띠는 것으로 보인다. 봉합되는 듯 보였던 북한 핵 위기가 2002년 10월 다시 불거진 이후, 지금까지 북-중 관계의 획기적인 변화 가능성과 그 폭에 대한 적지 않은 관점과 입장들의 개진이 있었다. 다만 중국과 북한 간 관계의 변화 가능성에 대한 이들 평가와 전망이 상당 수준의 신빙성과 설득력을 가지려면 단순히 현안 중심의 정책적 기술보다는 장기적인 시각과 관점에서 접근할 필요가 있을 것이다.[1] 또 이를 위해서는 양자관계 형성의 배경에 대한 구체적인 분석부터 선행되어야 한다는 전제 위에서 이 글은 출발한다.

본 장의 시기적 초점은 앞서 2장에서 논한 냉전기 한-중 관계와 조응이 되도록 1948년(북한)과 1949년(중국)의 건국 시점에서부터 1970년대 후반까지 대략 30년의 기간에 맞춰진다.[2] 북-중 관계 핵심구조의 형성이 주된 내용이라고 할 초기(1950년대)에 대한 논의와 함께 중-소 분쟁 및 데탕트의 영향을 직접적으로 받아 이익, 이념과 전략에 대한 고민이 함께 어우러졌던 60년대와 70년대의 분석이 북-중 관계의 전반적인 구조와 그 운용방식(*modus operandi*)의 진화과정을 이해하는 데에 매우 중요하기 때문이다.

북-중 관계의 핵심구조와 운용방식에 대한 논의를 주 내용으로 하는 본 장은 다음의 네 부분으로 나뉜다. 우선 시기적으로 1950년대의 시기 동안 북-중 간에 긴밀하면서도 미묘한 관계가 형성될 수밖에 없었던 체제/구조적 요인들과 함께 이념, 문화, 역사, 경제 및 국내정치적 요인들을 중심으로 분석한다. 그다음에는 1960년대 내내 가장 큰 영향력을 미쳤던 중-소 분쟁이라는 핵심 변수가 북-중 관계의 운용방식을 일정 부분 변환 및 조정시킨 배경과 함께, 그럼에도 불구하고 북한이 전반적으로 유지했던 대 중국 경도(傾倒)의 추세에 대한 논의를 제공한다. 이어서 1970년대에 들어 이루어진 국제정세의 급격한 변화와 남북한 관계의 전환이 북-중 관계에 미친 영향을 분석하게 될 것이다. 마지막으로는 이 시기(1940년대 말-1970년대 말)의 북-중 관계를 전반적으로 평가하고 현재에 대한 함의를 이끌어내는 소결이 제시된다.

북-중 관계의 형성: 1950년대의 동학(動學)

중국의 대 한반도 전략 및 정책 전반을 보는 데에 있어 원래 그런 부분이 많기도 하지만, 특히 북-중 관계를 규정하는 요소들은 본질적으로 상당히 복합적이라 하겠다. 1950년대에 중-북 관계의 '형성'에 기여했던 핵심 요인들로는 대략 다음의 여섯 가지를 들 수 있는데, 그중 우선 역사/문화적 요인을 생각할 수 있다. 단순히 20세기 들어 36년간의 식민통치뿐만 아니라 조선 중후반 이후부터 내내 침탈의 주체로 인식되어온 일본에 대한 잠재적 균형자로서의 중국의 역할에 대해 조선/남북한이 가져온 인식에 주목할 필요가 있다. 더 오랜 기간의 식민통치를 겪었음에도 불구하고 오히려 상당히 '친일'적 성향을 보이는 대만(臺灣)과는 판이하게 북한(이와 관련하여 남한도 크게 다르지 않음)이 갖는 '반일' 성향은 반사적으로 대 중국 관계의 중요성을 상대적으로 부각시켰을 수도 있기 때문이다.[3)]

이에 더해 공산화 과정에서뿐만 아니라 그 이후에도 북한이 묵시적으로 유지해왔던 '유교적' 인식과 행태가 중국과의 문화적 동질성에 기반을 둔 긴밀한 관계의 유지에 적잖은 기여를 한 것으로 보인다. 물론 이를 전통적인 조공체제(朝貢體制)의 부활로까지 보는 것은 지나친 논리의 비약이겠으나, 공유하는 역사와 어휘 체계, 그리고 문화적 동질성이라는 요인들이 공산화 이후 북-중 관계의 형성과 유지에 있어 일정한 요인으로 작용했다는 점 자체를 부정하기는 어렵다.[4] 물론 이 '유사성'의 현대적 구현에 대해서는 보다 긴 기간에 걸쳐 실증적 연구가 필요한 것으로 보인다.

둘째로 전략 및 체제적 요인을 꼽을 수 있겠는데, 이는 냉전의 대립구조하에서 '해양세력'(미국과 일본)이 북한에 대해 극도로 적대적 입장을 견지하는 상황에서 북한이 의지할 수 있는 곳은 '대륙세력,' 곧 중국, 소련 이외에는 따로 별다른 전략적 대안이 없었음을 지칭한다. 미-소 양극 구조하에서 드러난 첨예한 대립과 긴장으로 특징지어지는 냉전기 초기에 중국이 소위 '원치 않는 동거자'(strange bedfellow)로 소련을 택할 수밖에 없었던 것과 유사한 논리적 배경에서, 당시 북한에게 주어진 선택의 여지도 매우 좁았음에 주목할 필요가 있다.[5]

셋째로는 경제적 요인을 생각할 수 있겠다. 막 공산화에 성공한 북한의 경우 - 이 점에 있어서는 중국도 크게 다르지 않았지만 - 신체제의 안보 확보 및 유지와 맞물려 있는 과제가 바로 경제적 생존이었다고 할 수 있다. 즉, 경제 원조와 기술 지원을 전폭적으로 제공해줄 든든한 후원자가 필요했지만 이미 미국의 통제하에 있는 브레튼우즈(Bretton Woods) 체제는 북한을 받아들이지 않았을 뿐 아니라 '전략물자수출통제협의회'(Coordinating Committee for Multilateral Export Control: COCOM)를 통해 공산권에 대한 지원을 획일적으로 통제하고 있었던 것이다. 따라서 그 대안으로 북한은 소련이 주도하고 동구권을 중심축으로 하는 경제권인 '상호경제지원협의회'

(Council on Mutual Economic Assistance: CMEA)에 편입되어 소련, 중국과 긴밀한 협력관계를 맺을 수밖에 없었던 것이다.[6]

넷째, 냉전 초기에 당연히 체제 간 이념적 동질성과 유대감이 대외관계의 매우 중요한 요인으로 작동할 수밖에 없었을 것이다. 이데올로기가 도덕적 가치와 외교적 협력의 기준으로 사용되는 상황에서 공산주의 이념을 공유한 중국과 북한 사이에서 배양되었던 유대감이 당시 북-중 관계의 형성에 매우 핵심적이었다는 점에는 반박의 여지가 없다. 더구나 '세계혁명'이 군사적 슬로건인 동시에 피할 수 없는 정치적 과제였던 당시의 논리로 볼 때 이념적 유대는 군사적 동지애(comraderie)와 거의 동일시되는 수준이었던 것이다.[7]

다섯째로 특수한 상황적 요인을 들 수 있겠는데, 이는 곧 중국의 한국전쟁 참전이 북-중 관계에 미친 파급효과를 지칭한다. 여러 대내외적 이유로 중국의 한국전쟁 참전은 널리 예상된 일이 아니었다. 소련의 개입 가능성이 오히려 더 높게 전망되던 상황에서 '의용군'(人民志願軍)의 형식으로 중국이 참전했던 것이다.[8] 비록 북한은 소련이 제공한 무기, 군수품 및 유류 등에 의존해 전쟁을 치루긴 했지만 무려 80개 사단에 달하는 대규모 병력을 파견한 중국에 대해 감사의 마음을 가졌던 것은 당연한 일이며 이것이 북-중 관계의 기저에 남아 있었음을 부정하기는 어렵다.[9]

특히 20여 년에 걸친 국민당과의 내전을 거쳐 건국한 지 1년 남짓 만에 세계 최강대국이자 핵보유국이던 미국과 국제연합(UN)을 상대로 중국이 한국전쟁 참여를 결정하기는 쉽지 않았을 것이다. 당시에 중국이 겪고 있던 대내외적 어려움 - 대만의 '대륙수복' 선언, 수백 퍼센트에 달하는 인플레이션, 쓰촨(四川)과 티베트에서 지속되던 국민당과의 전투 등 - 을 잘 알고 있는 북한이었기에 이는 당시 북-중 관계의 형성과 긴밀한 유대감의 배양에 핵심적인 요인으로 작동할 수밖에 없었다.[10] 뿐만 아니라 많은 중국인들은 중국의 한국전쟁 참전을 대만 조기 '해방'의 능력과 기회를 상실하게 된 가장 큰 계기로 보고 있다.[11] 더구나 한국전쟁이 끝난 후 1957년 말까시 중국이 한국전쟁 참전의 대가로 소련으로부터 얻어 쓴 부채가 무려 24억 달러에 달했던 것으로 알려진다.[12] 최근까지도 중-북 관계를 기술하는 데에 주로 쓰였던 '피로 다져진 우의'(鮮血凝成的友誼關係)의 표현도 바로 이런 특별한 배경에서 유래했던 것이다.[13]

마지막으로 고려해야 할 것은 양국 지도자들의 역사적 경험의 공유와 국내정치적 사건이 갖는 의미를 들 수 있다. 비록 북-중 관계의 구체적인 운용 패턴과의 연계를 실증적으로 밝히기가 그리 쉽지는 않지만 북한 노동당의 초기 핵심 성원들 상당수가 중국에서의 독립운동과 항일투쟁의 과정에서 중국 공산당 영도그룹과 긴밀한 유대를 유지했던 점에 주목할 필요가 있기 때문이다. 1950년대 중반에 친중 성향을 지녔던 박일우, 무정, 서휘 등 '연안파'(延安派)에 대한 대대적 숙청이 이루어졌으며, 이는 대규모 숙청이 필요했을만큼 북한 내부에서 중국과의 동질감과 유대가 지대했음을 보여주는 반증이기도 하다.[14] 보다 중요한 것은 위에서 언급한 대규모 숙청을 일컫는 소위 '종파사건'(宗派事件)을 통해 북-중 관계는 긴밀함 뒤에 감춰진 민감하고도 미묘한 동학을 함께 갖게 되었다는 점이다. 김일성의 요구로 1958년 중국군이 철수함과 동시에 북-중 간 '영도자 교류에 관한 협정'이 체결될 만큼 단순한 대국-소국 간의 관계가 아닌 서로 밀고 당기는 관계의 구조가 만들어진 것이다.[15]

결국 냉전 초기인 1950년대 북-중 관계의 형성에 있어서는 체제적이며 구조적 요인들이 상당히 중요했으며, 또 이념적인 동질성과 함께 한국전쟁이라는 역사적 경험의 공유가 양국 간의 유대 형성에 큰 역할을 했다고 평가할 수 있다. 거기에 더해 1955-58년에 걸친 북한 국내정치의 동학 또한 북-중 관계가 단순히 강국-소국 간의 관계가 아님을 여실히 보여줬다. 궁극적으로는 이들 요인 간의 '복합성'이 북-중 관계의 운용 구조 및 규범을 상당 부분 결정했다고 할 수 있다. 그러나 1950년대 말 이후에 중-소 분쟁이 불거지고 1970년대 이후 냉전적 구조와 규범이 점진적으로 약화 내지 해체되면서 위에서 제시한 요인들 중에서 하나둘씩 그 비중과 영향력이 변하게 됨을 보게 된다. 아래에서는 이러한 일련의 변화과정을 한번 살펴보도록 한다.

중-소 분쟁과 1960년대의 북-중 관계

1950년대 북-중 관계의 형성에 있어서 미-소 대립이라는 체제적 요인이 매우 중요했다면, 1960년대의 북-중 관계에서 중-소 분쟁보다 더 큰 영향력을 발휘했던 변수는 아마도 없을 것이다.[16] 1956년에 열린 소련 공산당 제20차 전체회의에서 새로이 채택한 '평화공존론'은 소련이 사회주의권을 대표해 보다 강경한 대 미국 투쟁 노선을 걸어주기를 희망했던 중국에게는 큰 실망을 안겨주었다. 마오쩌둥은 1958년 중국적 발전 모델인 대약진(大躍進)운동의 시행을 통해 소련식 발전경로로부터의 이탈을 선언했으며, 스탈린 격하를 염두에 두고 후르시초프가 벌였던 개인우상화 배격의 움직임도 마오의 심기를 불편하게 만들기에 충분했다. 결국 1960년 양국의 당 기관지인 『인민일보』(人民日報)와 『프라우다』(Pravda)가 공개적으로 벌인 수정주의-교조주의 논쟁을 기점으로 중-소 분쟁은 극단적 대

렵으로 치닫게 된다. 중-소 분쟁은 1989년 고르바초프의 북경 방문을 계기로 양국 간 화해가 이루어지기까지 근 30년 가까이 중-북 관계에서 핵심변수로 작용했던 것이다.[17)]

중-소 분쟁의 초기 단계인 1960년대 전반부에 있어서 북한의 입장은 상당히 조심스러운 가운데 상대적으로 중국 측에 경도되는 모습을 보였다.[18)] 미국과 동맹을 맺고 있는 한국을 주적(主敵)으로 둔 북한으로서는 소련이 보다 결연히 미국에 대항하는 노선을 채택하기를 바라는 것이 당연했고, 또 당시 리더십의 변화가 없었던 북한으로서는 소련에서와 같이 과격한 정책 변화를 반길 이유가 없었기 때문이다. 그러나 무엇보다 중요했던 것은 중국과 달리 소련은 북한의 국내정치에 자주 직접적인 간여를 시도했으며 이에 북한이 매우 예민하게 반응했다는 점이다. 즉, 소련은 대 북한 영향력의 제고를 위해 친소 성향의 인물들로 하여금 반 김일성 노선을 채택하도록 종용했으며, 또 대 북한 경제 원조를 삭감하는 등의 압력을 행사해 북한으로 하여금 소련에 대한 경계심을 키우도록 만들었던 것이다.[19)]

1960년대 중반에 들어서면서 북한과 소련 간의 경직된 관계는 새로운 전환의 국면을 맞게 된다. 그 핵심적인 배경에는 후루시초프의 실각과 함께 그 뒤를 이은 브레즈네프(L. Brezhnev)가 대 북한 관계를 중-소 분쟁 발발 이전의 수준으로 다시 끌어올리기 위해 총리였던 코시긴(Kosygin)을 북한에 파견하고 또 그간 감축되었던 대 북한 경제원조를 대폭 증액하는 등의 노력을 기울였기 때문이다. 공교롭게도 이 시기 북한-소련 관계와 맞물려 나타난 것이 중국에서의 문화대혁명(文化大革命: 1966-69) 발발이었는데, 당시 중국 국내에서 드러난 강한 대외혐오(xenophobic)와 외국인 차별의 성향으로 인해 최소한 2년 가까이 북한은 중국과 경직된 관계를 유지하게 된

다.[20)]

이 시기에 소련에 대한 북한의 전략적 의구심을 다시 확인시켜 주는 몇 가지 사건이 발생한다. 1968년에 일어난 푸에블로(Pueblo)호 납치 사건과 1969년의 EC-121 정찰기 피격 사건을 통해 미국과 북한이 직접적 대치 상황까지 도달함에도 불구하고 소련은 미국과의 관계 악화를 우려해 북한을 전면적으로 지지하지 않았으며, 이는 북한으로 하여금 대 소련 관계를 재인식하도록 만들었다. 반면 중국은 북한에 대해 명시적인 지지를 표명하면서 북-중 관계의 회복을 위해 노력했다. 거의 같은 시기에 중국은 문화대혁명을 통해 노정되었던 극도의 혼란을 상당 부분 정리하고 대외관계의 정상화를 모색하며, 이를 통해 북-중 관계는 다시 '회복'의 궤도에 오르게 된다. 결국 1960년대 기간을 통해 최소한 두 번(1967년과 1969년)의 '조정'을 거쳐 북-중 관계는 긴밀하면서도 미묘한 성격의 역학관계를 다시 한 번 내보였던 것이다.[21)]

1950년대 내내 소련 및 중국과 공히 긴밀한 관계를 유지했던 북한은 1960년대를 거치며 경쟁하는 두 강대국 사이에서 어떻게 전략적 입지를 정해야만 자신의 이익을 극대화하는지를 학습하는 매우 귀중한 경험을 했을 것으로 평가된다. 즉, 1961년 소련, 중국과 군사지원의 의무가 명기된 동맹조약을 각각 체결했던 것에서 보듯이 중국과 소련이 다양한 영역에서 대응과 맞대응을 지속하는 과정 속에서 북한은 나름대로 자신이 가진 '지렛대'(leverage)를 활용해 양측으로부터 모두 이익을 얻는 방법을 습득했던 것이다. 심지어 강대국들이 약소국의 입장에 일부 맞춰 가도록 만드는 삼각구도의 적절한 운용방식까지도 설정할 수 있게 된 것이다.[22)]

1970년대의 데탕트와 북-중 관계

앞서 언급했듯이 1970년대는 국제정치의 체제적 변동이 시작되고 또 심화되었던 중요한 시기이다. 우선 미국과 소련 사이에 데탕트(détente)의 분위기가 만들어졌으며, 또 중국이 '반미-반소'(反對帝修反) 노선을 철회하고 소위 '연미반소'(一條線)의 입장을 채택해 소련 패권주의에 대한 미국과의 연합전선 구축이라는 목표를 명시화했다. 또한 1971년 중국의 국제연합(UN) 가입과 함께 안보리 상임이사국이 된 것, 그리고 1972년 미수교 상태에서 닉슨 대통령이 감행했던 중국 방문은 한순간에 중국을 전략적 삼각구도의 한 꼭지점으로 만들기에 충분했다.[23)]

1969년 헤이룽장성(黑龍江省) 북부에 위치한 우수리(Ussuri)강 인근에서 발생했던 유혈충돌을 통해 알 수 있듯이 당시 중국과 소련 사이에는 첨예한 긴장과 군사적 대립이 지속되었으며, 이는 1970년대 내내 소위 '동-동 갈등'(East-East conflict)으로 불릴 정도의 심각한 수준이었다.[24)] 당시 소련의 전략적 관심은 '전 지구적'(global)인 것이었지만 중국의 주된 관심은 아직까지 지역적일 수밖에 없었고 그 중에서도 동아시아(인도차이나, 한반도 및 대만 포함)에 집중되어 있었다. 따라서 두 나라의 전략적 관심의 교집합은 대체로 한반도 문제로 귀결되었으며 북한과의 전략적 유대를 어떻게 제고하고 지속할 것인지에 집중되었다고 해도 과언이 아니다. 바로 이런 맥락에서 한 학자는 북한을 두고 '중-소 간 체스 판의 선두 말'(a front-piece on the Sino-Soviet chessboard)이라고까지 비유했던 것이다.[25)]

여기서 우리는 1970년대 데탕트의 급변하는 국면에 북한이 어떤 방식으로 대처했으며 중-소 분쟁이라는 구조적 변수를 어떻게 활용했는가라는 질문을 갖게 된다. 데탕트의 확산은 미국과의 극한 대립을 견지하던 북한에게 큰 전략적 숙제를 던졌기 때문이다. 이에 대해 북한은 남북관계의 획기적 전환을 모색함과 동시에 미국과의 관계 개선을 추구하던 중국 및 소련과의 관계에서 생기는 공백을 대 일본(그리고 대 유럽) 관계의 개선을 통해 메우려 노력했다.[26] 즉, 기존의 동맹관계 약화가 가져올 수도 있는 다양한 문제점들을 새로운 양자관계의 모색을 통해 보완하고자 했던 것이다.

우선 남북한 간의 긴장 완화 및 화해의 모색에는 1972년 '7·4 남북공동성명'을 통해 한반도에서의 평화적 통일의 원칙에 합의하고 핫라인의 개설과 함께 남북조절위원회를 설치하는 등의 조치가 포함되었다. 또 1973년에 있었던 '6·23 선언'을 통한 한국의 대 사회주의 국가 문호개방과 더불어 남북한 적십자회담의 개최 등은 당시로는 획기적인 긴장 완화 조치들이었다. 더 나아가 북한은 1972년에 일본과 '무역촉진을 위한 양해각서'를 교환했고 김일성은 일본을 '더 이상 군국주의를 추구하지 않을 국가'로 간주하는 등, 양국 사이에 유화 분위기를 만들기도 했다. 특히 실질적인 교류의 측면에서도 1971년에는 북-일 교역액이 5900만 달러에 불과했으나 양해각서가 체결된 후인 1972년과 1973년에는 각각 1억 3200만 달러와 1억 7200만 달러로 급증했음을 볼 수 있다.[27]

그렇다면 1970년대에도 대립각을 늦추지 않았던 중-소 분쟁은 북한의 대외관계에 어떤 영향을 미쳤는가? 1970년대를 전반적으로 볼 때 북-중 관계가 여전히 북-소 관계보다는 비교적 더 친밀한 관계를 유지했다고 평가할 수 있다. 예컨대 이 시기 북한의 대 중국 그리고 대 소련 교역액(〈표 3-1〉 참조)을 한번 비교해보자. 북-중 교역 총액이 북한과 소련 간 교역량의 3.5분의 1에 불과했던 1970년에 비해 1975년에는 오히려 전자가 후자를 넘어서기도 했으며

표 3-1
1970년대 북한의 대 중국 및 소련 교역액 (단위: 100만 미 달러)

	대 중국 교역액	대 소련 교역액
1970	115	373
1971	167	503
1972	283	461
1973	336	482
1974	390	453
1975	482	470
1976	395	405
1977	374	448
1978	454	555
1979	647	750

출처 Stuart Kirby, "Siberia and Its Far Eastern Neighbors," in Alan Wood (ed.), *Siberia: Problems and Prospects for Regional Development* (London: Routledge, 1987), p. 198.

1979년에는 전자 대 후자의 비율이 86퍼센트에 달하고 있다. 당시 소련과 중국 간 경제규모의 면에서 현격한 차이를 감안할 때 실질적으로는 북-중 간의 경제협력 확대의 노력이 북-소 간의 그것보다 앞섰음을 알 수 있다.

그렇다고 이 시기에 북한이 이념적 측면에서까지 명시적으로 소련보다 중국을 더 지지한 것으로 보이지는 않는다. 왜냐하면 1970년대 초반부터 이미 중국은 문화대혁명 시기의 '극좌'적 시각을 상당 부분 벗어나고 있었으며, 특히 대외적으로 미국, 일본 및 서유럽과의 관계 개선에 적극적이었을 뿐 아니라 1975년에 천명한 '4개 현대화'의 실행을 위한 실용주의 노선의 단초를 내비치고 있었다. 그러나 북한이 최소한 심정적으로는 중국에 약간은 더 기울어져 있었던 것으로 보이는데, 이는 당시 소련에 비해 중국이 주변국들에 대해 상대적으로 유화적이었으며 훨씬 덜 패권적인 성향을 보였기 때문이다.

여기서 직면하는 핵심 질문이 하나 있다. 왜 북한은 1970년대 이후 '주체사상'에 기반을 둔 소위 '등거리 정책'의 묵시적인 채택에도 불구하고 중국과의 관계를 비교적 더 긴밀하게 유지했는가 하는 것이다. 이 질문은 매우 중요한데, 그 이유는 바로 이에 대한 해답이 21세기 북-중 관계의 '지속성'(durability)을 추정하는 데에도 관건이 될 수 있기 때문이다. 본 장의 앞 부분에서 이미 언급한 여섯 요인들 중에서 지도자(김일성)의 개인적 성향이나 전략적/지정학적 중요성의 부분은 이 시기와 관련해 변수라기보다는 오히려 상수에 가까웠겠지만 나머지 네 요인들은 꼭 그렇지 않을 수도 있었음에 유의할 필요가 있다.[28)]

북한에게 있어 중국과의 관계가 조금은 더 친밀할 수밖에 없었던 요인들을 분석해보자. 첫째, 북한이 한반도의 유일한 합법 정권임을 일찍부터 천명하고 이를 견지했던 중국과는 대조적으로 소련의 경우 이에 대한 명시적 지지에 미온적이었음에 주목해야 한다.[29)] 그 구체적인 이유를 실증적으로 밝히기는 어려우나 대략 다음의 두 가지 가능성을 생각할 수 있겠다. 하나는 분단국가인 중국이 체제의 '합법성'과 '정통성'의 선취 필요성에 대해 가졌던 관심은 당연히 소련과는 그 급이 다를 수밖에 없었을 것이다. 또 다른 하나의 이유는 소련 대외관계의 특성이랄 수 있는 '전략적 기회주의'(strategic opportunism)를 들 수 있다.[30)] 따라서 제3세계 등지에서 남북한 간의 소모적 외교전이 극에 달했던 1970년대에 소련이 취했던 입장에 대해 북한이 못마땅해 했음은 그리 어렵지 않게 짐작할 수 있다.

둘째, 앞서도 지적했듯이 북한의 내정에 깊숙이 간여하고 영향력을 행사하려 했던 소련과 달리 중국은 1950년대 말 '종파사건' 이후 이러한 간여를 극도로 자제해왔음에 주목할 필요가 있다. '내정불간섭' 원칙을 비교적 잘 지켜온 중국에 대해 북한이 상대적으로 적은 경계심을 품었음은 당연할 것이다. 더구나 '같이 종알을 헤쳐온 전우애'로 표현되는 북-중 간의 군사적 유대 또한 당 간의 교류를 뛰어넘거나 이를 보다 강화시키는 중요한 요인으로 작동했음을 고려할 필요가 있다.[31] 더 나아가 중국이 대 미국 유화책을 시행하는 와중에서도 북한의 전략적 우려를 불식하려는 적극적인 노력을 병행했음을 북한은 잘 알고 있었다.[32]

셋째, 중국과 북한 사이의 이념적 유대와 '모방'(emulation)의 동학을 유심히 살펴볼 필요가 있다. 양국 간 이념적 유대에는 '아시아적 공산주의'(Asian Communism)라는 지역적 '토착화'의 측면도 있으며, 특히 중국과 북한 사이에는 모방과 확산이라는 또 하나의 흥미로운 동학이 포함되어 있기 때문이다. 예컨대 중국의 대약진운동(大躍進運動: 1958-59년), 홍위병운동(紅衛兵運動: 1966-69년), 그리고 합자기업법(合資企業法: 1979년)과 북한에서 시행되었던 천리마운동(1959년), 3대혁명소조(1970년) 그리고 합영법(合營法: 1984년) 사이에 발견되는 일정한 유사성이 갖는 함의가 있다는 점이다.[33] 즉, 모방과 확산의 이면에는 긍정적 인식과 정서의 측면이 상당 부분 내포되었을 수 있다는 점이다.

넷째, 1960년대 후반부터 브레즈네프가 주창했던 소위 '제한주권'(limited sovereignty)이론이 갖는 실질적 의미에 대해 북한이 심각한 우려를 가졌을 수도 있다는 점이다. 모스크바의 통제권에서 벗어나려 했던 사회주의 체제들에 대한 군사적 개입 가능성을 상정한 후 소련의 대 공산권 영향력을 제고하려 했던 이 정책은 1968년 체코슬로바키아 침공을 통해 현실로 나타났다. 특히, 1969년 중-소

간 쩐바오다오(珍寶島 또는 Damansky Island)에서의 무력충돌 이후 북한을 보다 중국 쪽으로 끌어당기는 역할을 했을 가능성이 매우 크다.[34)]

다섯째, 전반적으로 평가할 때 소련보다는 중국이 김정일로의 권력 이양과 세습체제의 배양에 대해 상대적으로 관대했다는 점도 고려되어야 할 것이다. 대만에서의 장제스(蔣介石)-장징궈(蔣經國)의 세습에 대해 중국이 극도로 비판적이었음을 감안할 때, 북한의 권력세습에 대해서 거의 묵인했던 것을 북한 또한 상당히 긍정적으로 평가했다는 점이다. 반면에 북한의 국내정치에 자주 개입하고 영향력을 행사하려 했던 소련의 경우, 이러한 권력세습의 시도에 대해서 매우 냉소적이거나 비판적이었다. 지정학적 고려에 기인했건 아니면 아시아적 문화동질성에 의한 것이건 이러한 차이가 북한으로 하여금 중국과 조금은 더 친밀한 관계를 유지하도록 했던 것이다.

여섯째, 소련은 1970년대 초반 - 정확히는 1973년경부터 - 북한에 대해 고성능 무기의 판매 및 지원을 기피하는 경향을 보이게 된다. 이는 푸에블로호 사건과 청와대 공비습격 사건 등을 통해 과격한 모험주의적 행태를 보였던 북한에 대해 소련의 불신이 커졌고, 북한의 군사적 돌출행동이 모스크바의 대 미국 '데탕트' 정책을 한 번에 망가뜨릴 수도 있다는 우려에 기반을 둔 것이었다.[35)] 그 결과 1970년대 중반에 이르면 북한에게 있어 중국이 소련보다 더 중요한 군사지원국이 되었으며, 1979년에는 소련이 북한에 대한 군사지원과 특혜가격에 따른 원유 공급량을 대폭 삭감하면서 중국의 북한에 대한 영향력이 대폭 증대되었다.[36)]

일곱째, 1970년대 내내 북한은 소위 '주체사상'의 개발과 학습에 대한 대대적인 '운동'에 돌입한다. 1972년 12월에 주체사상이 북한의 공식적인 체제이념으로 승격되면서 노동당의 지도이념이 됨과 동시에 마르크스·레닌주의를 창의적으로 적용했다고 널리 선전한다. 자주, 자립 그리고 자위의 세 원칙을 근간으로 하는 주체사상은 오랫동안 중국 대외관계의 근간에 자리잡고 있던 '자력갱생'(自力更生)의 정신과도 일맥상통하는 바가 있어 양국 간 관계를 보다 긴밀하게 만드는 데 일조를 했다고 평가할 수 있다.[37)]

냉전기의 북-중 관계: 소결

1950년대에 한국전쟁을 거치며 형성된 북-중 관계의 근간은 1960년대와 1970년대의 20년 동안 각각 중-소 분쟁과 데탕트라는 새로운 변화와 경험을 겪으며 장기적인 관점에서 볼 때 비교적 안정된 패턴을 내포한 양자관계로 성숙되었다. 특히, 북-중 관계가 운용되는 핵심 맥락과 규범이 만들어진 것 또한 바로 이 시기였다고 하겠는데, 그 주된 내용으로 다음의 몇 가지를 들 수 있다. 첫째, 이미 언급했던 것처럼 다양한 원인으로 인해 북한이 소련에 비해서는 상대적으로 중국과 더 친밀한 관계를 유지해왔다는 점이다. 둘째, 북한에 미쳤던 '힘'의 크기와 관련해서도 대체로 중국의 영향력이 소련의 그것보다도 점진적으로 확대되어왔다는 점이다. 셋째, 시기의 차이는 있겠으나 일정 부분의 변동에도 불구하고 북-중 관계가 전반적으로는 안정된 상태를 유지해왔다는 점이다.

그렇다면 21세기 현 시점에서 중-북 관계에 획기적인(회복 불가한 정도의) 변화가 생길 가능성에 대한 실마리를 이 시기(1950년대-1970년대)로부터 제공받을 수 있는가? 이미 언급했던 북-중 관계의 여섯 가지 핵심 기반 중에서 두 가지는 지금도 그 중요성이 남아 있는데

반해, 나머지 네 가지는 현 시점과의 연관성이 상대적으로 떨어지는 것으로 평가된다. 즉 상황적 특수성(예컨대 한국전쟁), 양국 지도부 사이 경험의 공유와 사적인 친밀도, 양국 간 문화적 유대감, 그리고 이념적 동질성의 네 요인이 갖는 설득/설명력은 현 시점에서 이미 적잖이 약화된 것으로 볼 수 있다. 반면에 중국에 대한 북한의 지전략적 중요성과 북한에게 있어서 중국이 차지하는 경제적 역할과 비중은 여전히 일정 부분의 영향력을 갖는 것으로 평가할 수 있다.

환언하면 현 시점에서 나타날 수도 있는 중-북 관계의 획기적인 변환은 바로 후자에 속한 두 요인에 큰 변화가 나타나야만 가능하다는 것이다. 왜냐하면 우호적인 미-중 관계의 안정화, 한-중 관계의 획기적인 진전 또는 한-미 동맹관계의 본질적 변화 등이 함께 일어나야 중국이 인식하는 북한의 전략적 중요성을 상당 정도로 희석시킬 수 있기 때문이다. 대 북한 경제지원을 중국이 상당한 '부담'으로 느낄 수밖에 없게 되거나, 혹은 새로이 등장한 중국의 리더십과 북한 지도부 사이에서 더 이상 유대감을 공유하지 못하는 등의 이유로 중국과 북한 사이에 지대한 변화가 초래될 수도 있지만 이들 모두(마지막 요인을 제외하면) 가능성이 크다고 보기는 어렵다. 즉, 중-북 관계의 획기적 변환은 현실적으로 그리 쉽지 않을 전망이다.[38]

물론 1950-1970년대의 북-중 관계만을 가지고 이에 대한 충분한 추론의 근거로 삼기는 어렵다. 왜냐하면 냉전기의 마지막 10년 또는 '전환기'로 볼 수 있는 1980년대 기간 동안 북-중 관계가 적잖은 변화를 경험했기 때문이다. 우선 1979년에 있었던 중국의 월남 침공과 소련의 대 아프가니스탄 점령은 북한으로 하여금 중-소 관계를 통한 자신의 좌표 설정에 새로운 문제의식을 안겨주었다. 더 나아가 1980년대에 본격적으로 추진된 중국의 개혁·개방 또한 북한에게는 크나큰 전략적 숙제로 다가올 수밖에 없었을 것이다. 무엇보다도 가장 핵심적인 변수는 1980년대 말 - 특히, 노태우 정부(1988-93)하에서 - 추진되었던 한국의 '북방정책'(nordpolitik)이 한-중 간의 화해와 교류의 물꼬를 트면서 북한에게는 심각한 딜레마를 파생시켰다고 할 수 있다. 물론 이 시기에 북한은 소련과의 관계 개선을 통해 대 중국 관계에서 드러난 문제점들을 보완하려 했지만 소련 또한 대 한국 관계에 적극성을 띄면서 북한의 딜레마는 보다 심화된다. 따라서 1980년대의 중-북 관계를 제대로 이해하는 것은 현 시점에서의 양자관계를 제대로 볼 수 있게 해줄 뿐 아니라, 1980년대에 북한이 가졌던 전략적 딜레마의 '출구'로서의 '핵 개발' 문제에 대한 이해를 보다 용이하게 해줄 것으로 생각된다.

주석

1 예컨대 이종석, 『북한-중국 관계 1945-2000』 (서울: 중심, 2000)과 최명해, 『중국-북한 동맹관계: 불편한 동거의 역사』 (서울: 오름, 2009)는 이런 관점에서 긍정적인 평가를 내릴 수 있겠다.

2 냉전기와 탈냉전기의 사이, 즉 '전환기'로 정의된 1980년대의 북-중 관계에 대해서는 이 책의 7장에서 다룰 것임.

3 최소자, 『명청시대 중한관계사 연구』 (서울: 이화여자대학교출판부, 1997), pp. 26, 28을 보라. 대만의 일본 인식에 대해서는 Leo T. S. Ching, *Becoming Japanese: Colonial Taiwan and the Politics of Identity Formation* (Stanford: Stanford University Press, 2001), pp. 8-13을 참조하라.

4 북한의 이러한 인식에 대해서는 박광호, 『김일성 통치에서 전통의 활용에 관한 연구』, 서울대학교 외교학과 박사학위 논문 (2003년)을 참조하라. 한국이 중국에 대해 갖는 유사한 친밀감에 대해서는 Jae Ho Chung, "South Korea between Eagle and Dragon: Perceptual Ambivalence and Strategic Dilemma," *Asian Survey*, Vol. 41, No. 5 (September-October 2001), pp. 783-785를 참조하고, 중국이 한국에 대해 가진 문화적 동질성에 대한 논의로는 韓鎮涉, "發展中韓夥伴關係迎接21世紀的挑戰," 『當代亞太』, 第1期 (2000年), p. 39; 楊昭全, 何彤梅, 『中國-朝鮮-韓國關係史』 (天津: 天津人民出版社, 2001), 下卷, pp. 542-579를 보라.

5 이와 관련하여 Joseph Camilleri, *Chinese Foreign Policy: The Maoist Era and Its Aftermath* (Oxford: Martin Robertson, 1980), p. 49를 보라.

6 Michael Mastanduno, *Economic Containment: COCOM and the Politics of East-West Trade* (Ithaca: Cornell University Press, 1992); Joan E. Spero and Jeffrey A. Hart, *The Politics of International Economic Relations* (New York: Wadsworth Publishing Co., 1996), 10장을 참조하라.

7 북한과 중국 사이의 이념적 유대에 대하여는 Lowell Dittmer, "Marxist Ideology in China and North Korea," in Robert A. Scalapino and Dalchoong Kim (eds.), *Asian Communism: Continuity and Transition* (Berkeley: Institute of East Asian Studies, 1988), pp. 13-36을 보라.

8 당 중앙군사위원회 작전부장 리타오(李濤)가 작성했던 원래의 문건에는 '지원군'(支援軍)으로 씌어 있었으나 후에 마오쩌둥이 이를 '지원군'(志願軍)으로 고쳐 쓴 것으로 최근의 한 연구는 밝히고 있다. 徐焰, 『毛澤東與抗美援朝戰爭』 (北京: 解放軍出版社, 2003), p. 102를 보라.

9 한국전쟁 기간 동안 중국은 북한에 대해 560만 톤의 물자를 지원했으며, 마오쩌둥의 아들 마오안잉(毛岸英)을 포함해 35만 명 이상의 사망자를 내는 피해를 감수하였다. 劉金質, 張敏丘, 張小明, 『當代中韓關係』 (北京: 中國社會科學出版社, 1998), p. 33.

10 중국이 당시에 겪고 있던 어려움과 의용군 파견과 관련한 정책결정과정에 대해서는 Zhihua Shen, "China Sends Troops to Korea: Beijing's Policy-Making Process," in Xiaobing Li and Hongshan Li (eds.), *China and the United States: A New Cold War History* (Lanham: University Press of America, 1998), pp. 13-47과 이종석, 『북한-중국 관계 1945-2000』, pp. 123-160을 보라.

11 青石, "金日成沮止了毛澤東進攻臺灣的計劃," 『明報月刊』 (1994년 7월), p. 85를 보라.

12 O. Edmund Clubb, *20th Century China* (New York: Columbia University Press, 1978), 3rd. ed., p. 382.

13 이 표현에 대해서는 劉金質, 張敏丘, 張小明, 『當代中韓關係』, pp. 2, 30을 보라.

14 이와 관련해서는 石源華, 『韓國獨立運動與中國』 (上海: 上海人民出版社, 1995); 張璉瑰, 『1945年以前國際政治中的朝鮮和中國』 (哈彌濱: 黑龍江教育出版社, 1996), pp. 250-272를 참조하라.

15 1957년 11월 모스크바에서 마오와 펑더화이(彭德懷)가 김일성에게 종파사건에의 개입에 대한 사과를 함으로써 중-북 간의 갈등은 일단 봉합되었으나 이로 인해 중국 공산당의 대 북한 영향력은 실질적으로 대폭 축소되었다고도 볼 수 있다. 구양선 지음, 박종철 · 정은이 옮김, 『중국의 대 북조선 기밀파일』 (서울: 한울, 2008), p. 57; 박종철, "북한에서의 '중국인민지원군' 철군을 둘러싼 북-중 관계 연구," 『군사사연구총서』, 제5집 (2008), pp. 209-221을 보라.

16 1950년대와 1960년대에는 국제체제가 대체로 미국과 소련의 양 대국에 의해 주도되었기에 비록 아시아에서의 중국의 위상을 무시할 수는 없었지만 이 시기의 중-소 관계를 체제적 변수로 보는 것에는 무리가 있다. '전략적 삼각구도'(strategic triangle)의 개념도 이 시기에는 중국과 연관해 사용하기 힘들다고 보는 것도 이와 같은 맥락에서이다. 예컨대 Lowell Dittmer, "The Strategic Triangle: An Elementary Game-Theoretic Analysis," *World Politics*, Vol. 33, No. 1 (October 1981), pp. 489, 491을 참조하라.

17 중-소 분쟁의 배경 및 내용과 관련해서는 Alfred D. Low, *The Sino-Soviet Dispute: An Analysis of the Polemics* (Rutherford, PA: Fairleigh Dickinson

University Press, 1976); Herbert J. Ellison (ed.), *The Sino-Soviet Conflict: A Global Perspective* (Seattle: University of Washington Press, 1982)를 참조하라.

18 중국 측의 이 같은 평가에 대하여는 劉金質, 張敏丘, 張小明, 『當代中韓關係』, p. 39; 楊尙昆, 『楊尙昆日記』(北京: 中央文獻出版社, 2001), p. 613을 보라.

19 이와 관련해서 Ralph Clough, "The Soviet Union and the Two Koreas," in Donald Zagoria (ed.), *Soviet Policy in East Asia* (New Haven: Yale University Press, 1982), pp. 178-179를 보라.

20 문화대혁명 시기 북-중 관계의 긴장에 대해서는 Chae-Jin Lee, *China and Korea: Dynamic Relations* (Stanford: The Hoover Press, 1996), pp. 101-102를 보라. 1967년 북한 노동당 간행물인 『근로자』는 중국을 겨냥해 "조선인민민주주의공화국의 주요 임무는 '사대주의'를 척결하는 것"이라고 언급하기도 했다. 劉金質, 張敏丘, 張小明, 『當代中韓關係』, p. 42를 보라.

21 이상과 같은 평가에 대하여는 高崇雲, 『中共與南北韓關係的硏究』(臺北: 正中書局, 1989), pp. 42-46; 최명해, 『중국-북한 동맹관계』, 4장을 참조하라.

22 예컨대 Robert A. Scalapino, "Containment and Counter-containment: The Current Stage of Sino-Soviet Relations," in Douglas T. Stuart and William T. Tow (eds.), *China, the Soviet Union, and the West: Strategies and Political Dimensions in the 1980s* (Boulder: Westview, 1982), p. 159; 최명해, "북-중 동맹조약 체결에 관한 소고," 『한국정치학회보』, 42권, 4호 (2008년 겨울), pp. 18-19, 23을 보라. 이러한 경험은 1990년대와 2000년대에 와서 '핵 개발' 카드를 활용해 미국의 위협에 대응, 맞대응하면서 동시에 중국으로부터 원조를 얻어내는 틀을 제공한 것으로 보인다.

23 이 시기 중국 대외전략의 획기적 전환에 대하여는 謝益顯, 『中國當代外交史 1949-1995』(北京: 中國靑年出版社, 1997)를 참조하라. 물론 중국의 전략적 삼각구도에의 진입은 이러한 외교적 사건들 이외에도 1964년과 1967년에 있었던 원자폭탄과 수소폭탄의 기폭실험 성공에도 크게 힘입었다고 할 것이다.

24 '동-동 갈등'의 개념은 Golam Choudhury, *China in World Affairs: The Foreign Policy of the PRC since 1970* (Boulder: Westview, 1982), p. 125에서 인용한 것임.

25 Alvin Rubinstein, *Soviet Foreign Policy since World War II* (Boston: Addison-Wesley, 1998), 2nd ed., p. 138을 보라.

26 1972년 닉슨의 방중 이후 북한은 여러 차례 중국을 통해 미국과의 관계 개선 의사를 밝힌 것으로 알려진다. 장루이제(張瑞杰: 주 캄보디아 대사 역임)

한-중 수교 협상의 중국 측 실무대표와 2005년 6월 13일 광주에서의 인터뷰.

27 Tai Sung An, *North Korea: A Political Handbook* (Wilmington: Scholarly Resource Books, 1983), p. 92. 교역통계는 米蓉順, "北韓與日本經濟關係之探討," 『問題與硏究』, 20期 (1987年 7月), p. 71을 보라. 단순히 일본과의 관계개선에만 그친 것이 아니라 예컨대 1971년에 북한 총교역량의 85퍼센트에 달했던 사회주의권과의 교역이 1979년에는 52퍼센트로 줄었고 자본주의권과의 교역 비중이 무려 48퍼센트에 이르게 된다. Lee Hong-youn, "Structure and Prospect of North Korean Trade," *Vintage Point*, No. 9 (1981), p. 2를 보라.

28 물론 지도자의 성향 부분도 마오쩌둥이나 김일성이 없는 1990년대 중반 이후 또 다른 핵심 변수가 된다는 점에 주목해야 할 것이다.

29 이에 대해서는 Choudhury, *China in World Affairs*, p. 219와 葉向志, 『中共對外關係論叢』(臺北: 中正書局, 1978), p. 278을 보라.

30 이는 1940년대 중국 내전 시기에 소련이 보였던 성향을 지칭하면서 처음 사용되었다. 즉, 소련이 중국 공산당과의 긴밀한 연계를 가지면서도 동시에 국민당에 대한 지지를 완전히 중단하지 않았던 이중성을 가리키는 것이다. 또 1962년에 발생했던 중국과 인도 사이의 영토분쟁에서도 소련은 어느 한 쪽의 손도 들어주지 않는 치밀함을 보인 것이 이 같은 행태의 범주에 속한다고 할 수 있다.

31 이에 대해서는 Chae-Jin Lee, "China's Policy toward North Korea: Changing Relations in the 1980s," in Robert A. Scalapino and Hongkoo Lee (eds.), *North Korea in a Regional and Global Context* (Berkeley: University of California Press, 1986), p. 205를 보라.

32 중국의 이러한 '선제외교'(先發制人)에 대하여는 최명해, "중국의 대미 데탕뜨 시도와 북-중 동맹관계의 재조명," 『아세아연구』, 51권 3호 (2008), pp. 230-264를 참조.

33 예를 들어 朴斗福, "北韓的中國化趨勢," 『九十年代』 (1984년 12월), pp. 38-42; Yang Ho-min, "Mao Zedong's Ideological Influence on Pyongyang and Hanoi: Some Historical Roots Reconsidered," in Scalapino and Kim (eds.), *Asian Communism*, pp. 37-66을 참조하라.

34 Low, *The Sino-Soviet Dispute*, p. 249를 보라.

35 Joseph M. Ha and Linda Beth Jensen, "Soviet Policy toward North Korea," in Jae Kyu Park, Byung Chul Koh and Tae-Hwan Kwak (eds.), *The Foreign Relations of North Korea: New Perspectives* (Seoul: Institute for Far Eastern

Studies, 1987), p. 150; Yong-Chool Ha, "Soviet Perceptions of Soviet-North Korean Relations," *Asian Survey*, Vol. 26, No. 5 (1988), pp. 582-585를 참조.

36 한 자료에 의하면 인도차이나에서의 공산주의 혁명의 성공에 고무된 김일성은 1975년에 중국에 한국과 대만에 대한 공동 군사작전을 제안했다고 한다. 그러나 마오는 이를 완곡히 거절한 것으로 알려져 있다. Parris Chang, "Beijing's Policy toward Korea and PRC-ROK Normalization of Relations," in Manwoo Lee (ed.), *The Changing Order in Northeast Asia and the Korean Peninsula* (Seoul: IFES, 1993), p. 163을 Lee, *China and Korea*, p. 68에서 재인용.

37 Byung Chul Koh, *The Foreign Policy Systems of North and South Korea* (Berkeley, CA: University of California Press, 1984), pp. 70-72.

38 예컨대 沈冀如, "維護東北亞安全的當務之急 - 制止朝核問題上的危險博弈,"『世界經濟與政治』, 第9期 (2003年)를 참조하라.

제2부
전환기의 중국과 한반도

제4장
전환기의 한-중 관계(I): 교류 확대의 정치경제

'전환기'의 한-중 관계는 대략 다음의 세 단계로 구분할 수 있는데, 첫째는 1979-83년의 상호 탐색기, 둘째는 1984-87년의 관계 개선 초기 단계, 그리고 셋째로는 1988년부터 1992년까지의 도약기 및 관계 정상화 시기가 이에 포함된다. 본 장에서는 탐색기와 관계 개선의 초기 단계인 1979-87년 기간에 대해 집중적으로 살펴보고자 한다.

한-중 간 상호 탐색기(1979-1983)

1979년 1월 27일, 중화인민공화국 공산당 기관지인 『인민일보』(人民日報)는 한국을 지칭하던 '꼭두각시 정권'(傀儡政權)이라는 기존 표현 대신 '박정희 당국'(朴正熙當局)이라는 용어를 처음 사용하였다. 또 1980년 5월 5일 자 영문주간지 『베이징리뷰』(*Beijing Review*)는 사설에서 처음으로 한국을 '반동주의자'(reactionary)나 '미 제국주의의 주구'(美國附傭走狗)가 아닌 '완고한 보수체제'(頑固分子)로 규정하였다. 이는 당시 중국의 한국 인식에 있어 일정한 변화가 있었음을 나타내는 것이다. 또 1980년 5월의 광주민주화운동과 관련해서도 소련에 비해 중국이 한국정부의 철권정책을 비판하는 데 있어 덜 공격적이었다는 사실에 주목할 필요가 있다.[1] 1980년에 열린 한 내부강연에서 중국의 외교부장 황화(黃華)는 당시의 상황을 가리켜 "(한국을 향한) 중국의 문이 닫혀는 있으나 잠겨 있지는 않다"(關門不鎖上)고 묘사한 것으로 알려진 바 있다.[2]

이 시기에 한국 또한 대 중국 관계 개선을 위한 적극적인 인식을 자주 표출하였다. 전두환 대통령은 1981년 1월 미국을 국빈 방문한 자리에서 "중국이 미국의 친구라면 나 또한 그 논리를 부연해 친구의 친구는 우리에게 덜 위협적이라고 생각한다"고 언급하였다.[3)] 현 시점에서 돌이켜 보면 당시에 이렇듯 다양한 신호들이 오갔다는 사실 자체가 한-중 관계의 광범위한 해빙 가능성을 보여주는 것이었다. 개혁·개방 노선의 선언과 함께 중국이 대외 경제협력의 확대를 강조하기 시작했던 시기가 한국이 수출시장의 다변화 노력과 함께 한반도의 평화를 모색하던 시기와 일치했던 것이다.

한-중 간 '해빙'의 흐름과 관련해 1983년 5월 5일 주목할 만한 사건이 일어났다. 상하이로 가던 중국의 민항기 한 대가 6인의 무장승객에 의해 피랍되어 춘천의 공군기지에 불시착한 것이다. 중국은 즉시 이 사건과 관련된 제 문제의 협의를 위한 중국 대표단의 파견을 수락해줄 것을 한국정부에 요청했다. 한국이 이를 받아들이자 중국민항총국(中國民用航空總局: CAAC)의 국장 선투(沈圖)를 대표로 하는 33인의 공식대표단(외교부 조약국 부국장을 포함한 각 부처 간부들)이 즉각 방한해 한국정부와 협상을 시작했다. 여기서 중국이 왜 그리도 신속히 한국과의 협의를 원했는가라는 의문이 생긴다. 물론 사안 자체가 경미하지 않았다는 측면도 있겠으나 1983년 당시 국내선 항공을 사용한 중국인들의 신분이 예사롭지 않았다는 점에 주목할 필요가 있다. 당시 중국인 승객들은 신분증을 다 찢어 기내 변기에 투기한 상황이었으나 선양(沈陽) 항공학교 교장과 거물급 유도탄 개발 전문가가 탑승객 중에 포함되었던 것으로 알려진다.[4)]

이 과정에서 중국정부는 국제기구에서의 접촉을 제외한 양자 간 교신에서는 처음으로 한국에 대해 대한민국(Republic of Korea)이라는 명칭을 사용했으나 가능한 정부 간 협상의 색채를 희석시키려 노력했던 것으로 보인다. 몇 차례의 협상을 거쳐 기체, 승객 및 승무원의 중국으로의 송환문제가 타결되고 납치범 6인에 대해서는

「항공기 운항안전법」 위반 혐의 등을 적용해 일단 구속한 뒤 1년의 복역 후 이들을 망명 희망지인 자유중국(현 대만)으로 인도하였다.[5] 협상의 전 과정에서 한국은 중국 측을 상당히 우호적으로 대했으며, 전두환 대통령도 이 기회에 한국을 가능한 많이 보여주고 중국의 인식을 바꾸도록 지시했다고 한다.[6] 이 사건은 한국과 중국 사이에 최초로 직접적인 공식접촉과 외교협상이 이루어졌다는 점에서 역사적 의미를 가지며, 동시에 서울과 북경 간 텔렉스(telex)의 개통과 동경을 경유하는 한시적인 핫라인 설치를 가능하게 했다는 측면에서 큰 의미를 지닌다.[7]

민항기 피랍 사건이 해결된 직후 중국은 즉각 우쉐첸(吳學謙) 외교부장을 평양에 파견해 북한 지도부에게 사건의 정황을 자세히 설명하고 우려를 불식시키기 위한 노력을 기울였다.[8] 그러나 민항기 사건 이후 한국에 대한 중국의 입장 변화가 일정 부분 있었음을 보여주는 몇 가지 징후들이 나타났다. 중국정부는 국제기구가 주관하는 회의에 한해서 중국에서 개최되는 회의에도 한국정부 관리들의 참석을 허용하기 시작했다. 1983년 한 해에만 세 명의 한국인 관리가 세계식량기구(FAO), 국제우편연합(IPU) 및 국제해사기구(IMO)가 주최하는 회의에 참석키 위해 중국을 방문했다.[9] 뿐만 아니라 1983년 5월 16일 한국의 이범석 외무장관은 가능한 한 빠른 시일 내에 중국과 관계 정상화가 이루어져야 할 것이라고 언급했다. 또 민항기 납치 사건 2주 후인 5월 20일, 중국 국가체육총국(國家體育總局)의 천셴(陳憲) 부국장은 1988년에 개최될 서울올림픽에 중국이 참가할 것이라고 공식 발표하였다.[10] 1982년부터 원산지 증명을 요구해 수교관계가 없던 한국의 대 중국 수출을 어렵게 만들었던(〈표 4-1〉 참조) 중국정부가 민항기 사건 이후인 1984년부터는 이러한 요구를 철회한 것으로 알려진다.[11]

관계 개선의 탐색기라고 할 수 있는 1979-83년의 기간에 양국 간 의미 있는 경제교류 분야는 무역뿐이었고, 그나마 이도 전량 간접교역으로 홍콩, 싱가포르 및 일본을 경유한 것이었다.[12] 이 시기의 양국 간 교역에서는 대 한국 무역에 대한 비밀을 유지하고자 노력했던 중국의 의도에 따라 다양한 유형의 중개인 - 일본인, 홍콩인, 화교뿐 아니라 외국 국적의 한국인 등 - 이 활용되어야만 했다.[13] 당시 중국은 한-중 간 접촉에 대한 북한의 아주 작은 불만 표시에도 극도로 조심스러워 했기 때문이다. 예컨대 간접교역에 대한 북한의 격렬한 비판이 계속되자 1982년 4월 중국 세관(海關)은 산둥성(山東省) 칭다오(青島)에서 한국산 제품을 싣고 입항한 14척의 화물선을 잠시 억류하기도 했다.[14] 따라서 탐색기의 양국 간 경제교류는 매우 불안정할 수밖에 없었으며 한국과 중국정부는 북한과 대만으로부터의 반응에 끊임없이 민감할 수밖에 없었다. 그럼에도 불구하고 1979년 1900만 달러에 불과했던 양국 간 간접교역의 규모는 1983년에 1억 3400만 달러로 무려 7배 이상이나 증가했다.

관계 개선의 초기단계(1984-1987)

한-중 관계가 탐색기로부터 관계 개선의 초기 단계로 이행할 수 있었던 배경에는 크게 세 요인이 작동한 것으로 평가된다. 첫째, 1983년의 민항기 피랍 사건 및 1985년의 군산 어뢰정 사건은 양국 간 직접적인 접촉을 가능하게 했고, 또 원만한 타결을 통해 적대국이던 한-중 간 상호 이해와 신뢰의 수준을 제고시키는 역할을 했다.[15] 둘째, 1980년대 중반에 들어 북한-소련 관계가 현저히 개선되는 모습을 보이자(3장 참조) 중국정부 또한 이전에 비해 '한국 카드'를 더 적극적으로 활용하는 모습을 보였다. 셋째, 체제개혁의 심화에 따라 발전 자본과 고급 기술의 확보가 절실해지면서 중국은 점점 더 한국과의 교류 확대를 모색하고자 했기 때문이다.[16] 만일 1983년 9월 소련의 대한항공 여객기 피격 사건과 1983년 10월의 랭군 폭탄 테러 사건이 일어나지 않았다면 한-중 관계는 훨씬 이른 시점에 단순한 경제적 연계를 뛰어넘는 수준으로 발전할 수 있었을지도 모른다.[17]

양국 간 관계 개선의 초기 단계에서 한-중 교역의 규모는 1984년의 4억 6200만 달러에서 1987년의 16억 7900만 달러로 급격히 증가해 한국은 단기간에 중국의 제7대 교역국으로 성장하였다. 또 이 시기에 중국은 한국기업의 대중(對中) 투자에 대한 금지를 풀기 시작해 비록 홍콩을 경유한 간접투자이긴 했으나 완구 생산업체인 한수산업이 처음으로 광둥성(廣東省)에 투자를 시작한 것이 1985년의 일이었다. 물론 이 시기에 이루어진 한국의 대 중국 투자의 규모는 매우 작았고 또 그 성격상 간접투자일 수밖에 없었지만 몇 안 되는 이들 초기 투자가 이후의 많은 투자 사업의 기틀을 마련했음을 부정하기는 어렵다.

비록 이 기간 동안 양국 간 경제교류에 대한 열망이 끓어오르기는 했으나 한-중 관계는 끊임없이 정치적 요인들의 영향을 받을 수밖에 없었다. 그럼에도 불구하고 전체적으로 보면 탐색기에 비해 한국과의 경제 교류에 관한 북한의 불만 제기에 중국이 점점 더 익숙해진 것으로 보인다. 1982년의 경우처럼 한국제품을 실은 화물선에 대한 대대적인 규제도 없었으며, 친척 방문을 목적으로 한 중국 내 조선족의 방한 횟수도 1981년의 25건에서 1987년에는 무려 800여 건으로 크게 증가했다.[18] 뿐만 아니라 소위 스포츠 외교도 한국과 중국 간의 관계 개선에 매우 중요한 촉매로 작동하였다. 1984년 2월 29일 전국인민대표대회(全人大) 부위원장인 예페이(葉飛)는 중국이 한국과의 스포츠 교류를 지속하기를 원한다는 공식 입장을 밝혔다. 또 1984년 3월에는 중국 외교부 부부장 쳰치천(錢其琛)이 1990년 북경아시안게임에 한국을 초청했으며, 외교부장 우쉐첸은 1988년 서울올림픽에 중국이 참가할 것임을 분명히 했다.[19] 당시 대한체육회장 겸 올림픽 위원장이던 노태우는 1984년 12월 "1986년 아시안게임과 1988년 서울올림픽을 계기로 체육외교에 혼신을 다할 것"이라고 밝혔다.[20] 그리고 1985년에 이미 국제대회가 열리는 경기장 안에는 '한국'과 '중국' 두 단어가 간헐적으로 사용되기 시작했다.[21] 더 나아가 1987년 6월에 중국은 제4회 아시아 여자 배구대회뿐만 아니라 1990년의 북경아시안게임에서도 한국을 '대한민국'으로 칭할 것을 선언했다.[22]

관계 개선 초기의 한-중 간 경제교류

한-중 교역의 패턴(1979-1987)

이 시기의 한-중 교역은 대부분 간접무역이었으며 이에 대한 공식적인 통계자료 또한 상당 부분 불완전하거나 자유로운 접근이 어려운 경우가 많았다. 이는 당시 중국과 한국 공히 북한과 대만을 자극하지 않기 위해 경제 교류를 은밀한 상태로 유지하기를 원했기 때문이다. 양국 정부는 관련 통계를 아예 공식적으로 집계하지 않거나 '기타' 범주에 포함시키는 방법을 사용했다. 이러한 정치적 민감성으로 인해 앞서 언급했듯이 한국은 중국과의 간접교역에서 홍콩, 싱가포르 및 일본을 통한 재수출의 방식을 취했고, 이 과정에서 다양한 형태의 중개인 및 기업들이 활용되었다.

복잡한 무역 경로와 그 과정에서의 다수 행위자의 개입은 한국의 대 공산권 및 대중(對中) 수출에 대한 전반적인 감독 책임을 지고 있던 대한무역진흥공사(KOTRA)의 정보 수집을 어렵게 만드는 요인으로 작동하였다.[23] 뿐만 아니라 적잖은 한국기업들이 자신의 대중국 교역 실적을 부풀려 보고하기도 했다. 이는 향후 한국정부가 자국 기업들 사이의 과도한 경쟁을 방지하기 위해 산업분야마다 대중 전담 기업을 하나 혹은 두 개만 선정할 가능성에 대비해 유리한 입지를 선점하기 위한 기업들의 포석이었던 것이다. 게다가 간접교역의 실행 과정에서 이루어진 문서 작성의 철저한 보안유지는 관련 통계 및 자료 확보를 더욱 어렵게 만들었다.[24]

이 시기 한-중 교역에 대한 연구물들을 살펴보면 대부분이 잘못된 자료 또는 극히 개략적인 추정치를 활용했음을 보게 된다.[25] 한국정부의 공식통계에 기반을 둔 〈표 4-1〉에 따르면 이 시기에 한-중 교역 규모가 1979년의 1900만 달러에서 1987년의 16억 7900만 달러로 급승했음을 보여준다. 또 한-중 교역 규모가 1982-83년에 상당히 위축되었음을 보여줌과 동시에 이 시기 홍콩을 매개로 한 교역량이 한-중 무역 총액을 상회하는 오류를 노정한다. 이 문제는 아마도 앞서 기술했던 통계 수집의 문제에 상당 부분 기인했을 것이며, 교역액의 감소에는 두 요인이 작용한 것으로 평가된다. 우선 1981-82년 기간에 중국은 과열된 경기를 안정시키는 동시에 한-중 경제교류에 대한 북한의 불만을 해소하기 위해 원산지 증명을 요구하는 등 양국 간 무역을 억제하려 했던 것으로 보인다.[26]

표 4-1
관계 개선 초기 단계의 한-중 교역, 1979-1987 (단위: 100만 미 달러)

연도	교역 총액	대중 수출액	대중 수입액	홍콩 경유
1979	19	4	15	-
1980	188	115	73	80
1981	353	205	148	219
1982	129	48	81	150
1983	134	51	83	160
1984	462	229	233	345
1985	1161	683	478	604
1986	1336	715	621	653
1987	1679	813	866	-

주 한국정부의 통계는 『중앙일보』, 1988년 6월 22일 자를 참조: 『香港經濟年鑑』, 1982, 1984, 1986년판에서 인용함.

한국의 대중(對中) 수입

이 시기 한-중 간의 은밀한 교역에 있어 중국의 농산품은 한국의 주요 수입 품목이었다. 1984년 사료용 곡물, 특히 옥수수가 과잉 생산되자 중국은 이에 대한 수출 방안을 모색했고 한국도 이 기회를 놓치지 않고 적절히 활용했던 것이다. 구체적 경로를 살펴보면, 우선 한국옥수수가공협회와 축산업협동조합이 한국 내 종합무역상사들에게 입찰 기회를 제공하고, 입찰에서 선정된 상사들은 수입 관련 정보를 홍콩의 무역중개상들에게 텔렉스로 전달해 수입량을 조달한다. 수입물량이 확보되면 한국 종합상사들은 한국인 소유지만 제3국에 등록되고 제3국 국기를 게양한 화물선을 이용해 한국으로 옥수수를 운송했다. 서류 작성에서도 두 벌의 선적 명세서를 따로 작성해 도착지를 은폐하는 경우가 많았으며, 도착 이후 가짜 서류를 파기하는 방식이 주로 사용되었다. 당시 한국이 실제 종착지라는 것은 공공연한 비밀이었으나 화물 포장 어디에서도 한국이라는 이름이 발견되지 않는 한 중국도 이를 문제 삼지 않았던 것이다.[27]

필자는 1987년 당시 한국의 옥수수 수입메이저였던 삼양사 관계자와의 인터뷰를 통해 대 중국 곡물교역에 대한 구체적인 정황을 파악할 수 있었다. 삼양사의 대 중국 옥수수 수입은 1984년 후반에 시작되었고, 1984년 하반기부터 1985년 상반기까지 총 316만 달러 상당의 중국산 옥수수 24,120톤이 수입되었다. 1985년 하반기와 1986년 상반기의 수입량은 전년 대비 무려 96퍼센트나 증가했고 총 액수도 561만 달러에 달했다. 1986년 7월부터 1987년 6월까지의 수입은 다시 91퍼센트 증가해 총 776만 달러 규모의 옥수수 90,625톤이 수입되었다. 1985-86년 기간 동안 삼양사의 옥수수 수입 총량에서 중국 물량이 차지하는 비중은 77퍼센트였으며, 이 비율은 1986-87년 기간에 무려 98퍼센트까지 급증하였다. 1986-87년 기간에 한국의 옥수수 수입 총량의 81퍼센트를 점했던 6개 주요 기업들이 중국으로부터 수입한 비중은 평균 60퍼센트에 달하는 높은 수준이었다.[28]

농산품과 함께 석탄도 중국의 대한(對韓) 수출 품목 중 당시 많이 언급되는 것이었다. 한 시사잡지와 학술서에 실렸던 다음의 내용은 당시 한-중 교역에 있어서 석탄이 가졌던 중요성을 잘 드러내준다.

> 주로 제3국을 경유해 한국이 중국으로부터 매년 20만 톤 이상의 석탄을 수입해왔다는 소문이 끊임없이 지속되어 좀처럼 이를 간과할 수 없게 만든다 …… 중국은 최근 이 은밀한 교역에 대해 강력한 단속을 하기 시작했다.[29]

> 1970년대 후반부터 1982년까지 홍콩의 중개상들을 통해 거래된 석탄은 중국에서 한국으로 직접 운송되었다. 이에 대한 북한의 불만 표시로 인해 1982년에는 선적이 중단되기도 했다. 한국의 공식통계는 중국으로부터의 어떠한 수입도 나타내지 않기 때문에 석탄교역의 실제 규모를 가늠하는 것은 불가능하다.[30)]

필자가 1987년 여름과 겨울에 걸쳐 서울과 부산에서 행한 인터뷰들은 위에 제시한 한-중 간 석탄 교역에 대한 내용을 확증하고 보완해준다. 〈표 4-2〉는 1979-87년의 기간 동안 한국의 대 중국 석탄 수입에 대한 통계를 담고 있는데, 이로부터 다음의 세 가지를 추론할 수 있다. 첫째, 앞서 언급한 내용 중 중국의 1982년 제재조치는 석탄 교역에 영향을 주기는 했지만 전면적인 중단까지 이르지는 않았음을 알 수 있다. 둘째, 1985-86년의 교역량 급증은 양국 무역의 전반적인 추세에도 큰 변화를 가져왔다. 셋째, 1984년까지의 초기 단계에는 석탄 교역이 소규모에 머물러 제3자를 통한 중개무역이 가능했으나 1985년 이후 수입량이 급증하면서 양국 간 직접 접촉의 필요성이 제기되었다. 한국에서의 인터뷰에 따르면 이 시기에 명목상으로는 제3자의 명의를 사용했지만, 실제로는 대한석탄공사가 중국석탄수출입총공사(中國煤炭進出口總公司)와 직접 접촉을 했던 것으로 나타난다. 1981년 이후에는 운송 또한 직접적인 방식으로 바뀌었고 중국의 친황다오(秦皇島), 다롄(大連), 톈진(天津) 및 상하이(上海)로부터 한국의 부산, 인천 및 포항으로 직접 운송되었다.[31)]

표 4-2
한국의 대 중국 석탄 수입 현황, 1979-1987

연도	금액(100만 미 달러)	규모(1,000톤)	중국 석탄 수출 내의 비중(%)
1979	7.7	188	4.1
1980	12.7	310	4.9
1981	6.5	158	2.4
1982	12.1	296	4.6
1983	4.5	110	1.7
1984	8.1	199	2.9
1985	33.5	820	10.8
1986	51.2	1251	12.7
1987	-	1960	-

출처 1987년 12월 한국에서의 인터뷰; 『中國對外經濟貿易年鑑』, 1984년도, p. 928과 1986년도, p. 1057; 『조선일보』, 1988년 6월 21일 자; 適豪, "大陸煤炭工業現況調查," 『中共研究』, 第21卷, 5號 (1987年 5月), p. 118.

한국의 대중 수출

1984년을 기준으로 한국의 대 중국 10대 수출 품목에는 네 가지의 섬유류(방직사, 인조섬유, 특수직물, 면직물), 세 종류의 전자기기 및 설비, 그리고 종이, 유리가 포함되었다. 특히 1984-86년 기간에 인조섬유, 종이, 철강, 유기화학 및 섬유류 생산을 위한 원자재 수출이 급증한 반면, 방직사, 인조섬유, TV 및 특수직물의 대중 수출은 감소하였다. 관계 개선 초기의 한-중 무역구조를 살펴보면 동종(同種) 산업뿐 아니라 이종(異種) 산업 간에도 공히 '수직 분업'(vertical integration)의 성격을 가졌던 것으로 보인다. 한국은 전자기기, 섬유류, 철강과 같은 반 가공제품 및 완성품을 중국에 수출했던 반면, 중국은 농산품, 실크와 면사 및 원재료 등의 일차상품을 주로 한국에 수출하였다. 이 시기 섬유산업의 내부를 자세히 들여다보면, 한국산 인조섬유와 방직사가 중국에 수출되어 그곳의 싼 노동력을 활용해 가공되는 방식으로 양국 간에 수직적 분업이 이루어졌음을 알 수 있다.[32)]

한국의 대 중국 투자(1984-1987)

1979-83년의 탐색기에는 한국의 대 중국 투자가 중국정부에 의해 원천적으로 금지되었지만 1984-87년의 기간에 극소수의 투자 프로젝트가 성사되었다. 물론 그 성패의 배경에는 대체로 정치적 요인들이 내재되어 있었는데, 아래에 기술할 대우와 푸젠성(福建省) 간의 합자법인 설립의 사례가 이를 잘 보여준다. 뉴욕에 소재한 대우그룹 계열의 한 회사(Sovereign)는 푸젠성의 상업적 이익을 대변하는 주지나 기업(Jujina Enterprise)의 자회사인 밍롱(閩榮開發公司)과 1985년 2월 합자회사를 설립하였다. 이 회사의 명칭은 킹우(KingWoo)였는데 푸젠성의 성도인 푸저우(福州)에 텔레비전과 냉장고 조립공장을 건설하기 위한 것이었다. 여러 단계를 거쳐 성사된 이 프로젝트의 구조(대우-Sovereign-킹우-Ming Long-Jujina)는 당시 한국의 대 중국 투자사업이 정치적으로 얼마나 민감한 사안이었는지를 여실히 보여준다. 대우의 푸저우 공장 건설은 관련 정보의 유출과 북한의 극심한 반대로 인해 무려 일 년 동안이나 중단되었다가 1987년 초에야 재개되었다. 투자계약의 체결과 공장의 완공 사이에 삼 년 반의 시간이 걸렸다는 데에서 북한을 의식한 중국의 조심스러운 접근의 모습을 볼 수 있다.[33)]

또 다른 사례 역시 이 시기에 중국이 북한의 비난에 얼마나 민감했는지를 잘 보여준다. 조선 및 건설 분야 전문기업이던 대한조선공사(현 한진중공업의 전신)은 1982년에 홍콩지사를 통해 투자건과 관련해 중국정부와 접촉하는 데에 성공했다. 1984년 말, 세 명의 고위 임원이 산둥성의 초청을 받아 중국에 입국하였다. 당시 협의의 핵심은 산둥성에 항만을 건설하는 프로젝트였는데, 이들은 중국국제무역촉진위원회(中國國際貿易促進委員會: CCPIT) 산둥성 지부의 영접을 받았다. 당시 참여했던 한 인사에 따르면 협상은 순조롭게 진행되었고 가계약까지도 성사되었다고 한다. 대한조선공사의 입장에서 볼 때 이 사업이 경제적으로 그리 큰 이익이 되지는 않았지만 당시 한-중 관계의 관점에서는 매우 획기적인 투자계약이었기에 항만 건설의 대가로 중국산 석탄을 받으면서까지 이를 추진하려고 했던 것이다.[34)]

1985년에 들어서 한국 입장에서는 당황스럽게 중국 측 담당자와의 접촉이 단절되었다. 대한조선공사 홍콩 지사의 한 임원이 급히 산둥성을 방문해 알게 된 것은 당초 중국 측 담당자는 이미 자리를 옮긴 뒤였고 가계약 건도 더 이상 중국에서 언급조차 되지 않는다는 점이었다. 이 임원이 중국 내 비공식 경로를 통해 알아낸 것은 당초 석탄부(煤炭工業部)와 교통부(交通部)사이에 이 계약 건에 대한 합의가 도출되지 않았으며 이들 부처 간의 갈등을 조정하기 위해 국가계획위원회(國家計委)가 개입했다는 사실이다. 상급 조정자로 국가계획위원회가 관여하자 외교부 역시 대 북한 관계에 대한 우려로 인해 개입하게 되었고, 외교부의 강력한 반대 때문에 이 계약은 결국 조용히 폐기되었던 것이다. 물론 이 임원이 중국 측으로부터 들은 공식 해명은 이 프로젝트가 중국의 제7차 5개년 계획(1986-90) 안에 포함되지 못했다는 것뿐이었다.[35)]

또 다른 사례는 당시 한국에서 대 중국 투자와 관련한 정보의 절대부족과 혼란이 만연했음을 잘 보여준다. 1986년 초 대한항공의 계열사였던 건설회사의 사장은 베이징 만리장성 부근에 대규모 주차시설을 건설하는 프로젝트에 대한 협의를 위해 중국을 방문했다. 이 협상은 중국정부의 관리들과 이 회사를 대변하는 한 재미교포 사이에서 진행되었는데, 대규모 건설 사업의 비용을 충당할 방법을 찾을 수 없어 프로젝트는 결국 성사되지 못했다. 필자와의 인터뷰에서 이 회사 책임자는 당시 솔직히 중국 내 누구와 어떻게 협상을 진행해야 하는지, 또 홍콩의 중개상들 중에서는 누구를 신뢰해야 할지 등을 제대로 알 수 없었다고 토로했다.[36)]

당시 국내외 언론에서는 대우, 현대, 럭키금성 및 다른 대기업들이 추진하던 다양한 투자 및 합자 프로젝트들에 대한 추측성 보도가 넘쳐나고 있었다. 대우의 경우 제너럴 모터스(GM)와 푸저우에 자동차 조립공장을 설립할 것이라든지, 산시성(山西省)에서의 탄광업 진출, 난징(南京)의 발전소 건설과 같은 대규모 프로젝트 추진에 대한 소문이 퍼지고 있었다. 킹우를 통한 대우와 푸젠성 사이의 프로젝트가 성사된 직후, 럭키금성 또한 전자제품과 화학제품을 생산하는 공장 건설을 협의하기 위해 중국에 대표단을 파견했다고 보도되었다.[37)] 그러나 총체적으로 볼 때, 1984년부터 1987년까지의 기간은 한국 측에서 중국의 투자환경을 면밀히 검토하고 평가하는 시기였다고 할 수 있다. 왜냐하면 투자 수익은 말할 것도 없고 투자된 자본에 대한 법적 보장 여부도 명백하지 않은 상황에서 대기업들은 여전히 중국에 대한 대규모 투자에 큰 불안감을 갖고 있었기 때문이다.

한-중 관계에 대한 정치적 제약

비록 간접적이고 비정부적인 형태로나마 중국이 한국과의 경제 교류를 허용한 것은 당시 중국의 대한(對韓) 정책에 중대한 변화가 일어나고 있었음을 의미한다. '무정책'(non-policy)으로부터 사실상 경제외교로의 획기적인 전환은 마오쩌둥(毛澤東)의 사망 이후 중국이 채택한 실용주의 외교라는 틀 안에서 이해되어야 한다. 중국 경제를 큰 폭으로 개혁하고 중국을 국제사회에서 영향력 있는 국가로 만들기 위해 마오 이후의 개혁파 지도자들은 다음의 세 가지 특징을 가진 외교정책을 수행하였다: (1) 경제 현대화에 전력을 투구하기 위해서는 평화로운 국제환경의 조성이 절대적으로 필요하다는 인식의 공유; (2) 중국의 현대화 실현을 위해 필수 불가결한 외자 및 기술의 도입에 적극적인 태도; 그리고 (3) 대외개방 및 연계에 대한 필요성의 인식은 곧 마오 시대의 교조주의에 비해 중국의 외교가 상당한 유연성을 가질 수밖에 없음을 전제로 했던 것이다.[38]

중국 대외관계의 이러한 변화는 대 한반도 정책과 관련해서도 다음의 두 가지 특징을 파생시켰다. 첫째, 중국은 무엇보다도 한반도에서의 평화와 안정의 추구를 강조하게 된다. 한반도에서 갈등이나 불안정이 초래될 경우, 중국은 북한을 지지하지 않을 수 없고 이는 곧 미국이나 일본과의 관계를 악화시킬 수밖에 없기 때문이다. 또 당시에 그 가능성은 낮았으나 중국이 북한에 대한 지원을 하지 않음으로써 북한을 소련에 빼앗기는 부정적 결과를 유발할 수도 있기 때문이었다. 둘째, 중국은 한국과의 지속적인 경제교류를 통해 외자 유치뿐 아니라 당시로는 중국이 절실히 필요로 했던 중간 단계의 기술(medium-level technologies)을 획득할 수 있었기에 대 한국 관계에 있어서 일정 부분의 융통성을 발휘한 것이었다.

따라서 관계 개선 초기 단계인 이 시기 중국의 주된 입장은 북한을 과도하게 자극하지 않는 한도 내에서 한국과 스포츠·문화교류를 포함한 경제 및 비정부 부문에서의 관계 확대를 모색하는 것이었다. 지금의 시점에서 돌이켜 보면 중국이 1982년에 한국과의 교역을 잠정 규제했던 것이나 앞서 제시한 1986년 한-중 합자기업 설립의 좌절도 다 일시적인 방편에 불과했다고 할 수 있다. 사실 이와 같은 중국의 태도는 "북한의 체면을 살려주기 위한"(给北韓留點面子) 고도의 계산된 움직임이었을 가능성이 크기 때문이다. 다만 단기적인 관점에서 볼 때 잠정적이긴 했어도 이러한 간헐적 규제와 중단은 당시 한-중 간 원활한 경제교류의 확대에 적잖은 장애로 작동했던 것이 사실이다.[39]

1987년 즈음에 이르면 양국 간 경제관계는 이미 어떠한 형태의 후퇴도 서로의 이익에 도움이 되지 않는 수준까지 도달하게 된다. 1986년에 이미 중국의 전체 교역량에서 한국이 차지하는 비중이 2.3퍼센트에 달해 중국의 7대 교역국으로 부상하였다. 뿐만 아니라 1984년 이후 줄곧 한국과 중국 간의 교역액이 북-중 간의 교역 규모를 크게 상회했던 것이다(〈표 7-3〉 참조). 이렇듯 한-중 간의 경제협력이 상당한 수준에 오르자 당시 많은 연구자들은 한-중 관계가 보다 급속히 가까워질 것으로 내다보았으며, 심지어 일부는 한-중 간 외교관계의 정상화에 대해 언급하기도 했다.

1987년 가을 중국 공산당 정치국 상무위원 후치리(胡啟立)는 『일본경제신문』(日本經濟新聞)과의 인터뷰에서 만약 북한이 반대하지 않는다면 중국은 한국과 직접무역을 시작할 것이라고 밝혔다.[40] 중국은 북한이 소련에 대해 전적으로 경도되는 것을 기피하고 있음에 대해 점점 더 확신을 갖게 되었으며, 더욱 놀라운 것은 1987년 5월 방중(訪中) 기간 동안 김일성이 중국의 고위 관리로부터 남북한 동시 승인에 대해 진지하게 고려해 줄 것을 요청받았다는 점이다.[41] 만일 이 보도가 사실이라면 남북한 동시 승인을 먼저 제안한 것이 중국이었다는 점에서 이는 매우 중요한 입장 변화를 가리키는 것이다. 즉, 남북한 관계 및 통일문제에 관해서 북한의 주장만을 단순 반복하던 종전의 입장으로부터 크게 벗어난 것이기 때문이다. 남북한 문제가 대만 문제에 일정한 영향을 미칠 수도 있다는 점을 감안하면 '위험한' 정책 변화일 수도 있겠으나, 다르게 보면 이 시점에 중국은 이미 남북한 문제와 양안관계는 별개라는 결론에 도달했다고 추론할 수도 있다.[42] 이러한 관점의 변화를 기반으로 중국은 향후 보다 적극적으로 한국과의 교류확대 및 관계 정상화에 나서게 되었던 것이다.[43]

주석

1 김영문, "최근 중소의 대한 정책,"『통일문제연구』, 11권 (1984년 4월), pp. 37-39를 참조하라.

2 *Los Angeles Times*, January 20, 1988. 劉金質, 張敏秋, 張小明,『當代中韓關係』(北京: 中國社會科學出版社, 1998), p. 104에서 재인용.

3 Korean Overseas Information Office(KOIO), *Forging a New Era: The Fifth Republic of Korea* (Seoul: KOIO, 1981), p. 78.

4 당시 한국 측 협상 대표였던 공로명 외무부 차관보(후에 외무부 장관 역임)와의 인터뷰(2009년 2월 16일); 유도탄 개발 전문가의 존재에 대해서는 박춘호,『지리산골에서 세계의 바다로』(서울: 문학사상사, 1998), p. 313 참조.

5 Chae-Jin Lee, *China and Korea: Dynamic Relations* (Stanford: Hoover Institution Press, 1996), pp. 106-108을 보라. 이 사건에 대한 중국의 입장에 관해서는 沈圖, "팔이 짧아 악수를 할 수 없소: 첫 公開 83년 中國民航機 사건,"『신동아』(1988년 8월), p. 520; "중국민항기 불시착사건,"『국가기록포털』〈http://contents.archives.go.kr/next/content/listSubjectDescription.do?id=002866〉(검색일: 2007년 12월 5일); 阮虹 整理,『中韓劫機外交 - 卓長仁劫機案與漢城談判內幕』(北京: 當代中國出版社, 2009)을 보라.

6 당시 이러한 우호적 분위기는 정일권 전 총리, 백선엽 장군 등 친 대만 인사들이 정부에 우려를 표명할 정도였다고 한다. 공로명 전 장관과의 인터뷰(2009년 2월 16일). 또 당시 대한항공(KAL)이 불시착 도중 고장난 민항기 수리를 무료로 해준 것으로 알려지며, 이를 통해 후일 북경 취항 허가 및 일본항공(JAL)도 얻지 못했던 소련 노선의 신장(新疆) 지역 이원권(以遠權)을 취득했던 것으로 전해진다. 1999년 7월 홍콩에서의 인터뷰; 阮虹 整理,『中韓劫機外交』, pp. 55, 59, 108을 보라.

7 신명순, "한국과 중공의 관계 개선에 관한 연구,"『한국과 국제정치』, 제1권, 1호 (1985년 1월), p. 63; 1987년 7월 서울에서의 인터뷰. 당시 양국 간에 마련된 이러한 소통의 경로들은 단지 특정 사건을 해결하기 위한 한시적인 것에 불과했다.

8 『동아일보』, 1983년 5월 11일.

9 『중앙일보』, 1983년 9월 27일, 10월 2일, 그리고『동아일보』, 1983년 10월 3일 자를 보라.

10 신명순, "한국과 중공의 관계 개선에 관한 연구," pp. 64, 66.

11 1989년 7월 홍콩에서의 인터뷰.

12 홍콩은 대륙과의 지리적 근접성, 정보 친화적 환경, 그리고 중계항(entrepot)의 역할로 인해 한-중 간접교역의 가장 핵심적인 중계지로 작동하였다. 중국의 대 이스라엘 관계 개선 과정에서 홍콩이 수행했던 유사한 역할에 대해서는 Reuven Merhav and Yitzhak Shichor, "The Hong Kong Connection in Sino-Israeli Relations," in Jonathan Goldstein (ed.), *China and Israel 1948-1998: A Fifty Year Perspective* (Westport: Praeger, 1999), pp. 95-106을 보라.

13 1987년 8월 홍콩에서의 인터뷰.

14 이 사건에 대해서는 齊辛, "從劫機事件看中韓關係,"『七十年代』(1983年 6月), p. 55를 보라.

15 군산 어뢰정 사건의 처리 과정에서 한국은 선상 반란을 일으킨 두 명의 중국인 병사에게 정치적 의도가 없었다고 보았다. 이들이 군인 신분임을 감안해 즉각 이들을 중국에 인도함으로써 중국 측 요구에 적극적으로 편의를 제공하였으며 중국도 이에 대해 비공식적으로 사의를 전달했다. 또 이 사건의 해결 과정에서 한시적이기는 하나 주 홍콩 한국총영사관과 신화사 홍콩지사 사이에 대화채널이 마련되기도 했다. 2003년 1월 한국 외교부 관리와의 인터뷰; 이상옥(전 외무장관),『전환기의 한국외교』(서울: 삶과 꿈, 2003), p. 119;『중앙일보』, 2007년 8월 25일;『조선일보』, 2008년 4월 7일자를 참조.

16 경제적 관점에서 볼 때 당시 북한은 이미 한국의 상대가 될 수 없었을 뿐 아니라, 1980년대에 들어오면 북한이 중국에 진 부채 총액이 이미 32억 달러에 이르게 된다. "Pyongyang Warns of Capitalist Contamination While Seeking Trade with the West," *Vantage Point*, Vol. 7, No. 10 (1984), p. 13을 보라.

17 랭군 폭파 사건은 중국 지도부의 대 북한 인식에 매우 부정적인 영향을 미침으로써 향후 한-중 관계 개선에 있어서 일정 부분 긍정적 요인으로 작동한 것으로 보인다. 2004년 11월 베이징에서 중국 관리와의 인터뷰; 최명해,『중국-북한 동맹관계: 불편한 동거의 역사』(서울: 오름, 2009), p. 354.

18『동아일보』. 1989년 1월 19일.

19 정용석, "중공의 대한 인식 변화과정,"『북한』, 148호 (1984년 4월), p. 78; 신명순, "한국과 중공의 관계개선에 관한 연구," p. 69. 또 邢傳勸, "韓國与中國的體育外交及未來發展,"『東方雜誌』, 17期 (1984年 12月), pp. 58-59; 常智, 羅英杰, "新中國體育外交的歷程, 影響因素及發展前景,"『體育科學』, 第24期 (2004年)을 보라.

20 宋成有 外, 『中韓關係史』 (北京: 社會科學文獻出版社, 1997), p. 190.

21 2007년 12월 베이징에서의 인터뷰.

22 *Foreign Broadcast Information Service-China (FBIS-China)*, June 5, 1987, p. D3. 중국은 1987년 6월부터 자국에서 개최되는 각종 스포츠 대회에서 '서울'(Seoul)이 아닌 '남한'(South Korea)이라는 명칭을 사용하기 시작했다. 한-중 간의 전력(電力) 기술 교류에서는 또 다른 명칭인 '한국, 서울'(Korea, Seoul) 그리고 '중국, 북경'(China, Beijing)을 사용하기도 했다. 『조선일보』, 1987년 6월 6일과 『중앙일보』, 1988년 6월 11일 자를 보라.

23 1980년 1월부터 대한무역진흥공사는 한국과 외교관계를 수립하지 않은 국가들에 대한 수출을 확대하고 독려하는 역할을 담당했으며, 미수교국으로부터의 수입에 관한 통계 집계는 관세청이 맡고 있었다. 이에 대해서는 이병국, 『한중 경제 교류 현장론』 (서울: 나남, 1997), p. 144를 참조하라.

24 1987년 8월 홍콩에서 KOTRA 및 한국무역협회 인사들과의 인터뷰.

25 당시 많이 사용했던 국제통화기금(IMF)의 *Direction of Trade*에 실린 관련 통계는 상당히 부정확했던 반면, 경제학자 라디(Nicholas R. Lardy)가 자신의 저서 *China's Entry into the World Economy: Implications for Northeast Asia and the United States* (New York: The Asia Society, 1987), p. 7에 사용한 추정치는 인터뷰에 근거해서인지 추세를 상당히 정확히 반영하고 있다. 이러한 평가에 대해서는 Jae Ho Chung, "South Korea-China Economic Relations: The Current Situation and Its Implications," *Aisan Survey*, Vol. 28, No. 10 (October 1988), pp. 1035-1036을 보라.

26 이미 언급했듯이 중국은 1982년 4월에만 14척의 화물선을 억류했으며 한국, 남아프리카 및 이스라엘과의 교역을 잠정 금지함으로써 이들 국가와의 교역이 있었음을 간접적으로 시인하는 결과를 낳기도 했다. 齊辛, "從劫機事件看中韓關係," p. 55를 보라.

27 Paul Ensor, "Grains of a Secret," *Far Eastern Economic Review*, April 4, 1985, pp. 54, 56을 보라.

28 1987년 8월 서울에서 삼양사 관계자와의 인터뷰. 당시 삼양사는 대 중국 옥수수 수입을 한국 및 일본의 무역상사들을 통해 처리했는데, 이들은 홍콩 중개상들을 활용해 필요 물량을 확보하였다. 1985-86년의 기간에 삼양사는 컨테이너 11대 분량의 옥수수를 중국으로부터 수입했는데, 이 중 미쯔이(Mitsui) 상사를 통해 6대, 효성을 통해 4대 그리고 카길(Cargill)을 통해 1대분을 수입하였다. 옥수수를 실은 컨테이너에 중국 원산지 표기는 되어 있었으나 최종 목적지(한국)는 노출되지 않는 방식이 채택되었다.

29 Martin Weil, "China's Troubled Coal Sector," *The China Business Review*

(March-April, 1982), p. 30에서 인용.

30 Thomas Stern, "Korean Economic and Political Priorities in the Management of Energy Liabilities," in Ronald C. Keith (ed.), *Energy, Security and Economic Development in East Asia* (London: Croom Helm, 1986), p. 154에서 인용.

31 1987년 6월, 7월 및 12월 서울과 부산에서의 인터뷰.

32 이에 관한 자료는 1987년 여름 주 홍콩 한국총영사관 및 주 홍콩 한국무역협회에서 얻은 것임. 또 Thomas M. H. Chan, "What to Sell to China and to Buy from China," paper presented at a bimonthly workshop on the China Market (주 홍콩 한국무역협회에서 주최) (May 28, 1987), p. 5로부터도 도움을 받았음.

33 "Trade Precedes the Flag," *The Economist*, November 2, 1985, pp. 76-77; "Trade Flows Where No Diplomat Goes," *The Economist*, March 22, 1986을 보라. Han S. Park and Kyung A. Park, "China and Inter-Korean Relations," *The Korean Journal of International Studies*, Vol. 17, No. 3 (Summer 1986), pp. 33-34; "Fuzhou Refrigerator Co.," *Business Korea* (August 1989), pp. 78-79도 참조하라.

34 대한조선공사 회장 전임 비서실장(이면관)과의 인터뷰에 따르면 산둥성을 방문했던 임원 중 한 명이 곧장 서울로 가 청와대에서 전두환 대통령에게 이 프로젝트에 대해 자세한 브리핑을 했다고 한다.

35 1987년 8월 홍콩에서 대한조선공사의 전직 임원과 장시간에 걸친 인터뷰에 근거한 것임.

36 1987년 1월 서울에서 한일개발 조중식 사장과의 인터뷰.

37 朱松栢, "中韓關係的回顧與展望,"『問題與研究』(1987年 8月), pp. 12-21, 특히 p. 13을 보라; "Trade Precedes the Flag," p. 77; "Trade Flows," p. 77을 보라. 그리고 이 시기 중국과의 합자기업 설립을 위한 협상에 참여했던 한국기업들의 목록에 대해서는 홍권희, "'中共바람'에 설레는 財界風向: 中共 · 蘇聯 · 東歐가 오고 있다,"『신동아』(1988년 3월), pp. 368-377을 참조하라.

38 Robert Kleinberg, *China's "Opening" to the Outside World: The Experiment with Foreign Capitalism* (Boulder: Westview, 1990); 劉賽力,『中國對外經濟關係』(北京: 中國經濟出版社. 1999); 楊光斌, 李月軍,『中國國內政治經濟與對外關係』(北京: 中國人民大學出版社. 2007), pp. 1-13.

39 이는 중동에서의 평화정착 노력의 좌절과 중-이스라엘 관계 개선의 추동력 저하 사이에 일정한 상관관계가 발견되는 것과 유사한 맥락으로 볼 수도 있다. E. Zev Sufott, "The Crucial Year 1991," in Goldstein (ed.), *China*

and Israel 1948-1998, pp. 111-118을 보라.

40 『조선일보』, 1987년 11월 10일에서 인용.

41 『중앙일보』, 1987년 5월 26일 자를 보라. 당시 북한정부가 남북한 동시 승인을 고려할 의향이 있었음을 드러낸 노동당 국제담당 비서 황장엽의 발언에 대해서는 *New York Times*, November 22, 1987을 보라.

42 이와 같은 관점은 Chae-Jin Lee, "China's Policy toward North Korea: Changing Relations in the 1980s," in Robert A. Scalapino and Hongkoo Lee (eds.), *North Korea in a Regional and Global Context* (Berkeley: University of California Press, 1986), p. 205에서 제시되었다.

43 2007년 10월 베이징에서의 한 인터뷰에 따르면 1986년에 자오쯔양 총리는 6명의 관리로 구성된 방문단을 한국에 파견해 한국 상황을 자세히 파악하도록 했던 것으로 알려진다. 이 방문단에는 룽즈젠(榮智建) 당시 중국국제신탁투자공사 부회장, 당시 텐진 시장 리루이환(李瑞環)의 비서실장, 후에 한국대사를 지낸 장팅옌(張庭延) 외교부 아주사 관리, 그리고 통역으로 현대국제관계연구원의 치바오량(齊保良) 등이 포함되었다.

제5장
전환기의 한-중 관계(II): 관계 회복의 정치경제

관계 개선 초기에 이루어진 경제교류로부터 유익한 성과를 경험한 중국은 1988년부터 1992년 외교관계의 정상화가 이루어지기까지 한국과의 접촉 및 협력의 확대를 보다 적극적으로 모색하게 된다. 물론 북한의 지속적인 우려 표명과 비판에 중국정부가 민감하게 반응하는 구조적 한계는 여전히 존재했지만 그것마저도 시간이 경과하고 협력의 결실이 커져감에 따라 점차 약화될 수밖에 없었다. 게다가 1988년 서울올림픽과 1990년 북경아시안게임은 한-중 교역과 대 중국 투자 규모의 급속한 확대와 함께 양국 사이에 반(半) 공식적 접촉이 이루어지도록 하는 매우 편리한 구실과 환경을 제공했던 것이다.[1] 이 시기 양국 간 경제교류의 급격한 확대는 1991년 무역사무소의 설립과 궁극적으로는 1992년 8월의 외교관계 정상화로 이어지게 된다.

도약기의 한-중 관계(1988-1990)

제6공화국이 내건 '북방정책'(사회주의 국가들을 포괄적으로 지칭하는 북방지역과의 관계 개선에 초점을 둔 외교)은 사실 1987년 12월 노태우의 대통령 당선과 함께 공식적으로 시작되었다고 할 수 있다. 한국정부는 중국의 동부 해안과 마주보고 있는 서해안 지역을 중점적으로 개발하는 소위 '황해계획'을 발표했기 때문이다. 이와 거의 동시에 중국정부도 산둥과 랴오둥(遼東) 반도를 개방한다는 당시로는 획기적인 결정을 공포했다. 비록 이 두 가지가 양국에 의해 사전 조율된 것은 아니었지만 그 안에 내재된 기본정신은 명확히 한국과 중국 사이의 협력 확대를 지향하고 있었다.[2] 중국세계경제학회(中國世界經濟學

會) 회장이던 푸산(浦山)은 한국을 포함한 신흥공업국들과의 협력은 중국 연해지역을 발전시키는 데 큰 도움이 될 것이라고 말했으며, 1988년 초 중국의 부총리이자 정치국 상무위원 톈지윈(田紀云)도 중국 최고위급 관리로는 처음으로 한국과 직교역을 추진할 의사가 있음을 피력했다.[3)]

1988년에 열린 서울올림픽이 한-중 간의 경제협력 확대에 있어 매우 중요한 계기를 제공했으며 또 시의적절한 촉매였음을 부인하기는 어렵다. 중국이 400명이 넘는 대규모 선수단을 서울올림픽에 파견하고, 이를 통해 중국 및 소련을 포함한 다수의 사회주의 국가들과 북한의 관계를 소원(疎遠)하게 만드는 외교적 승리를 한국이 거뒀다는 점도 주목할 만하다. 뿐만 아니라 올림픽의 파생효과는 한-중 교역액이 1987년의 16억 7900만 달러에서 1988년의 30억 8700만 달러로 1년 만에 배 가까이 증가한 것에서도 여실히 드러난다.

서울올림픽의 성공적인 개최 직후 양국 관계는 급속도로 진전되었다. 중국 관영지인 『인민일보』는 한국의 괄목할만한 경제성장에 대해 긍정적인 보도를 게재했을 뿐만 아니라 여러 한국상품에 대한 상업광고를 싣기 시작했다.[4)] 1989년 1월 중국국제무역촉진위원회(CCPIT)는 대한무역진흥공사(KOTRA)에 대해 양국 간 무역사무소 설립에 대해 협의할 것을 정식으로 제안하였다. 또 중국은 1989년 5월에 처음으로 한국의 각료 이규성(李揆成) 재무부 장관을 베이징에서 열리는 아시아개발은행(ADB) 총회에 초청하였다. 이런 일련의 움직임 속에 외교가에서는 한-중 간 관계 정상화가 임박했다는 추측이 무성해졌다.[5)] 그러나 1989년 6월 초 전 세계를 충격에 빠뜨렸던 '천안문 사건'의 발발과 함께 이러한 낙관론은 스러지고 말았다.

한-중 관계의 도약기를 검토함에 있어 이 비극적 사건의 역할을 고려하지 않을 수가 없다. 1989년 통계에 따르면 당시 한-중 교역은 적잖은 타격을 받은 것으로 보이는데, 1981년 이후 처음으로 한국의 대중 수출이 16퍼센트나 감소했기 때문이다.[6] 중국과의 전체 교역규모는 전년 대비 1987년에는 26퍼센트, 1988년에는 84퍼센트나 증가했으나, 1989년에는 천안문 사건의 여파로 단지 1.8퍼센트 증가하는 데 그쳤다. 이는 같은 해 중국과 대만 사이의 교역규모가 46퍼센트, 그리고 중국-싱가포르 교역이 26퍼센트나 증가한 것에 비해 매우 낮은 증가세라고 할 수 있다.

한-중 교역의 증가세가 둔화된 데에는 천안문 사건 이외에도 다음의 두 요인이 추가적으로 작동했던 것으로 보인다. 첫째, 한-중 무역에 대한 월별 통계에 따르면 1988년 가을에 열린 3중 전회 이후 한국의 주요 수출품목인 텔레비전, VTR, 컴퓨터 등의 20개 소비재에 대한 수입규제가 시행되면서 한국의 대중 수출은 이미 감소하기 시작했다.[7] 둘째, 1989년 후반기부터 중국정부가 새로운 관세 규정을 적용하면서 중립국 표시 또는 무국적으로 포장된 모든 수입품 - 당시 대 중국 수출을 위한 대부분의 한국제품에 적용되던 조건 - 을 특혜관세의 대상에서 제외했기 때문이기도 했다.[8]

6·4 천안문 사건 이후 한국정부는 1989년의 대 중국 교역 목표를 당초의 4억 3000만 달러에서 2억 5000만 달러로 하향 조정한다고 발표했다.[9] 그러나 1989년의 실제 교역량은 하향 조정된 목표를 28퍼센트나 초과 달성했으며 1988년의 교역량 기준으로 1.8퍼센트 증가한 것으로 나타났다. 또한 미국과 일본으로부터의 방중 경제사절단의 수는 50퍼센트 이상 감소했지만 한국의 방중 경제사절단 수는 1988년에 비해 무려 70퍼센트 이상 증가하였다. 그러나 대만이나 싱가포르 등과 비교할 때, 한국은 대 중국 교역에서 천안문 사건

에 따른 부정적 영향을 훨씬 많이 받은 것으로 보인다. 비록 세 국가/지역 모두 당시 중국과는 미수교 상태였지만 한-중 교역이 1.8퍼센트 성장에 그친 반면, 대만과 싱가포르의 증가율은 각각 26퍼센트와 46퍼센트에 달했기 때문이다.[11)]

천안문 사건을 통해 한-중 경제관계가 다양한 대내외적 요인에 취약하다는 사실이 재차 부각되긴 했지만 교역의 증가세가 당초 예상에 못 미친 것을 제외하면 실질적인 영향은 그다지 크지 않았다고 볼 수 있다. 오히려 당시에는 잘 드러나지 않았지만 많은 영역에서 의미있는 진전이 조용히 이루어지고 있었기 때문이다. 예컨대 이 시기에 한국은 처음으로 중국에 대한 공동융자(syndicated loans)에 참여했으며, 신용장(L/C)은 여전히 홍콩을 통해 개설되었지만 대부분의 화물은 한국과 중국 사이에서 직송되고 있었다. 대 중국 투자에 대한 한국의 열기도 빠른 속도로 회복되어 1990년 상반기에만 총 3500만 달러에 이르는 19개의 합자 프로젝트가 승인되었는데, 이는 1989년 상반기와 비교할 때 무려 90퍼센트나 증가한 것이었다.[12)]

중국 역시 한국과의 경제협력 지속과 확대가 크게 유익하다는 결론을 내렸던 것으로 보인다. 중국의 대 한국 무역흑자는 1989년의 2억 6700만 달러에서 1990년에는 무려 7억 1500만 달러로 증가했다. 게다가 '광주민주화운동'의 부채를 짊어진 한국은 천안문 사건의 무력진압에 대해서도 침묵을 지켰으며 미국, 유럽 및 일본과는 달리 중국과의 신속한 경제교류 재개를 원했던 것으로 알려진다.[13)] 또 1989년 6월과 8월에는 한-중 간에 페리 노선이 개설되고 전세기 운항이 시작되었다. 더욱이 한국의 일부 대기업들은 중국의 1990년 아시안게임 개최를 축하하는 의미로 400대가 넘는 승용차를 기부하거나 최소한 500만 달러 이상을 지원했던 것으로 알려진다.[14] 이러한 배경에서 서울과 북경 사이에 무역사무소를 설치하기로 한 1990년 말의 중요한 결정이 내려졌던 것이다.[15]

관계 회복기의 한-중 관계(1991-1992)

1991년에 한-중 교역 규모가 전년에 비해 52퍼센트나 증가한 58억 1200만 달러에 이르렀고, 한국이 이 한 해 동안에만 당시까지 이루어진 대 중국 투자 총액의 66퍼센트에 해당하는 4억 2500만 달러(69개 프로젝트)를 투입했다는 사실은 결코 우연이 아니었다. 뿐만 아니라 1991년에는 이러한 양적 성장에 힘입어 양국 간 무역사무소의 설치라는 획기적인 제도적 전환점도 마련되었다. 명목상으로는 비정부적 성격의 사무소였으나 실제 인적 구성에서는 대부분 외교관들로 구성된 무역사무소는 경제교류에 대한 일종의 정치적 보장을 제공함으로써 양국 간 경제협력의 수준을 크게 제고시켰다. 1991년 6월 중국 세관(海關)은 처음으로 한국과의 무역에 대한 공식통계를 발표했으며 이와 함께 대한민국이라는 명칭을 사용하였다.[16]

한-중 관계에서 나타난 다양한 긍정적 변화에도 불구하고 무역사무소의 개설은 매우 복잡한 협상의 대상이었다.[17] 중국으로부터 얻는 경제적 이익이 급속히 늘어감에 따라 한국은 1988년 이래 줄곧 무역대표부의 개설을 희망해왔다. 이에 대한 중국의 입장은 민간 차원에서 기업 대표의 주재는 가능하지만 정부 차원의 대표부는 일절 금지한다는 것이었다. 예컨대 1990년 6월까지 총 14개 한국기업들이 중국에 지점과 지사를 설치했으나 이 중 삼성, 대우, 럭키금

성만이 중국정부의 공식 승인을 받은 것으로 알려졌다.[18] 북한과의 관계에 미칠지도 모르는 정치적 반향 때문에 중국은 이에 대해 매우 신중한 태도를 취했던 것이다.[19]

1987년 12월 중국 국무원이 산둥성을 한국과의 경제교류를 위한 중점성(重點省)으로 지정하면서 이러한 입장은 완화되기 시작했다. 이러한 정책 변화는 즉시 1988년에 중국국제무역촉진위원회(CCPIT) 산둥성 지부와 대한무역진흥공사 사이에 무역협정을 이끌어냈다. 이 협정에서 양국 간 무역대표부의 설치를 명문화했으나 한국 측에서 하나 혹은 두 개의 성(省)만을 대표하는 지역사무소가 아닌 국가를 대표하는 북경사무소를 강력히 요청함에 따라 조기에 실현되지 못하고 있었다.[20] 1989년 3월 CCPIT를 상대로 시작된 협상은 천안문 사건의 발발로 인해 논의가 진전되지 못했으나, 1989년 말에 협상이 재개되었을 때 중국은 이전보다 훨씬 융통성 있는 태도를 보였다. 즉, 중국 측도 산둥 한 개 성만을 대표하는 옌타이(煙臺) 사무소를 고집하는 대신 북경 무역사무소의 설치를 고려하는 쪽으로 입장이 변한 것이다. 1990년 6월 국무원 대변인 위안무(袁木)는 중국과 한국이 무역사무소 설치를 위한 협상을 진행하고 있음을 인정했다.[21]

양국이 가장 큰 이견을 보였던 부분은 공식 명칭과 무역사무소의 공식화 형식에 대한 것이었다. 한국 측은 대표사무소의 명칭을 '주 중국 대한민국 무역대표부'로 할 것을 견지했던 반면, 중국은 북한의 반발을 우려해 '대한무역진흥공사 북경사무소'라는 비공식적 호칭의 사용을 주장했다. 중국 측의 제안에 대해 한국에서 강한 반대가 있었지만 임기 내에 중국과의 관계 개선을 이루려던 노태우 정부의 강한 의지로 인해 결국 1990년 10월 20일 중국 측의 제안대로 합의가 이루어졌다.[22] 공식화의 형식과 관련해서도 한국 측은 공식문서의 교환을 요구했던 반면, 중국 측은 묵시적 수락의 안을 주장했다. 최종적으로 양국은 비밀협정 문서를 교환하되 이를 2020년까지 30년 동안 기밀로 분류하는 것에 합의했다.[23] 그러나 주재원의 외교적 특권 등 실질적 사안과 관련해서는 한국의 요구사항이 대부분 받아들여져 한국 측 직원들은 완전한 면책특권을 갖고 영사업무를 수행할 수 있었다. 또 본국과의 의사소통을 위한 암호 및 외교행낭(diplomatic pouches)의 사용도 허용되었다.[24] 주중 대한무역진흥공사 북경사무소가 북경의 국제무역센터(國貿中心) 13층에서 업무를 시작했을 당시 20명의 구성원 중 11명이 외교부에서 파견된 직원들이었으나 개설 초기 이들은 중국 외교부 관리들과의 접촉이 허용되지 않았다. 1991년 2월이 되어서야 중국 외교부 내 국제기구부서에 속한 관리들을 만나도록 허용되었다.[25]

북경사무소의 설치 이후 경제교류에 대한 분위기는 더욱 무르익어 1992년 초 한국과 중국은 무역, 관세 및 투자보장에 관한 공식협정에 조인하였다. 특히, 무역협정의 체결로 한국의 대 중국 수출은 최혜국 대우(MFN)를 적용받게 되어 그동안의 차별관세로 인한 불이익으로부터 벗어날 수 있었다. 따라서 1992년 3월의 시점에서 볼 때 정식 수교를 위한 협상만이 남아 있을 뿐 양국 간 원활한 경제협력을 위해 필요한 대부분의 제도적 장애들이 해결되었던 것이다. 따라서 1979-92년의 기간을 돌이켜보면 경제적 상호의존의 증대가 한-중 간 공식적 관계의 개선과 발전에 미친 파급효과가 적지 않았음을 알 수 있다.

한-중 교역(1988-1992)

도약기와 관계 회복기에도 무역은 한-중 관계에 있어 가장 중요한 기반으로 작동했다. 무역은 양국 간 경제협력의 수준을 지속적으로 제고시켰으며 한-중 관계 회복의 전반적인 경로를 규정했다고 해도 과언이 아니다. 앞의 시기(1979-87)와는 달리 북한 요인이 갖는 제약도 상당히 약화되었고 중국 또한 양국 간 교역의 중요성을 깊이 인식함에 따라 무역규모에 있어 앞 시기와 같은 심각한 쇠퇴를 경험하지도 않았다. 양국 간 교역은 1988년의 30억 8700만 달러에서 1992년에는 63억 8000만 달러로 4년간 무려 배 이상 증가했다. 1979-92년의 13년 동안 중국의 대 한국 무역흑자는 32억 6500만 달러에 달했으며 한국의 대중 무역흑자는 7억 1100만 달러에 그쳤다. 다시 말해 한국의 입장에서 보면 한-중 간 경제협력은 미국이나 일본을 벗어나 새로운 교역 파트너를 개발하려는 노력만큼이나 정치적 고려가 작용했던 것이다.[26]

경제협력에 대한 정치적 장애요인들이 점차 완화됨에 따라 중국 관리들은 한국과의 직교역 확대 가능성을 암시하기 시작했는데, 이미 1988년 3월 부총리 톈지윈과 대외경제무역부 부부장 선쥐에런(沈覺人)이 이 같은 가능성에 대해 언급하였다.[27] 그 후 한-중 무역에서 직교역이 차지하는 비중이 급속도로 확대되었다. 1991년 홍콩의 중개를 통해 이루어진 양국 간 무역량은 23억 달러로 당해 연도 한-중 교역총액의 40.3퍼센트를 차지했는데, 이는 1984년의 75퍼센트와 비교해 볼 때 현저히 감소된 것이다. 한국의 대 중국 수출 총액에서 직교역이 자치하는 비중 역시 1988년의 22퍼센트에서 1991년의 42퍼센트로 증가하였다.[28]

1991년 말에 이르면 한-중 교역은 이미 서로의 경제에 있어 매우 중요한 부분으로 자리잡았다고 해도 과언이 아니다. 예컨대, 한-중 교역액이 중국의 대외무역 총액에서 차지하는 비중은 1979년의 0.06퍼센트, 1983년의 0.3퍼센트, 1986년의 2.2퍼센트, 1988년의 3.8퍼센트에서 1991년에는 4.3퍼센트로 지속적으로 증가하였다. 마찬가지로 한국의 무역총액에서 한-중 교역이 차지하는 비중 역시 1979년의 0.05퍼센트에서, 1983년의 0.3퍼센트, 1986년의 2퍼센트, 1988년의 2.7퍼센트에서 1991년에는 3.8퍼센트로 늘게 된다.[29] 한국은 1989년에 중국의 제8대 교역국이 되었으며 1990-91년에는 제7대 교역국으로 자리잡았다.[30]

도약기와 관계 회복기 동안 한국과 중국 사이의 교역은 상당한 정도의 상호보완적 구조를 유지했던 것으로 보인다. 1988년, 1990

표 5-1
한-중 교역에서의 상위 품목, 1988-1992

	1988	1990	1992
화학제품	1/4	2/2	2/4
일차산품	7/5	8/1	8/1
섬유제품	3/1	1/3	3/2
철강제품	2/2	4/5	1/6
전기전자제품	5/7	3/7	4/5
기계류	6/6	6/6	5/7
플라스틱/고무	8/-	7/-	7/-
광물	4/3	5/4	6/3
기타	9/-	9/-	8/-

주 좌측의 숫자는 한국의 대 중국 수출품 중의 순위이며, 우측의 숫자는 중국의 대 한국 수출품 중의 순위를 가리킴.

출처 劉金質, 張敏秋, 張小明, 『當代中韓關係』(北京: 中國社會科學出版社, 1998), pp. 152-155.

년 및 1992년의 양국 간 무역에서의 상위 교역품목 구성(〈표 5-1〉 참조)에 따르면 한국의 주요 수출품은 화학제품, 철강과 섬유제품이었던데 비해 중국의 주요 수출품은 대개 1차산품(광물, 농산물)과 섬유제품이었다.[31] 한-중 무역의 상호보완적 성격은 가장 중요한 수출품목인 섬유와 화학제품에서 특히 두드러졌는데, 이들 분야는 일종의 수직적 분업구조의 특징을 갖고 있었기 때문이다. 예컨대 한국은 중국으로부터 섬유 원자재와 방적사를 수입하고 이를 가공해 만든 완제품(의상 등)을 중국에 수출하였다. 그러나 섬유산업 등에서 중국의 기술력이 급속히 제고되면서 한-중 교역의 상호보완성이 점차 경쟁적 추세로 바뀔지도 모른다는 우려가 이미 이 시기에 제기되기도 했다.

한국의 대 중국 투자(1988-1992)

이 시기 한국의 대 중국 투자는 실제로 이루어진 성과에 비해 적잖이 과장된 부분이 있었다. 한-중 간 합자기업 설립에 대한 언론 보도의 상당 부분도 경제적 측면에서보다는 상징적이거나 정치적 관점에서의 평가가 더 많았다는 의미이다. 도약기와 관계 회복기에 이루어진 한국의 대 중국 투자 규모는 양국 간 교역규모에 비하면 매우 제한적이었다 해도 과언이 아닐 것이다. 〈표 5-2〉에서 보듯이 한국의 기업들, 특히 대기업들은 양국 간에 무역사무소가 설치되기 전인 1990년까지는 투자 결정에 매우 신중한 태도를 취했으며, 이러한 추세는 한-중 투자보장협정이 체결된 1992년까지 상당 부분 지속되었다.

표 5-2
한국의 대 중국 투자 추이, 1985-1992 (항목 수: 투자금액, 100만 미 달러)

연도	직접투자	간접투자	당해연도 투자	누적투자액
1985	-	1 : 0.1	1 : 0.1	1 : 0.1
1986	-	2 : 1.8	2 : 1.8	3 : 1.9
1987	-	1 : 6.0	1 : 6.0	4 : 7.9
1988	2 : 3.4	3 : 2.0	5 : 5.4	9 : 13.3
1989	12 : 9.8	5 : 4.9	17 : 14.2*	26 : 27.5
1990	38 : 54.5	3 : 2.9	39 : 54.6*	65 : 82.1
1991	112 : 84.7	5 : 3.6	116 : 83.2*	181 : 1653
1992	269 : 221.4	-	269 : 221.4	385 : 386.7

주 한국은행에서 승인한 투자액을 기반으로 한 것이며, (*)가 있는 통계는 해당 연도에 투자회수가 있었음을 가리킴.

출처 한국은행, 『해외투자통계연보』 (서울: 한국은행, 1992), p. 29; 한국국제민간경제협의회(IPECK)의 내부통계자료(1990년 9월 2일 자); 양평섭, "한국의 대중 투자 추이와 특징," 『북방경제』 (1992년 5월), p. 33; Si Joong Kim, "Korean Direct Investment in China: Perspectives of the Korean Private Sector," paper presented to the International Workshop on the Emerging Pattern of Foreign Investment in East Asia, Honolulu (May 1-2, 1992).

1985-87년의 기간에 성사된 몇 건 되지 않는 한국의 대 중국 투자는 모두 제3국에 등록된 회사를 통해 간접적으로 이루어진 반면, 1988년 서울올림픽 덕분에 두 건의 직접투자가 최초로 성사되었다. 중국은 1988년에 홍콩에서 처음으로 한국 투자자들을 위한 로드쇼(roadshow)를 개최했으며, 중국의 지방정부들도 한국 자본을 유치하는 데 적극성을 띠기 시작했다. 1988년 말 신화사의 한 보도에 따르면 대외무역경제합작부(對外貿易經濟合作部) 해외투자국(外商投資局) 추바오타이(楚保泰) 부국장은 "중국의 투자정책에 관한 한 한국의 기업가들도 다른 국가의 사업가들과 동등한 대우를 받을 것이다"라고 밝혔다.[34] 『세계경제도보』(世界經濟導報)는 중국이 한국과의 직교역을 빠른 시일 안에 시작해야 할 필요성을 제기하기도 했

다.[35)]

일단 직접투자의 진입로가 확보되자 한국의 대 중국 투자는 1989년의 총 12개 사업 980만 달러에서 1991년의 112개 사업 8500만 달러 규모로 급성장했으며 이러한 추세 속에서 제3국을 경유한 간접투자는 점차 그 의미를 상실해갔다. 1991년 말 한국의 대 중국 투자는 누적액 기준으로 181개 사업에 1억 6500만 달러에 달했다. 이 수치는 한국의 해외투자 총 건수의 11.4 퍼센트, 해외투자 총액의 3.2퍼센트에 달하는 것으로 급성장의 추세에도 불구하고 한국의 대 중국 투자는 미미한 상태에 머무르고 있었다. 예컨대 1991년 말 기준 대만의 대 중국 누적 투자액이 34억 달러를 초과한 것에 비하면 한국의 대 중국 투자는 여전히 낮은 수준이었던 것이다.[36)]

도약기와 관계 회복기 내내 한국기업들은 중국의 내수시장을 겨냥하기보다는 주로 중국의 저렴한 노동력을 활용하는 수출 지향적 임가공 사업에 매달려 있었다.[37)] 또 이 시기 한국의 대 중국 투자 평균 규모는 건당 90만 달러 정도로, 같은 시기 일본의 대 중국 투자 평균 규모(210만 달러)의 절반에도 미치지 못하는 수준이었다.[38)] 1992년 초까지는 양국 간 투자 보장에 대한 협정이 없었기 때문에 한국의 대기업들은 중국에 대한 대규모 투자 결정에 매우 신중할 수밖에 없었다. 그러나 국교 정상화 직전인 1992년 5월에 조인된 투자보장협정과 1992년 8월의 수교는 한국의 대 중국 투자를 급속히 확대시키는 데에 가장 중요한 계기가 되었다.

한-중 관계 기반 구조의 발전

수교 이전 시기 한-중 관계의 핵심은 주로 경제 및 통상에 있었기 때문에 상징적이거나 정치적 측면이 전혀 없는 것은 아니었지만 그래도 대부분의 제도 및 조직에 있어서 진전이 가장 많았던 것은 경제 영역이었다. 서울올림픽이 열렸던 1988년을 분기점으로 한-중 간에 교역과 투자가 급증하면서 양국 모두 충분한 권위를 갖춘 공적인 소통과 조정의 기제가 필요함을 인식하게 되었기 때문이다.

의사소통의 영역

비록 우연성이 크긴 했지만 1983년의 민항기 피랍 사건과 1985년의 군산 어뢰정 사건을 해결하기 위해 이루어진 한국과 중국 사이의 전례 없는 대면 협상은 주 홍콩 한국총영사관과 중국 신화사의 홍콩 지사 사이에 핫라인(hot line)의 설치라는 - 한시적이었지만 - 중요한 소통의 통로를 파생시켰다.[39] 또 1985년경부터 한국정부는 대 중국 외교의 전초기지로서 주 홍콩 총영사관의 편제 규모를 대폭 확대했으며, 또 고위급 외교관(특1급)을 총영사로 임명하기 시작한 것도 이 즈음이었다. 더 나아가 1991년에는 홍콩이 1997년 7월 중국에 반환된 뒤에도 한국이 홍콩에 계속 총영사관을 유지하겠다는 제안에 대해 중국 또한 동의하였다.[40]

당시에는 별로 알려지지 않았지만 이 시기에 한국과 중국의 고위관리들 사이에 이미 비공식적이고 제한된 범위 안에서 의사소통의 채널들이 만들어져 운용되고 있었다.[41] 양국 간의 직접적인 의사소통과 조정의 경로를 유지하기 위한 노력의 일환으로 어업 분쟁 및 해난 사고 등과 연관된 갈등이 발생할 경우 한-중 간의 직접협상과 중재를 용이하게 만드는 협약이 1990년 1월에 체결되었다. 뿐만 아니라 우편물의 직교환과 함께 직접 통화 및 팩시밀리의 개통도 한국과 중국 사이의 물리적, 심리적 거리를 축소시키는 데에 적잖은 공헌을 하였다.[42)]

교통/운송의 측면

황해를 건너 한국과 중국 사이를 왕래하는 화물과 사람의 수가 급증하면서 일본 또는 홍콩을 경유한 간접 운송수단만으로는 이를 감당할 수 없게 되자 양국은 직송 및 직항을 위한 협력을 강화하게 된다. 6개의 한국기업과 2개의 중국기업의 합자방식으로 설립된 웨이둥(威東) 항운의 4,317톤짜리 골든브릿지(金橋) 카페리 선박이 1990년 9월 산둥의 웨이하이(威海)에서 인천까지 첫 항해를 했으며, 곧 칭다오(青島)까지 페리 운항 노선을 확대하였다. 또 1990년에 부산 및 인천과 중국의 다롄(大連), 칭다오를 잇는 격주의 컨테이너 운송이 시작되었으며 곧이어 컨테이너 직송은 매주 1회 상하이와 톈진(天津)으로까지 확대되었다.[43)]

해상운송에서와 유사한 변화들이 항공영역에서도 나타났는데, 우선 1988년에는 서울올림픽을 위해 양국을 연결하는 임시 전세기편이 등장했다. 1989년 8월 서울과 상하이를 오가는 전세기가 허용되었고, 1990년 6월 중국은 트리폴리(Tripoli)로 가는 대한항공 비행기가 쿤밍(昆明) 상공을 통과하는 것을 허용하였다. 또 1990년 북경아시안게임이 끝난 후에도 중국은 추가로 석 달동안 서울과 북경간 전세기 운항을 허용했으며, 1991년 말에는 서울과 톈진 및 상하이 사이의 비정기 전세기 운항이 공식화되었다. 그리고 1992년 5월에는 이들 노선의 매주 1회 정기운항이 결정되었다.[44] 그리고 1992년 8월의 관계 정상화와 함께 그때까지 중국이 강력히 거부해 왔던 서울과 북경 간의 정기편 직항노선이 마침내 개설되었다.

상호 접근과 교류를 보다 용이하게 하기 위한 몇 가지 절차상의 협력도 이루어졌는데, 1988년 7월 관광협정이 체결된 후 산둥성은 지방정부의 명의로 한국인들의 단체관광과 경우에 따라서는 개별 여행까지도 허용하였다.[45] 이때 산둥성 정부는 산둥에 도착한 한국 여행객들에게 우선 관광비자를 발급하고 사후에 이를 외교부에 보고하는 방식을 채택하였다. 비자의 유효 기간은 대개 15일이었지만 종종 한 달이나 석 달로 연장할 수도 있었고, 극소수의 경우에는 일년 미만의 복수비자가 발급되기도 했다.[46] 1991년 1월 양국 간 무역사무소의 설립과 함께 입국비자의 발급이 기존의 홍콩과 도쿄만이 아닌 서울과 베이징에서도 이루어지게 되었다.[47]

상거래 부문

상거래 절차의 측면에서도 양국 간 경제교류를 보다 활성화하기 위한 여러 진전이 이루어졌다. 1988년 12월 21일 중국은행(Bank of China)이 처음으로 한국 외환은행에 신용장을 발행했고, 1989년에는 한국과 중국의 은행들 간에 '코레스협약'(correspondence agreements)이 맺어짐에 따라 양국 간 외환결제에 수반되는 까다로운 절차들이 간소화되었다. 1992년 4월과 7월에는 한국 외환은행과 중국은행이 각각 북경과 서울에 지점을 설립하였다.[48] 1989년에는 중국정부가 한국기업들이 신청한 특허권과 등록상표(trademark)를 받아들이는 데에 동의하였다.[49] 보다 중요하게는 한국과 중국정부가 상대국 기업과 은행이 지점과 자회사를 설립하는 데 대해 취했던 엄격한 통제를 점진적으로 완화하였다. 수교 전인 1992년 6월까지 중국 내에는 한국기업의 지사가 19개 설립되었으며 9개의 중국기업이 한국 내에 사무소를 설치하였다.[50)]

정부 간 기구 및 제도

앞서 언급한 것처럼 매우 복잡한 협상 및 교섭 끝에 1990년 11월에 중국정부는 한국과의 무역사무소 교환에 동의하였다. 공식적으로는 민간 성격의 경제사무소였음에도 불구하고 무역사무소는 영사업무 전반을 수행했으며 또 면책특권을 가진 외교관들로 충원되었다.[51)] 무역사무소의 설치에 이어 양국 간 무역협정이 조인되었고 이는 1992년 1월부터 발효되었다. 이 협정을 통해 그동안 한국의 대 중국 수출품에 부과되던 차별관세가 폐지되었다. 또 1992년 5월 한국과 중국은 투자보장협정에 서명했는데, 이를 통해 한국의 투자는 단독투자(獨資)와 합자투자 공히 다른 국적의 외국기업들과 동등한 대우를 받게 되었다.[52)] 물론 무엇보다 가장 중요한 정부 간 제도적 진전의 정점은 1992년 8월 24일 외교관계가 정상화되고 양국이 서로 대사관을 설치한 것이었다.

한-중 관계 발전에 대한 외부적 제약

1970년대 말 양국 간 경제접촉이 막 시작되었을 때부터 1992년 수교가 이루어질 때까지 줄곧 북한은 한-중 관계에 있어서 가장 심각한 장애요인으로 작용하였다. 북한과의 우호관계 유지에 대한 지속적 우려가 없었다면 한국과 오로지 비정부적 관계 또는 성(省) 단위 지방정부 차원의 제한적 관계만을 갖고자 중국이 그토록 집착하지는 않았을 것이다. 따라서 북한에 대해 중국이 갖고 있던 '특별한' 정서와 관계야말로 한-중 관계의 원만한 발전에 있어 가장 해결하기 어려운 장애였던 것이다.

1990년 3월까지 한국은 동유럽 사회주의 국가들 대부분과 수교를 성사시켰고, 소련과도 1990년 9월 관계 정상화를 이루어냈다. 소련 및 동유럽 국가들이 한국과의 관계 정상화에 도달한 속도를 감안할 때 북한에 대한 중국의 배려가 실제로 매우 특별했음을 알 수 있다.[53] 1989년 12월 한국과 소련은 영사관 설치에 합의했으며, 1990년 3월에는 서울과 모스크바 간 직항로를 개설하기에 이른다. 1990년 6월 고르바초프(M. Gorbachev) 대통령과 노태우 대통령 사이에 정상회담이 열린 데 이어 1990년 9월에 양국 관계의 정상화가 이루어져 북한에 대한 정서와 배려에 있어 소련과 중국 사이에는 일정한 차이가 있음이 분명히 드러났다.[54]

중국은 이렇게 북한과의 '특수한 관계'를 고려해 의도적으로 한국산 제품을 운송하는 상선을 억류했고 가능한 한 한국과의 관계를 비정부-경제 영역으로 국한시키려 했던 것이다.[55] 그러나 되돌아보면 한국에 대한 중국의 점진적이고도 단계적 접근은 상당 부분 '북한의 체면 살리기'(给北韓留点面子)를 위한 계산된 행보였다고 할 수 있다.[56] 다시 말해 마오(毛)의 사후 개혁기 중국의 지도자들이 비록 어느 시점에서 어떤 방식으로 한국과의 경제관계를 정치적인 관계로 전환시켜야 할지에 대해 합의를 보지는 못했지만 최소한 한국과 경제협력의 확대가 바람직하고 필요하다는 것에 대해서는 대체로 공감대를 가졌던 것이다.[57]

대 중국 관계를 개선하려던 한국의 노력에 대한 외부의 유일한 반대는 당시 한국이 공식적인 중국정부로 인정하고 있던 대만으로부터 제기되었다.[58] 북한과 마찬가지로 대만도 한-중 간 관계 정상화로 인해 중국 대륙에 맞서 대항할 핵심 우방국을 상실할 것이라는 우려 때문에 한-중 관계의 개선 과정을 주시해 왔다. 비록 1992년 한-중 관계 정상화가 실현되기 전까지는 한국에 대해 원색적인 비난을 자제했지만 대만의 우려는 여러 정황 속에서 빈번히 드러나곤 했다.[59]

대만의 불만과 비판은 대략 다음 세 가지와 관련되었다. 첫째, 대만은 중국과의 관계 개선에 대해 명시적이고도 적극적인 노력을 기울이는 한국의 '비도덕성'에 비판의 초점을 맞췄다. 대만의 관점에서 보면 수교를 위해 중국의 환심을 사려는 한국의 행태는 명백한 배신행위로 간주될 수도 있었기 때문이다. 다시 말해 1950년대 이후 한국과 대만 사이의 우호관계를 감안하면 - 또 대만이 한국전쟁 중에 많게는 1,500명의 병력으로 구성된 심리전 부대를 파병했음을 고려하면 - 한-중 관계의 획기적 개선이 대만으로서는 용납하기 어려운 일이었다. 그 당시 대만의 불편한 감정은 "한국은 반공주의를 하면서 동시에 친공적이기도 하다"(南韓反共也交共)는 냉소적 표현에 잘 압축되어 있다.[60]

둘째, 대만의 불만은 중국과 대만이 공히 천명해왔던 '하나의 중국' 노선을 감안할 때, 한-중 사이에 관계 정상화가 이루어질 경우 자신의 체제 내 정당성과 함께 국제적 위신에 큰 타격을 입을 것이라는 우려에 근거하고 있었다. 최대 경쟁 상대이자 적대세력에게 전통 우방을 빼앗긴다는 것은 국민당 정부의 정당성을 약화시키고 대만 독립을 주장하는 세력들을 고무시키는 결과를 초래할 것이 분명했기 때문이다.[61] 일설에 의하면 대만은 심지어 중국이 분단된 상태 그대로를 유지한 채 '두 개의 중국'과 동시에 수교하는 방법의 채택을 한국에 제안하기도 한 것으로 알려진다.[62)]

셋째, 어느 정도는 대만의 우려가 본질적으로는 경제적인 것이었던 것으로 보인다. 당시 경제 영역에서 한국의 최대 경쟁자였던 대만으로서는 오랜 동안 자신의 뒷마당이라고 간주했던 중국 시장에 한국이 강한 추동력을 앞세워 잠식해 들어오는 것을 좌시할 수만은 없었기 때문이다. 당시 대만은 스스로를 중간 단계의 기술 분야에서는 한국과 동급으로, 그리고 중국이 절실히 필요로 하는 자본 투자에서는 한국보다 우위에 있다고 생각했기 때문에 중국에 성공적으로 진입하고 있던 한국기업들을 경계하지 않을 수 없었던 것이다.[63)]

한-중 간 외교관계의 정상화를 저지하기 위해 대만은 여러 가지 전술을 활용했던 것으로 보인다. 우선 견제책으로는 한국 자동차의 대 대만 수출 할당량을 제한하는 일종의 제재 조치를 취했다. 뿐만 아니라 '외교적 채찍'으로는 당시 국민당 정부가 공세적으로 추진하던 '경제외교'(銀彈外交)의 일환으로 북한과도 경제관계를 수립하려는 구상을 드러내기도 했다.[64)] 반면 '당근'의 측면에서는 중국에 맞서기 위해 한국과의 교역규모를 확대하고자 대만이 적잖이 노력한 것으로 보인다. 한국과 대만 간의 교역 규모는 1985년의 5억 3100만 달러에서 1989년의 26억 5300만 달러로 4배 이상 급증했는데, 이는 당시 한-중 간의 교역 규모에 거의 근접하는 수준이었다.[65)] 심지어 1991년에 대만은 한국으로부터 16대의 포항급 초계함(Corvette) 구매를 제안하기도 했다.[66)] 그러나 당시 한국은 이미 대만과의 관계를 희생하더라도 중국과의 협력 확대 - 외교관계의 정상화를 포함하여 - 에 훨씬 큰 관심을 가지고 있었던 것이다.

주석

1 중국 외교부가 매년 발간하는 『中國外交概覽』의 1987년 판에서 최초로 중국과 한국은 서로가 주최하는 스포츠대회에 참석할 '권리'를 갖는다고 기록하고 있다. 『한국일보』, 1988년 1월 8일 자를 보라.

2 *China Daily*, January 27, 1988; "南韓與中共建交之後," 『時報周刊』, 1988年 3月 4日, pp. 25-27을 보라. 중국은 또 당시 한국에서의 소위 '중국열'(華風)에 대해 내부문건에서 언급하기 시작했다. 한국의 서해안 개발과 중국어 학습 열기에 대하여는 Zou Weidong, "Trends in South Korea's Preparations for Developing Trade with China," 『經濟參考』, 1988년 9월 1일, p. 3 in *Foreign Broadcast Information Service-China* (이하 *FBIS-China*), September 15, 1988, pp. 7-8을 보라. 또 Sang-Seek Park, "Northern Diplomacy and Inter-Korean Relations," *Korea and World Affairs*, Vol. 12, No. 4 (Winter 1988), pp. 706-736; Tae Dong Chung, "Korea's Nordpolitik: Achievements and Prospects," *Asian Perspective*, Vol. 15, No. 2 (Fall/Winter 1991)를 보라.

3 『중앙일보』, 1988년 2월 5일, 9일 그리고 3월 15일; *New York Times*, March 14, 1988을 보라.

4 *FBIS-China*, February 28, 1989, p. 15를 보라.

5 이 즈음 한국의 몇몇 고위급 인사들이 관계 정상화와 관련해 비밀리에 중국을 방문했던 것은 사실이다. 이에 대해서는 6장에서 보다 자세한 논의가 제공될 것이다.

6 천안문 사건이 한-중 교역에 끼친 영향에 대해서는 Jae Ho Chung, "Sino-South Korean Economic Cooperation: An Analysis of Domestic and Foreign Entanglements," *Journal of Northeast Asian Studies*, Vol. 9, No. 2 (1990), pp. 73-74를 보라.

7 *China Daily*, August 1, 1989; 『중앙일보』, 1989년 11월 24일 및 1990년 6월 20일 자를 볼 것.

8 이와 같은 차별관세의 적용으로 인해 한국상품의 가격은 특혜관세가 적용되던 다른 국가들 - 특히 대만과 싱가포르 - 에 비해 평균 10-20퍼센트 정도 높아지게 되었다. 다만 이스라엘과 남아프리카에 대해서도 유사한 차별관세가 적용되었기 때문에 한국에게만 따로 이러한 문제가 있었던 것은 아니었다. 1990년 7월 서울에서의 인터뷰; 『한국경제신문』, 1990년 7월 19일 자.

9 『세계일보』, 1989년 8월 3일.

10 Thomas E. Jones, "Gaining Visibility: Sino-South Korean Commerce Is Becoming Too Big To Hide," *The China Business Review*, November-December 1990, p. 46을 보라.

11 *China Trade Report* (July 1990), p. 5를 보라.

12 David Johns, "Sino-Korean Trade: Moving Out of the Shadow," *Business Korea* (August 1989), p. 68; 『한국경제신문』, 1990년 7월 11일 자를 보라.

13 한국은 필리핀, 소련 등과 함께 천안문 사건 이후 중국 방문자 수가 오히려 늘어난 몇 안 되는 국가 중 하나였다. 대조적으로 일본과 미국의 경우에는 천안문 사건 이후 중국 방문자가 각각 40퍼센트와 29퍼센트나 감소하였다. *China Trade Report* (February 1991), p. 15; Peter Polomka, "The Two Koreas," in Gary Klintworth (ed.), *China's Crisis: The International Implications* (Canberra: RSPS, Australian National University Press, 1989), pp. 57-59를 보라.

14 천안문 사건 이후 중국을 향한 한국기업의 다양한 지원활동에 대해서는 이병국, 『한중 경제교류 현장론』 (서울: 나남출판, 1997), pp. 42-44; Samuel S. Kim, "The Making of China's Korea Policy in the Era of Reform," in David Lampton (ed.), *The Making of Chinese Foreign and Security Policy in the Era of Reform* (Stanford: Stanford University Press, 2001), p. 378을 보라.

15 1990년 2월 노태우 대통령은 북경아시안게임이 중국과의 수교에 있어 매우 중요한 계기임을 강조했으며, 그해 4월 한국정부는 북경아시안게임이 개최되는 동안 한국 방문객들을 위한 임시 영사업무를 수행 할 두 명의 외교관을 파견했었다. 『중앙일보』, 1990년 2월 12일 자를 보라.

16 『한국경세신문』, 1991년 6월 13일.

17 외무장관(1991-2)을 역임한 이상옥의 자서전에 따르면 한국정부는 1985년 시점에 이미 북-일 간 무역대표부 교환과 함께 한-중 간 무역대표부의 설치 가능성을 고려하고 있었다고 한다. 그러나 한국의 이와 같은 제안은 중국에 의해 거절되었다. 이상옥, 『전환기의 한국외교』 (서울: 삶과 꿈, 2003), p. 119를 보라.

18 『한국경제신문』, 1990년 6월 13일. 그러나 이들 세 개 기업조차 중국정부의 공식 승인을 받기 위해 그들의 홍콩 자회사를 이용해야 했다. 중국 지사의 등록에 한국 본사의 이름을 최초로 사용한 기업은 선경이었던 것으로 알려진다. 『한국경제신문』, 1990년 10월 13일 자를 보라.

19 서울올림픽 직후인 1988년 말부터 이미 한-중 간 무역대표부의 개설이 임박했다는 소문이 만연해 있었다. 예를 들어 Robert Delfs, "Seoul's Hi-Tech

Lure Across the Yellow Sea," *Far Eastern Economic Review*, December 24, 1988, pp. 20-21을 볼 것.

20 협정문의 내용에 대해서는『공산권 경제』, 2권, 1호 (1989년 3월), pp. 11-12를 보라.

21 『한국일보』, 1989년 11월 27일;『중앙일보』 12월 29일;『조선일보』, 1990년 6월 22일; 2007년 12월 베이징에서의 인터뷰.

22 1990년 7월 서울에서의 인터뷰;『중앙일보』, 1990년 9월 27일; 이호,『한 · 중 · 소 간의 북방외교 실체』(서울: 제일미디어, 1997), pp. 214-215를 보라. 당시 한국 측 서명자는 반관기구인 대한무역진흥공사였던 반면 중국 측은 명목상이긴 하지만 반관기구였던 중국국제무역촉진위원회(CCPIT)에서 비정부 명의의 동일기구인 중국국제상회(中國國際商會, CCOIC)로 바뀌었음에 주목할 필요가 있다. 이호,『한 · 중 · 소 간의 북방외교 실체』, p. 121.

23 『중앙일보』, 1990년 9월 27일과 10월 15일 자를 볼 것. 또 이호,『한 · 중 · 소 간의 북방외교 실체』, p. 199를 보라.

24 『조선일보』, 1990년 10월 21일과 1991년 1월 30일 자; 당시 대표부 직원들의 목록(1991년 6월 1일 자). 당시 북경사무소의 총 11명 구성원 중 9명은 전문 외교인력이었으며 이 중 7명은 중국어에 능통한 사람들이었다. 서울에 설치된 중국 무역사무소에는 대외무역경제합작부(對外貿易經濟合作部) 부국장 출신 관리의 휘하에 총 8명의 주재원이 있었고, 이 중 7명이 한국어에 능통했으며 4명은 산둥성 출신이었다. 2000년 6월 서울에서의 인터뷰.

25 이호,『한 · 중 · 소 간의 북방외교 실체』, p. 127.

26 이는 한국이 1982년 6월에 중국산 물품에 대한 특혜관세를 허용했음에도 불구하고 중국으로부터 최혜국 대우를 받기까지 무려 9년이나 기다려온 사실에서도 잘 알 수 있다. 이범찬, "한소 교류 현황과 확대방안,"『공산권 연구』(1987년 5월), p. 15를 보라.

27 『중앙일보』, 1988년 3월 14일; *New York Times*, March 14, 1988을 보라.

28 『한국경제신문』, 1992년 3월 3일과 7월 13일. 홍콩 매체의 한 보도에 따르면 중국정부는 1987년 5월 김일성이 방중했을 때 한국과의 직교역에 대한 암묵적인 합의를 얻어낸 것으로 알려진다.『九十年代』(1988年 1月),『한국일보』, 1987년 12월 30에서 재인용.

29 한국과 중국은 간접무역과 관세에 대해 각기 다른 방식으로 통계를 추계하고 있다. 그렇다 하더라도 양국 간 교역의 전체적 추세는 상당히 유사하게 나타난다. 예를 들어 劉金質, 張敏秋, 張小明,『當代中韓關係』(北京: 中國社會科學出版社, 1998), pp. 146-147을 보라.

30 *China Newsletter*, No. 89 (1990), p. 6과 No. 99 (1992), p. 14; *China Trade Report* (June 1991), pp. 14-15와 (June 1992), pp. 14-15 참조.

31 제4장에서 제시한 1984-86년 기간의 부문별 구성과 대조해 보라. 또한 김두현, "한중교류의 실제와 대책," 『북방경제』 (1991년 9월), p. 98을 참조하라.

32 산업 내 교역에서의 수직적 분업에 대해서는 한광수, "한중 경제, 경쟁인가 보완인가?" 『신동아』 (1992년 6월), p. 387을 참조. 한-중 교역의 경쟁적 성향에 대하여는 『한국경제신문』, 1992년 7월 9일 자를 보라.

33 『한국일보』, 1988년 2월 3일과 1988년 4월 5일 자를 보라.

34 Beijing Xinhua, November 4, 1988 in *FBIS-China*, November 4, 1988, pp. 15-16.

35 『世界經濟導報』, 1988年 11月 14日.

36 대만의 대 중국 누적 투자액은 Noriyoshi Ehara, "China's Foreign Trade in 1991," *China Newsletter*, No. 99 (1992), p. 17에서 인용. 필자의 인터뷰에 응했던 주 한국 중국무역사무소의 한 관리는 한국의 투자 규모가 적은 것에 대해 중국이 불만을 갖고 있다고 밝혔다. 1992년 7월 서울에서의 인터뷰.

37 1989년 기준으로 한국인 노동자의 한 달 평균 임금($732)은 중국($43)의 무려 17배에 달했다. 『조선일보』, 1992년 9월 3일 자를 보라.

38 Kozue Hiraiwa, "Foreign Investment in the PRC: 1990-1991," *China Newsletter*, No. 96 (1992), p. 14.

39 신화사 홍콩 지사(分社)는 단지 언론사만이 아닌 그 이상의 광범위한 역할을 수행하고 있었다. 실제로 신화사는 홍콩에서 중국 외교부의 수족과도 같은 기능을 담당했으며, 1980년대에 중국과 이스라엘 간의 비밀협상에서도 이와 유사한 역할을 맡았던 것으로 알려진다. Reuven Merhav and Yitzhak Shichor, "The Hong Kong Connection in Sino-Israeli Relations," in Jonathan Goldstein (ed.), *China and Israel 1948-1998: A Fifty Year Perspective* (Westport: Praeger, 1999), p. 99를 보라.

40 당시 한국이 이와 같은 제안을 했던 것은 1997년 홍콩이 반환되기까지 중국과 수교를 맺지 못할 경우에 대비한 성격을 갖는 것이었다. 그전까지 알려진 바에 따르면, 만일 이와 같은 상황이 닥칠 경우 중국은 주 홍콩 한국 총영사관의 지위를 경제대표부(economic mission) 정도로 격하시킬 것임을 암시했다고 한다. *South China Morning Post*, December 4, 1991; 이병국, 『한중 경제교류 현장론』, p. 185를 보라. 남아프리카의 사례에서 나타난 이와 유사한 우려에 대해서는 Chris Alden, "Solving South Africa's

Chinese Puzzle: Democratic Foreign Policy-Making and the 'Two Chinas' Question," in Jim Broderick, Gary Burford and Gordon Freer (eds.), *South Africa's Foreign Policy: Dilemmas of a New Democracy* (Basingstoke: Palgrave, 2001), p. 132를 보라.

41 이에 대해서는 6장에서 자세히 논의될 것이다.

42 『중앙일보』, 1990년 1월 11일; 『조선일보』, 1990년 2월 1일과 6월 30일 자를 보라.

43 "Golden Bridge Bridges the Yellow Sea," *Business Korea* (October 1990), p. 59; 한광수, "한-중 경제 경쟁인가 보완인가?" p. 385.

44 *South China Morning Post*, September 29, 1988; 『조선일보』, 1990년 6월 9일; 『한국경제신문』, 1990년 9월 27일; 『중앙일보』, 1992년 3월 4일; 『한국일보』, 1992년 7월 2일 자를 보라.

45 중국정부가 중국여행사(中國旅行社, CTS)에 한국인들의 단체여행 담당 권한을 일괄 부여한 것에 대해서는 *FBIS-China*, September 22, 1988, p. 14를 볼 것. 이 당시 중국의 관광정책에 나타난 획기적 변화에 대해서는 Linda Richter, *The Politics of Tourism in Asia* (Honolulu: The University of Hawaii Press, 1989)의 2장을 보라.

46 1989년 7월 필자의 홍콩에서의 인터뷰; 『중앙일보』, 1988년 7월 25일 자를 보라.

47 주 서울 중국상회 사무소는 1991년 6월 9일부터 한국인에 대한 입국비자를 발급하기 시작했다. 『중앙일보』, 1991년 6월 10일.

48 *Korea Times*, January 6, 1989; 『조선일보』, 1992년 4월 1일과 7월 4일.

49 *Business Korea* (March 1989), p. 64.

50 당시 중국기업들의 한국 지사는 모두 서울에 소재했던 반면, 한국기업의 경우 베이징에 14개, 다롄과 상하이에 각 2개, 그리고 칭다오에 1개의 지사를 열었다. 이에 대해서는 『중앙일보』, 1992년 6월 22일 자를 볼 것. 당시 일본과 미국의 기업이 각각 677개와 307개의 지사를 중국에 두고 있었던 데 비해 14개의 지사는 매우 적은 수에 불과했다. 『한국경제신문』, 1992년 7월 13일을 볼 것. 은행의 지점 개설에 관해서는 『조선일보』, 1992년 8월 23일 자를 보라.

51 무역사무소에 관한 자세한 논의는 Jae Ho Chung, "Sino-South Korean Economic Cooperation," pp. 63-64를 보라.

52 『한국경제신문』, 1992년 1월 1일과 5월 3일.

53 1988년부터 1990년 사이 16개 사회주의 국가와 한국 사이에 국교 정상화가 이루어졌다. 동독도 한국에게 무역대표부 설립을 제안했으나 당시 동-

서독 관계의 변화 예측이 힘든 상황으로 인해 한국정부는 이를 정중히 거절한 바 있다.

54 외교관계의 정상화 이전에도 소련과 한국의 접촉은 중국과의 접촉에 비해 훨씬 더 일찍 이루어졌으며 또 보다 급속히 확대되었다. 비록 한-소 간의 교역규모기 한-중 간의 그것보다 작았지만 한국은 시베리아 개발에 상당히 큰 규모의 투자를 결정하기도 했다. 보다 가시적이고 장기적이며 큰 위험이 수반되는 합작 투자나 무역대표부의 설치에 비해 무역이 갖는 단기적, 간접적 특성을 감안할 때 한국과의 관계 개선에 있어서 중국이 소련보다 훨씬 조심스러운 태도를 취했음이 분명하다. 추창근, "북방교역의 허실," 『월간조선』 (1990년 4월), pp. 385-387; 『한국경제신문』, 1990년 6월 1일 자를 보라.

55 북-중 관계를 '특별한' 것으로 정의하는 중국 측의 논의로는 劉金質, 張敏秋, 張小明, 『當代中韓關係』, p. 103을 보라. 그리고 이 책의 3장도 참조하라.

56 당시 한국과 북한을 어떻게 다룰 것인지에 대한 중국 내 합의가 충분히 이루어지지 않았다는 점은 두 명의 중국인 학자가 쓴 서로 다른 논지의 논문을 통해서도 드러난다. 예컨대 Gu Weiqun의 "Security in the Asia-Pacific Region"과 Hao Yufan의 "China and the Korean Peninsula" in Hao Yufan and Huan Guocang (eds.), *The Chinese View of the World* (New York: Pantheon Books, 1989), p. 26, 190, 199를 참조.

57 1990년에 발간된 중국 외교부의 공식 출판물에 따르면 중국은 한국과 모든 비정치적 영역에서의 교류를 확대할 것임을 밝히고 있다. 『中國外交概覽 1990』 (北京: 世界知識出版社, 1990), p. 40을 보라.

58 당시만 해도 중국과 관계를 개선하려던 한국의 노력에 대해 미국이 반대했다는 명백한 증거는 없다. 1960년대에 귀순한 중국 공군 조종사들의 심문에 미군 정보기관 관계자들을 동석시킬 정도로 한국은 미국과의 협조에 적극적이었으며, 1983년 민항기 사건 때에도 진전 상황을 박세직 당시 안기부 차장이 클리브랜드 공사에게 자세히 알려줬다고 한다. 2009년 1월과 2월 서울에서의 인터뷰. 그러나 1990년 이후 한-중 관계가 지나치게 급속히 진전되는 것에 대해 미국이 일정 부분 우려했다는 단서는 여러 곳에서 찾을 수 있다. 릴리(James Lilley) 전 주한 미국대사의 이러한 우려에 대해서는 박철언, 『바른 역사를 위한 증언』 (서울: 랜덤하우스중앙, 2005), 상권의 p. 355와 하권의 p. 148을 볼 것. 이와는 조금 다른 관점을 제시한 것으로 James Lilley, *China Hands: Nine Decades of Adventure, Espionage, and Diplomacy in Asia* (New York: Public Affairs, 2004), pp. 292-294를 보라.

59 대만의 불만과 우려에 대해서는 *FBIS-Korea*, July 18, 1988, p. 69; March

28, 1989, p. 85; February 21, 1990, p. 51 등을 보라.

60 대만이 한국전쟁 당시 한국에 심리전 부대를 파견한 것에 대해서는 홍덕화, "대만 특수부대 비밀 참전하다," 『월간조선』 (1995년 2월), pp. 278-288을 보라.

61 예를 들어 Robert E. Bedeski, "Sino-Korean Relations: Some Implications for Taiwan," *Asian Perspective*, Vol. 13, No. 1 (Spring-Summer 1989), pp. 112-113을 보라.

62 『조선일보』, 1992년 4월 14일.

63 Shim Jae Hoon, "Backyard Rivalries: South Korea and Taiwan Compete for China Trade," *Far Eastern Economic Review*, March 30, 1989, p. 48을 보라.

64 당시 대만의 북한에 대한 접근에 대해서는 Shim Jae Hoon, "Backyard Rivalries," p. 48을 보라. 북한은 대만의 제안을 즉각 거부했는데, 이에는 중국의 강한 압력이 작용했던 것으로 보인다. 『중앙일보』, 1990년 1월 29일 자를 보라.

65 한국에 대한 대만의 경제적 재제에 대해서는 Shim Jae Hoon, "Backyard Rivalries," p. 48; Bedeski, "Sino-Korean Relations," pp. 113-114를 보라. 한-대만 간의 교역에 대해서는 『한국경제신문』, 1990년 5월 27일 자를 보라.

66 『조선일보』, 1991년 3월 8일 자를 보라. 당시 사정에 정통한 한 한국 관리와의 인터뷰에 따르면 당시 대만이 꺼냈던 대부분의 제안은 언론에 의해 과장되었거나 실질적인 결과에 의해 뒷받침되지 않는 것이었다고 한다. 2003년 1월 서울에서의 인터뷰.

제6장
한-중 국교 정상화의 정치

1990년대 초반 이후 한-중 관계의 개선과 발전에 대한 많은 연구가 출간되었지만, 1992년 8월 24일에 이루어진 양국 간 국교 정상화가 어떤 복잡한 정치적 동학과 정책과정을 거쳐 성사되었는지에 대한 구체적인 연구는 아직 없었다고 해도 과언이 아니다.[1] 이 장에서는 한-중 국교 정상화의 교섭과정을 면밀히 재구성함으로써 이에 대한 공백을 메우고자 한다. 이를 위해 우선 한-중 관계 개선 과정에 깊숙이 관여했던 양국의 핵심 행위자들과 부처들의 기능을 살펴보겠는데, 보다 구체적으로 엘리트, 관료조직 및 지방정부 단위의 인식과 역할에 대해 논한다. 다음으로 소위 '동해사업'으로 명명되었던 수교 협상의 면면을 자세히 분석해본다. 이 책이 출간되는 시점에도 교섭과정의 일부분은 여전히 베일에 가려져 있겠지만, 필자가 섭렵한 많은 분량의 문헌 및 공간/미공간 사료와, 근 20년에 걸쳐 직접 수행한 수백 시간에 걸친 인터뷰 작업에 근거해 아래와 같은 분석을 제시한다.[2]

엘리트의 인식과 비공식 채널의 역할

북경의 동학(動學)

소위 '분절적 권위주의체제'(fragmented authoritarianism)로 널리 알려진 중국의 정책 과정은 끊임없는 협상과 거래의 개념으로 이해할 수 있다.[3] 상충되는 가치관과 이해관계가 존재할 때 협상은 필수불가결하며, 특히 엘리트 집단 간에 광범위한 합의가 이루어지지 않은 새로운 정책현안과 관련해 갈등이 발생할 가능성이 높아진다.

중국이 오랜 기간 적대관계를 유지했던 한국과 관계를 개선하고 국교 정상화를 이루는 것 또한 의심의 여지 없이 매우 민감한 사안이었기에 중국의 고위 지도자들 사이에서 공감대의 도출이 꼭 필요한 현안이었다. 중국의 고위 지도자들이 이에 대해 가졌던 관점과 입장을 개별적으로 고찰하는 것은 불가능한 일이지만, 당시 한-중 간의 관계 개선이 가졌던 정치적 민감성을 감안할 때 최고 권력자였던 덩샤오핑(鄧小平)의 승인과 정치국 - 특히 정치국 상무위원회 - 에서의 합의가 반드시 필요했을 것으로 보인다.[4)]

1980년 3월 덩은 중국을 방문한 일본 정치인들에게 "한국과의 관계를 개선하는 것이 중국의 국익에 도움이 된다고 생각지 않는다"고 언급하였다.[5)] 그러나 현 시점에서 돌이켜 보면 덩의 이 같은 공식 발언은 북한의 체면을 고려한 외교적 수사였을 가능성이 크다. 왜냐하면 당시 덩의 핵심 추종자였던 후야오방(胡耀邦)과 자오쯔양(趙紫陽)이 비슷한 시기에 한국에 대해 덩보다 훨씬 더 긍정적인 입장을 표명했기 때문이다.[6)] 늦어도 1985년에는 - 만약 그 이전이 아니었다면 - 덩이 이미 한국과의 관계 개선에 대한 자신의 입장을 정리했으며 양국 간 국교 정상화의 실행 가능성에 대한 연구까지 지시한 것으로 전해진다.[7)] 당시 외교부장이었던 첸치천(錢其琛)의 회고에 따르면 덩은 1988년부터 한국과의 관계 개선에 적극적으로 나섰다고 한다.[8)] 뿐만 아니라 1991년 후반 남북한이 UN에 동시 가입한 후, 덩은 노태우 대통령의 임기가 끝나기 전에 한-중 국교 정상화가 반드시 이루어져야 함을 강조했던 것으로 알려진다.[9)] 중국의 고위 지도자들이 핵심 정책현안에 한해 가끔씩 공식적으로 덩의 '의견'을 구했다는 사실을 감안하면 한-중 수교에 대한 최종 결정이 내려지기 전에 반드시 덩의 동의가 필요했을 것으로 보인다.[10)]

중국에서 1990년대 후반까지 80대 원로들이 누렸던 정치적 권위에도 불구하고 이들이 구체적으로 한-중 관계의 개선에 대해 어떤 시각을 가졌으며 또 그 과정에서 무슨 역할을 수행했는지에 대해서는 알려진 바가 별로 없다. 천윈(陳雲)과 왕전(王震)은 한국과의 관계 개선을 통하여 경제적 이익을 추구하기 위해 북한을 '배신'하는 구상에 대해 불편해 했던 것으로 전해진다.[11] 반면 이와 관련해 다른 원로들 - 리셴녠(李先念), 쑹핑(宋平), 덩잉차오(鄧穎超) - 이 어떤 의견을 가졌는지에 대해서는 알려진 바가 거의 없다.[12]

당시 공식적인 최고 지도부의 일원이었던 후야오방과 자오쯔양은 비록 정치적 운명 때문에 한-중 관계 정상화의 최종 국면까지 관여하지 못하고 낙마했지만, 전술한 것처럼 이들은 대체로 한국과의 협력 확대와 관계 개선에 호의적 시각을 가졌던 것으로 평가된다. 보이보(薄一波), 완리(萬里)도 관계 개선에 대해 긍정적 입장이었다고는 전해지나 구체적인 사항은 알려지지 않고 있다.[13] 1989년 천안문 사건의 발발 이후 최고지도자로 부상한 장쩌민의 구체적인 견해와 역할도 한-중 관계와 관련해서는 알려진 바가 거의 없다. 이 사안에 대한 당시 총리 리펑(李鵬)의 시각도 대부분 베일에 가려져 있다. 당시 그가 외교 관련 핵심기구인 중앙외사영도소조(中央外事領導小組)의 조장을 맡고 있었음을 고려할 때, 향후 중국 측의 관련 문서가 일부라도 공개되면 그 과정에서 리펑의 역할을 보다 상세히 이해할 수 있을 것이다.[14]

한국과의 관계 개선 과정에서 중추적 역할을 수행한 두 명의 중국 측 인사를 여기서 특별히 다룰 필요가 있다.[15] 한 사람은 오랜 기간 외교부장으로 재직했으며 또 후에 중국의 대외관계 전반을 책임지는 부총리를 역임한 첸치천이다. 한국과의 국교를 정상화하는 데 있어서 첸의 역할은 이론의 여지 없이 핵심적이었으나, 주목할 점은 그의 역할이 한-중 관계개선의 공식 채널이 양국의 외교부로 일원화된 1991년 후반부터 두드러졌다는 사실이다.[16] 1991년 이전에 당시 톈지윈(田紀雲) 부총리의 책임하에 서울과 비공식적이지만 핵심적인 채널을 유지하던 잠정기구와 중앙외사영도소조의 일원이던 첸치천 사이에 어떤 관계가 유지되었는지는 그리 명확하지 않다. 그러나 분명한 것은 양국 간 수교협상이 공식적으로 시작된 1992년 4월부터는 첸 외교부장이 최전선에서 이 과정을 지휘했다는 점이다.[17]

톈지윈은 한-중 관계의 개선과 국교 정상화와 관련해 가장 흥미로운 역할을 수행한 중국 측 고위인사라고 할 수 있다. 자오쯔양의 측근이기도 했던 톈은 1985년부터 정치국원으로 활동했으며 일반적으로 실용주의자인 동시에 일관적인 개혁 성향을 보인 것으로 평가된다.[18] 왜 그가 '대외'관계에 대한 극비 업무를 관장하게 되었는지에 대해서는 알려진 것이 별로 없지만 한국과 산둥성 사이의 민간 차원에서의 경제협력을 추진하는 데 자오쯔양 총리의 측근이자 산둥 출신인 그가 적임자로 간주되었을 가능성을 상정할 수는 있겠다. 중국 국무원이 비밀리에 산둥성을 대(對) 한국 경제관계의 '핵심지역'(重點省)으로 선정한 시점이 1987년 12월이었으므로 톈을 조장으로 한 '남조선영도소조'(南朝鮮領導小組: 이하 남조선소조)가 설치된 것도 이 무렵이었을 것으로 추정되나 대 아시아 관계 강화가 부쩍 강조되기 시작한 1989년 천안문 사건의 발발 이후였을 가능성도 배제할 수는 없다.[19]

남조선소조에 대한 구체적인 정보가 충분하지는 않지만 제한적이나마 알려진 기능과 그 구성원을 통해 볼 때 당, 정부 및 인민해방군을 망라한 소수 정예의 조직이었던 것으로 보인다.[20] 총 5-6명의 핵심성원을 가졌던 것으로 보이는 남조선소조에는 이미 언급한 정치국원 겸 국무원 부총리 톈지윈을 빼고도 두 명의 성원이 우리에게 알려져 있다. 위에펑(岳楓)은 인민해방군 총정치부 출신으로 왕전과 황화(黃華) 전 외교부장의 영도 아래 있던 중국국제우호연락회(中國國際友好聯絡會)에서 1985년부터 상무부회장으로 재직했다. 그의 실제 이름은 예쉬엔닝(葉選寧)으로 중국 인민해방군 원수 중 일인인 예젠잉(葉劍英)의 둘째 아들이기도 하다.[21)]

남조선소조의 또 다른 성원은 리우야저우(劉亞洲)로 당시 인민해방군 총정치부(總政治部)에 소속된 대령(大校)이었으며, 대외적으로는 앞서 언급한 위에펑처럼 중국국제우호연락회의 이사로 활동하였다. 보다 중요하게는 리우가 리셴녠 국가주석의 사위로 위에펑과 같은 소위 '태자당'(太子黨)의 일원이라는 점이다.[22)] 현역 군인이던 위에와 리우가 대 한국 비밀접촉 전담기구에 소속된 연유는 그리 확실치 않다. 그러나 군부의 입김이 상당했던 천안문 사건 이후 중국정치의 현실과 무엇보다도 보안이 최우선시되었던 현안의 성격을 감안하면 최고지도자들의 친척인 이들이 신뢰성에 있어 그 누구보다도 앞섰을 것은 분명하다. 뿐만 아니라 향후 한-중 관계의 개선을 막기 위해 북한이 군부 내 친 북한 세력을 활용할 경우에도 이에 대해 충분한 완충력을 가진 자산이라고 보았기 때문일 수도 있다.[23)]

서울의 동학

중국과의 관계 개선이라는 사안이 갖는 정치적 민감성과 보안 유지의 필요성 때문에 한국정부 또한 중국과 마찬가지로 비공식 채널과 사적 연계망을 다수 활용할 수밖에 없었다. 비록 중국과의 직접적 접촉이 쉽지는 않았지만 이를 위한 준비는 이미 1973년의 '6·23 선언'을 통해 북방외교의 초석을 마련했던 박정희 대통령에 의해 이루어졌다(이 내용은 본서의 2장을 참조). 박 대통령은 1974년 홍콩 섬 셩완(上環)에 위치한 고층건물을 구입토록 지시를 내려 대(對) 중국 외교의 전초기지로 만들었다. 이 빌딩은 코리아센터(韓國中心)로 명명되어 당시 한국총영사관과 대한무역진흥공사(KOTRA) 및 한국 언론기관들의 지사 등이 입주하였다.[24] 또 박 대통령은 1976년부터 비밀특사를 활용해 한-중 간 무역통로의 개설 가능성을 모색했으며, 1977-79년 기간에는 중국으로부터 마늘 및 고추의 직수입을 위해 노력했던 것으로 알려진다.[25]

전두환 대통령의 재임 기간(1981-88년) 중에 중국 민항기 사건(1983년)과 군산 어뢰정 사건(1985년)과 같은 의외의 일들이 적잖이 발생해 서울과 북경 사이 직접적 접촉을 가능하게 하였다. 이러한 상황에서 전 대통령은 중국과의 긴밀한 경제관계를 구축하는 데 관심이 컸던 것으로 보인다.[26] 1981년 11월 신병현 부총리는 대 국회 업무보고에서 "비록 현재는 중국과 직접적인 무역을 하고 있지 않지만 향후 점차 상황이 개선될 것으로 본다"고 언급하였다.[27] 전 대통령은 또 1985년 8월에 방한했던 일본 공명당(公明党) 당수 간자키 다케노리(神崎武法) 편으로 덩샤오핑에게 양국 간 무역 촉진을 제의하는 메시지를 보낸 것으로 전해진다.[28] 뿐만 아니라 1985년에 부처 간 조정기구로 '북방외교추진본부'가 설치된 것도 전 대통령의 임기 중에 이루어진 것이었다.[29] 전두환 정부하에서 이루어진 중국과의 경제교류는 대체로 간접적이고 민간 차원에 머물렀으며, 돌이켜 보건대 전 대통령은 미국과의 전통적 동맹관계를 공고히 하는 데 보다 전념했던 것 같다. 군사쿠데타와 광주민주화운동에 대한 유혈진압을 통해 정권을 장악한 그에게 미국의 공식적인 승인과 지지가 필수 불가결했기 때문이다.[30]

1988년 2월 전두환의 뒤를 이은 노태우 대통령은 중국과의 관계 개선 및 국교 정상화에 있어서 가장 중요한 인물이었다고 평가할 수 있다.[31] 노태우는 민선 대통령이었기에 정권의 정당성에 대한 미국의 시각과 평가에 전두환만큼 큰 제약을 받지 않았다. 따라서 대통령 선거 유세 중이던 1987년 말에 이미 그는 중국 본토를 '중공'이 아닌 '중국'으로 불렀으며, 더 나아가 사회주의 국가인 소련, 중국 및 북한과의 관계를 개선하겠다는 공약까지 제시했다. 당선 직후인 12월 24일 노태우 당선자는 자신의 임기 내에 한-중 관계를 정상화하겠다는 소망을 명시적으로 밝히기도 했다.[32] 1988년부터 외교부 동북아 2과(중국 담당)는 한국 관련 중국 측 주요인사들의 발언을 분기별로 정리, 분석했으며, 재미학자인 이채진 교수 등에게 대 중국 수교 및 대 대만 단교와 연관된 다른 나라들의 사례에 대해 연구용역을 맡기기도 했다.[33]

노태우 대통령은 중국과의 관계 개선 및 국교 정상화를 이루기 위해 1988년부터 1992년까지 적어도 세 가지 유형의 접촉 경로를 구축하고 활용했던 것으로 보인다. 이 세 가지 가운데 하나만 당시에 부분적으로 알려졌을 뿐 나머지 둘의 존재는 국교 정상화가 이루어진 후인 1990년대 중반에 가서야 밝혀졌다. 우선 첫째로 사안의 민감성과 보안유시의 필요싱을 감인할 때 정부의 공식 정보기관인 국가안전기획부(이하 안기부)를 기반으로 한 접촉 경로를 들 수 있겠다. 그러나 안기부가 공식적으로 움직이는 속에서도 노 대통령의 처조카이자 안기부장 특보로 북방외교의 실행을 자신의 최우선 임무로 삼았던 박철언(朴哲彦)이 중요한 역할을 했다. 노 대통령 또한 당시의 상황에서는 외교부가 전면에 나서 북방외교를 직접 추진하기는 힘들 것으로 보고 박철언의 역할을 지지했던 것으로 알려진다. 박은 대통령의 신임을 업고 안기부 및 홍콩총영사관을 비롯한 다양한 정부기관과 연계해 대 북방 정보 수집 및 접촉을 지휘했던

것으로 알려진다.[34)]

박철언은 중국뿐 아니라 동유럽과 소련에 대한 북방외교에도 깊숙이 관여했다. 기실 소련과의 수교를 위한 비밀협상에서 드러난 그의 역할이 대 중국 협상 때보다 훨씬 핵심적이었던 것으로 평가된다. 그러나 박의 북방외교에 대한 관심이 너무 광범위했고, 또 자신의 정치적 야심과도 연결되어 있었기에 소련보다 보안유지에 훨씬 더 엄격한 조건을 달았던 중국과의 수교 추진에서는 오히려 자신의 역할이 축소되는 상황이 발생했다. 박철언은 1990년 중국과의 국교 정상화를 촉진하기 위해 27억 달러 상당의 경제원조를 제공하는 방안까지 모색했지만 성공하지는 못했다.[35)] 또 스스로 인정한 바와 같이 1990년 5월 이후 박철언의 정치적 영향력이 쇠퇴하기 시작했고 북방외교의 핵심 정책결정과정에서도 점차로 제외된 반면, 노재봉(대통령 비서실장), 김종인(대통령 경제수석), 김종휘(대통령 외교안보보좌관)가 북방외교의 중추에 서게 된다.[36)] 박철언은 중국과의 국교 정상화 과정에서 마지막 순간까지도 모종의 역할을 하기 위해 노력했으나 대통령의 신임이 줄어들고 또 양국 간 협상이 공식적인 경로(외교부)를 통해 이루어지면서 그의 입지는 좁아질 수밖에 없었다.[37)] 물론 그의 정치적 부침과는 상관없이 북방외교에 있어서 안기부의 역할은 여러 모로 지속되었다.

두 번째 경로는 당시에는 별로 알려지지 않았던 것으로 노 대통령의 개인적 신뢰를 바탕으로 한국정부의 희망과 제안을 중국에 비공식적으로 전달했던 중개자들을 가리킨다. 여러 가지 다양한 사례가 있지만 여기서는 두 가지 예를 들고자 한다.[38)] 하나는 산둥성이 원적인 화교 출신의 한의사 한성하오(韓昇浩)에 관한 것인데, 중국의 언론 보도에 따르면 한과 노 대통령의 인연은 그가 노의 주치의로 발탁된 1975년으로까지 거슬러 올라간다.[39)] 이런 관계를 바탕으로 한은 1987년 노태우의 대통령 선거 유세에 적극적으로 참여한 것으로 알려지며, 취임 후 며칠 뒤 노 대통령은 청와대에서 한을 만나 중국의 대 한국 창구인 산둥성과 접촉할 수 있는 방법을 찾아볼 것을 부탁하게 된다.

한은 우선 홍콩에 소재한 얏퉁(逸同) 기업의 사장이자 산둥성 인민정치협상회의 위원인 정섹까우(張錫丘)와 연락을 취했으며, 정의 도움으로 1988년 4월 산둥성 성도인 지난(濟南)을 방문할 수 있었다. 지난에서 한은 산둥성 성장 장춘윈(姜春雲)과 중국국제무역촉진위원회(CCPIT) 산둥성 지부 회장인 리위(李瑜)를 만나게 된다. 중국 측의 보도에 따르면 이 방문에서 맺어진 관계를 통해 그해 6월 총 15명으로 구성된 한국의 기업인 방문단(대우, 삼성 및 현대 포함)이 산둥을 방문할 수 있었다. 중국 또한 답례 차원에서 그해 8월 리위를 단장으로 하는 산둥성 대표단을 서울로 파견하였다. 퇴임을 5일 앞둔 1993년 2월 19일 노 대통령은 북방외교에 기여한 한의 공로를 기려 국민훈장을 수여했다.

한국계 미국인 교수인 조이제(Yeejay Cho)도 1990년 가을 노대통령의 비밀전령으로 활동한 적이 있는 것으로 알려진다. 하와이대학 부설 동서문화센터(East-West Center)의 부총재를 맡고 있던 조 박사는 북경아시안게임 기간 중에 양국 간 정상회담의 개최 가능성 여부를 타진하는 노 대통령의 친서를 장쩌민 주석에게 전달하는 역할을 맡았다. 친서는 조 박사가 참석했던 국제회의를 주재한 고위 관리 - 국가과학기술위원회(國家科學技術委員會) 주임인 쑹젠(宋健) - 에게 전달되었을 것으로 짐작된다. 이 친서가 장 주석에게까지 실제로 전달되었는지에 대해서는 서로 다른 평가가 존재한다.[40)]

마지막으로 세 번째 채널의 경우, 당시에는 그 존재 자체가 철저히 베일에 가려져 있었으나 실제로 중국과의 관계 개선 과정에서는 가장 핵심적인 역할을 한 것으로 평가된다. 앞에서 언급한 두 유형의 접촉 경로와 마찬가지로 이 채널 또한 노 대통령과 매우 가까왔던 인사들을 중심으로 구성되어 작동하였다. 여기에 활용된 기관은 합법적인 대기업으로, 당시 한-중 관계의 개선에 큰 불만을 갖고 있던 북한을 자극하지 않기 위해 고심하던 중국정부에게 정치적 부담을 덜어준다는 이점이 있었다. 이 기업은 당시 한국의 최대 재벌 중 하나였던 선경(후에 SK로 개명)으로, 주목할 것은 선경 회장 최종현의 맏아들 최태원이 노 대통령의 외동딸 노소영과 결혼해 대통령의 사돈 기업이 되었다는 점이다.[41]

물론 이러한 접촉 경로가 단순히 한국 측에 의해 일방적으로 만들어진 것은 아니었다. 앞서 언급했던 '남조선영도소조'가 1989년 5월 즈음에 설립되고 그 일원인 리우야저우가 같은 해 12월 선경의 초청으로 방한하면서 양국 간에 믿을만한 접촉 경로가 개통되었던 것이다.[42] 한국 측에서는 남조선소조의 책임자이자 부총리였던 톈지윈의 초청을 받아 (주)선경의 이순석(李順碩) 사장이 1990년 4월 25일 북경을 방문하기도 했다. 비록 1980년대 중반부터 이 사장이 홍콩에서 남조선소조의 핵심인물인 리우야저우 및 위에펑 등과 안면이 있기는 했지만 이 사장이 중국 측으로부터 신뢰 가능한 연결고리로 인정받았던 가장 큰 이유는 바로 노 대통령의 사돈이 경영하는 기업의 최고 경영인이라는 점 때문이었을 것이다.[43]

일설에 의하면 이 접촉 경로를 통해 남북한 관계의 변화, 한-중 간 무역사무소의 설치, 남북한의 UN 동시가입, 양국 간 외교관계 정상화를 위한 특사 교환 등 주요 사안에 대한 중국정부의 입장이 한국에 전달되었다고 한다.[44] 1991년에 서울과 베이징에 무역사무소가 개설된 후, 그리고 보다 중요하게는 남북한이 UN에 동시가입한 이후 중국 측은 한국과의 수교를 위한 돌파구를 마련하기 시작했다. 한 가지 주목할 것은 수교를 위한 직접 협상이 시작되자 남조선소조와 선경 간의 비밀경로가 갖는 비중이 빠른 속도로 쇠퇴했으며, 양국의 외교당국 간 공식적 연결망이 중요해지기 시작했다는 점이다.

관료정치의 제(諸) 요인

북경의 측면

중국에서는 당정의 핵심인 중난하이(中南海)에서 전반적인 정책노선이 정해지더라도 이에 대한 구체적인 실행 지침이 하부 조직들에 제대로 하달되지 않는 경우가 많다. 따라서 정부의 각 부처와 층위에서는 각각의 실정에 맞게 실질적인 정책집행의 방향을 모색해야 하는 '정책 재구성'의 복잡한 과정이 있게 된다.[45] 바로 여기서 서로 다른 임무와 이익체계를 지닌 관료조직 사이에 갈등의 요인들이 작동하는 것이다. 정치국 등 당조직과 비공식 경로를 제외하면 중국정부의 대 한국 정책과 관련해 가장 중요한 부처는 대외무역경제합작부(對外貿易經濟合作部: 현재의 商務部)와 외교부를 들 수 있다. 중국의 대외경제관계 전반을 관장하는 대외무역경제합작부는 중국의 대외무역 규모를 증대시키고 해외직접투자를 늘리며 다양한 형태의 국제경제협력의 장려를 주 임무로 삼는 부서이다.[46] 지리적 근접성 및 경제적 보완성 때문에 대외무역경제합작부는 일찍부터 한국을 매력적인 경제협력 대상으로 보았다.[47] 중국에서는 당초 국제무역촉진위원회(CCPIT)가 중국국제상회(中國國際商會: CCOIC)의 명의로 미수교국인 한국과 비정부 차원의 경제교류를 담당하는 권한을 위임받았으며, CCPIT는 대외무역경제합작부의 지휘하에 있었기에 한국과의 경제협력을 확대하려는 조직적 관심을 공유하고 있었다.[48]

대외무역경제합작부가 조직의 소명상 경제논리를 중심으로 운용된 것과는 대조적으로 외교부는 정치적이면서도 전략적 논리를 중시하였다. 따라서 외교부는 동맹국이나 친밀한 국가들과 원만한 관계를 지속하기 위해 노력했으며, 중국의 유일한 동맹국으로서의 북한에 대해 특별한 배려를 하지 않을 수 없었던 것이다. 그런 측면에서 한-중 경제협력의 확대에 적극적이던 대외무역경제합작부와는 달리 외교부는 이에 대해 매우 신중한 입장을 견지했던 것이다.[49] 따라서 북경 주재 북한대사관에서 한-중 간 경제교류에 대해 공식적으로 항의를 제기할 경우, 중국 외교부는 형식적으로라도 모종의 조치를 취할 수밖에 없었던 것이다.[50]

조직의 소명과 운용논리의 차이는 한-중 관계의 개선과 관련해 대외무역경제합작부와 외교부 간에 갈등을 초래하기도 했다. 특히, 중국이 가졌던 다층위의 외교정책과정이 파생시킨 영향은 비단 한국과의 관계 개선이라는 사안에만 국한되지 않았으며, 이와 관련해 한 학자는 다음과 같은 분석을 제시하였다:

> 대체로 중국의 대외경제교류와 해외투자의 유치, 무역 및 기술이전의 확대 등과 연관된 업무는 기존의 외교정책 관련 조직(외교부)에 맡겨지지 않았다. 그보다는 오히려 이를 맡기 위한 별도의 대외경제관계 전담기구가 설치되었다 …… [이와 같은] 복수의 체제는 …… 때로 중국의 대외관계에서 적잖은 대내적 갈등을 유발하였다. 문제는 중국정부가 두 개의 상이한 방식으로 대

> 외경제교류라는 게임을 벌였다는 점이다 …… 즉, 한편으로 경제교류의 확대가 외교관계의 진전에 큰 도움이 된다는 사실을 강조하면서 또 다른 한편으로는 경제협력의 확대가 제3국과의 외교관계에 부정적 영향을 미칠 때 중국정부는 경제교류의 정치적 효과를 축소하는 데 급급했기 때문이다.[51]

중국의 대외(경제)관계를 관장하는 복수의 체제에서 비롯된 이러한 갈등은 한국과의 경제교류에서도 그 모습을 드러내게 된다. 예컨대 이 책의 4장에서 논한 것처럼 절반 정도나 진행되다 취소된 대한조선공사와 산둥성 간 프로젝트의 사례는 중국 외교부의 북한에 대한 배려가 대 한국 경제교류에 미쳤던 부정적 영향을 여실히 보여준 것이다. 대외무역경제합작부와 외교부의 상충되는 시각은 1987년 11월 푸저우(福州)에서 열린 전국조선경제연구회 주관의 한반도 관련 회의에서도 표출되었다. 회의에 참여했던 대외무역경제합작부 관리들이 한국과의 경제교류 확대 필요성을 강조한 반면, 외교부 측 참가자들은 이에 대해 별다른 의견을 표명하지 않은 것으로 전해진다.[52] 비록 일화성의 예이지만 이러한 사례들은 한국과의 관계 개선에 대한 중국 외교부의 조심스러운 태도를 잘 보여준다. 1991년 양국 간 무역사무소의 개설도 대외무역경제합작부가 주된 행위자로 나섰고, 1991년 말에 시작된 투자보장협정의 협상 주무부서가 중국국제상회에서 대외무역경제합작부로 승격된 사실 또한 한국과의 관계 개선에서 경제부처의 강화된 위상을 보여준다.[53] 그러나 공식적인 수교 교섭이 시작된 1992년 봄부터는 외교부가 주된 대한국 교섭부서로 등장하게 된다.

사회주의 국가인 중국과 북한 간에는 당과 당 사이의 관계 이외에도[54] 소위 '혈맹'으로 일컬어지는 인민해방군과 북한 인민군 간의 유대관계가 가장 친밀했을 것으로 평가된다. 특히 중국 인민해방군 내의 한국전쟁 참전 군인들의 연계망이 한국과의 관계 개선을 저지하는 데에 중추적 역할을 했을 것으로 보는 관점도 바로 그들의 '전우'관계에서 비롯된 것이다.[55] 북한 군부와 끈끈한 연계를 가진 인민해방군 내의 친 북한 세력은 한-중 관계의 개선을 강력히 반대했을 것이나, 1988년 덩샤오핑이 대 한국 관계 개선을 결심하고 정치국에서의 합의가 이루어지자 이에 따랐을 것으로 추정된다. 막강한 배경을 가진 '태자당' 성원이자 인민해방군 고위장교 - 위에펑과 리우야저우 - 를 남조선소조에 포함시킨 것 또한 군부 내의 반대 목소리를 잠재우기 위한 포석이었을 가능성을 배제하기 어렵다.

수교를 전후한 시기에 중국의 싱크탱크(智庫)와 연구소 등에서 한국과의 관계 개선에 반대하는 목소리를 냈다고 볼 근거는 별로 없다. 특히 중국의 싱크탱크들은 1980년대와 천안문 사건 직후에 정치적으로 매우 취약했고 따라서 이들이 정책결정과정에 미친 직접적 영향은 적었다고 볼 수 있다. 물론 1990년대 말 이후에는 이들 기관의 중국 외교정책과정에 대한 영향력이 매우 빠른 속도로 증대하기 시작했다.[56]

지방의 측면

1970년대 말 중국이 대대적인 경제개혁과 개방에 나선 이후 중앙정부는 경제계획, 재정 운용, 인사 결정, 대외무역, 해외투자의 승인, 입법 및 정책집행의 융통성 허용 등을 포함한 광범위한 권한을 성 정부 이하의 지방정부에 부여했다.[57] 또 수출과 투자유치를 통해 획득한 외화의 일부를 지방정부가 보유하도록 허용했기 때문에 성급 정부들은 보다 적극적으로 대외무역의 확대를 위해 노력하였다. 그러나 이 과정에서 외화 획득을 위한 지방정부들 사이의 과도한 수출 경쟁이 생기고 그로 인한 중국산 상품의 경쟁력 저하를 야기해 중앙정부의 직접적 개입을 불가피하게 만들기도 했다.[58] 또 '지방-국외 간 연계'(local-global nexus)의 급속한 확대가 중앙정부의 전유 영역이던 외교에까지도 영향을 미쳐 국가 안보상의 우려를 낳기도 했다.[59]

중국의 대 한국 경제관계에는 지방의 동학과 관련해 복잡다양한 측면들이 포함돼 있었다. 북한에 대한 우려와 배려 때문에 중국 정부는 한국의 중앙정부를 직접 상대하지 않고 이를 지방정부에 위임하는 독특한 방식을 채용했기 때문이다. 이는 '정경분리의 원칙'에 입각해 한국과는 경제협력을 통해 이익을 얻는 동시에 평양과의 외교관계를 안정적으로 지속하기 위해 고안된 것이었다. 1988년 6월 첸치천 외교부장의 언급처럼 "중앙정부가 지방에서 일어나는 모든 일들을 다 파악할 수는 없다"라는 설명이 북한의 공식적 항의에 대응하는 데 매우 편리하고도 효과적이었던 것이다.[60] 산둥성과 같은 지방정부는 중국과 아직 외교관계를 맺지 않은 한국과의 무역이나 투자유치에 대한 결정을 일부 내릴 수 있도록 위임받았기 때문에 이들이 경제적 거래뿐 아니라 사실상의 외교에도 일부 관여하게 되었던 것이다. 폐쇄적 체제하에서 정보 획득 및 안보 등에 미치는 부정적 영향을 고려할 때 중앙정부는 지방만을 매개로 한국과의 관계를 안정적으로 지속하기가 어렵다는 사실을 점차 인지하게 된다.[61]

뿐만 아니라 독자적 대외관계의 확대를 위한 지방정부들 간의 경쟁도 만연해 있었다. 중앙정부는 1987년 광둥성(廣東省)은 홍콩 및 마카오와, 푸젠성(福建省)은 대만과, 상하이(上海)시는 유럽과, 랴오닝성(遼寧省)은 일본과, 헤이룽장성(黑龍江省)은 소련 등과 짝을 지어 경제협력을 도모하는 방안을 골자로 한 지침을 하달하였다.[62] 아울러 국무원은 비밀리에 산둥성을 한국과의 교류를 전담하는 핵심지역(重點省)으로 지정하였다.[63] 그런데 이러한 산둥성의 지정에 대해 일부 지방정부들이 불만을 품었는데, 특히 랴오닝성과 푸젠성이 대표적이었다. 한 예로 산둥성이 한국 측과 연락사무소 개설을 공식 협의하고 있을 때 랴오닝성은 이미 서울에 연락사무소를 비공식적으로 연 것을 그 예로 들 수 있다. 이는 대 한국 관련 '중점성'으로 국무원의 비준을 이미 받은 산둥에 대한 도전이자 향후 중앙정부와의 협상에서 우위를 점하기 위한 소위 '먼저 일을 벌인 후 보고를 한다'(先做後說)는 전략의 일환이기도 했다. 결국 중국정부는 조금 늦게나마 랴오닝성에게도 대 한국 교류의 '중점성' 지위를 부여하게 된다.[64]

랴오닝의 성공 사례가 재차 반복되지는 않았다. 1987년에 대우와의 합자기업을 성사시킨 후 한국과의 경제협력에 많은 관심을 보여 온 푸젠성은 다시 한 번 대우와 압착기 생산에 관한 합자사업을 자체 승인하였다. 그러나 중앙정부는 푸젠성이 중앙의 사전 승인을 받지 않고 결정을 내린 점을 빌미로 합자사업 프로젝트 자체를 백지화해버렸다.[65] 푸젠성의 사례는 지방정부와 한국 사이의 연계를 통제하기 위해 중앙정부가 얼마나 노력했는지를 잘 보여준다. 그러나 한국의 대 중국 투자의 지역별 분포에 관한 통계(〈표 6-1〉)를 보면 중앙정부의 그러한 노력이 부분적으로만 주효했던 것으로 보인다. 중점성으로 지정받은 산둥과 랴오닝 외에도 헤이룽장, 지린(吉林), 베이징, 광둥 및 톈진(天津) 등의 지역이 한국 투자의 상당 부분을 유치했기 때문이다. 물론 이는 중앙정부가 지방의 경제적 요구에 일부분을 양보했거나 아니면 천안문 사건의 여파로 서방과의 경

제교류가 급감하자 그 공백을 메우기 위한 중앙정부의 고육지책이었을 가능성도 있다.[66)]

표 6-1
한국의 대 중국 투자 항목의 성별 분포

	1984-89	1990-91	총수
산둥	13	30	43
랴오닝	6	31	37
헤이룽장	3	17	20
베이징	5	13	18
지린	3	14	17
광둥	13	4	17
텐진	4	9	13
장쑤	2	3	5
푸젠	3	-1	2
기타	2	7	9

주 기타는 허베이(河北: 3), 하이난(海南: 2), 저장(浙江: 2), 상하이(上海: 1)와 산시(山西: 1)를 포함.
출처 국제민간경제협의회(IPECK)의 통계자료(1990년 1월 12일 자); Sijoong Kim, "Korean Direct Investment in China: Perspectives of the Korean Private Sector," paper prsented at the International Workshop on the Emerging Pattern of Foreign Investment in East Asia (Honolulu, May 1-2, 1992), p. 8.

1991년 1월 대외무역에 대한 대대적인 개혁이 시행되자 중국의 모든 지방정부는 지역별로 차등을 두던 예전과 달리 외환보유 비율에 관한 한 원칙적으로 대등한 지위를 갖게 되었다. 이에 따라 중점지역 선정에 관한 중앙정부의 엄격한 통제도 상당 부분 완화되었으며, 중국정부는 한국과의 경제협력을 촉진시키기 위해 '동북 8성시'(東北八省市) - 동북 삼성과 산둥, 허베이, 내몽고, 베이징, 그리고 텐진 - 라는 새로운 개념을 제시하기도 했다.[67)]

서울의 측면

국제사회에서 북한보다 높은 수준의 정당성과 권위를 획득하는 것은 건국 이래 한국 외교정책의 핵심 목표 중 하나였다. 따라서 1948년 이후 줄곧 서울에 대해 공식 승인을 하는 국가의 수가 늘어나는 것은 곧 북한체제의 정당성을 감소시키는 것으로 간주하는 '제로섬게임'의 인식과 행태를 보여 왔다.[68] 1970년대 초 미국이 중국과의 관계를 획기적으로 개선하자 한국도 북한의 오랜 동맹국인 중국 및 소련과의 관계를 정상화하려는 강한 동기를 갖게 되는데, 만약 그렇게만 할 수 있다면 한국이 북한에 대해 국위를 한껏 제고할 수 있기 때문이었다. 노태우 대통령이 자신의 외교정책을 '북방외교'로 부른 것도 바로 이런 배경을 갖고 있었던 것이다.

북방외교를 위한 대내적 경쟁은 정부 부처 간의 줄다리기에서 여실히 드러났다. 사회주의 국가들과의 관계 개선이 노태우 정부의 최우선 과제로 떠오르면서 상당수의 정치인과 고위 관리들이 이에 대해 보다 많은 발언권과 영향력을 행사하기 위한 경쟁에 줄줄이 동참했기 때문이다. 노 대통령의 친척인 박철언(처조카)과 김복동(처남)의 사례가 대표적이다. 앞서 언급했듯이, 1992년 초까지는 대 중국 접촉에서 한국의 정부 부처가 공식적으로 개입하기 어려웠기 때문에 민간 혹은 준(準)정부기구의 역할이 필수 불가결했다. 예컨대 1988년까지는 상공부 산하의 대한무역진흥공사(이하 코트라: KOTRA)가 중국을 포함한 사회주의 국가들과의 무역 및 기타 경제교류를 촉진 및 감독하도록 위임받은 유일한 준정부기관이었다.[69]

사회주의 국가들과의 경제교류가 급증함에 따라 당시 경제정책 일반과 예산업무를 관장하던 경제기획원은 이를 전담할 산하기구를 설치하게 된다. 즉, 경제기획원은 상공부 산하의 코트라에 상응하는 기구로 국제민간경제협의회(International Private Economic Council of Korea: IPECK)라는 새로운 기구를 만든 것이다. 사실 IPECK은 경제기획원과 노태우 대통령의 처남이자 퇴역 장성인 김복동의 비공식 인맥이 결합해 탄생한 것이었다.[70] 전임자 전두환 대통령의 친인척들이 여러 스캔들에 많이 연루되었기 때문에 노 대통령은 친인척들의 정치활동을 제한하기 위해 많은 노력을 기울였다. 김복동 장군은 국내정치의 관여에는 큰 제약을 받은 대신 그가 중국과의 관계 개선에 일정한 역할을 할 수 있도록 노 대통령이 힘을 실어줬던 것이다. 경제기획원과의 긴밀한 협조 속에 김복동은 IPECK을 중국의 국제무역촉진위원회(CCPIT)와 조응되는 준정부기관의 성격을 갖는 민간통로로 만들었다.[71]

한국정부가 운용하는 대 중국 접촉 창구의 갑작스러운 분화(分化)는 당초의 의도와는 달리 불필요한 경쟁과 혼란을 야기하게 된다.[72] 이러한 문제점을 인지하게 된 한국정부의 초기 해법은 코트라와 IPECK의 기능을 분리시켜 양자를 다 살리는 방안이었다. 즉, 코트라는 중국과의 무역을 담당케하고 IPECK에게는 대 중국 투자업무를 전담토록 하는 것이었다. 그러나 이러한 조치는 양측의 혼란을 완화시키기보다는 오히려 가중시키는 결과를 가져왔다. 예컨대 앞서 언급한 대로 산둥성과 경쟁하던 랴오닝성 정부는 당시 코트라와 교섭 중이던 산둥성 정부보다 더 유리한 협상 지위를 차지하기 위해 두 갈래로 나뉜 한국의 대 중국 접촉 경로를 활용해 IPECK과 접촉했기 때문이다.[73]

한국과의 접촉을 담당했던 중국국제무역촉진위원회도 한국의 이분화된 접촉 채널에 당황하기는 마찬가지였다.[74] 결국 한국정부가 취한 잠정 조치는 중국과의 무역사무소 설치를 위한 협상을 앞두고 코트라에게 유일한 공식대표로서의 권한을 부여해 IPECK의 영향력을 줄이는 것이었다. 당시 청와대와 중국의 남조선소조는 이미 (주)선경을 통한 비밀연락 통로를 구축했기에 코트라는 실행기관으로서의 역할에 충실할 수 있었다. 더욱이 1991년 1월 베이징에 무역사무소가 개설되자 무역사무소 직원의 대부분을 파견한 외교부가 주요 행위자로 부상했으며 이에 따라 IPECK의 중요성은 대폭 감소되었다. 최고위층에서도 박철언과 김복동 등 친척들의 영향력이 급격히 쇠퇴했으며 북방외교를 위한 그들의 비공식 연락망도 사실상 해체의 수순을 밟게 된다.[75] 결국 이 문제는 1992년 1월 IPECK이 경제기획원 산하 연구기관인 대외경제정책연구원(KIEP)으로 통합되어 사회주의권에 대한 정보수집과 자료분석에만 전념하도록 결정되면서 해결되었다.[76]

사실 중국 측에 가장 큰 혼란을 줬던 것은 한국의 여러 고위인사들이 북방외교에 대한 자신의 발언권을 높이기 위해 경쟁적으로 '막후 해결사' 역할을 자임했다는 점이다. 이와 관련해 노태우 정부 당시 대 소련 및 대 중국 수교에 있어 적잖은 영향력을 발휘했던 김종인 경제수석의 평가는 시사하는 바가 많다. 1990년 김종인은 덩샤오핑의 장남 덩푸팡(鄧樸方)의 초청으로 중국을 방문해 덩샤오핑의 측근이자 당 원로인 보이보(薄一波)를 만나게 된다. 보는 김 수석에게 "당신네들 하는 걸 보니 천둥번개는 유난히 요란한데 정작 비는 한방울도 안온다"(多雷無雨)며 비꼬았다는 것이다.[77]

한국의 군부도 성향이 대체로 보수적이라 처음에는 노태우 대통령의 북방정책에 대해 강력히 반대했던 것으로 알려진다. 다만 군 출신인 노 대통령의 설득과 당시 국제정세의 변화가 군으로 하여금 이를 큰 저항 없이 받아들이게 만든 것으로 보인다.[78] 야당 또한 북방정책에 대해서는 별 반대가 없었는데, 당시 야당 총재였던 김대중, 김영삼이 공히 관계 개선의 필요성을 역설하는 친서를 중

국에 보내는 등 오히려 북방정책에 대한 지원자 역할을 했기 때문이다.[79]

'동해사업'(東海事業): 사실과 교훈

북방외교에 대한 평가는 대체로 긍정적이다. 북방외교를 통해 소련, 동유럽, 그리고 중국과의 외교관계를 정상화함으로써 국제사회에서 한국의 정통성이 북한보다 크게 강화되었기 때문이다. 그럼에도 불구하고 북방외교는 그냥 넘어가기 어려운 몇 가지 문제점을 노정했으며, 우리는 이들을 장기적 관점에서 기억해야 할 중요한 교훈으로 삼아야 한다. 우선 소련 및 헝가리와의 수교의 경우, 경제원조를 조건으로 외교적 승인을 '매수'했다는 비판에서 자유롭기가 어렵다. 비록 중국과의 수교에서는 그러한 '매수'가 개입되지 않았으나 국교 정상화에 지나치게 집착한 나머지 한국정부가 불필요한 양보까지 마다하지 않는 우를 적잖이 범했다고 볼 수 있다.[80] 무엇보다 심각했던 문제는 노 대통령 자신이 임기 내에 대 중국 수교와 국빈 방문을 이루겠다는 의사를 명시적으로 밝히는 바람에 협상전선에 있던 외교관들이 운신할 수 있는 폭을 불필요하게 좁혔다는 데 있다.[81]

수교 시기에 대하여

중국과의 국교 정상화가 한국에게 필요했고 또 국익에도 도움이 되었다는 점에는 이견이 있을 수 없다. 한국의 맹방인 미국과 일본이 이미 중국과 외교관계를 맺은 지 오래됐을 뿐 아니라 당시 한-중 교류가 날로 확대되고 있었기 때문이다. 그럼에도 불구하고 한-중 수교가 이루어진 그 특정 시기와 관련해 이론의 여지가 전혀 없다고 할 수는 없다. 앞서 1장에서 언급한 것처럼 한국이 국격(國格)을 지키는 외교를 하기 위해서 반드시 한번쯤은 짚고 넘어가야 할 사례로 평가되기 때문이다. 한국은 수차례에 걸쳐 중국과 가능한 빠른 시일 내에 수교하고자 하는 희망을 내비쳤고, 이는 결코 한국의 대 중국 수교협상에서 도움이 될 수 없는 행태였다. 소위 '명민외교'(明敏外交)를 위해서는 사전에 다양한 경우의 수를 생각해보고 보다 신중히 접근하는 것이 필요하기에 이 사례를 상세히 분석할 필요가 있다.

전술한 것처럼 한국은 1988년부터 이미 여러 채널을 통해 대 중국 수교에 대한 의향을 내비쳤으나 중국은 이를 지속적으로 거부해 왔고, 1991년 말까지도 공식적으로는 별다른 변화의 조짐이 없었다. 1991년 4월 서울에서 열린 유엔 아태경제사회위원회(ESCAP)에 이상옥 외무부 장관과 리우화치우(劉華秋) 중국 외교부 부부장이 참석해 양국 외교부 간에 최초의 고위급 회담이 성사되었으나 별다른 진전은 없었다. 1991년 10월 2일 남북한이 유엔에 가입한 지 한 달이 지난 후 한국과 중국의 외교부 장관이 유엔 안보리 라운지에서 만났을 때도 한국 측의 관계 개선 언급에 대해 "때가 되면 논의할 수 있을 것"이라는 중국 측의 답이 있었을 뿐이다.[82)]

1991년 11월 한국은 아태경제협력체(이후 APEC) 회의를 개최할 예정이었다. 당시까지도 중국의 APEC 가입 문제가 해결되지 않아 의장국인 한국정부는 이시영 외교정책실장을 중국, 대만 및 홍콩에 파견해 이 문제의 해결을 위한 노력을 경주하였다. 각고의 노력 끝에 중국이 APEC에 주권국가로 참여하도록 했으며, 대만과 홍콩은

'지역경제' 명의로 가입되도록 조정해 복잡한 이 문제를 무난히 해결하였다. 이에 따라 중국 외교부장 첸치천이 APEC회의에 참석키 위해 서울을 처음 방문하게 되었다. 방한 기간에 첸 부장은 노 대통령을 예방했으며, 이 자리에서 노 대통령은 중국과의 국교 정상화를 조기에 희망한다는 내심을 비친 것으로 알려진다.[83] 그러나 최근에 공개된 중국 측의 기록에 의하면 첸 부장은 다른 나라의 외무부 장관들과 함께 청와대를 예방했을 뿐만 아니라 당초 예정에 없던 노 대통령과의 독대를 위해 청와대를 재차 방문했던 것으로 드러난다. 중국 측으로서는 한국의 수교에 대한 열정을 모를 수가 없는 일이었던 것이다.[84]

공식적인 수교 협상까지 한국은 그로부터도 다섯 달 이상을 더 기다려야만 했다. 후에 알려진 바로는 이 기간 동안 중국은 무엇을 조건으로 어떻게 한국과의 외교관계를 정상화할 것인지에 대해 진지하게 연구했던 것으로 알려진다.[85] 1992년 2월 중국 외교부 아주국(亞洲司) 장팅옌(張庭延: 후에 초대 주한 중국대사) 부국장은 첸치천 외교부장의 방에 불려가 "수교의 조건이 성숙했으니 향후 필요한 사항들을 준비하라"는 지시를 받게 된다.[86] 그 후 중국 측으로부터 감지된 여러 신호들은 한-중 간 수교의 여건이 무르익었음을 암시하였다. 우선 중국정부가 지금까지와는 달리 그해 3월에 열린 전국인민대표대회(全人大)에 대해 한국 기자들의 취재를 허용했고, 이에 맞춰 리펑(李鵬) 총리는 전인대에 올린 보고에서 한국이라는 호칭을 썼으며 첸치천 외교부장도 업무보고에서 동일한 호칭을 사용했다.[87] 같은 해 3월, 외교부 부부장 리우화치우는 북경-서울 및 워싱턴-평양 간의 관계 정상화를 동시에 추진하는 소위 '상호 교차승인' 방안을 제시했으나 미국의 거부로 실현되지는 못했다.[88]

1992년 4월, 이상옥 외무장관은 제48차 ESCAP회의 참석차 북경을 방문하게 되는데, 사전에 장 부국장이 당시 무역사무소 부대표였던 김하중(金夏中: 후일 주 중국대사 역임)을 만나 이 장관의 중국 내 일정과 의제에 대해 귀띔을 해준 것으로 알려진다.[89] 1992년 4월 13일 이 장관은 땨오위타이(釣魚臺) 국빈관 18호각으로 초청을 받았고 그곳에서 첸치천 외교부장으로부터 양국이 이제 국교 정상화를 위한 공식 협상을 시작하자는 제안을 받기에 이른다. 곧이어 이 장관은 (마치 이전 해에 첸 부장이 노 대통령을 만났듯) 리펑 총리를 예방했는데, 그 자리에서 리 총리는 "물이 흐르다 보면 도랑이 생기게 마련"(水到渠成)이라는 글귀를 인용해 국교 정상화의 시기가 도래했음을 암시했다. 당시 중국정부는 수교 협상과 관련해 두 가지 조건을 내걸었는데 (1) 양국 외교부를 공식 협상의 유일한 통로로 지정할 것과 (2) 협상과정의 보안을 절대 유지해야한다는 것이 포함되었다.[90]

한국의 강력한 바람에도 불구하고 그동안 관계 정상화에 부정적이던 중국의 입장에 변화가 생긴 까닭은 무엇이었는가? 이와 관련해 적어도 다섯 요인을 생각해 볼 수 있겠다. 첫째, 한국과 소련이 이미 국교를 정상화했기 때문에 중국이 한국과 수교를 하더라도 북한이 더 이상 '소련 카드'를 중국 측에 사용하기 어렵게 되었다는 점이다.[91] 둘째, 중국은 한국과의 수교를 위해 북한에 대한 위무(慰撫)의 정지작업을 충실히 수행했던 것으로 보인다. 중국과 북한은 한-중 국교 정상화를 앞두고 수차례 비밀협의를 가졌으며, 덩샤오핑이 김일성과 김정일을 중국에 초청하고 또 북한에 36억 위안(圓)의 원조와 190억 위안에 달하는 부채의 상환을 연기해주는 방안도 약속했던 것으로 전해진다. 또 이상옥 장관이 북경을 방문 중이던 1992년 4월, 양상쿤(楊尙昆) 국가주석이 평양을 방문해 김일성에게 한-중 간 국교 정상화에 대한 중국의 결심을 전달하기도 했다.[92]

셋째, 천안문 사건 이후 채택된 '선린우호'(睦鄰友好)의 노선에 따라 중국은 아시아 지역 및 주변에 위치한 다수 국가들과의 관계 정상화에 적극적으로 나섰다. 구체적으로 사우디아라비아(1990년 7월), 싱가포르(1990년 7월), 인도네시아(1990년 8월), 브루나이(1991년 9월) 및 이스라엘(1992년 1월)과의 수교가 대표적이며, 이러한 정책환경하에서 한국과도 관계 정상화를 모색했던 것이다. 넷째, 이 시기 대만은 소위 '신외교'(新外交) 전략을 내세우며 경제적 유인을 통한 적극외교를 펼치고 있었기에 중국도 한국과의 수교를 통해 대만의 숨통을 조일 필요가 있었다. 마지막으로, 그리고 아마도 가장 중요하게는 1991년 9월 남북한이 UN에 동시 가입하면서 그동안 중국이 가져왔던 '두 개의 한국' 논쟁과 '하나의 중국' 원칙 간의 연계 가능성에 대한 우려를 단번에 불식시켰기 때문이다.[93] 이미 1990년 3월 쳰치천은 남북한 통일의 방식과 중국-대만의 통일 방안이 같아야 할 필요는 없다고 언급하였다.[94] 또 남북한의 유엔 가입 시기를 전후해 중국 외교부는 중국 언론에서 이제 한국에 대한 공식 호칭으로 남한(South Korea)이 아닌 대한민국(Republic of Korea)을 사용할 것임을 공지하기도 했다.[95]

한 발자국 물러서 당시의 상황을 보게 되면 또 다른 단상이 하나 떠오른다. 즉, 한-중 간 국교 정상화의 시기는 앞서 언급한 대로 국제정치환경의 변화와 더불어 중국 국내정치의 논리에 따라 한국이 부지중에 따라가는 형태였을 수도 있다는 점이다. 보다 구체적으로 말하자면, 자신의 임기 중에 주요 공약인 북방외교를 실현하겠다는 노태우 대통령의 열망은 5년이나 묵은 것이었지만 1992년 초 덩샤오핑의 '남순'(南巡)을 계기로 또 한 번 불어 닥친 중국의 경제개혁 열풍이 수교의 시점과 제대로 맞아 떨어졌던 것이다. 쳰 외교부장이 장팅옌 부국장에게 수교 결정을 알린 시점이 '남순' 직후였던 점, 또 수교 교섭을 1992년 4월 13일에 처음 제안한 것 등도 천안문 사건 이후 줄곧 정체돼 있던 체제개혁에 다시 불을 지피기 위한 덩의 노력과 연결되어 있었다. 돌이켜보면 노태우 대통령의 1992년 9월 국빈 방문 또한 제14차 공산당 전당대회를 목전에 두고 이루어졌기에 중국이 개혁·개방노선의 회복과 강화를 대내외적으로 선전할 수 있는 절호의 기회와 연결될 수 있었던 것이다. 당시 한국정부가 중국의 이런 내부적 동학을 제대로 감지하고 움직였다는 단서는 어디에서도 찾을 수 없다.[96)]

'사업명 동해'

이상옥 장관이 중국에서 돌아온 후, 한국정부는 1992년 4월 24일 중국의 수교 협상 제안에 대해 공식적인 동의의 뜻을 전달하고 곧바로 전담반을 설립해 '동해사업'에 착수하였다. 당시 한국 측 교섭팀의 라인업은 노 대통령의 국가안보보좌관이던 김종휘의 '지휘'하에 노창희 외무차관(중국 측은 쉬둔신[徐敦信] 외교부 부부장)이 본 회담 대표를 맡고, 당시 외교안보연구원에 재직 중이던 권병현 본부대사가 실무협상 대표로 선정되어 실질적인 협상과정을 주도하였다.[97)] 또 보안 유지를 위해 당시 동북아 2과(중국과)를 맡고 있던 신정승 과장(후에 주중 대사 역임)이 권 대사와 함께 협상 준비에 전념할 수 있도록 병가를 내고 외교안보연구원으로 전보 조치되었다. 본부쪽에서는 김석우 아주국장이 이들과 수시로 협의하며 지원을 제공했던 것으로 알려진다. 그리고 이들 외에도 김종휘 보좌관, 안기부의 K차장, 한영택 차장보 등이 참여했던 것으로 알려진다.[98)] 실제로 '동해사업' 팀이 만들어져 용산의 동빙고동 안기부 안가에 자리를 잡은 것이 5월 6일이었고 베이징에서의 1차 예비회담이 5월 14-15일로 예정되었기 때문에 전담팀이 협상 준비를 위해 가진 시간은 8일 남짓

뿐이었다.[99]

5월 14일부터 7월 29일까지 두 달 반의 기간 동안 양국 대표단은 세 차례의 예비회담과 한 차례의 본회담을 갖고 수교와 관련된 광범위한 사안들에 대해 협의했다. 협상팀은 권병현 대사, 한영택 안기부 차장보(외안연 수석연구관 신분 사용), 청와대 안보보좌관실의 변종규 비서관(1차 예비회담만 참여: 2차부터는 이용준 비서관 참석), 김하중 참사관, 신정승 외안연 연구관, 안기부 신우균 과장과 통역을 맡은 이영백 동북아 2과 사무관 등이 참여했다.[100] 수교 협상에 있어서 보안의 유지가 사실상 최우선 요건이었다고 해도 과언이 아닌데, 비밀 유지가 비교적 용이한 베이징에서의 협상을 제안한 것도 한국이었다. 한국 측 협상팀은 베이징으로 갈 때도 동경, 홍콩, 톈진 등으로 나뉘어 개별적으로 비행기에 탑승했으며 대부분의 출장비용도 외교부가 아닌 안기부에서 부담한 것으로 알려진다. 당시 한국에서는 대략 열 명 안팎의 인사들만이 수교 협상의 진행에 대해 상세히 알고 있었던 것이다.[101]

5월 1차 예비회담에서 중국 측은 '수교'라는 말은 입에 올리지도 않고 중국의 최우선 관심사인 대만 문제에 대한 우리의 입장 천명을 요구했다. 중국 측은 국교 정상화와 관련해 '하나의 중국' 원칙에 대한 명시적인 동의, 대만과의 모든 공식적 관계의 단절, 대만과의 기존 조약의 무효화, 그리고 한국에 있는 대만 자산의 중국으로의 이전을 한국 측에 요구했다. 한국 측은 중국이 북한 편향적인 태도를 버리고 북한에 대해 공격용 무기의 공급을 중단하며 한반도 비핵화에 대해 명시적인 지지를 할 것을 제안했다.[102] 자세히 들여다보면 중국의 요구에 비해 한국 측 요구사항은 다소 추상적이거나 덜 구체적이었기 때문에 중국 측은 필요할 때마다 언제든지 이 요구에 적절히 대응할 수 있게 되어 있다.

무엇보다 중요한 것은 1차 예비회담에서의 '기싸움'에 대한 것이다. 수교란 단어를 언급도 안 한 채 중국이 시간을 끌자 한국 측은 차기회담 날짜라도 정해 협상의 불씨를 살려야 했고 이런 분위기를 중국 측이 모를 리 없었던 것이다. 권 대사는 장 대사에게 협상대표 간 단독회담을 제의했고 여기서 추후 회담 일정에 대한 중국 측의 생각을 물었다. 권 대사가 예비회담은 한 번으로 끝내고 곧바로 본회담으로 들어갈 것을 제안했던 반면, 장 대사는 가능한 모든 문제들을 예비회담에서 미리 논의하고 또 '오물'들을 사전에 정리해 본회담에서는 좋은 얘기만 나눌 수 있어야 한다고 회답했다.[103] 권 대사가 『비망록』에 적고 있듯이 "노 대통령은 임기 만료를 몇 달 앞둔 시점에서 북방외교라는 용의 그림에 '화룡점정'(畵龍點睛)을 하는 심정으로 한-중 수교를 서둘렀던 것"이다. 문제는 이를 중국 측이 예리하게 간파하고 있었다는 점이다. 당초 장루이제 대표도 수교 협상의 타결에 최소한 반년 이상 걸릴 것으로 예상했지만 "첫 회담이 끝난 후 그보다 훨씬 빨리 수교가 가능하리라 예견했다"고 회상하고 있다.[104]

6월 2-3일에 베이징에서 열린 제2차 예비회담에서도 중국 측이 주로 회담의 완급을 조절하고 분위기를 주도해간 것으로 보인다. 한국 측 대표단이 중국으로 떠나기 전 이상옥 외무부 장관은 지침과 권한을 하달하면서 수교 및 정상회담 여부를 조기에 타결토록 지시했기 때문이다.[105] 수교 협상뿐만 아니라 정상회담의 성사까지 타결시켜야 한다는 것은 처음부터 한국 측이 자신의 요구를 충분히 제시하거나 관철하기 어려웠음을 의미한다. 한-대만 관계가 갖는 역사적 특수성을 감안해 단교 후에도 최대한의 비공식 관계의 유지, 중국의 한국전쟁 참전에 대한 해명과 북-중 간 혈맹관계의 청산 등을 한국 측 대표단이 제시했지만 이는 수교의 전제조건이 아니었으며 대표단이 받은 지시는 어디까지나 '전제조건 없는 수교'였던 것이다.[106] 따라서 한국 측 협상단이 회담의 주도권을 장악하거나 실속 있는 성과를 건졌다고 볼 수 있는 근거는 별로 없다. 왜냐하면 한국 측 대표단의 최고 우선순위는 노태우 대통령의 임기가 끝나기 전에 수교를 달성하고 역사적인 한-중 정상회담을 개최한다는 것이었으며, 불행히도 중국 측은 이 사실을 너무도 잘 알고 있었던 것이다.[107]

제3차 예비회담은 6월 21-22일 서울의 워커힐 VIP 빌라(현재의 에쉬턴하우스)에서 열렸다. 3차 회담이 진행되는 중에도 청와대는 수교의 조기 타결만이 관심사항이어서 수교의정서에는 비교적 쉬운 안건들만 담고, 공개하기 어려운 부분들은 '비망록'(양해각서)에 담는 것으로 결정하기에 이른다.[108] 더 나아가 비망록에 담을 부분과 관련해서도 중국의 한국전쟁 참전 문제에 대한 우리의 요구를 상당히 완화해 교섭을 쉽게 풀어가야 한다는 김석우 국장의 메시지가 회의 도중 권병현 대사에게 전달되기도 했다. 한국 측 협상단은 회담 기간 내내 조기 수교와 한-중 간 정상회담 성사에 대한 압박감에 사로잡혀 있었다. 심지어 1992년 7월 한-중 수교가 공표되는 자리에서 노태우 대통령과 장쩌민 주석 간 정상회담을 개최하자는 안(일본의 다나카 수상 방문 및 수교 발표의 사례와 유사한 방안)을 제시하기도 했다. 물론 중국은 이 제안을 완곡히 거절하였다.[109]

중국과의 국교 정상화를 오랜 동안 열망해온 한국으로서는 대만과의 모든 조약을 파기하는 등 대만을 '버릴 각오'가 되어 있었다. 심지어 한국정부는 한국에 소재한 대만의 모든 자산을 중국에 이양하는 것에 대해서도 이견을 달지 않았다. 그러나 한국은 중국으로부터 이에 대한 구체적인 보답을 별로 받지 못했다. 남북한을 동등하게 대해야 한다는 한국의 요구에 대해 중국은 어떤 공식적인 확인도 해주지 않았다. 한국전쟁 참전에 대한 중국의 유감 표명을 얻어내는 데도 실패했으며, '한반도의 평화적 통일에 대한 중국의 지지와 함께 한국 입장을 존중'하는 정도를 얻었다고 평가할 수 있다.[110] 중국과 같은 '분단국가'이면서도 '분단국가'로서의 특수성을 한국이 수교 협상에서 충분히 활용할 수 없었던 이유는 수교 자체에 대한 최고 통수권자의 지나친 집착이 있었기 때문이다. 한국이 대만과의 '준(準)공식 관계(半官關係)'를 유지하고 싶다는 요구를 견지할 수도 있었고, 또 이러한 요구를 최대한 활용해 다른 조건들을 관철시킬 가능성도 없지 않았으나 이를 제대로 써볼 수도 없었던 것은 참으로 아쉬운 일이라 하겠다.[111]

대만 문제

중국과의 관계 개선에 우선순위를 둔 이래 한국은 사실 대만을 거의 방치하다시피 했다. 북경으로부터의 신호 탐색에 급급한 나머지 서울에서는 대만의 공식 항의나 부정적인 정서에 그리 큰 신경을 쓰지 않았기 때문이다.[112] 1991년 초 북경에 무역사무소가 개설된 이후 중국과의 수교를 조급하게 추진하지 않을 것이며 중국과의 관계가 개선되더라도 대만과의 외교는 여전히 중요하다면서 한때 대만에 대한 한국정부의 입장이 동요하는 것처럼 보이기도 했다.[113] 돌이켜 보면 한국정부의 이러한 언급은 연막에 불과했으며 대 중국 수교에 대한 한국의 의지에는 변화가 없었던 것이다. 당시 표면적으로나마 약간의 변화가 감지된 것에는 두 가지 이유가 있었다. 첫째, 한국-대만 교역량이 1985년의 5억 달러에서 1991년의 31억 달러로 급증한 것을 들 수 있다. 비록 적잖은 부분이 대만의 선전에 불과했던 것으로 후에 밝혀졌지만, 당시로서는 대만의 6개년 경제

계획에 포함된 기간산업 프로젝트에 참여한다는 것이 한국에게는 상당히 매력적으로 비친 면이 있었다.[114] 둘째, 이 시기 한국 내 친(親) 대만 여론이 일시적으로 높아졌는데, 그 이유는 대만정부가 한국에 특사를 보내고 한국의 관리와 학자들을 자국으로 초청하는 등 적극적으로 로비활동을 펼쳤기 때문이다.[115]

한국의 핵심 맹방인 미국과 일본이 이십 년 전에 이미 그랬던 것처럼 중국과의 관계를 회복하고 또 수교를 맺고자 한 한국의 정책은 분명히 올바른 방향을 향한 것이었으나 그 시기나 달성과정과 관련하여 몇 가지 교훈을 새길 필요가 있다. 시기와 관련된 문제점에 대해서는 이미 앞에서 자세히 논했기에 생략하고, 한국이 대 중국 수교를 위해 대만 문제를 처리했던 방식과 관련한 구체적인 논의가 필요하다. 한-중 간 수교 협상처럼 민감한 사안에서 보안 유지가 필수적이기는 했지만 돌이켜 보면 한국도 최소한 중국만큼의 융통성은 발휘할 필요가 있었다.[116] 결정적으로 대 중국 수교의 불가피성에 대해 한국정부가 대만을 지속적으로 설득하는 모습을 보이지 못했고, 북한의 '체면'을 지켜주기 위해 중국이 심혈을 기울였던 것과는 너무도 큰 차이를 보였기 때문이다.[117] 1992년 4월 양상쿤 국가주석을 평양에 보내 대 한국 수교 방침을 전달한 것도 그랬고, 첸치천 외교부장이 7월 15일 평양을 방문해 김일성에게 수교가 임박했음을 알린 것도 다 이런 노력의 일환이었던 것이다. 한국은 보안 유지라는 명분 때문에 수교 사흘 전인 8월 21일에야 대만에 이 사실을 통보했고, 따라서 중국에 비해 훨씬 더 '비밀을 잘 지키는' 그러나 달리 보면 '의리는 떨어지는' 나라가 된 것이다.[118]

1992년 5월 6일 대만 총통 리덩후이(李登輝)의 비서실장 장옌스(蔣彥士)가 특사로 한국을 방문했을 때, 노 대통령이 '한국은 절대 오랜 친구를 버리지 않을 것이다'라고 말했다.[119] 대만(당시 中華民國)은

1949년 1월에 대한민국을 공식 인정한 첫 번째 국가였고 한국과 대만이 사십여 년간 반공 이념으로 결속된 맹방이었다는 사실을 감안할 때, 대만의 이해를 얻고 설득하기 위해 한국은 보다 적극적인 노력을 기울였어야만 했다. 미국, 일본, 사우디아라비아 등의 국가가 대 중국 관계를 정상화하기 전에 고위급 특사를 파견해 대만의 양해를 구했던 것과 한국의 행태는 너무도 큰 대조를 이루기 때문이다. 남아프리카공화국은 심지어 외교부 장관과 국방부 장관까지 대만에 보내 중국과의 수교가 불가피함을 설명하고 양해를 구하는 특별한 배려를 하기도 했다. 기한 내 수교와 정상회담 성사라는 목표에 쫓겨 한국은 '옛 친구'에게 마땅히 해야 할 도리를 하지 않았던 것이다.[120)]

한-중 수교 6일 전인 1992년 8월 18일, 이상옥 장관은 대만의 진수지(金樹基) 대사를 불러 한-중 간 수교에 대한 의견 접근이 이루어졌고 가까운 시일 안에 결론이 날 것임을 통보했다.[121)] 당시 주한 대만대사였던 진수지에 따르면 21일 즉, 금요일 오후 5시가 되어서야 다음 월요일 아침에 한-중 수교가 이루어질 것이라는 사실을 통보받았다고 한다.[122)] 한국정부가 이런 조치를 취할 수밖에 없었던 까닭은 두 가지였던 것으로 보인다. 하나는 보안 유지를 위해서였는데, 이 사안에 정통한 한 외교부 고위 관리에 의하면 당시 한국정부가 대만 측에 더 일찍 통보를 하지 않은 것은 정확한 판단이었다는 것이다. 즉, 만일 그러지 않았다면 대만이 한-중 간 국교 정상화를 저지하기 위해 모든 노력을 기울였을 것이고, 당시의 민감한 상황을 감안할 때 이는 수교를 상당 기간 늦추는 효과를 만들어냈을 수도 있다는 것이다.[123)]

한국정부가 대만에 늦게 통보할 수밖에 없었던 또 다른 이유는 한국에 소재한 대만정부의 재산과 연관된 문제였다. 중국 측은 수교 교섭 초반부터 재산권의 일괄 양도를 포함한 대만 문제를 최우선시했고, 일본, 영국 및 필리핀 등의 사례를 들어 대사관까지 넘겨받기를 원했으며 한국정부도 이에 대해 별다른 대안을 갖고 있지 않았다. 따라서 한국정부는 수교가 이루어지기까지 대만대사관의 건물 및 기타 재산이 매각되지 않도록 막는 데에 많은 노력을 기울였다.[124] 만일 한국정부가 중국과의 국교 정상화 시기와 정상회담의 성사 여부에 대해 지나친 압박감만 느끼지 않았더라도 미국이나 사우디아라비아의 경우처럼 단교 후에도 대만이 일정 부분의 자산은 보유하도록 배려할 수 있었을지 모른다. 실제로 당시 수교과정을 지휘했던 이상옥 전 외무장관도 자신의 회고록에서 대만의 대사관 건물 매각 방지에 대한 중국의 압력과 서울에 거주하는 화교들의 극렬한 반대를 그 이유로 지적하고 있다. 그러나 동시에 대만이 1976년에 별도로 매입했던 부산의 대만영사관 건물만은 - 청조(淸朝)의 유산이 아니기에 - 대만에게 돌려주었어야 한다는 개인적 소회를 기술하고 있다.[125]

물론 이 사안에 대한 한국 측의 반박이 전혀 없는 것은 아니다. '동해사업'에 깊숙이 관여했던 한 인사와의 인터뷰에 따르면 1970년대 초에 이루어진 미-중 및 중-일 수교 때와는 달리 1990년대의 한-중 수교는 대만에게 그리 큰 전략적 손실을 주지 않는다는 것이 당시 한국정부의 정책적 판단이었다고 한다. 뿐만 아니라 당시 대만도 중국과의 관계 개선을 적극적으로 추진 중이었다는 사실이다. 이 인사에 따르면 사실상 한국이 공개적으로 중국과의 관계 개선을 추진했음에도 불구하고 전 외무차관이었던 진 대사가 1992년 서울에 부임할 때까지 대만은 사안의 심각성을 제대로 깨닫지 못하고 있었다는 것이다. 또 진 대사가 1992년 8월 한 달 동안 미국으로 휴가를 계획하고 있었으나 8·15 광복절 기념식장에서 이상옥 장관이 이를 완곡히 만류하면서 사안의 긴급성에 대한 단서를 이미 제공했다고 밝히고 있다.[126] 어쩌면 당시 대만은 한-중 수교를 이미 돌이킬 수없는 불가피한 것으로 판단했을 수도 있다는 점이다.

과정의 시시비비를 떠나 대만이 지닌 언짢은 기억과 감정의 앙금은 다른 나라들에 비해 한국과의 관계에서 보다 오랫동안 지속된 것으로 보인다. 단교 후, 오사카(大坂)에서 열린 회의를 통해 한-대만 민간 교류사무소를 열기로 합의하는 데에만 무려 11개월이 소요되었기 때문이다. 그러나 대부분의 국가들이 대만에 설치한 막연한 이름의 민간기구들 - 예컨대 미국의 '대만미국협회'(American Institute in Taiwan 또는 美國在臺協會), 일본의 '교류협회'(Exchange Association)보다 훨씬 높은 수준의 '주 타이베이 한국대표부'(Korean Mission in Taipei)를 열기 위해 한국정부가 주어진 한계 내에서 중국을 최대한 압박했다는 사실을 간과해서는 안 될 것이다.[127] 그럼에도 불구하고 한두 발자국 더 멀리 보고 보다 현명하게 일처리를 하지 못했던 것으로 인해 십여 년 동안 한국의 국적 항공사들이 대만에 취항할 수 없을 정도로 대만과의 관계가 악화되었던 것은 아쉬운 일임에 틀림없다. 한-중 국교 정상화 과정에서 대만 문제를 처리했던 방식이 빚어낸 오류들은 미래 한국의 '명민외교'를 위해 귀중한 교훈으로 반드시 기억해야 할 것이다.

주석

1 예컨대 현대 한-중 관계에 대한 세 가지 주요 연구인 Chae-Jin Lee, *China and Korea: Dynamic Relations* (Stanford: The Hoover Press, 1996); 宋成有 外, 『中韓關係史』 (北京: 社會科學文獻出版社, 1997)와 劉金質 外, 『當代中韓關係』 (北京: 中國社會科學出版社, 2001)는 1992년 8월의 국교 정상화와 관련한 정책과정을 다루지 않고 있다. 부분적인 논의로 Samuel S. Kim, "The Making of China's Korea Policy in the Era of Reform," in David M. Lampton (ed.), *The Making of China's Foreign and Security Policy in the Era of Reform* (Stanford: Stanford University Press, 2001), pp. 371-408을 참조.

2 이 책에서는 1976년까지의 『대한민국 외교문서』를 참고했지만 수교 원년인 1992년의 외교문서가 2022년에 공개되면 한-중 수교 교섭의 전 과정과 내부 동학에 대해 보다 완정한 이해를 얻을 수 있을 것으로 희망한다.

3 Kenneth G. Lieberthal and David M. Lampton (eds)., *Bureaucracy, Politics, and Decision Making in Post-Mao China* (Berkeley: University of California Press, 1992)와 Kenneth Lieberthal and Michel Oksenberg, *Policy Making in China: Leaders, Structures, and Processes* (Princeton: Princeton University Press, 1988)를 보라.

4 필자가 인터뷰했던 중국 측 인사들은 단 한 사람의 예외도 없이 모두 이와 같은 평가에 동의하였다.

5 이 인용문에 대해서는 Lee, *China and Korea*, p. 106을 보라.

6 이에 대해서는 이 책의 2장에서 이미 자세히 기술하였다.

7 홍딕화, 『두 개의 중국과 실리외교』 (서울: 자작아카데미, 1998), p. 86을 보라. 한 중국 관리(대외무역경제합작부)와의 인터뷰에 의하면 중국정부는 1981년부터 매년 15-20명의 연해지역 출신 대학생들을 선발해 평양으로 유학을 보냈으며, 이는 향후 한국과의 관계 개선에 대비한 전문인력 양성에 중점을 둔 것이었다고 한다. 1994년 7월 산둥성(山東省) 칭다오(青島)에서의 인터뷰.

8 『外交十記』 (北京: 世界知識出版社, 2003), p. 151을 보라. 최근의 한 자료에 따르면 1980년대 초에 이미 중국 외교부는 대 한국 관계를 조금 완화할 필요가 있다는 보고서를 당 중앙에 올렸다고 한다. 阮虹, 『中韓劫機外交 - 卓長仁劫機案如漢城談判內幕』 (北京: 當代中國出版社, 2009), p. 48을 보라.

9 延靜(초대 주한 중국대사 張庭延과 그의 처 譚靜의 이름에서 한 자씩 따서 지은 필명), 『出使韓國』 (濟南: 山東大學出版社, 2004), p. 17을 보라.

10 이러한 과정은 '자문(征詢)'으로 불리며 장쩌민(江澤民)이 홍콩의 한 일간지와의 인터뷰에서 공산당 지도부가 덩에게 간혹 정책 조언을 구했다는 사실을 밝힘으로써 알려지게 되었다. 『大公報』, 1990년 5월 19일 자를 보라. 추가로 張良 (編), 『中國六四真相』 (香港: 明鏡出版社, 2001), pp. 343-348, 364-369, 440-447, 753-759에도 이에 대한 논의가 제시되어 있다.

11 이호, 『한·중·소 간의 북방외교 실체』 (서울: 제일미디어, 1997), p. 252를 보라.

12 이 중 특히 리센넨과 보이보는 한-중 관계의 개선에 긍정적 입장을 가졌던 것으로 알려지나 이를 실증할 근거는 별로 없다.

13 1992년 4월과 1994년 6월 베이징과 산둥에서 필자의 인터뷰에 근거함.

14 리펑은 1988-97년 동안 중앙외사영도소조의 주임으로 재직했으며 1997년에 장쩌민이 그 지위를 승계했다. 중앙외사영도소조에 대해서는 Carol Lee Hamrin, "The Party Leadership System," in Lieberthal and Lampton (eds.), *Bureaucracy, Politics, and Decision Making in Post-Mao China*, pp. 95-124와 Lu Ning, "The Central Leadership, Supraministry Coordinating Bodies, State Council Ministries, and Party Departments," in David M. Lampton (ed.), *The Making of Chinese Foreign and Security Policy in the Era of Reform* (Berkeley: University of California Press, 2001), pp. 45-49를 참조할 것.

15 당시 중앙외사영도소조의 다른 성원들 - 외교담당 부총리였던 우쉐첸(吳學謙: 외교부), 국방부장 친지웨이(秦基偉: 인민해방군), 대외경제무역부 부장 정퉈빈(鄭拓彬), 그리고 당 대외연락부 부장 주량(朱良) - 도 중요한 역할을 담당했겠지만 관련 정보가 거의 없기 때문에 이에 대한 세부적 논의를 제공하기는 어렵다. 이외에도 스포츠, 통상 등을 통해 한국과의 관계 개선에 참여했던 인사로 후에 낙마한 정치국원 천시퉁(陳希同), 베이징 부시장 장바이파(張白發) 등이 있다.

16 延靜, 『出使韓國』, pp. 16-17을 보라.

17 한국의 초대 중국대사였던 노재원도 이런 관점에 동의하고 있다. 이호, 『한·중·소 간의 북방외교 실체』, p. 248과 錢其琛, 『外交十記』, p. 148을 보라.

18 한국과의 국교 정상화에 대한 톈지윈의 긍정적 입장에 관해서는, 이호, 『한·중·소 간의 북방외교 실체』, p. 251을 보라.

19 비록 당시에 공식적으로 알려지지는 않았지만 몇몇 언론 보도에서 톈지윈과 그가 맡은 잠정기구의 역할이 이미 암시되어 있었다. 예컨대 『한국경제신문』, 1990년 6월 12일 자를 보라. 당시 사정에 정통한 한 한국 측 인사는 남조선소조가 1989년 5월 이후에 설립되었다고 확인해주었다. 2009년 1월

20일 서울에서의 인터뷰.

20 필자와의 인터뷰에서 한국 측 인사들의 상당수는 당시 이 잠정기구의 존재를 알지 못했다고 밝혔다. 이에 관한 논의로는 "북방외교 파일,"『한국일보』, 1996년 8월 26일 자를 참조하라.

21 *China Directory 1997* (Tokyo: Radiopress, 1996), p. 201; *China Directory 2003* (Tokyo: Radiopress, 2002), p. 170; "葉選寧將軍,"『客家風情』〈http://HakkaOnline.com〉(검색일: 2007년 12월 21일)을 보라. 1991년 현대그룹의 정주영 회장이 중국을 방문했을 때 중국국제우호연락회에 '한중민간우호협회'(가칭)의 설립을 제안했다고 하며, 당시 중국 측에서 정회장을 맞은 이가 바로 위에펑 부회장이었던 것으로 알려진다. 2008년 10월 30일 선웨이핑(沈衛平) 중국국제우호연락회 부회장과의 서울에서의 인터뷰.

22 '태자당'에 관해서는 Jae Ho Chung, "The Politics of Prerogatives in Socialism: The Case of *Taizidang* in China," *Studies in Comparative Communism*, Vol. 24, No. 1 (March 1991), pp. 58-76을 보라. 리우야저우는 청두(成都) 군구의 정치위원 등을 거쳐 2010년 가을 현재 국방대학 정치위원으로 재직하고 있다.

23 "북방외교 파일,"『한국일보』, 1996년 8월 26일 자; 이호,『한·중·소 간의 북방외교 실체』, p. 252; 박철언,『바른 역사를 위한 증언』(서울: 랜덤하우스 중앙, 2005), 하권, pp. 195, 208-209를 보라.

24 1987년 8월 홍콩에서 필자의 인터뷰.

25 이호,『한·중·소 간의 북방외교 실체』, pp. 188-190; 이병국,『한중 경제교류 현장론』(서울: 나남출판, 1997), p. 183을 보라. 박정희 대통령 시기의 한-중 관계에 대해서는 Ilpyong J. Kim, "Policies Toward China and the Soviet Union," in Youngnok Koo and Sung-joo Han (eds.), *The Foreign Policy of the Republic of Korea* (New York: Columbia University Press, 1985), pp. 202-203, 209-210을 보라.

26 필자의 인터뷰에 의하면 전 대통령은 당시 중국을 방문했던 대기업의 임원들로부터 거의 빠짐없이 중국에 대한 브리핑을 직접 받았던 것으로 알려진다. 전두환 대통령의 대 중국 전략적 사고에 대하여는 Jae Ho Chung, "South Korean Strategic Thought toward China," in Gilbert Rozman, In-Taek Hyun and Shin-wha Lee (eds.), *South Korean Strategic Thought toward Asia* (London: Palgrave, 2008), pp. 157-159를 보라.

27 신영수, "韓·中共 교류 어디까지 왔나,"『북한』(1984년 4월), p. 86.

28 이병국,『한중 경제교류 현장론』, p. 209. 이는 필자의 전두환 전 대통령과의 인터뷰(2001년 11월 14일)에서도 확인되었다.

29 북방외교추진본부는 관련 부처의 국장급 관리들로 구성되었으며 당시 외무부 제2차관보를 맡고 있던 홍순영(후에 외교부 장관 및 주 중국 대사 역임)이 본부장을 맡았다. 2003년 1월 워싱턴에서 필자의 인터뷰.

30 Byung Chul Koh, *The Foreign Policy Systems of North and South Korea* (Berkeley: University of California Press, 1984), p. 16을 보라.

31 중국과의 국교 정상화를 개인적 소명으로 간주했다는 점에서 노태우 대통령은 인도네시아의 수하르토나 남아프리카공화국의 만델라 등과 비교될 수 있다. Rizal Sukma, *Indonesia and China: The Politics of a Troubled Relationship* (London: Routledge, 1999), ch. 7; Chris Alden, "Solving South Africa's China Puzzle: Democratic Foreign Policy-Making and the 'Two-China' Question," in Jim Broderick, Gary Burford, and Gordon Freer (eds.), *South Africa's Foreign Policy: Dilemmas of a New Democracy* (Basingstoke: Palgrave, 2001), pp. 132-134을 보라.

32 노태우의 언급에 대해서는 『중앙일보』, 1988년 6월 11일 자와 『노태우 대통령 연설문집』 (서울: 대통령 비서실, 1989), pp. 176-179를 참조할 것. 한 보도에 따르면 노태우 당선자는 취임 전에 중국을 방문키 위해 박동진 전 외무장관을 홍콩에 특사로 파견하기도 한 것으로 알려진다. 『한국일보』, 1996년 10월 28일 자. 노 대통령의 핵심 측근이었던 박철언도 당시 노대통령 취임 전에 덩샤오핑과의 만남을 주선하려다 실패한 사실이 있음을 공개했다. 박철언, 『바른 역사를 위한 증언』, 상권, p. 280을 보라.

33 서울에서 2010년 8월 20일의 인터뷰.

34 1988년 12월과 1991년 7월 홍콩에서의 인터뷰; 박철언, 『바른 역사를 위한 증언』, 하권, p. 50.

35 1989년 헝가리와의 수교와 1990년 소련과의 수교 과정에서 효력을 발휘했던 경제원조의 방안이 대 중국 수교에 있어서는 당시 청와대 경제수석이던 김종인의 반대로 무산된다. 허의도, "김복동, 박철언의 한건주의와 허공에 거액 버린 밀사외교," 『월간중앙』 (1993년 3월), pp. 559-560; 이병국, 『한중 경제교류 현장론』, p. 194; 『한국일보』, 1996년 10월 7일 및 14일 자를 보라. 2008년 6월 김종인 전 경제수석과의 서울에서의 인터뷰.

36 1990년 이후 북방외교에 있어서 박철언의 영향력 쇠퇴에 대하여는 『조선일보』, 1990년 9월 28일 자를 보라. 제6공화국 시기에 대한 박철언의 자전적 회고는 "6공 황태자 박철언의 권력 심장부 증언," 『월간조선』 (1997년 2월), p. 114; "20년 전 한국외교의 대담한 선택(1)," 『중앙Sunday』, 2010년 11월 21/22일 자를 볼 것.

37 대 중국 수교에 대한 박철언의 그치지 않은 노력에 관한 첸치천의 언급에

대해서는 錢其琛,『外交十記』, p. 148을 보라.

38 기타 사례들에 관해서는 박철언,『바른 역사를 위한 증언』, 상권, pp. 290, 427과 하권, p. 192를 볼 것.

39 이 사례에 대해서는 "中韓建交秘聞錄,"『南方周末』, 1995년 10월 27일 자를 참조. 한의 산둥성 방문에 대해서는『大公報』, 1988년 4월 24일 자에 익명으로 보도되었다.

40 이에 대해서는『한국일보』, 1996년 9월 6일 자와 조이제 박사와의 인터뷰를 실은『중앙일보』, 2007년 8월 25일 자를 참조하라. 1990년 10월 방중 예정이던 슐츠(George P. Schultz) 전 미 국무장관을 통해 노 대통령의 메시지가 덩샤오핑에게 전달되기도 했다.『중앙일보』, 2008년 7월 7일 자와 김종인 전 경제수석과의 2008년 6월 서울에서의 인터뷰.

41 이에 관한 논의의 많은 부분은 "북방외교 파일,"『한국일보』, 1996년 8월 26일; 9월 2일, 9일, 16일, 23일과 30일; 10월 7일, 14일, 21일과 28일; 11월 4일, 11일, 18일과 25일; 12월 2일, 9일 및 16일 자를 보라.

42 이 경로의 존재는 "中韓建交內情,"『動向』(1992년 9월), p. 20에 암시되어 있다.

43 박철언의 회고에 따르면 텐지윈은 당시 그의 주요 접촉 상대가 아니었으며, 이미 남조선소조가 활동을 시작한 지 한참 후인 1991년 7월에 텐을 만나기로 했으나 명확지 않은 이유로 그와의 만남이 취소되기도 했다고 적고 있다. 박철언이 왜 이 경로에 참여할 수 없었는지는 분명치 않으나 노 대통령이 자신만의 대 중국 연락 경로를 유지하고자 했을 가능성을 배제할 수 없다. 박철언,『바른 역사를 위한 증언』, 하권, pp. 188, 193, 208-209를 보라. 이와 관련해 당시 사정에 정통한 한 인사는 서동권 안기부장이 대 중국 수교에 있어서 일정한 역할을 맡기 위해 박철언을 배제하려 했었다는 가설을 제시하였다. 2009년 1월 20일 서울에서의 인터뷰.

44 예컨대 1990년 10월에 무역사무소 설치에 대한 중국의 동의를 한국 측에 암시하기 위해 남조선소조는 이 경로를 활용했다고 한다.『한국일보』, 1996년 9월 30일 자를 보라. 남조선소조는 천안문 사건 이후에 자오쯔양 총서기의 재기가 어려울 것이라는 소식과 덩샤오핑과 대만플라스틱(Formosa Plastic) 왕융칭(王永慶) 회장과의 비밀회동 등 중국의 고위급 정치에 관한 정보를 가끔 제공했다고 하나 그 진위 여부를 알 길은 없다.

45 Jae Ho Chung, *Central Control and Local Discretion in China* (Oxford: Oxford University Press, 2000), 2장을 보라.

46 대외무역경제합작부의 조직 및 임무에 대해서는 Lieberthal and Oksenberg, *Policy Making in China*, pp. 114-116을 참조하라.

47 1978년 12월 대외무역경제합작부의 전신인 대외무역부 부장 리창(李强)은 한-중 무역의 필요성을 처음으로 내비쳤다. 이 책의 2장 참조.

48 CCPIT가 한-중 관계에서 수행한 역할에 대해서는 *Foreign Broadcast Information Service-China*(이하 *FBIS-China*), October 21, 1988, pp. 9-10을 보라. CCPIT에 대한 대외무역경제합작부의 '영도'에 대하여는 James P. Horsley, "The Regulation of China's Foreign Trade," in Michael J. Moser (ed.), *Trade, Investment, and the Law in the People's Republic of China* (Oxford: Oxford University Press, 1984), p. 13을 볼 것.

49 중국 외교부의 조직과 기풍에 관해서는 Lu Ning, *The Dynamics of Foreign-Policy Decision Making in China* (Boulder: Westview, 1997), pp. 20-32, 108-111을 보라.

50 이미 2장에서 논한 것처럼 1982년 북한의 항의로 한국산 상품을 운반하던 화물선들이 칭다오항에 계류되기도 했으며, 1986년에는 푸젠성과 대우 사이의 합작 사업에 대한 북한의 불만을 감안해 중국 측이 계약의 이행을 지체시킨 적도 있었다. "Trade Flows Where No Diplomat Goes," *The Economist*, March 22, 1986을 참조하라.

51 Shaun Breslin, "The Foreign Policy Bureaucracy," in Gerald Segal (ed.), *Chinese Politics and Foreign Policy Reform* (London: The Royal Institute of International Affairs, 1990), pp. 125-127. David M. Lampton은 이러한 현상을 '조직의 복수화'(corporate pluralization)라고 칭했다. "China's Foreign and National Security Policy-Making Process: Is It Changing and Does It Matter?" in Lampton (ed.), *The Making of Chinese Foreign and Security Policy in the Era of Reform*, pp. 12-19를 보라.

52 『중앙일보』, 1988년 3월 14일.

53 "연감," 『북방경제』 (1992년 3월), p. 92; 『한국경제신문』, 1990년 6월 12일자를 보라. 중국 외교부 역할의 상대적 축소와 대외무역경제합작부의 위상 제고에 대해서는 Breslin, "The Foreign Policy Bureaucracy," p. 128; 許志嘉, 『中共外交決策模式研究』 (台北: 水牛出版社, 2000), p. 156을 보라.

54 당 중앙 산하 대외연락부의 역할이 1990년대 후반부터 약화된 것으로 보는 시각으로는 許志嘉, 『中共外交決策模式研究』, p. 139 각주 39를 보라.

55 이러한 관점은 Jae Ho Chung, "Sino-South Korean Economic Cooperation: An Analysis of Domestic and Foreign Entanglements," *Journal of Northeast Asian Studies*, Vol. 9, No. 2 (Summer 1990), pp. 65-66을 참조하라. 중국과 북한 군부 사이의 '전우애'(comrades-in-arms)에 대해서는 Chae-Jin Lee, "China's Policy Toward North Korea: Changing

Relations in the 1980s," in Robert A. Scalapino and Hongkoo Lee (eds.), *North Korea in a Regional and Global Context* (Berkeley: Center for Korean Studies, University of California, 1987), p. 196을 보라.

56 1980년대 중국 내 싱크탱크의 위상에 관해서는 Wang Jisi, "International Relations Theory and the Study of Chinese Foreign Policy," in Thomas Robinson and David Shambaugh (eds.), *Chinese Foreign Policy: Theory and Practice* (Oxford: Clarendon Press, 1994), pp. 496-497을 보라. 1990년대 이후 이들의 영향력이 확대된 것에 관해서는 Phillip C. Saunders, "China's America Watchers: Changing Attitudes Towards the United States," *The China Quarterly*, No. 161 (March 2000), p. 44; Bonnie S. Glaser and Phillip C. Saunders, "Chinese Civilian Foreign Policy Research Institutes: Evolving Roles and Increasing Influence," *The China Quarterly*, No. 171 (September 2002), pp. 597-616; 郝雨凡, 林甦 (主編), 『中國外交決策 - 開放與多元的社會因素分析』 (北京: 社會科學文獻出版社, 2007), 6장을 보라.

57 Jae Ho Chung, "Reappraising Central-Local Relations in Deng's China: Decentralization, Dilemmas of Control, and Diluted Effects of Reform," in Chien-min Chao and Bruce J. Dickson (eds.), *Remaking the Chinese State: Strategies, Society, and Security* (London: Routledge, 2001), pp. 46-75.

58 Susan Shirk, "The Domestic Political Dimensions of China's Foreign Economic Relations," in Samuel S. Kim (ed.), *China and the World: Chinese Foreign Policy in the Post-Mao Era* (Boulder: Westview, 1984), pp. 60-64; Jonathan R. Woetzel, *China's Opening to the Outside World: The Politics of Empowerment* (New York: Praeger, 1989), pp. 142-143.

59 예를 들어 Jae Ho Chung, "Study of Provincial Politics and Development in Post-Mao China: Issues, Approaches, and Sources," in Peter T. Y. Cheung, Jae Ho Chung, and Lin Zhimin (eds.), *Provincial Strategies of Economic Reform in Post-Mao China: Leadership, Politics, and Implementation* (Armonk: M. E. Sharpe, 1998), pp. 430-437; Peter T. Y. Cheung and James T. H. Tang, "The External Relations of China's Provinces," in Lampton (ed.), *The Making of Chinese and Security Policy in the Era of Reform*, pp. 91-120을 참조하라.

60 『중앙일보』, 1988년 7월 22일; 劉金質 外, 『當代中韓關係』, p. 78.

61 당시 중국의 안보에 대한 우려를 파생시킨 두 가지의 예가 있다. 하나는 1987년 한국 안기부에 정보를 유출한 혐의로 랴오닝성 출신의 조선족 한 명이 체포된 사건이 있었다. 둘째는 홍콩을 무대로 활동하던 한국의 한 사

업가가 중국과의 합작투자 사업을 청와대에 보고했다는 이유로 2년 가까이 중국 입국 비자를 발급받지 못한 것이다. 전자는 *FBIS-China*, July 28, 1987, p. S2를 참조했으며, 후자는 1992년 2월 홍콩에서 필자의 인터뷰에 근거한 것이다.

62 협력 대상지역의 지정에 관한 중국정부의 정책에 대해서는, 史敏, "中國沿海地區發展戰略與東北亞經濟合作," 『東北亞論壇』, 1期 (1992年), p. 19-20을 보라.

63 1987년 12월 즈음에 이루어진 산둥성의 공식적인 지정에 대해서는 *South China Morning Post*, October 25, 1988; 史敏, "中國沿海地區發展戰略與東北亞經濟合作," pp. 17, 19를 보라. 이는 사안에 정통한 중국 측 인사들에 대한 필자의 인터뷰에서도 확인되었다.

64 랴오닝성의 주 서울 연락사무소 설치는 『조선일보』, 1988년 8월 9일 자를 보라. 랴오닝성의 '중점성' 지정은 *New York Times*, November 25, 1988 in *FBIS-China*, March 6, 1989, pp. 7-8을 보라. 리창춘(李長春) 랴오닝성장은 1990년 초에 한발 후퇴하여 "랴오닝의 서울 연락사무소의 공식 설치는 북경의 사전 승인이 필요할 것이다"라고 언급하였다. 『明報』, 1990년 4월 1일 자를 보라.

65 *Business Korea* (March 1989), p. 64.

66 천안문 사건은 중국이 서방 일변도에서 벗어나 아시아로 눈을 돌리고 '선린우호관계'(睦鄰友好關係)를 강조했다는 점에서 중국 외교의 큰 전환점이 되었다. 朱析昌, "論中國睦鄰政策的理論與實踐," 『國際政治硏究』, 2期 (2001년), pp. 43-47; 陳向陽, 『中國睦鄰外交』 (北京: 時事出版社, 2004), 5장을 참조하라.

67 1991년 1월의 외환보유체제 개혁에 대해서는 "Learning the Rules of Foreign Trade," *China News Analysis*, No. 1464, July 15, 1992, pp. 1-9를 보라. 새로운 지역연계의 개념에 대해서는 肖向前, "我國東北各省市在東北亞地區的地位," 『東北亞論壇』, 1期 (1992年), pp. 13-15를 볼 것.

68 Koh, *The Foreign Policy Systems of North and South Korea*, pp. 8-10.

69 관세청과 한국은행도 각각 수입에 대한 감독과 대외투자의 승인 업무에 관여했지만, 대한무역진흥공사는 당시 사회주의 진영과의 경제협력과 관련해 훨씬 더 광범위한 임무를 수행했던 것으로 보인다.

70 군 장성 출신인 김복동의 중국 측 비공식 파트너는 조선족 출신으로 인민해방군 후근부(後勤部) 부장에까지 올랐고 후에 정협(政協) 부주석을 역임한 자오난치(趙南起) 장군이었다고 알려진다. 서울에서의 2010년 8월 20일 인터뷰.

71 『한국일보』, 1996년 10월 7일 및 14일.

72 『내외경제신문』, 1990년 5월 31일.

73 랴오닝과 IPECK의 접촉에 대해서는, "KOTRA와 IPECK, 누가 실세인가," 『신동아』 (1989년 11월), p. 138을 보라.

74 『중앙일보』, 1989년 8월 4일.

75 『한국일보』, 1996년 10월 14일.

76 『중앙일보』, 1990년 9월 27일과 11월 16일; 1991년 8월 24일 자를 보라. 코트라의 IPECK에 대한 우위 선점에 대해서는 이호, 『한·중·소 간의 북방외교 실체』, p. 198을 볼 것.

77 2008년 6월 서울에서 김종인 전 경제수석과의 인터뷰; 『중앙일보』, 2008년 7월 7일 자 참조.

78 Sanghyun Yoon, *South Korea's "Nordpolitik" with Special Reference to Its Relationship with China* (Ph.D. Dissertation, Department of Political Science, George Washington University, 1994), pp. 235-239를 볼 것.

79 『중앙일보』, 2008년 7월 7일; 2009년 1월 20일 서울에서의 인터뷰.

80 헝가리와 소련으로부터 외교적 승인을 얻는 대가로 각각 6억 달러와 30억 달러의 비용이 들었지만 중국과의 국교 정상화에는 그러한 조건이 수반되지 않았다. 그러나 1988년과 1990년의 두 번에 걸쳐 중국에도 수교를 조건으로 경제 원조를 제공하는 방안이 검토된 적이 있었다. 앞의 경우는 김복동이 중국국제신탁투자공사(CITIC)의 연구소장을 맡고 있던 화디(華棣)의 제안을 받아들였던 것이고, 뒤의 경우는 박철언이 27억 달러 규모의 경제지원 패키지를 제안했던 것을 가리킨다. 전자는 천안문 사건의 와중에 화디가 미국으로 망명하면서 백지화되었고, 후자의 경우에는 한국이 이미 소련에게 30억 달러의 원조를 제공한 상황에서 김종인 당시 대통령 경제수석이 박의 제안에 동의하지 않았기 때문에 현실화될 수 없었다. 이호, 『한·중·소간의 북방외교 실체』, pp. 150, 157, 172-173, 219; 『한국일보』, 1996년 10월 7일 및 14일 자; 1999년 1월, 2006년 6월과 2009년 1월 베이징 및 서울에서의 인터뷰.

81 『조선일보』 (1994년 2월 12일 자)는 이 문제에 대해 다음과 같은 논평을 제시했다. "최초의 한-중 정상회담에 대한 노 대통령의 욕심이 국교 정상화 협상을 완전히 엉망으로 만들어 버렸다." 첸치천과 장팅옌(張庭延)도 회고록에서 수교에 대한 노 대통령의 '조급증'에 대해 자세히 언급하고 있다. 錢其琛, 『外交十記』, pp. 145, 154; 延靜, 『出使韓國』, pp. 16-17을 보라.

82 1990년 3월 현홍주 미국 대사의 부임 이후 UN 가입에의 노력이 적극적으로 경주되었다. 당시 한국정부는 마치 90년 9월 가입이 목표인 것처럼 움

직였으나 사실은 중국과의 암묵적인 소통(UN에서의 양국 간 참사관급 - 한국 측의 서대원과 중국 측의 왕광야 - 사이의 소통)하에 91년 9월을 목표로 삼았던 것이다. 이 1년의 준비 기간 동안 중국은 한국의 가입을 더 이상은 막기가 어려움을 북한 측에 역설했던 것으로 알려진다. 2009년 9월 22일 윤병세 전 외교안보수석과 2010년 8월 20일 신정승 당시 협상팀원(후에 주중 대사 역임)과의 인터뷰.

83 『한국일보』, 1996년 11월 11일 자를 보라.

84 장팅옌 대사의 두 번째 회고록인 延靜, 『永遠的記憶』(濟南: 山東大學出版社, 2007), pp. 43-44를 보라.

85 중국정부의 이 같은 '심도있는 연구(深入研究)'에 대해서는 延靜, 『出使韓國』, pp. 16-17을 참조하라.

86 延靜, 『永遠的記憶』, p. 46을 보라.

87 『중앙일보』, 1992년 3월 13일; 『조선일보』, 1992년 3월 24일 자를 보라.

88 이상옥, 『전환기의 한국 외교』(서울: 삶과 꿈, 2003), p. 151.

89 延靜, 『永遠的記憶』, pp. 46-47을 보라.

90 "권병현 전 주중 한국대사의 한중 수교 비망록," 『한국일보』, 2007년 7월 16일 자를 보라.

91 이러한 해석으로 『産經新聞』, 1990년 4월 1일 자를 보라. 물론 중국은 한국과의 수교에 임하기 전에 소련의 대 한국 수교가 북한에 어떠한 영향을 미치는지를 보려고 했을 수도 있다. *Korea Times*, June 7, 1990.

92 陶義, "中韓建交內情," 『動向』(1992년 9월), pp. 20-21; 『한국일보』, 1996년 11월 18일; 『新晚報』, 1992년 4월 19일; 孟林, "中韓建交推遲內幕," 『鏡報』(1992년 5월), p. 42를 보라. 북한 노동당 국제담당비서였던 황장엽에 따르면 한국과의 수교를 일 년만 늦춰 달라고 김일성이 요청했지만 양상쿤은 이를 완곡히 거절했다고 한다. 2005년 1월 서울에서 황장엽과의 인터뷰.

93 남북한의 유엔 가입이 한국과의 국교 정상화를 중국이 결정하는 데 가장 중요한 촉매의 역할을 했다는 시각은 錢其琛, 『外交十記』, pp. 153-154; 延靜, 『永遠的記憶』, p. 45; 『한국일보』, 1996년 9월 30일 자를 참조하라. 한반도 문제를 '국내 문제인 동시에 국제 사안으'로 간주한 중국 측 시각으로 李相文, "朝鮮和平統一的前景," 『亞太研究』, 1期 (1992年 1月), p. 53; 陶炳蔚, "朝鮮半島形勢歷史性轉折," 『國際問題研究』, 2期 (1992) p. 2를 보라. 이처럼 관계 정상화를 위한 돌파구가 외부로부터 만들어진 예를 중국-이스라엘 관계에서도 볼 수 있는데, 이스라엘이 1991년 국제평화회의(International Peace Conference Framework) 참가를 결정했을 때 중국과 수교의 창이 열렸기 때문이다. E. Zev Sufott, "The Crucial Year 1991," in Jonathan Goldstein

(ed.), *China and Israel 1948-1998: A Fifty-Year Perspective* (Westport: Praeger, 1999), p. 118를 보라.

94 『중앙일보』, 1990년 3월 30일 자를 보라.

95 이상옥, 『전환기의 한국 외교』, p. 118을 보라.

96 14대(14大)에서 리란칭(李嵐淸)이 대외무역경제합작부 부장으로는 처음으로 정치국원으로 승진했을 뿐 아니라 대외경제교류의 두 중심 지역인 산둥과 광둥성의 당서기가 상하이, 톈진과 더불어 정치국에 입성하는 데에 성공하였다. Jae Ho Chung, *Between Ally and Partner: Korea-China Relations and the United States* (New York: Columbia University Press, 2007), p. 71을 보라.

97 최근에 공개된 한 자료에 의하면 당초 이상옥 장관은 수교회담이 외교당국자 간의 협상이어야 한다고 생각해 외교부 관리를 수석대표로 세우려 했지만 그가 귀국하기도 전에 이미 청와대 외교안보라인에서 김종휘 보좌관을 수석대표로 정했던 것으로 알려진다. 따라서 그는 실무예비교섭의 중요성을 들어 대부분의 핵심사안을 예비회담에서 미리 해결하는 방안을 택한 것으로 전해진다. "권병현 전 주중 한국대사의 한중 수교 비망록," 『한국일보』, 2007년 6월 27일 자를 보라. 이는 필자의 인터뷰(2006년 11월 27일)를 통해 확인된 사실이기도 하다.

98 중국 측의 라인업은 리펑 총리(외사영도소조 조장)와 우쉐첸 외교담당 부총리의 영도하에 첸치천 외교부장, 쉬둔신 외교부 부부장, 장팅옌 아주사 부사장 그리고 장루이제 실무협상 대표로 이루어져 있었다.

99 "권병현 전 주중 한국대사의 한중 수교 비망록," 『한국일보』, 2007년 7월 11일 자; 2007년 12월 27일 베이징에서 필자의 인터뷰; "20년 전 한국외교의 대담한 선택(2)," 『중앙Sunday』, 2010년 11월 28/29일.

100 당시 중국의 협상팀은 실무협상 대표에 장루이제(張瑞杰) 대사, 리빈(李彬: 후에 주한 대사 역임) 외교부 아주사 조선처장, 탄징(譚靜: 장팅옌 아주사 사장의 부인) 아주사 1등 서기관, 딩쯔좡(丁志壯) 대만사무판공실 부처장, 싱하이밍(刑海明) 조선처 직원(통역) 등 5명으로 구성되었다. 화교 출신으로 스리랑카 대사를 역임한 장루이제 대사의 협상대표 선정과 관련해서는 延靜, 『永遠的記憶』, pp. 47-48을 보라.

101 『한국일보』, 1996년 11월 18일; 『조선일보』, 1997년 8월 24일; 2004년 2월 서울에서의 인터뷰; "권병현 전 주중 한국대사의 한중 수교 비망록," 『한국일보』, 2007년 7월 18일 자; 延靜, 『永遠的記憶』, pp. 48-49.

102 『한국일보』, 1996년 11월 25일.

103 이 부분과 관련해 권 대사의 비망록에는 "예비회담을 통한 '오물의 정리'"를

중국 측이 제안했다고 쓰고 있으나 장팅옌 대사의 회고록에는 이 발언을 권 대사가 한 것으로 적고 있다. "권병현 전 주중 한국대사의 한중 수교 비망록," 『한국일보』, 2007년 8월 13일 자와 延靜, 『永遠的記憶』, p. 49를 비교해보라.

104 "권병현 전 주중 한국대사의 한중 수교 비망록," 『한국일보』, 2007년 7월 4일과 8월 20일 자; 延靜, 『永遠的記憶』, p. 49; 2007년 12월 베이징에서 장루이제 대사와의 인터뷰에 근거함.

105 "권병현 전 주중 한국대사의 한중 수교 비망록," 『한국일보』, 2007년 8월 21일 자; 延靜, 『永遠的記憶』, p. 50을 참조하라.

106 "권병현 전 주중 한국대사의 한중 수교 비망록," 『한국일보』, 2007년 8월 28일 및 9월 3일 자를 보라.

107 1992년 초에 이미 한국 외무부는 1992년을 '북방외교 결실의 해'로 지정하였다. 이병국, 『한중 경제교류 현장론』, p. 196. 한국정부의 대 중국 수교에 대한 조급함에 대한 중국 측의 인식은, 延靜, 『出使韓國』, p. 16에 잘 나타나 있다.

108 한 관련 인사에 따르면 당시 임기 내 정상회담을 추진하던 청와대 라인(김종휘-변종규)과 외교부 협상팀 사이에 일정 부분의 불협화음이 있었던 것은 사실이라고 한다. 2010년 8월 19일 서울에서의 인터뷰.

109 『조선일보』, 1994년 2월 12일; 『한국일보』, 1996년 12월 2일; 延靜, 『永遠的記憶』, p. 52.

110 이상옥, 『전환기의 한국 외교』, pp. 214-216, 254, 277-279. 권병현 당시 한국 측 협상대표는 한 일간지와의 인터뷰에서 협상장에서나마 한국 측이 "중국군의 개입으로 한국이 막대한 피해를 본 것에 대해 유감스럽게 생각한다"는 점을 지적한 것으로 대신했다고 밝혔다. 『중앙일보』, 2007년 8월 25일 자를 보라. 만약 당시에 이를 공식적으로 짚고 넘어갔더라면 과연 18년 후 시진핑(習近平) 국가부주석이 6.25를 '침략에 맞선 정의로운 전쟁'이라고 대놓고 말할 수 있었을까? 역사의 부메랑을 다시 한 번 느끼는 대목이라 할 것이다. 시의 발언에 대해서는 『조선일보』, 2010년 10월 29일 자를 보라. 필자의 관련인사 인터뷰(2006년 11월 27일)에 따르면 당시 북-중 영토협약에 대한 문제 제기의 필요성도 한국 측 협상팀 내부에서 거론은 되었으나 이 또한 상부의 반대로 포기했던 것으로 알려진다.

111 중국의 이런 우려에 대해서는 延靜, 『出使韓國』, p. 18을 보라.

112 주한 대만대사를 비롯한 대만 고위관료들의 한국에 대한 부정적 정서에 대해서는 *FBIS-China*, July 18, 1988, p. 69; *FBIS-China*, March 28, 1989, p. 85; *FBIS-China*, February 21, 1990, p. 51을 참조하라.

113 이에 관한 보도로 『중앙일보』, 1991년 3월 18일, 6월 16일, 1992년 4월 5일과 14일; 『조선일보』, 1992년 4월 14일 자를 보라. 김일성이 중국 측에 수교를 일 년만 연기해달라고 부탁했지만 무위로 돌아간 사실도 보도되었다. 『문화일보』, 2003년 7월 4일.

114 1991년 한국이 대만으로부터 4억 6천만 달러의 흑자를 얻은 반면, 중국과의 교역에서는 11억 달러의 적자를 기록했다. 『중앙일보』, 1992년 8월 22일.

115 대만의 로비에 대해서는 "한국-대만 단교 비사," 『월간조선』 1992년 11월, pp. 408-409를 보라.

116 중국 측에서는 당시 한국 대표단이 보안 유지에 얼마나 노심초사했는지에 대해 - 어쩌면 지나칠 정도로 - 자세히 적고 있다: "회담이 열린 댜오위타이 14호루 앞에는 작은 정원이 있는데, 한국 대표단은 (보안을 이유로) 그곳에 나와 산보하는 것조차 꺼렸고, 우리가 이허위안(頤和園) 관광을 권했지만 이것도 일언지하에 거절할 정도였다"고 적고 있다. 延靜, 『永遠的記憶』, p. 48을 보라.

117 이와 같은 대조에 관해서는 Julian Baum, "Slap in the Face: Taiwan Accuses South Korea of Betrayal," *Far Eastern Economic Review*, September 3, 1992, p. 10을 보라.

118 중국의 이러한 노력에 대해서는 錢其琛, 『外交十記』, pp. 156-160; 延靜, 『出使韓國』, pp. 2, 6-7; 2002년 1월 북경에서의 인터뷰에 의거함.

119 장의 방문에 대해서는 『조선일보』, 1992년 5월 9일 자를 참조하라. 노대통령의 발언에 대해서는 홍덕화, 『두 개의 중국과 실리외교』, p. 41을 볼 것. 그러나 당시의 정책과정에 해박한 한국의 한 외교관은 노 대통령이 그 같은 언급을 한 적이 없다고 단언했다. 2002년 7월 서울에서의 인터뷰.

120 당시 한국정부의 대(對) 대만 외교의 문제점에 대한 유용한 논의로 홍덕화, 『두 개의 중국과 실리외교』, pp. 31, 140를 보라.

121 대 중국 수교에 대한 명시적인 통보가 언제 이루어졌는지에 대해서는 여전히 약간의 이견이 있는 듯하다. 명시적인 통보는 수교 사흘 전인 8월 21일에 있었다는 의견이 대부분이었으나 "권병현 전 주중 한국대사의 한중수교 비망록," 『한국일보』, 2007년 7월 10일 자에는 8월 18일에 이루어졌다고 되어 있다.

122 홍덕화, 『두 개의 중국과 실리외교』, pp. 143-144; 『한국일보』, 1996년 12월 9일 및 16일 자. 필자의 인터뷰에 따르면 국교 정상화에 관한 한-중 합의문에 첨부된 비밀양해각서에는 1992년 8월 24일을 기해 대만의 모든 자산이 중국으로 양도된다고 명기되어 있다. 2004년 2월 서울에서의 인터뷰.

123 2002년 7월 서울에서의 인터뷰.

124 권병현 대사의 비망록에 따르면 당시 안기부장의 특명으로 전국의 대만 재산 동향이 일일 보고되었다고 한다. "권병현 전 주중 한국대사의 한중 수교 비망록," 『한국일보』, 2007년 9월 4일 자 참조. 이 또한 필자의 관련 인사 인터뷰(2006년 11월 27일)를 통해 사실로 확인되었다.

125 이상옥, 『전환기의 한국외교』, pp. 196-197, 242, 259.

126 2002년 7월, 2003년 1월, 2010년 8월 워싱턴과 서울에서의 인터뷰.

127 『한국일보』, 1993년 7월 28일; 『조선일보』, 1993년 11월 17일; 이상옥, 『전환기의 한국외교』, p. 210을 보라.

제7장
전환기의 북-중 관계

소련과 중국을 제외하면 20세기 후반부에 들어 북한만큼 국제사회의 지속적인 주목과 관심을 끌었던 사회주의 체제도 없었던 것으로 보인다. 한국전쟁이 끝난 후 북한이 미국을 위시한 서방 진영에 대해 견지했던 호전성과 '벼랑 끝 전술'(brinkmanship)은 한반도가 지닌 지정학적 중요성을 일깨움과 동시에 북한을 국제정치의 핵심 전략 지역으로 만들기에 충분했기 때문이다. 그러나 미국 및 서방 진영이 북한에 대해 가졌던 일정 부분의 진지한 고민에도 불구하고 북한의 대외관계는 대체로 중-소 분쟁의 파생물 정도로 간주되거나 동서 진영 간 대립의 결과로 파악되는 것이 주된 추세였다. 이는 곧 북한의 주도적이며 자율적 이익 추구를 독립변수로 상정하는 시각이 비교적 적었다는 의미이다.

1950년대부터 1970년대까지 북한 외교의 행태를 설명하는 데에 강대국 중심적 시각과 동-서 진영 간의 갈등을 주된 분석틀로 삼는 접근법이 상당히 유용하다는 것은 틀림없다. 반면에 냉전 구조가 흔들리고 대립 분위기가 약해지기 시작한 1980년대와 이후 시기에 대한 논의에는 그러한 접근법의 효용이 상대적으로 줄어드는 것으로 평가된다. 2000년대 후반의 관점에서 평가하면 그 변화의 폭은 상대적으로 미약한 것이었지만, 1980년대 초반 당시의 기준으로 본다면 북한이 나름의 구상과 계획하에서 실험정신을 갖고 전통적인 대외관계로부터의 '탈피'를 시도했음은 명백하다.

> 북한이 일종의 '개방정책'을 채택하려는 것으로 보이는데, 이는 곧 지금까지 견지해왔던 '자력갱생' 노선과의 단절을 꾀하는 것으로 평가된다. 보다 구체적으로, 북한은 비공산권의 해외자본과 기술 유치에 적극적으로 나서고 있는 것으로 보이며 무역과 경제발전의 중요성을 강조하는 특징을 나타내고 있다.[1)]

전환기 - 특히, 북핵 문제가 아직 불거지기 전인 1980년대와 90년대 초반까지를 중심으로 - 북한의 대 중국 관계의 역동적 변화를 다루는 본 장은 다음의 다섯 부분으로 구성된다. 첫째, 1980년대와 90년대 초반까지의 시기를 통해 드러난 북한의 대외관계 및 북-중 관계에서의 변화에 대한 논의를 제공한다. 둘째, 1980년대 북한 대외관계의 변환을 초래했던 외부적 환경 - 체제적(system)이며 지역적(regional) 맥락에서 - 에 대한 구체적인 분석을 제시한다. 셋째, 이 시기의 여러 가지 변화와 관련하여 북한의 내부적 요인들은 어떻게 작용했는지를 살펴본다. 넷째, 어찌 보면 전환기와 관련해 가장 중요한 양자적(bilateral) 동학으로 한-중 관계의 개선 및 국교 정상화가 북-중 관계에 어떤 영향을 미쳤는지에 대해 평가해본다. 마지막으로 1980년대 전환기의 북한 대외관계에 대한 전반적인 평가를 내려봄으로써 1993년 이후 지속적으로 현안이 되고 있는 북핵 문제의 배경에 대한 이해를 제고할 수 있을 것이다.[2]

전환기 북한 대외관계의 주요 변화

북한의 대외관계와 외교 행태에 영향을 미친 주요 맥락과 환경으로서의 체제적 구조와 국제적 분위기는 이미 1970년대 초부터 상당 부분 변했다고 봐도 크게 틀리지 않을 것이다.[3] 예컨대 1972년에 북한과 일본은 양국 무역관계의 촉진을 위한 양해각서를 교환했으며, 김일성은 '일본이 더 이상은 군국주의를 발현하지 않을 나라'라고 언급했다.[4] 양해각서의 교환이 이루어진 후 북-일 무역 총액은 1971년의 5900만 달러에서 1973년에는 1억 7200만 달러로 무려 세 배나 급증하였다.[5] 그럼에도 불구하고 이 시기 북한의 대외 고립 탈피를 위한 시도는 당시 냉전구조의 경직성으로 인해 획기적인 변화를 이끌어내지는 못했다.

북한은 1979년에도 당시로는 상당히 과감한 시도를 했는데, 우선 당 기관지인 『노동신문』에 실린 1월 1일 신년사를 통해 김일성은 '현대화'의 필요성을 강조하면서 이를 현대적 기술의 개발과정으로 정의했다. 이듬해 1980년의 신년사에서도 김일성은 전년보다 한 발 더 나아가 현대화를 위한 보다 구체적인 목표들을 기술하고 있는데, 그중 하나가 기존에 북한이 우호적 관계를 유지했던 사회주의 국가 및 비동맹 국가들뿐만 아니라 소위 '기타 국가들'(즉, 선진 자본주의 체제를 지닌 국가들)과의 대외무역 및 교류 확대를 포함시키고 있음에 주목할 필요가 있다.

이와 같이 당시로서는 획기적인 대외전략 변화의 시도 속에는 북한이 미국을 포함한 서방 선진국가들과 대외경제관계의 물꼬를 트고자 하는 목표가 포함되었는데, 흥미로운 것은 1979-81년의 기간 동안 최소한 31만 달러 규모의 북-미 간 간접교역이 이루어졌다는 사실이다.[6] 물론 이 수치는 두 국가 사이의 교역량으로는 미미한 규모였지만 당시에는 북-미 교역의 존재 그 자체만으로도 상당한 외교적 의미를 가졌다고 할 것이다. 양자 간 교역 물품 또한 단순히 식량과 같은 인도적 지원 물품만이 아니라 전기제품, 유기화학제품, 운동기구, 화학섬유 등이 포함되었다.[7] 아쉽게도 당시로는 획기적인 화해와 교류의 추세가 그리 오래 지속되지 못하고 중단되었다.

1984년 1월 26일 북한은 다시 한 번 대외경제관계의 확대에 대해 전보다 훨씬 강력한 강조를 하고 나선다. 버마 랭군(Rangoon)에서의 폭파 사건이 일어난 지 몇 달 만에 김일성은 북한이 사회주의 국가나 제3세계뿐만 아니라 '우호적인' 자본주의 국가들과도 교역을 적극적으로 확대해야 한다고 발언했기 때문이다.[8] 여기서 지칭하는 '우호적인' 자본주의 국가들에는 미국도 포함된 것으로 보이는데, 예컨대 1985년 7월 조지워싱턴(George Washington) 대학의 김영진(Young C. Kim) 교수가 당시 북한 부총리이자 외교부장이었던 김영남과 행했던 인터뷰 내용을 통해 이를 일부 추론할 수 있다.

> (김영진) 북한의 미국에 대한 정책 입장을 말씀해주시겠습니까?
>
> (김영남) 한반도의 현 상황과 북-미 간의 비정상적 관계를 고려할 때 양국 모두가 관계 개선에 관심을 갖고 있는 것은 당연하다고 하겠지요 …… 북-미 양국이 한때 전쟁을 치렀던 것은 사실이지만 어제는 어제고 또 오늘은 오늘입니다 …… 우리는 미국을 우리의 '영원한 적'(eternal enemy)으로 간주할 생각이 전혀 없습니다 …… 따라서 우리와 미국은 우선 대학 차원의 스포츠팀이나 예술단을 교류한다든지 또는 더 나아가 교역을 포함한 경제교류에 대해 논의를 시작할 수 있다고 생각합니다.[9]

그로부터 2년도 채 안 된 1987년 3월에 미국 국무성은 자국 외교관들로 하여금 리셉션이나 중립적 장소에서 북한 외교관들과 실질적인 대화를 하도록 허용했으며, 심지어 - 비록 실현되지는 못했지만 - 화해의 표시로 미국이 대 북한 금수조치를 철회할 것이라는 선부른 전망이 나오기도 했다.[10] 북한의 대외정책 변화와 관련된 또 다른 정황이 1987년 9월 셀릭 해리슨(Selig S. Harrison)과 북측 고위인사인 황장엽 사이에 이루어진 인터뷰를 통해 밝혀지기도 했다. 그 내용인즉 한국에서 성공적으로 공산혁명이 이루어질 가능성에 대해 북한이 비관적인 전망을 하고 있으며, 더욱 놀라운 것은 북한이 미국 및 일본과, 그리고 한국은 중국 및 소련과 수교하는 소위 '교차승인'(cross-recognition) 방안에 대해 노동당 국제담당 비서였던 황장엽이 강력한 반대를 표시하지 않았다는 점이다.[11]

미국을 포함한 서방 진영과의 교류 및 교역의 추진과 관련해 이 시기에 북한이 힘주어 강조했던 것은 바로 서방 선진국가들로부터 앞선 산업기술의 도입 필요에 대한 것이었다. 이는 기존의 '자력갱생' 모델에 대한 대안적 발상이 있었음을 의미하며 당시 중국이 시행하던 '개방'정책과 흡사한 형식이었다고도 할 수 있다. 예컨대 1984년 1월 북한의 부총리 겸 외교부장이던 김영남이 중국 선전(深圳)에 위치한 경제특구를 참관한 후, 같은 해 9월 외국인 투자 유치와 외국 기술 및 경영기법의 도입을 위한 '합영법'(合營法)을 제정했던 것을 들 수 있다.[12]

이 시기 '합영법'과 그 시행에 대한 전반적인 평가는 그리 긍정적이지 않다. 가장 중요한 이유는 당시 북한정부가 제시했던 총 60여 개의 투자협의 대상 중에서 결국 단 네 개 항목에 대해서만 실제로 투자가 집행되었기 때문이다. 그나마 이 중 세 개는 친 북한 성향을 가진 조총련 계열 기업들이 투자의 주체였을 뿐 아니라 이들의 투자 또한 선진화된 산업기술과는 동떨어진 커피숍, 자동차 정비소, 백화점 등에 대한 것이었다. 당시 세간의 큰 관심을 끌었던 46층 규모의 양각도 국제호텔 건설 프로젝트의 경우에도 1985년 12월 프랑스 측이 이 사업에 대한 투자를 중도 포기함으로써 결국 실패로 돌아갔다. 이 시기에 행해졌던 여러 시도들은 북한의 낮은 정치신인도가 경제협력에 대한 심각한 장애로 작동함에 따라 제대로 된 성과를 만들어낼 수 없었던 것이다.[13]

그렇다면 북한은 왜 1980년대에 위에서 논한 것 같이 미국을 포함한 서방 선진국가들에 대해 획기적인 경제 및 통상 교류를 위한 이니셔티브를 취했던 것인가? 보다 구체적으로 어떤 대외환경의 변화와 국내적 요인들이 탈냉전의 분위기가 무르익어 가던 이 시기 북한의 대외관계에 있어 전환점을 만들어냈던 것인가? 아래에서 이에 대해 상세히 논의하고자 한다.

북한의 대외환경 변화에 대한 논의

약소국의 대외관계를 좌우하는 체제적 요인에는 크게 두 가지가 있는데, '국제적 분위기'(international climate)와 함께 미국, 소련, 중국 등 국제정치의 구조와 규범을 결정하는 핵심 강대국들 간의 변화하는 전략적 관계가 포함된다.[14] 국제적 분위기란 시기에 따라 크게 변할 수 있는 대외관계의 환경적 요인을 의미하며 대개 '국제적 긴장도'(degrees of international tension)를 좌우하는 여러 요소들에 의해 결정된다. 따라서 전반적으로 볼 때 미-소 관계(1940년대부터 1990년대 초까지), 중-소 관계(1960년대 초부터), 그리고 미-중 관계(1970년대 초부터) 등에서의 주요 변화가 종합적으로 국제적 분위기를 형성했다고 평가할 수 있다.[15]

보다 구체적으로 1970년대 초반 키신저 국무장관의 비밀방중, 닉슨 대통령의 전격적인 중국 방문 이후 형성된 미-중 간 화해 분위기가 1979년 미-중 수교 이후 1980년대에도 그리 큰 변화 없이 지속되었다. 또 1980년대 초반 이후, 특히 고르바초프(M. Gorbachev) 서기장의 집권 이래 미-소 간 유화적인 분위기의 형성, 아프가니스탄 사태의 해결을 위한 미-소 간 협상과 중거리 핵무기 폐기조약(INF Treaty)의 획기적 타결, 그리고 1980년대 중반 이후 중-소 간 화해 등을 통해 만들어진 국제정치의 핵심적인 분위기가 안 그래도 폐쇄적이었던 북한을 보다 고립된 환경으로 몰아넣었던 것이다. 이와 같은 국제적 분위기의 변환 속에서 미-중-소 간 전략적 삼각 구도의 내용이 바뀌고 있음을 북한이 제대로 파악했던 것이 바로 북한의 대외관계에 영향을 미친 가장 중요한 원인이라고 할 수 있다.[16)]

당시 북한이 관심을 갖고 바라본 중요한 사례는 국제정세의 변화 흐름에 적극적으로 적응해가던 중국(소련도 일정 부분에서는 마찬가지였지만)의 모습이었을 것이다. 비록 국제관계를 결정짓는 핵심 요소로서의 안보 및 군사력이 지닌 절대적 무게가 줄어든 것은 아니지만, 경제 및 통상의 중요성이 상대적으로 부각되고 있음을 맹방들이 겪는 변화를 통해 북한이 절실히 인식하게 된 것이다.[17)] 중국과 소련이 공히 채택했던 대내적 개혁과 대외개방 전략을 바라보면서 북한 또한 내키지는 않았으나 나름대로의 정책 조정을 실행하지 않을 수 없었다. 특히 미국과의 우호관계 유지를 핵심목표로 내세운 중국을 보면서, 소련이 미국과의 평화공존을 주창했던 1956년 당시 전략적 딜레마에 빠졌던 중국의 위치에 바로 자신이 놓여진 것을 북한이 인지하게 된 것이다. 내부의 여러 정치적 상황으로 인해 전면적일 수는 없더라도 당시로는 획기적 변화를 북한이 시도할 수밖에 없었던 배경이 바로 여기에 있다.

1980년대 내내 동북아에서의 지역적 분위기 또한 대체로 상호 협력과 개방을 모색하는 추세였다고 할 수 있다. 특히 중국의 경우, 국책(國策)으로 진행하는 개혁·개방노선의 성공을 위해 역내 안정과 평화의 유지가 필수적이었으며, 국경을 접하고 있는 한반도에서의 여하한 분쟁의 발생도 곧 미국 및 서방국가들과의 관계를 악화시킬 것이 분명했기에 중국은 평화와 안정의 유지와 함께 경제관계의 확대를 대외관계의 핵심으로 간주했으며 북한의 돌출행동을 크게 경계하고 있었다.[18)]

소련의 경우도 이와 크게 다르지 않았는데, 고르바초프의 등장 이후 동북아에서의 안정 유지를 매우 중시했으며, 특히 아프가니스탄 사태의 해결을 위한 적극적인 협상, 중거리 핵무기 폐기조약(INF)의 타결, 그리고 중-소 간 화해를 통해 긍정적인 지역 분위기의 형성을 모색하였다. 따라서 소련 또한 북한이 이를 저해하는 파괴적 행동을 하기를 원치 않았으며 북한이 대외관계의 조정을 통해 지역 안정의 유지에 기여하기를 바랐던 것이다. 당시 소련의 국제문제 전문가들의 평가에 따르면:

> 1980년대에는 북한의 대외정책이 아시아에서 그 중요성을 제고하게 될 것으로 전망하고 있다 …… 북한의 보다 적극적인 외교정책이 다양한 새로운 가능성을 열어주고 있으며 역내 여러 분쟁들을 평화적으로 해결하는 방법을 찾는 데에 큰 공헌을 하고 있다.[19)]

결국 중국과 소련 공히 대내적인 개혁과 대외개방, 그리고 역내 안정 및 지역 협력의 모색이라는 틀 안에서 각기 대외관계의 변환을 구상하고 있었다. 또 중-소 관계의 변화된 맥락도 북한으로 하여금 이와 같은 협력의 틀로부터 확연히 벗어나는 모험주의적 돌출 행동을 하기 어렵도록 만드는 역할을 했던 것이다.

동북아에서 화해 및 협력 분위기의 확산과 더불어 특정한 양자관계의 발전 또한 1980년대와 90년대 초반 북한의 대외관계에 있어서 주요한 변화를 이끌어내는 데에 핵심적인 역할을 한 것으로 평가된다. 특히, 1980년대 중반 이후 한국의 적극적인 '북방정책'의 추진을 통해 동구 공산권의 대부분 국가들이 한국과의 관계 개선에 나섰다는 점이다. 1988년 헝가리와의 무역사무소 개설을 필두로 유고슬라비아, 폴란드, 체코슬로바키아 등과의 관계 개선이 이어졌다. 즉, 교역의 증대가 무역사무소의 개설로 이어지고 또 이것이 양국 간 수교로 연결되는 소위 '국기(國旗)가 무역을 따라가는'(trade preceding the flag) 방식이 널리 확산되었던 것이다.[20]

전환기였기에 가능했던 또 하나의 양자관계의 형성은 바로 한국과 베트남 사이의 관계 개선을 가리킨다. 1960년대 후반 이후 한국군의 참전을 통해 서로 피를 뿌리고 싸웠던 적대국이었음을 감안하면, 한국이 베트남산 석탄의 최대 수입국으로 부상하고 또 삼성전자가 컬러TV 조립공장을 설립하는 등 교역 및 통상에 있어 긴밀한 관계를 형성한 것은 당시로서는 북한에게 큰 부담으로 작용했음에 틀림없다. 1988년 2월 23일 베트남 외무장관이 "한국과 비공식적 관계를 발전시키는 것에 대해 반대할 아무런 이유가 없다"는 발언을 했으며 결국 1992년에 한국과 베트남은 수교를 맺기에 이른다.[21]

양자관계의 측면에서 북한에게 무엇보다도 가장 큰 충격을 주었던 것은 1980년대 후반부터 소련과 중국이 한국과의 관계 개선 및 협력적 양자관계의 형성에 적극적인 모습을 보였다는 점이다. 북한의 가장 직접적인 경쟁자이자 적대체제였던 한국이 북한의 핵심 맹방이자 지원국인 소련 및 중국과 우호적인 관계 형성에 들어갔다는 것보다 북한의 관점에서 볼 때 더 큰 '위협'은 없었기 때문이다. 중-소 분쟁과 문화대혁명의 와중에서 아슬아슬한 '줄타기 외교'를 통해 살아남은 북한도 1980년대에 몰아닥친 화해와 '북방정

책'의 도전으로부터는 큰 위협을 느끼지 않을 수 없었던 것이다.[22)]

소련과 한국 사이의 관계는 1972년에 이미 한국이 무역법 개정을 통해 대 공산권 교역에 대한 금지 조항을 삭제하고, 또 1973년의 6·23 선언을 통해 교차승인을 암묵적으로 인정한 때부터 이루어졌다고 볼 수 있다. 1974년에 한-소 교역규모는 이미 400만 달러에 이르렀으며, 1983년에 발생한 대한항공 007기 피격 사건 이후인 1985년에도 양국 간 교역액은 무려 1억 달러를 상회했던 것으로 나타난다.[23)] 특정 사건에 구애를 받지 않고 성장하던 한-소 관계는 지속적으로 늘어가는 교역과 함께 그 영역을 점차로 넓혀간다. 당초 핀란드, 오스트리아, 일본 등을 중계지로 활용했던 간접교역 대신 직교역의 비중이 높아졌으며 그 규모 또한 1987년에 무려 5억 달러에 달하게 된다. 또 1987년 1월 소련의 합자법 개정을 활용해 다수의 한국기업이 소련에 대한 직접투자를 시도했고, 또 시베리아 개발에도 공동 참여하게 된다. 이러한 다양한 협력의 움직임은 북한으로 하여금 대외관계 패러다임을 일부 바꾸도록 하는 데에 일조를 했던 것이다.[24)]

중-소 분쟁의 와중에서 펼친 '줄타기 외교' 속에서도 북한이 심정적으로 더 많은 지지를 보냈던 쪽은 소련이 아니라 중국이었음을 앞에서 밝힌 바 있다.[25)] 그렇게 본다면 1980년대 중반 이후 본격화되기 시작한 중국과 한국 사이의 관계 개선이야말로 아마도 한-소 관계의 진전보다 북한에게는 더 큰 충격과 도전으로 다가왔을 것이다. 1979년 1900만 달러의 규모로 시작했던 한-중 간 간접교역이 1985년 11억 6천만 달러에 이르렀으며, 이때부터 홍콩, 일본 등 제3국 중계지를 거치지 않는 직교역의 비중이 점차 높아지기 시작했다. 또 서울올림픽이 개최되었던 1988년에 이르면 한국의 대 중국 직접투자가 시작되고 무려 30억 달러를 상회하는 교역량과 함께 한

국은 중국의 제8대 교역국으로 등장하게 된다.[26)]

1988년 3월 중국의 톈지윈(田紀云) 부총리는 북한의 동의를 전제로 하지 않은 상태에서 한국과 직교역을 가질 용의를 표명하기에 이른다.[27)] 유혈진압으로 끝난 1989년 천안문 사건으로 인해 중국이 서방의 경제제재를 받는 상황에서도 한국은 대 중국 교역과 투자의 흐름을 늦추지 않았고, 이는 곧 1991년 1월 한-중 무역사무소의 개설로 이어진다. 하루가 멀다하고 급증하는 교역뿐 아니라 투자, 스포츠 교류, 관광 등의 영역에서 날로 증대되는 한-중 간 상호교류는 - 중국에는 수교로 이어졌던 동구권의 경험을 감안할 때 - 북한으로 하여금 심각한 전략적 우려를 갖게 하기에 충분했을 것이다.[28)]

북한에게 있어 전통적으로나 지정학적으로 가장 중요한 두 맹방 중국과 소련이 경쟁자이자 적대체제인 한국과 다양한 영역에서의 교류를 확대해가는 상황은 평양으로 하여금 두 가지의 대안적 가능성을 모색하도록 했다. 하나는 북한이 보다 유화적인 입장으로 정책을 전환해 '상호의존'의 세계로 뛰어들도록 하는 것인데, 이는 앞서 논의했던 1980년대 북한의 '대담한 시도'와 긴밀히 연관된 것이었다. 다른 하나의 가능성은 이전보다 강성의 선택을 하는 것으로 1990년대 초반 이후 불거진 북한의 '핵 카드' 활용이 그 주된 표현이라 할 수 있다. 전자는 1980년대 후반에 들어서 대내외적 요인으로 인해 그 유용성이 점차 낮아져 결국은 용도 폐기되었던 반면, 후자인 '핵 카드'는 1990년대 초반 이후부터 지금까지 북한이 지속적으로 의존하고 또 적극적으로 활용하는 대안으로 등장하였다.[29)]

북한의 대내적 환경 변화에 대한 평가

1980년대에 북한의 대외관계에서 당시로는 획기적인 변환이 시도되었던 데에는 경제적 요인이 적잖은 역할을 한 것으로 평가된다. 1970년대 초반부터 북한 경제는 지속적인 침체 상태로 진입했는데, 예를 들어 1961-65년에 9.8퍼센트에 달했던 연평균 GNP 성장률이 1981-84년에는 4.3퍼센트까지 낮아진다. 또 1971년에 시작된 '6개년 계획'(1971-76)의 경우 당초 상정했던 기간보다 일 년이나 더 걸려 1977년에야 완성되었다. 뿐만 아니라 이어 시작된 '7개년 계획'(1978-84)도 계획보다 2년이나 더 걸려 완성되었으며, 채 4퍼센트에도 못 미치는 성장률을 기록해 그리 성공적이지 못했다. '7개년 계획'의 집행과정에서도 1982년과 1984년의 두 차례에 걸쳐 김일성은 신년사에서 전년도의 산업생산 통계를 밝히지 않았다.[30] 〈표 7-1〉에서 보듯이 1980년대 북한의 경제성장률은 1950년대 말과 비교할 때 무려 1/4 이하의 수준으로 감소하는 추세를 보였으며 이는 곧 북한의 대외관계에도 상당한 영향을 미칠 수밖에 없었던 것이다.

국내경제의 지속적인 침체는 곧 북한정부가 져야 할 방위비 부담을 상대적으로 무겁게 만든다. 즉, 국내 실물경제가 그동안 감당해왔던 것보다 훨씬 더 무거운 예산부담을 국방부문이 지게 된 것이다. 앞서 제시한 것처럼 북한의 대외관계에서 당시로는 획기적인 변화가 나타났음에도 불구하고 실제로 방위비용이 대폭 줄어든 것으로 보이지는 않는다(〈표 7-2〉 참조).[31] 이는 당시의 국제정세와 주변 안보정황을 북한이 그리 긍정적으로만 보지 않았음을 의미한다.

표 7-1
북한의 연평균 성장률 (단위: %)

시기	GNP	산업생산
3개년 계획기(1954-56)	N/A	42.0
5개년 계획기(1957-61)	21.0	36.6
1차 7개년 계획기(1962-70)	8.9	12.8
6개년 계획기(1971-77)	8.4	16.3
2차 7개년 계획기(1978-84)	<4.0	12.2
1985-88	<2.0	N/A

출처 『북한총람』(서울: 1986), pp. 58-59; 이영훈, "북한 경제개혁의 전개와 구조," (서울: 금융경제연구원, 2005년 4월 20일)〈http://webdb02.korcham.net/korchamnet/kcndata/epic/files/200504201803/D0504031.pdf〉(검색일: 2006년 3월 14일).

달리 말하면 합영법 제정 등은 기실 극히 제한된 범위의 실험이자 피상적(cosmetic) 변화에 불과했으며 북한 당국의 안보인식에 있어서는 실질적으로 큰 변화가 없었다. 적대체제인 한국 경제는 날로 급성장하고 또 이를 기반으로 방위비를 지속적으로 증대시키는 상황에서 북한만 국방예산을 줄일 수도 없었을 것이기 때문이다.

돌이켜 보면 중국의 경우에도, 1978년 말 열린 삼중전회(三中全會)에서의 선언으로 시작해 전국적인 부동의 국책으로 개혁·개방의 틀을 정립하는 데 최소한 10년 이상의 기간이 필요했다. 또 길게는 1992년 1월 덩샤오핑(鄧小平)의 '남순강화'(南巡講話)가 이루어질 때까지 14년 정도가 걸렸다고 볼 때, 북한의 경우 그 이상의 기간이 걸릴 것으로 보는 것은 어쩌면 당연할지도 모른다.[32] 덩샤오핑은 일단 자신의 정치적 입지를 탄탄하게 만든 후 마오쩌둥(毛澤東)의 노선과 정책에 대해 비교적 자유롭게 수정을 가할 수 있었던 반면, 북한의 경우 친자(親子)인 김정일이 김일성의 노선을 명시적으로 비판하고 급속도로 바꾸기는 어렵다는 점에 주목해야 한다. 또 몇십 년

표 7-2
북한의 방위비 부담 비율의 변화, 1975-1990

연도	방위 부담 비율(%)
1975	11.3-14.8
1980	9.5-14.0
1981	10.1-14.6
1982	10.3-14.5
1983	9.7-14.1
1984	9.6-14.1
1985	10.7-15.1
1986	10.7-15.1
1987	10.2-14.4
1988	11.7-15.6
1989	10.1-14.0
1990	9.1-13.2

출처 Taik-young Hahm, *Arming the Two Koreas: State, Capital and Military Power* (London: Routledge, 1999), p. 133.

동안 강력히 주창해왔던 '주체사상'이 북한의 실질적인 변신을 향한 발목을 잡고 있는 점도 감안해야 할 것이다.[33] 뿐만 아니라 북한의 입장에서는 당시 개혁·개방노선을 이미 적극적으로 추진하던 중국의 사례가 구체적으로 어떤 결과를 만들지에 대한 학습효과를 노리고 있었을 수도 있다. 어찌 보면 1980년대 북한이 보인 제한적 실험과 시도가 2000년대에 들어 나타나고 있는 보다 획기적인 변화의 시발점이었을 수도 있다.[34]

한-중 관계의 개선과 북-중 관계의 변환

북한이 대외관계에서 일정 부분의 변화를 보였던 1980년대의 북-중 관계는 크게 다음의 몇 가지 모습으로 드러났다. 첫째, 북한은 당시 중국이 시행하던 개혁·개방을 일부분 따라하는 듯한 모습을 일시적으로 보였으나 실제로 대폭의 변화가 일어나지는 않았으며 오히려 가까운 '이념의 동지'(ideological ally)를 잃을지도 모른다는 우려를 가졌던 것으로 보인다. 즉, 전반적인 체제개혁과 함께 대외적 개방정책을 4개의 특구라는 '점'(点)으로부터 연해지역 전체를 의미하는 '선'(線)과 '면'(面)으로까지 확대하는 중국의 대대적인 변화의 모습을 보면서 향후 양자 간에 심각한 이념적 갈등을 겪을 수도 있다는 우려를 가졌다는 것이다.

둘째, 당시의 북-중 관계는 급속도로 가까워지던 한-중 관계의 진전과 맞물려 돌아간 부분이 적잖이 있었던 것으로 보인다. 1979년 한-중 간 간접교역이 시작된 이후 북한이 수차례에 걸쳐 중국에 대해 한국과의 통상행위를 중단할 것을 요구한 것으로 알려진다. 예컨대 1982년 한국산 전자제품을 선적하고 칭다오(青島)항에 들어가던 화물선이 북한의 공식적인 문제 제기에 대해 뭔가 보여줘야 했던 중국정부에 의해 며칠간 하역을 못하고 억류되었던 일이나, 또 1984년에 산둥(山東)성에 부두를 건설해주고 그 비용으로 석탄을 대신 받으려던 대한조선공사의 프로젝트가 이를 사전에 인지한 북한의 항의로 인해 성사되지 못한 사례도 있었다.[35]

게다가 1983년 버마 랭군에서의 폭파 사건이 있은 후, 중국의 북한 인식에도 적잖은 변화가 있었던 것으로 보이며 이를 통해 한-

표 7-3
북-중 및 한-중 교역 통계, 1980-1992 (단위: 100만 미 달러)

연도	북-중 교역량	한-중 교역량
1980	677	188
1981	480	353
1982	544	129
1983	492	134
1984	500	462
1985	473	1,161
1986	490	1,336
1987	533	1,679
1988	476	3,087
1989	457	3,143
1990	483	3,821
1991	611	5,812
1992	696	6,380

출처 Jae Ho Chung, "The Political Economy of South Korea-China Bilateralism: Origins, Progress and Prospects," in Ilpyong J. Kim and Hongpyo Lee (eds.), *Korea and China in a New World: Beyond Normalization* (Seoul: The Sejong Institute, 1993), p. 280; Samuel S. Kim, "North Korea and Northeast Asia in World Politics," in Samuel S. Kim and Tai Hwan Lee (eds.), *North Korea and Northeast Asia* (Lanham: Rowman & Littlefield, 2002), p. 41; 대한무역진흥공사〈http://www.kotra.or.kr〉와 중국상업부〈http://www.moc.gov.cn〉 자료 참조.

중 관계 개선의 여지가 넓어진 것으로도 볼 수 있다.[36] 또 1986년 서울아시안게임, 1988년 서울올림픽 등을 계기로 한-중 간의 거리가 급격히 가까워지게 되는데, 1987년 6월 중국은 국제적인 스포츠대회 기간 중에는 한국을 '대한민국'(Republic of Korea)으로 호칭하겠다고 밝히기도 했다.[37] 한-중 관계가 급속히 진전되면서 북한과 중국 간의 관계는 서서히 보이지 않는 마찰음을 내게 된다. 물론 때때로 중국 지도부는 북한에 대해 한-중 교류의 확대 필요성에 대한 비공식적 해명을 했지만 한-중 간 실질적인 관계가 확대되면서 북한의 항의 목소리는 점차로 힘을 잃게 되었다. 예컨대 중-북 간의 교역량과 한-중 간 교역량의 변화 추이를 비교해보면 이는 매우 자명해진다(〈표 7-3〉 참조). 1980년에만 해도 북-중 간 교역규모가 한-중 간의 그것에 비해 세 배 이상이나 컸지만 1985년을 기점으로 그 추세는 빠르게 역전되었기 때문이다. 1990년에 이르면 한-중 간의 교역총액이 북-중 간 교역총액의 7배를 넘어서 이미 경제적 측면에서는 한국의 상대적 중요성이 명시적으로 드러났다고 할 수 있다.

셋째, 중국이 한국과의 관계개선에 있어 전향적으로 나설 수 있었던 배경에는 설사 중국이 그렇게 하더라도 북한이 일방적으로 소련에 가까이 다가가는 선택을 하기 어려울 것이라는 믿음이 있었기 때문이다. 물론 그러한 확신의 배경에는 과거 소련이 북한의 국내정치에 자주 개입했던 것에 대한 북한의 예민한 반응을 중국이 익히 알고 있는 것과도 깊은 연관이 있다.[38] 뿐만 아니라 이 시기(특히 1984-87년)에 북한이 자신의 필요에 따라 다방면에서 소련과 군사협력을 강화했지만 중국의 전략적 이익에 반하는 수준까지 소련과의 관계를 확대하거나 유지했던 것으로 볼 수 있는 여하한 근거도 없기 때문이다.

그럼에도 불구하고 경제적 측면에서 1980년대 내내 북한은 소련과 상당히 밀접한 관계를 유지했던 것으로 보인다. 우선 1980년 6억 7700만 달러에 달했던 북-중 교역은 1985년에 4억 7300만 달러로 또 1990년에는 4억 4300만 달러까지 줄어드는 추세를 보인 반면, 소련과 북한 사이의 교역규모는 같은 기간 8억 7300만 달러에서 14억 4천만 달러와 23억 5천만 달러로 급속히 증가했기 때문이다. 이는 소련과의 교역이 북한의 대외무역 총액에서 차지하는 비중이 1980년의 24퍼센트에서 1985년 43퍼센트, 그리고 1990년에는 무려 56퍼센트까지 증가했음을 의미한다. 뿐만 아니라 1982-

87년 기간에 체결된 경제 및 기술 관련 양자 간 합의사항의 총수도 북한과 중국 사이에는 39개에 불과했지만 북한과 소련 간에는 무려 61개에 달했다.[39]

넷째, 1980년대에 북한 내부에서 발생한 여러 정치적 상황 또한 당시 북한의 대 중국 및 대 소련 관계에 적잖은 영향을 주었던 것으로 평가된다. 1980년 10월 제6차 조선노동당 전국대표대회에서 김정일이 노동당 서기처의 제2인자, 정치국 서열 4위로 뛰어올라 김일성의 명실상부한 후계자로 자리매김한 것에 대한 대외적 후속작업이 이 시기 내내 뒤따랐기 때문이다. 즉, 이 시기에 김일성이 베이징과 모스크바를 자주 방문했던 가장 중요한 배경으로 자신의 아들인 김정일로의 권력승계에 대해 중국과 소련으로부터의 묵시적 동의를 얻어내기 - 최소한 명시적인 반대를 막기 - 위한 것으로 보인다.[40]

북핵 위기가 불거지기 전인 1980년대와 90년대 초반까지의 북-중 관계는 실질적인 내용(통상·교역 등의 측면)에 있어서 한-중 관계에 훨씬 미치지 못했을 뿐 아니라 북-소 관계와 비교하더라도 그 실질적 협력에서 상당한 대조를 보였다. 비록 중국 못지않게 소련 또한 한국과의 관계 개선을 위해 다양한 노력을 경주했지만 이 시기 북한과의 실질적인 협력관계에 있어서는 소련이 더 앞서 나간 것으로 평가된다. 과연 이것을 당시 북한이 중국보다는 소련에 대해 보다 강한 정서적 유대를 가졌던 것으로 봐야 할 것인가라는 질문이 남는다. 이에 대한 확답을 찾기란 그리 쉽지 않다. 1950년대 후반부터 지속적으로 중국과 소련 사이에서 생존을 위해 펼쳐온 북한의 '줄타기 외교'의 가장 큰 특징은 그 실용성이 매우 뛰어났다는 점이다.[41] 심지어 이 시기 북한의 대 중국 및 소련 외교와 관련해 한 중국인 전문가는 "젖만 준다면 북한에게는 그 누구라도 엄마가 될 수 있다"(給奶便是娘)고까지 평가하기도 했다.[42] 그럼에도 불구하고 탈냉전 분위기와 함께 한-중 관계가 획기적으로 개선되던 이 시기에 - 1982년부터 1992년까지 - 북한에서 중국으로 간 고위방문단의 숫자는 71차례에 달했으나 중국에서 북한으로 간 고위방문단의 숫자는 14차례에 불과해 북-중 관계의 호혜적 관계가 일부 변하고 있었음을 감지할 수 있다.

소결

냉전 구조의 대대적인 와해와 해체가 일어나기 전인 1980년대에 이미 북한의 대외관계는 적잖은 변화의 조짐을 보이기 시작했다. 이 중 상당 부분은 생존을 위한 딜레마를 극복하기 위해 북한이 보일 수밖에 없었던 노력의 일환이었다. 다만 앞서 제시했던 여러 가지 요인들로 인해 충분하고도 실질적인 변환을 이끌어내는 데에는 이르지 못했다. 개혁과 개방을 주축으로 하는 생존전략이 그 폭이나 효과의 측면에서 실질적인 변화를 도출해내기 힘들어지자 북한은 결국 핵무기 개발이라는 강경하고도 위험한 카드를 뽑아 국제사회에 대한 위협이라는 '벼랑 끝 전술'을 채택하게 된다. 그러나 2011년 현재의 관점에서 보면 북한의 핵 개발과 그로 인한 위기의 상황은 오히려 한반도에 대한 중국의 상대적 영향력을 제고시키는 결과를 낳아 북-중 관계에서도 중국에 대한 북한의 의존도를 보다 높이는 상황으로 끌고 가는 측면이 많은 것으로 보인다. 즉, 북한의 당초 의도와는 달리 중국의 남북한에 대한 '부상'이 공히 나타나는 측면을 만들었다는 점이다. 1993년 이후 북핵과 연관된 북-중 및 한-중 관계의 복잡한 역학은 이 책의 11장에서 보다 자세히 논의하게 될 것이다.

주석

1 Kang Suk Rhee, "North Korea's Pragmatism: A Turning Point," *Asian Survey*, Vol. 27, No. 8 (August 1987), pp. 888-889에서 인용. 또 Hy-Sang Lee, "North Korea's Closed Economy: The Hidden Opening," *Asian Survey*, Vol. 28, No. 12 (December 1988), pp. 1264-1279를 참조하라.

2 북핵 문제와 관련한 북-중 및 동북아 국제관계의 역학에 대해서는 11장을 참조하라.

3 이에 대한 구체적인 논의로는 정재호, "냉전기 북-중 관계의 형성과 운용의 동학," 김세균 (편), 『북한체제의 형성과 한반도 국제정치』 (서울: 서울대학교출판부, 2006), pp. 191-197을 참조하라.

4 Tai Sung An, *North Korea; A Political Handbook* (Wilmington: Scholarly Resources, 1983), p. 92를 보라.

5 米容順, "北韓與日本經濟關係之談討," 『問題與研究』, 第26卷, 10號 (1987年 10月), p. 71.

6 1979년은 한국이 중국과 1900만 달러 상당의 간접교역을 시작했던 해라는 점에서 우연치고는 묘한 시점의 일치가 있었던 것으로 보인다. Jae Ho Chung, "South Korea-China Economic Relations: The Current Situation and Its Implications," *Asian Survey*, Vol. 28, No. 10 (October 1988), pp. 1034-1037을 참조하라.

7 Mike Tharp, "A Crack in the Wall: The U.S. Is Trading with Pyongyang Despite Its Own Embargo," *Far Eastern Economic Review*, October 22, 1982, pp. 8-9. 국제통화기금(IMF)에서 발간하는 통계자료에 따르면 미국과 북한 사이에 1973년에 이미 30만 달러 이상의 간접교역이 이루어졌으며 1979-81년의 3년 동안은 오히려 그 규모가 줄어든 것으로 나타난다. *Direction of Trade* (Washington, D.C.: International Monetary Fund, 1984), p. 292를 보라.

8 『노동신문』, 1984년 1월 27일 자를 보라.

9 "Interview with Young-nam Kim, Vice-Premier and Foreign Minister of the Democratic People's Republic of Korea," *Journal of Northeast Asian Studies*, Vol. 4, No. 3 (Fall 1985), pp. 71-72.

10 *New York Times*, April 5, 1987을 보라.

11 *New York Times*, November 22, 1987.

12 *Pyongyang Times*, September 15, 1984.

13 米容順, "北韓與日本經濟關係之談討," pp. 75-76; Chang Hwa-soo, "The Scope of North Korea's Economic Opening and an Analysis of Its Effects (I)," *Vantage Point*, Vol. 11 (January 1988), p. 9; Selig Harrison, "Kim Il Sung Promotes a Chinese Style Open-Door Policy," *Far Eastern Economic Review*, December 3, 1987, pp. 37-38을 참조하라.

14 Ulf Lindell and Stefan Persson, "The Paradox of Weak State Power: A Research and Literature Overview," *Cooperation and Conflict*, Vol. 21 (1986), pp. 81-83.

15 1950년대에는 능력이나 인식의 측면에서 중국을 '전략적 삼각구도'(strategic triangle)의 실질적인 하나의 축으로 보기 어려웠으나 1964년 원자폭탄과 1967년 수소폭탄의 개발 성공, 1971년 UN 안보리 상임이사국으로의 진입, 그리고 1972년 미-중 관계의 획기적 개선 이후 국제사회가 중국의 위상을 바라보는 관점과 평가가 상당히 달라졌다고 할 수 있다.

16 예컨대 Robert G, Sutter, "Sino-Soviet Relations: Recent Developments and Implications for the United States," *Journal of Northeast Asian Studies*, Vol. 6, No. 1 (Spring 1987), pp. 65-66, 70-71을 보라.

17 당시 경제/통상의 중요성이 부각되던 것에 대하여는 Richard Rosecrance, *The Rise of the Trading State* (New York: Basic Books, 1986), p. 227을 보라.

18 예컨대 Hao Yufan, "China and the Korean Peninsula: A Chinese View," *Asian Survey*, Vol. 27, No. 8 (August 1987), p. 874를 보라.

19 O. Davydov and V. Mikhyev, "DPRK's Foreign Policy and Relations in the Far East," *Far Eastern Affairs*, No. 5 (1987), pp. 38, 41을 보라. 더불어 Charles Ziegler, *Foreign Policy and East Asia: Learning and Adaptation in the Gorbachev Era* (Cambridge: Cambridge University Press, 1993), ch. 7도 참조하라.

20 한탁채, 『다뉴브강의 푸른 물결』 (서울: 삶과 꿈, 1997); 박정원, "북방정책과 한국-동유럽 관계의 전개," 하용출 외, 『북방정책 - 기원, 전개, 영향』 (서울: 서울대학교출판부, 2003), pp. 141-162를 참조하라.

21 베트남 외무부 장관의 발언에 대하여는 『중앙일보』, 1988년 2월 3일과 24일 자를 보라

22 1960-70년대까지 북한의 '줄타기 외교'에 대하여는 Chin O. Chung, *Pyongyang between Peking and Moscow* (Tuscaloosa: University of Alabama Press, 1978)을 보라.

23 이범찬, "한소교류 현황과 그 확대 방안," 『공산권연구』 (1987년 5월), pp. 13-20.

24 신범식, "북방정책과 한국-소련/러시아 관계," 하용출 외, 『북방정책 - 기원, 전개, 영향』, pp. 73-112를 보라.

25 정재호, "냉전기 북-중 관계의 형성과 운용의 동학," pp. 188-197을 참조하라. 또 劉金質, 張敏丘, 張小明, 『當代中韓關係』 (北京: 中國社會科學出版社, 1998), p. 39를 보라.

26 Jae Ho Chung, *Between Ally and Partner: Korea-China Relations and the United States* (New York: Columbia University Press, 2007), ch. 5 참조.

27 *New York Times*, March 24, 1988을 보라.

28 이에 대해 Chae-Jin Lee, *China and Korea: New Dynamics* (Stanford: The Hoover Institution, 1996), chs. 5-6을 보라.

29 '개방' 카드는 2000년대에 들어 재등장했고 또 2006년 김정일의 선전(深圳) 특구 방문 이후 다시 부각되었으나 '선군정치' 및 '핵 카드'의 위력에 눌려 그 운용의 폭에는 일정한 제한을 받고 있는 것으로 보인다.

30 Chun Eung-youl, "The Present Conditions and Future of the North Korean Economy," *Vantage Point*, Vol. 5, No. 7 (July 1982), pp. 4-5; 『노동신문』, 1982년 1월 1일과 1984년 1월 1일 자; Hy-Sang Lee, "North Korea's Closed Economy," p. 1267을 보라.

31 여기서 사용된 통계는 GNP 대비 국방예산의 비율을 의미한다.

32 國務院特區辦公室 (編), 『中國對外開放地區投資環境和政策』 (昆明: 云南人民出版社, 1993); 정재호, "중국의 개혁개방 20년: 그 성공과 위기에 대한 평가," 정재호 (편), 『중국 개혁개방의 정치경제 1980-2000』 (서울: 까치, 2002), pp. 3-20을 참조.

33 Sang-Woo Rhee, "Chuch'e Ideology as North Korea's Foreign Policy Guide," in Robert A. Scalapino and Hong Koo Lee (eds.), *North Korea in a Regional and Global Context* (Berkeley: Institute of East Asian Studies, 1986), pp. 37-54.

34 중국의 경우에도 1980년대 초반 호별영농정책(包干到戶)을 포함한 농촌개혁 정책의 상당 부분이 이미 대약진(大躍進) 직후의 조정기(1960-62)에 시도된 적이 있었음에 주목할 필요가 있다, Jae Ho Chung, *Central Control and Local Discretion in China: Leadership and Implementation during Post-Mao Decollectivization* (Oxford: Oxford University Press, 2000), ch. 4를 보라.

35 이 두 가지 사례에 대하여는 齊新, "從劫機事件看中韓關係," 『七十年代』 (1983년 6월) p. 55; Chung, "South Korea-China Economic Relations," pp. 1043-1044를 보라. 당시의 분위기에 대한 상세한 논의는 본서의 4장

을 참조하라.

36 랭군사태에 대해 보고받은 덩샤오핑은 북한의 모험주의적 행태에 대해 격분한 것으로 알려진다. Nancy B. Tucker, *China Confidential: American Diplomats and Sino-American Relations* (New York: Columbia University Press, 2001), p. 533을 참조.

37 *Foreign Broadcast Information Service-China* (*FBIS-China*), June 5, 1987, p. D3.

38 이와 관련해서는 Ralph Clough, "The Soviet Union and the Two Koreas," in Donald Zagoria (ed.), *Soviet Policy in East Asia* (New Haven: Yale University Press, 1982), pp. 178-179를 보라.

39 *Vantage Point*, Vol. 5, No. 12, p. 20; Vol. 6, No. 7, pp. 15-18; No. 12, pp. 26-27; Vol. 7, No. 12, pp. 38-41; Vol. 8, No. 12, pp. 35-38; Vol. 9, No. 12, pp. 34-38; Vol. 11, No. 1, pp. 22-26에서 산정한 것임.

40 Yung-hwan Jo, "Succession Politics in North Korea: Implications for Policy and Political Stability," *Asian Survey*, Vol. 26, No. 10 (October 1986), pp. 1092-1117.

41 Byung Chul Koh, *The Foreign Policy Systems of North and South Korea* (Berkeley: University of California Press, 1984), pp. 204-210.

42 2001년 7월 베이징에서 필자의 인터뷰.

43 劉金質 외, 『當代中韓關係』, p. 49를 보라.

제3부
탈냉전기의 중국과 한반도

제8장
수교 이후 탈냉전 시기의 한-중 관계

1992년 8월 24일의 국교 정상화 이후, 한국과 중국의 관계는 장기적으로 안정적인 협력의 유지가 중요하고 또 필요한 상호의존의 심화 국면에 접어든다. 여기서 주목할 것은 한-중 국교 정상화가 전 지구적으로 수십 년이나 지속되었던 냉전 구조의 해체와 맞물려 일어났다는 사실이다. 즉 한-중 수교는 동아시아에서 냉전 구조의 해체를 가속화하는 데에 직접적 역할을 하기도 했지만, 동시에 냉전 종식을 통해 제고된 역내 국제관계의 불확실성으로 인해 한-중 관계 또한 적잖은 도전에 직면했다는 점이다.

이 장에서는 1990년대와 2000년대까지의 한-중 관계에 초점을 두고 다음의 세 가지 문제에 대해 자세히 살펴보고자 한다. 첫째, 탈냉전으로 인한 불확실성의 시기에 동북아의 국제정치적 역학을 특징지었던 요인들은 무엇이었는가? 둘째, 한-중 관계의 주춧돌 역할을 맡아온 경제적 관계는 수교가 이루어진 후 어떤 변화의 과정을 겪었는가? 셋째, 단순히 경제영역에서의 양자 간 협력을 뛰어넘어 당시 서울과 북경 사이에 이루어진 외교 및 전략적 협력의 시도에 대해서는 어떤 평가를 내릴 수 있는가?

탈냉전기 동아시아의 전략적 불확실성

냉전 종식의 영향으로 1990년대 초부터 전 지구적 차원에서 '전략적 재조합'의 양상이 나타났고, 동아시아도 국제정치의 구조와 역학이 극히 유동적이며 불확실한 상태로 빠져들게 된다. 1990년대 동북아의 국제관계적 특성으로는 다음의 몇 가지를 들 수 있다. (1)

새로운 지역 역학의 형성과 관련된 구조적 불확실성, (2) 일정 부분 다자적 협력의 움직임에도 불구하고 여전히 지속되는 양자관계의 중요성, (3) 이념의 종언과 함께 불거진 경제와 정치 사이의 우위 경쟁, 그리고 (4) 이전에는 아예 불가능하거나 생각하기도 어려웠던 국가들 사이의 유연한 전략적 관계의 성립 등이 바로 그것이다.

체제 성격의 불확실성

냉전 구조가 해체되던 당시의 심상을 가장 적절히 표현해낸 것으로 "[냉전을 통한] 극한 대립의 갑작스러운 종결은 어쩌면 예상했던 것처럼 그 전례를 찾아보기 힘든 상황을 초래했다"를 들 수 있다.[1] 흥미롭게도 이와 같은 전 지구적 예단과는 사뭇 다르게 동북아는 19세기 말부터 20세기 초까지의 상황을 연상시키라도 하듯 친숙한 다극적 질서로 회귀하고 있었다.[2] 물론 이 두 시기의 다극체제를 비교할 때 드러나는 가장 주목할 차이는 곧 현 체제하에서의 중국이 더 이상은 '동방의 병자'(東亞病夫)가 아니라는 점이다.

중국과 소련 사이의 불화가 표면으로 드러난 1960년대 초부터, 특히 미-중 간 화해가 이루어진 1970년대 이후 동북아의 국제정치적 구조는 다극체제의 특성을 다분히 내포해왔다. 1990년대 초 냉전이 종식된 이후 나타난 러시아의 전반적인 침체, 중국의 급속한 부상, 미국의 지속적인 우위 유지 등을 통해 진화해온 지역 역학의 속성 때문에 새롭게 드러나는 체제의 성격을 명확히 정의하기가 쉽지 않았다. 1990년대 내내 동북아의 전략적 역학관계는 미국, 러시아 및 중국이 서로 국익을 제고하기 위해 우호적 관계를 유지하는 '원만한 삼각관계'(*menage à trois*) 또는 - 일본을 포함할 경우 - '원만한 사각관계'를 닮아 있다고 할 수 있다.[3] 그러나 '원만한 삼/사각

관계'가 지닌 가장 큰 문제는 현존하고 명확히 인식되는 위협세력의 부재로 인해 전략적 삼(사)각구도가 그중 하나 또는 두 개의 국가를 적대시하는 보다 안정적 성격의 '결혼'(marriage)이나 '낭만적 삼각구도'(romantic triangle)로 전환될 수 있다는 점이다.[4)]

2001년 9·11 사건 이후 중국과 러시아 공히 미국과의 우호적 관계의 틀에서 크게 벗어나지는 않고 있으나 이러한 상태가 얼마나 지속될 수 있을지는 불투명하다. 미국의 외교행태 및 중국과 러시아의 부상 속도와 그 폭에 따라 이러한 안정성은 언제든 바뀔 수도 있기 때문이다. 일본의 태도와 주변국들이 일본에 대해 갖는 인식 또한 동북아 역내 동학에 있어 또 하나의 핵심변수로 작동해왔다. "본토 및 인근 해역에 대한 '전수방위'(專守防衛)를 위주로 하던 일본 자위대의 임무가 공세적 능력에 주안점을 둔 공군 및 해군의 투사 능력 증대에 의해 점차로 가려지고 있다"는 어느 학자의 언급처럼 일본 또한 역내 전략구도에 있어 무시 못 할 변수임에 틀림없다.[5)]

동북아 지역의 구조적 재조합과 관련해 무엇보다 중요한 요인은 미-중 관계의 역동성일 것이다.[6)] 중국의 '부상'은 과연 성공할 것인지, 성공한다면 종합국력의 측면에서 언제 어떻게 미국과 힘의 평형을 이루게 될 것인지, 또 역내 국가들은 이러한 변화에 대해 어떤 인식을 갖고 있으며 어떻게 대비할 것인지 등이 복합적으로 지역정치의 구조를 결정할 것이기 때문이다. 역내의 국제정치 동학에 있어 독립변수라기보다는 종속변수적 측면을 더 많이 가질 수밖에 없던 이 시기의 한국 또한 이러한 불확실성의 측면에서 대 중국 관계를 평가하고 수행해나갈 수밖에 없었을 것이다.

양자관계 vs. 다자관계

냉전 기간뿐만 아니라 1990년대 이후에도 동북아에서는 대체로 다자관계보다 양자관계가 더 지배적인 양상이었다고 할 수 있다. 성숙한 다자관계의 사례로 회자되는 유럽이나 동남아와는 대조적으로 동북아에는 지역적 정체성이나 공동체 인식이 상당 부분 결여되어 있다. 역사적으로 보더라도 미-일, 한-미, 미국-대만, 북-소, 그리고 북-중 동맹과 같이 역내 거의 모든 안보조약이 본질적으로 양자관계에 기반을 둔 것이었다. 동남아(동남아국가연합: ASEAN), 남아시아(남아지역협력연합, SAARC), 그리고 서남태평양 및 오세아니아(남태평양포럼: SPF) 등이 지역별 다자기구를 운용하고 있는 반면, 동북아에는 이에 상응하는 기구가 부재하기 때문이다.[7)]

동북아에 소재한 다자간 협의체들 - 예컨대, 한·미·일 3자조정감독그룹(TCOG), 한반도에너지기구(KEDO), 북핵 문제에 관한 3자 및 6자회담 등 - 을 EU나 ASEAN 차원의 공식적 다자기구와 등치시키기는 어렵다. 물론 ASEAN+3와 동아시아정상회담(EAS) 등이 있기는 하나 이는 동북아만의 조직이라기보다는 오히려 기존의 동남아 중심의 다자체제에 동북아가 '편승'한 것이라고 보는 편이 적절하다.[8)] 그나마 거기서도 안보 현안을 직접 다루기보다는 애둘러 '인간안보'나 '비전통 안보'(NTS)의 문제들을 논의하고 있을 뿐이다.

태평양경제협력회의(PECC)나 아시아태평양경제협력체(APEC)도 동북아만의 기구는 아니다. '두만강유역개발계획'(TRADP)을 빼면 그나마 동북아 자체의 경제교류체도 없는 실정이며, 역내 경제교류 또한 양자 간에 이루어지는 것이 대부분이라고 할 수 있다. 중국이 주창했던 '동북아 경제권'(東北亞經濟圈)의 구상도 오래 가지 못했으며, '대중화권'(大中華圈: Greater China)의 개념도 실질적인 다자적 성격을 갖는다고 보기는 어렵다.[9] 중국, 일본 및 한국이 개별적으로 ASEAN과 자유무역협정(FTA)을 체결했지만 동북아에서는 이에 상응하는 수준의 상호 간 FTA 체결이 2010년 현재 이루어지지 않고 있다. 다자간 경제협력을 위한 많은 노력에도 불구하고 동북아는 여전히 양자관계 위주의 느슨한 연결에 머물 것이라는 기존의 평가가 21세기 초의 지금도 상당 부분 유효한 것으로 보인다.[10)]

지난 백여 년간 동북아가 걸어온 길을 돌아보면 역내 다자간 협력이 가져올 수 있는 다양한 이익의 존재 확인과 그것을 실제로 이루어내는 것은 별개의 문제임을 재삼 느끼게 된다.[11)] 공동체 인식이 부재하고 또 상호이익의 실현 기반이 제대로 구축되지 않은 상황에서 경제교류의 확대는 동북아에서 핵심지위를 지키고 있는 양자관계를 약화시키기보다는 오히려 강화하는 효과를 가져오기 때문이다.[12)] 수그러들지 않는 양자관계의 우위 속에서 한-중 관계의 강화는 자칫 한-미 관계와 의도치 않은 갈등을 빚을 수 있다는 점에서 이러한 구조적 환경은 한국에게 항상 유리하게만 작동하는 것은 아니라고 하겠다.

정치논리 vs. 경제논리

탈냉전 시기(9·11 이전까지)에 두드러진 또 하나의 특징으로 국제정치의 무게중심이 군사/안보적 사안으로부터 경제/통상적 현안으로 옮겨간 것을 들 수 있다. 이는 냉전의 종식이 가져온 이념의 퇴조(종언이 아니라면) 때문이기도 했지만, 안보문제와는 달리 상대적으로 낮은 '배반비용'(cost of betrayal)과 높은 협력 의지를 수반하는 경제협력이 위험 대비 더 큰 이익을 가져다주기 때문이다.[13)] 안보 및 군사위주의 대외전략에서 교역/경제 중심으로의 전환은 중국과 러시아가 1990년대 이후 취했던 정책에서도 여실히 드러난다. 덩샤오핑의 대외개방에 기반을 둔 개혁노선이 이러한 '교역전략'(trading strategy)을 따른 것이었으며, 실패로 끝난 옐친(B. Yeltsin)의 개혁 또한 냉전기 내내 과도한 대외 확장을 지원함으로써 겪게 된 소련의 국내경제 침체의 악순환을 타파하기 위한 것이었다.[14)]

1980년대 중반부터 소련의 위협이 전반적으로 감소했고, 1990년대 초에 이르러 거의 소멸됨에 따라 대 소련 견제를 중심으로 짜여졌던 미-중 관계의 전략적 기반이 상당 부분 약화되었다. 미-중 관계에서 전략 및 대만 문제가 1980년대의 핵심 현안이었다면 1990년대의 주요 쟁점으로는 경제/통상 및 인권문제가 부상했다고 할 수 있다.[15)] 그러나 이는 경제/통상 중심의 '교역전략'이 동북아 국제정치를 지배하는 유일한 규칙이었음을 뜻하지는 않는다. 통일을 지고의 목표로 삼는 중국으로서는 대만이 독립을 선언할 경우 양안 관계에 대한 교역전략을 포기하고 무력을 사용할 수도 있음을 이미 수차례 표명한 바가 있다.[16)] 또 9·11 이후 미국이 주도하는 대테러 전쟁과 북한 핵 문제가 지역 현안으로 남아있는 한 군사전략과 대량살상무기의 확산 방지는 동북아 역학에서 핵심 요소로 작동할 수밖에 없다. 뿐만 아니라 역내 민족주의의 부활과 빈번한 영토분쟁이 가져올 결과 또한 교역전략의 유용성을 경감하는 쪽으로 작동할 가능성이 크다.[17)]

새로운 가능성과 유연한 선택의 모색

냉전 구조의 와해를 통해 이념에 기반을 둔 국가 간 반목과 긴장이 완화되면서 동북아에서는 다양하고도 새로운 양자관계가 생겨나는 기회의 창이 열리게 된다. 소련, 중국 및 북한으로 구성된 소위 '북방 삼각구도'와 미국, 일본 및 한국이 속한 '남방 삼각구도' 사이의 균형이 동북아 냉전구조의 특징이었다면, 탈냉전기에 가장 주목할 만한 상황으로 중-소 간 30년만의 화해, 한-중 및 한-소 간의 국교 정상화, 그리고 남북관계의 개선 등을 들 수 있다. 특히 1990년대에 들어 냉전기에 유지되었던 기존의 안보동맹들이 느슨해지는 동시에 이전에는 생각키도 어려웠던 국가 간에 다양한 '파트너십'의 형성이 시작된 것이다.

새로운 협력 가능성과 유연한 선택은 우선 적대적이던 국가 간에 경제영역을 시작으로 비정부 관계를 성장, 발전시킨 후 점차 무역대표부 등을 개설함으로써 궁극적으로 국교 정상화에 이르는 경로를 밟아갔다. 1980년대 말부터 1990년대 초까지 이루어진 한국의 '북방외교'야말로 이 같은 새로운 협력과 유연한 선택을 가장 잘 보여줬다고 할 것이다.[18] 물론 양자관계에 있어서 이러한 새로운 가능성들을 한국만 독점했던 것은 아니다. 중국 또한 구소련, 베트남, 싱가포르, 이스라엘, 인도네시아, 남아프리카공화국, 그리고 심지어 대만과의 관계 개선을 적극적으로 도모하면서 역내 국제정치의 변화를 활용했고 그 교집합으로 한-중 간 수교가 이루어졌던 것이다.

수교 이후의 한-중 관계: 보완, 경쟁 및 협력의 정치경제

동아시아의 전략환경이 가진 높은 유동성과 불확실성에도 불구하고 경제협력은 1990년대와 2000년대 내내 한-중 관계를 받쳐 주는 가장 중요한 영역이었으며, 양국 간 경제교류는 1992년의 국교정상화 이후 더욱 탄력을 받게 된다. 특히, 무역과 투자의 지속적인 확대는 불확실한 역내 환경 속에서도 한-중 관계를 안정적으로 유지하는 데 큰 역할을 함과 동시에 때로는 복합적 상호의존의 관계에서 마찰과 분쟁을 빈번히 일으키기도 했다. '마늘분쟁'과 '김치파동' 같은 한-중 간의 명시적 무역 분규는 2000년대에 들어서야 발발했으며, 1990년대에는 한-중 경제관계가 대체로 서로에 대한 관용과 배려를 아끼지 않는 '밀월'(蜜月)의 성격을 가졌다고 할 수 있다.[19]

한-중 교역의 확대와 심화

수교 후 일 년만인 1993년에 이미 중국은 미국과 일본의 뒤를 이어 한국의 3대 무역국으로 등장했으며, 2001년에는 한국의 2대 수출시장으로 부상했다. 2003년 중국(홍콩과 마카오 통계를 제외하고도)이 미국을 제치고 한국의 최대 수출시장이 되었으며, 2004년에는 처음으로 한국의 최대 교역대상국이 되었다. 〈표 8-1〉에서 보듯이 한-중 간 교역액은 1992년의 64억 달러에서 2008년의 1683억 달러로 급속히 늘었을 뿐 아니라, 수교 이전에는 상당 기간 중국이 흑자를 기록했던 반면 수교 후인 1993년부터 2009년까지는 단 한 해의 예외도 없이 한국이 지속적으로 흑자를 실현해왔다.[20] 한국의 무역총액에서 중국과의 교역이 차지하는 비율 또한 1990년의 2.8%에서 1996년에는 7.7%, 2001년에는 10.8%, 그리고 2008년에는 무려 20% 이상(수출 의존도 21.7%)으로 높아졌다.[21]

표 8-1
국교 정상화 이후 한-중 교역 현황 (단위: 100만 미 달러)

연도	교역 총액	대 중국 수출	대 중국 수입	교역수지
1992	6,380	2,650	3,730	-1,080
1993	9,080	5,150	3,930	1,220
1994	11,660	6,200	5,460	740
1995	16,540	9,140	7,400	1,740
1996	19,920	11,380	8,540	2,840
1997	23,690	13,570	10,120	3,450
1998	18,420	11,940	6,480	5,460
1999	22,560	13,690	8,870	4,820
2000	31,250	18,450	12,800	5,650
2001	31,490	18,190	13,300	4,890
2002	41,152	23,753	17,399	6,354
2003	57,019	35,110	21,909	13,201
2004	79,349	49,771	29,578	20,193
2005	100,563	61,915	38,648	23,266
2006	118,016	69,459	48,557	20,902
2007	145,010	82,000	63,010	18,990
2008	168,320	91,390	76,930	14,460
2009	140,900	86,700	54,200	32,500

〈표 8-2〉는 1992년, 2001년, 2006년에 있어 한국의 대 중국 상위 10대 수출품목을 열거한 것이다. 상위 10개 품목이 대 중국 수출 총액에서 차지하는 비중은 1992년의 83.2%에서 2001년에는 74.7%로 감소해 9년 사이 한국의 대 중국 수출품목들이 어느 정도 다변화되었음을 나타낸다. 한국의 대 중국 수출품의 종류도 1992년의 750개에서 2001년에는 1,030개로 크게 증가하였다. 두 시기를 비교할 때 한국의 대 중국 수출에 있어 그 전반적 구조에는 큰 변동이

없었으나, 대 중국 수입 구조는 상당한 변화를 겪은 것으로 보인다. 1992년과는 달리 2001년의 경우, 산업기계와 전자제품의 수입 비중이 확연히 증가했기 때문이다(〈표 5-1〉과 비교). 1992년에는 대 중국 수입품 중 저위(低位) 기술산업의 비중이 44퍼센트에 달했으나 2006년에는 그 비중이 19퍼센트로 낮아졌음에 주목할 필요가 있다.[22] 다시 말해 중국도 이제 더 이상 농산물과 원자재 등의 1차 생산품만을 한국에 수출하는 데 그치지 않는다는 의미이다.

한-중 교역에서 '산업 내 무역'(intra-industy trade)이 아직은 중요한 역할을 하고 있지만 한국의 수출품들이 가진 '현시비교우위지수'(revealed comparative advantage: RCA)는 해를 거듭할수록 하락하는 실정이다. 예컨대, 한국의 5대 수출상품 가운데 중국의 동일 계열 상품과 비교할 때 경쟁 우위가 있는 것으로 평가된 품목은 하나도 없다.[23] 한국 상품의 대외 경쟁력 문제는 이미 1990년대 초부터 체감하기 시작했는데, 미국시장에서 중국 상품의 점유율이 1990-1년에 3.1퍼센트에서 3.9퍼센트로 증가한 반면, 같은 기간 한국 상품의 점유율은 동 기간 3.7에서 3.5퍼센트로 하락했다. 이러한 추세는 최근에도 지속되고 있는데, 한국 상품의 미국시장 점유율은 1999년 3.1퍼센트에서 2003년의 2.8퍼센트와 2008년의 2.3퍼센트로 감소한 반면, 중국의 점유율은 같은 기간 각각 8, 11, 14.6퍼센트로 증가했다.[24] 중국은 2001년 753개의 세계 1위 제품을 보유했으나 동년 한국의 세계 1위 상품 수는 69개에 불과했고, 2009년에는 그 수가 각각 1,210개와 52개로 그 격차는 더욱 벌어졌다.[25] 뿐만 아니라 2004년에 이루어진 99가지 핵심기술에 대한 한 평가에 따르면 한-중 간의 기술격차는 평균 2.2년 정도에 불과했으며 그마저도 지속적으로 좁혀지고 있는 실정이다.[26]

표 8-2
한국의 대 중국 수출 상위 10개 품목 (수출 총액 중의 비중)

순위	1992년	2001년	2006년
1	철강제품(30.2)	석유화학제품(18.3)	전기 부품
2	석유화학제품(17.3)	광물류(9.2)	석유화학제품
3	직물류(10.1)	전기 부품(8.9)	산업용 전자기기
4	피혁/모피제품(5.4)	직물류(8.8)	광물류
5	섬유원자재(4.9)	산업용 전자기기(7.9)	철강제품
6	산업기계류(4.1)	철강제품(7.6)	수송기계
7	종이제품(3.4)	피혁/모피제품(3.7)	기초산업기계류
8	광물류(3.1)	가전제품(3.7)	비철금속제품
9	전기 부품(2.6)	산업기계류(3.4)	가전제품
10	화학제품(2.1)	화학제품(3.2)	산업기계류

출처 『한-중 수교 십주년의 경제 성과와 문제점』(서울: KOTRA, 2002년 8월), p. 7; "한중무역관계 무엇이 변했나," 『친디아저널』, 2007년 5월, p. 37.

한국의 주력 수출품들이 미국, 일본 및 유럽시장에서 중국산 제품에 우위를 내주고 있는 현실로 인해 한국기업들은 소위 '부메랑 효과'(boomerang effect)를 상당히 우려하게 되었다. 즉, 대 중국 직접투자의 확대를 통해 이루어진 기술 이전이 결국에는 한국산 제품들에 타격을 주게 되는 상황을 경계하게 된 것이다. 한국의 일부 언론은 이러한 정서를 두고 심지어 '공중증'(恐中症: Sinophobia)이라는 신조어를 만들어내기도 했다.[27] 돌이켜 보면 이 시기에 이미 많은 한국기업들이 중국을 미래의 생산기지인 동시에 소비시장으로 인식하고 대 중국 투자에 적극적으로 뛰어들었기에 기술 이전에 관한 우려가 투자 결정의 주된 제약요인이었다고 보기는 힘들다. 예컨대 1998년부터 2003년까지 해외로 이전한 한국계 회사 총수의 71퍼센트가 이전 대상지로 중국을 택했기 때문이다.[28] 장기적으로는 중국 산업의 고도화로 인해 중국 내에서 한국산 제품의 수입대체가 큰 폭으로 이루어지고, 또 세계시장에서 한국산 상품이 중국제품에 의해 밀려나는 것이 주된 추세가 될 가능성이 높은 것으로 평가된다.[29)]

1979년 간접교역이 시작된 이래 30년간 한-중 관계의 주춧돌 역할을 해온 양국 간 교역이 향후 적잖은 변화를 겪을 수도 있는 것으로 보인다. 2008년을 목표로 했던 1000억 달러 교역액은 무려 3년이나 앞당겨 2005년에 달성했지만, 2010년으로 2년 앞당겨진 2000억 달러의 목표 달성은 경제위기 속에서 제대로 이루어지지 않았기 때문이다.[30)] 또한 지속적인 흑자 구조이던 한국의 대 중국 교역이 그 추세를 언제까지 이어갈 것인가의 문제도 존재한다. 한국의 무역 흑자 총액 중 대 중국 흑자가 점하는 비중은 1999년의 20퍼센트에서 2003년의 88퍼센트, 2007년의 129퍼센트로 큰 폭으로 늘어왔다. 한-중 교역이 향후 한국의 적자 구조로 바뀔 경우, 한-중 관계 자체를 보는 국내의 관점과 시각이 커다란 전환을 맞을 가능성도 배제하기 어렵다.[31)]

대 중국 투자

한-중 경제관계의 또 다른 축으로 자리잡은 대중 투자의 경우에도 〈표 8-3〉에서 보듯이 1992년을 기점으로 국교 정상화가 미친 긍정적 영향이 명확하게 드러난다. 수교 직후인 1993년에 한국은 중국의 10대 투자국으로 부상했으며, 1995년에는 중국이 한국의 투자대상 1위국이 되었을 뿐 아니라 1996년에는 한국의 해외투자 총액의 46퍼센트가 중국에 집중되었다.[32)] 동아시아 전체를 사로잡은 금융위기의 여파로 1997-99년의 기간 동안 한국의 대 중국 투자는 감소세로 돌아섰으나 한국경제가 회복세를 보이자마자 '중국열풍'(中國熱)은 한국의 투자자들을 다시 사로잡았다.[33] 2002년, 한국의 대중 투자규모는 대 미국 투자규모를 앞질렀고, 이듬해 2003년에는 한국이 중국의 3대 투자국으로까지 부상했다(2008년 기준 4위 투자

표 8-3
한국의 대 중국 투자 추이, 1991-2008

연도	투자 건수	투자 총액(100만 미 달러)
1991	69	43
1992	170	141
1993	382	264
1994	841	649
1995	750	842
1996	737	934
1997	634	762
1998	268	681
1999	458	351
2000	777	730
2001	1,056	653
2002	1,389	1,062
2003	1,681	1,756
2004	2,147	2,336
2005	2,254	2,791
2006	2,301	3,380
2007	2,121	5,300
2008	1,288	3,762
누계	19,355	26,464

출처 모든 통계는 실제로 투자된 건수와 액수를 기준으로 한 것임. 투자 후 취소 또는 회수된 항목이 있어 각 항의 합이 누계와 일치하지 않음. 『동아일보』, 2008년 5월 28일 자; 한국수출입은행의 집계통계〈http://www.koreaexim.go.kr/kr/oeis/mo3/so1-0401.jsp〉(최종 검색일: 2009년 11월 23일) 참조.

국임).[34] 2008년 말을 기준으로 한국의 대 중국 투자 누계는 총 1만 9,355건에 264억 6400만 달러로 대 미국 투자 누계를 크게 상회했다.

대 중국 투자의 건당 평균 규모는 1991년의 61만 6,000달러에서 2003년의 97만 7,000달러와 2007년의 109만 달러로 일정한 증가세를 보였다. 그러나 이들 수치는 1993년 한국의 대 미국 및 대 동남아 투자의 건당 평균 투자액인 260만 달러와 160만 달러를 크게 밑도는 것이다.[35] 1992-2002년의 기간 동안 한국의 해외직접투자(FDI)의 건당 평균 규모가 240만 달러를 기록한 반면, 대 중국 투자의 건당 평균 규모는 88만 달러에 그쳤다.[36] 그러나 최근 들어 - 특히 2002년 이후 - 한국의 대기업집단과 부품 제조사들이 중국에 대한 투자를 급격히 늘리면서 2004년을 기준으로 한국의 대중 투자 건당 평균 규모는 110만 달러로 늘어났으며 2008년에는 건당 평균 280만 달러까지 늘어났다.

한국의 중국 내 핵심 투자지역도 최근 몇 년 동안 적잖은 변화를 노정했다. 1990년대 중반만 해도 산둥(山東)과 동북지역(黑龍江, 吉林, 遼寧)이 가장 인기 있는 지역이었으나, 그 이후 한국 투자자들의 선호 지역은 장쑤(江蘇), 상하이(上海), 베이징(北京), 톈진(天津), 저장(浙江), 광둥(廣東) 등으로 그 중심을 옮겨갔다. 산둥성은 여전히 가장 중요한 투자지의 지위를 지키고 있지만 한국의 대 중국 투자 전체에서 차지하는 비중은 2000년의 38퍼센트에서 2005년의 24퍼센트로 감소하는 추세이다.[37] 실행된 투자액의 경우에도 산둥과 동북 삼성이 한국의 대 중국 투자 총액에서 점하는 비율이 1992년의 58퍼센트에서 2005년에는 33퍼센트로 감소했으며, 같은 기간 상하이, 광둥, 장쑤 및 저장의 점유율은 14퍼센트에서 34퍼센트로 급증했다.[38]

또 하나 주목할 것은 1990년대 중반까지만 해도 한-중 간 투자관계는 한국이 주도하는 일방향적 특성을 띠었지만, 1990년대 후반부터는 중국도 한국에 대한 투자를 본격적으로 시작했다. 1988-92년의 기간에 이루어진 중국의 대 한국 투자는 총 8건 650만 달러에 불과했으나, 1993-96년에 중국은 총 166개의 신규 투자사업을 추진했으며 투자액도 3250만 달러에 육박했다.[39] 특히 금융위기가 일어난 1998년 이후 중국의 대 한국 투자는 그 사업 수와 규모에 있어 모두 크게 성장했는데, 중국의 대 한국 투자 누계는 2008년 말까지 총 5,719개 사업에 24억 7400만 달러에 달했다. 2009년 6월 현재 신고 누계액 기준으로 총 6,225건에 25억 5천만 달러에 이르며 이는 외국의 대 한국 투자액 기준으로 13위에 해당하는 규모이다.[40]

기타 영역에서의 진전

1992년 8월 국교 정상화와 함께 대사관이 설치되면서 서울과 북경 간에는 거의 모든 공식 통로가 다 만들어졌다고 할 수 있다. 곧이어 상하이(1993년)와 칭다오(1994년)에 총영사관이 설치되었으며, 1999년 7월에는 동북지역을 관할하는 선양(瀋陽)에 영사사무소가 개설되었고, 이는 4년 후 2003년에 총영사관으로 승격되었다. 또 한국 정부는 2001년에 광쩌우(廣州), 2005년에 쓰촨성의 청두(成都), 2008년에는 산시성(陝西省) 시안(西安), 그리고 2010년에는 후베이성(湖北省) 우한(武漢)에 총영사관을 개설하였다.[41] 이렇듯 중국 내 다수의 총영사관 설치를 통해 해가 거듭될수록 주 홍콩 총영사관의 중요성은 상대적으로 낮아졌다고 할 수 있다. 중국도 한국에 부산과 광주에는 총영사관을, 그리고 제주에는 영사사무소를 설치, 운영하고 있다.

한, 중 양국은 스포츠와 교육 부문에서 군 간 교류를 처음 시작한 이래, 북경(1993년 12월)과 서울(1994년 4월)에 무관부를 개설하고 무관을 상호 파견하였다. 또 양국 군 고위 관계자들의 방문도 점차 확대되었는데, 1997년 5월에는 당시 국방부 정책실장 박용옥 장군이 방중했고, 같은 해 11월 이정린 국방부 차관이 중국을 공식 방문했다.[42] 1999년 8월 조성태 국방부 장관이 처음으로 북경에서 츠하오톈(遲浩田) 중국 국방부장과 회담했으며, 2000년 1월에는 중국 측의 답방이 성사되었다. 2001년에는 김동신 장관, 2005년에는 윤광웅 장관, 2007년과 2009년에는 김장수, 이상희 장관이 각각 중국을 방문했으며, 중국에서는 2006년에 차오강촨(曹剛川) 국방부장이 내한했다. 양국 군 간 국방정책실무회의가 설치되어 비정기적으로 개최되고 있기도 하다.[43]

2001년 10월 한국의 해군 함정이 상하이에 입항했으며, 2002년 5월에는 중국 군함이 인천에 입항하였다. 또 2005년 9월 한국의 프리깃함이 중국의 남해기지인 잔장(湛江)을 방문했으며, 2007년에는 한국의 해군함이 상하이에 기착하기도 했다. 비록 양국 군 간 상호 방문의 전반적 양상이 그리 이상적이지는 않지만(2005년의 경우, 한국과 중국의 방문 비율이 대략 3:1) 양국 간 점진적이고도 지속적인 군사교류의 증대는 1998년 및 2003년에 두 나라가 각각 표방했던 '협력동반자관계'(合作夥伴關係)와 '전면적 협력동반자관계'(全面合作夥伴關係)가 성숙해가고 있음을 보여준 것이다.[44] 또한 2008년 5월 양국 간 '전략적 협력동반자관계'의 수립에 힘입어 같은 해 11월 한-중 해군 및 공군 사이에 팩스를 갖춘 다이얼식 국제전화로 '핫라인'이 개설되기도 했다.[45] 그러나 군사교류로부터 군사협력의 차원으로 격상되기에는 여전히 많은 구조적, 심리적 장애들이 남아 있는 것으로 보인다.

수교 이후 한-중 간 무역과 투자의 지속적 확대와 더불어 황해를 넘나드는 교통수단과 방문객의 수 또한 급격히 증가했음에 주목할 필요가 있다.[46] 우선 교통수단의 확대와 관련해 2004년에는 13개의 페리노선이 양국을 연결했으며 해운 직항로도 지속적으로 늘어나고 있다. 양국을 잇는 항공 노선은 2004년에 이미 주당 380편을 넘어섰으며, 2009년 12월 현재 한국의 7개 도시와 중국의 33개 도시 사이에 주당 무려 837편(부정기편 제외)이 운행되고 있다. 같은 해 한-일 및 한-미 간에 개설된 직항편이 각각 417편, 260편에 그쳤음을 감안하면 한-중 간 교류는 그야말로 속도를 예측하기 어려울 정도로 발전하고 있다.[47]

중국과 한국의 상호 방문자 수도 빠른 속도로 증가하고 있다. 중국은 이미 한국인의 제1위 방문국이 되었으며, 〈표 8-4〉에서 보듯이 양국의 방문객 총수는 1998년의 9,000명에서 2007년에는 무려 600만 명 가까이로 급증했다.[48] 이에는 중국정부가 중국인의 한국 여행에 대한 규제를 완화한 것도 큰 역할을 했는데, 1998년 6월 2일부터 4개 특별시(베이징, 상하이, 톈진, 충칭)와 5개의 동부지역 성에 거주하는 주민들의 단체여행이 허가되었기 때문이다. 2007년 말 현재, 70만 명이 넘는 한국인들이 중국에 상주하고 있으며, 이 중 57,000명 정도(중국 내 유학생 총수의 38% 차지)가 유학생인 것으로 알려진다.[49]

한국에 거주하는 중국인의 수도 급격히 늘어나고 있다. 1997년을 기점으로 한국 거주 중국인의 수가 미국인(민간인)의 수를 앞질렀으며, 한국에 거주하는 외국인 가운데 중국인은 1995년 11,264명(12.3%)에서 1997년에는 30,836명(18.7%), 2000년에는 153,930명(30.6%), 2006년에는 247,000명, 그리고 2009년에는 620,000명으로 급증했다. 특히 주목되는 것은 중국인 유학생 수의 증가인데, 2001

년 3,200명에 불과했던 유학생 수가 2009년 4월에는 53,461명으로 무려 열여섯 배 이상이나 늘었기 때문이다(한국 내 유학생 총수의 70.5% 차지).[50] 이러한 추세는 한국정부의 법적 허가를 취득하지 않고 입국한 불법체류자 문제를 야기했는데, 2007년 12월 현재 한국에 체류 중인 중국인 불법체류자는 68,000명에 달했다.

표 8-4
한-중 간 상호방문자 통계 (단위: 1,000명)

연도	방중 한국인	방한 중국인	총계
1988	6	3	9
1990	32	26	58
1993	112	40	152
1995	407	81	488
1996	530	104	634
1999	820	310	1,120
2001	1,290	480	1,770
2003	1,561	513	2,074
2004	2,844	630	3,480
2005	3,541	710	4,251
2006	3,923	897	4,820
2007	4,776	1,070	5,846
2008	3,742	1,167	4,909
2009	3,200	1,340	4,540

출처 『한국경제신문』, 1991년 10월 21일; 『문화일보』, 1997년 2월 20일; 『조선일보』, 2010년 8월 24일; 한국관광공사〈http://korea.visitkorea.or.kr/kor/tt/knowledge_db/tour_statistics〉(최종 검색일: 2010년 4월 12일).

경제협력을 넘어서: 전략적 제휴 가능성의 모색

냉전 구조가 해체되고 국교 정상화가 이루어지면서 한-중 간 경제 관계가 비약적으로 발전하자 양국은 협력 대상영역의 확대 가능성을 모색하게 된다. 한국의 입장에서는 동구, 소련 및 중국과의 국교 정상화를 적극 추진한 배경에 국위 선양과 함께 긴장 완화 및 통일을 위한 협상 테이블로 북한을 유도하려는 전략적 의도가 있었음을 부정하기 어렵다. 따라서 '북방외교'의 상당 부분, 특히 대 중국 수교가 추진되는 과정에서 미국과의 밀접한 소통과 연계가 있었다고 보기 어려운 점도 있다 할 것이다.[51)]

그렇다면 한국정부가 북방외교를 통해 일정 부분 '자주적' 성격을 띠는 외교정책을 추진했던 까닭은 무엇인가?[52)] 전략적 관점에서 보면 미국에 대한 영속적인 의존을 줄이고자 했던 한국의 열망을 그 주요 배경으로 볼 수 있다. 특히, 대 한국 방위 의지를 가늠케 해주는 미국의 위협인식과 정책이 한국의 입장과는 별 상관없이 자주 변했기 때문이다.[53)] 당시 고도의 경제성장, 민주화 및 올림픽 개최를 통해 고조되던 한국의 자부심 또한 대미 일변도의 외교정책을 수정하려는 움직임에 일조를 했으며, 한국도 더 이상 '미국의 보호를 받는 국가'로만 머물러 있기를 원치 않았다. 미국의 한 전문가가 지적했듯이, "이제 한국의 지도자들에게 국가안보란 단순히 미국과의 관계를 지속시키는 것 그 이상을 의미한다 …… 한-미 관계는 여전히 핵심적이지만 한국이 최근 새로이 획득한 외교적 수단들(북방외교)도 매우 중요한 것으로 보인다."[54)]

미국과의 관계에서 일정한 '호흡의 공간'을 확보하려던 한국정부의 노력은 막 수교를 이룬 중국과의 관계에서도 조금씩 드러난다. 물론 대미 관계의 조정 여부와 그 구체적 방향에 대해 당시 한국의 지도자들 사이에 명확한 합의가 존재했던 것은 아니다. 오히려 그 반대의 해석이 더 적실할 수도 있다. 우선 김영삼 정부(1993-98년) 당시 한국의 대외관계는 북핵 문제의 돌출로 인해 사실상 혼란과 마찰로 점철되었다 해도 과언이 아니기 때문이다.[55] 이 시기 한국이 대미 일변도 외교에서 탈피하기 위해 명시적으로 '외교 다변화'를 표명하지는 않았음을 고려할 때, 아래에 소개할 1994년 봄에 일어난 에피소드는 그로부터 몇 년 후 한국 외교에 나타나게 될 여러 변화에 대한 하나의 전조(前兆)를 보여준 것이라 하겠다.

여기서 말하는 에피소드란 1994년 3월 29일 김영삼 대통령의 중국 국빈 방문 중 황병태 당시 주중 대사가 언론 브리핑에서 행한 일련의 언급과 관련된 것이다. "북핵 문제에 관한 한-중 간의 논의는 과거 한-미 간에 협의를 끝낸 뒤 중국 측에 이를 통보하는 방식에서 벗어나 한국이 중국과 처음부터 논의하고 같이 행동해나가야 한다. 이제 한국의 외교는 대미, 대일 일변도에서 탈피해야 한다." 그러나 이 발언을 전해들은 정종욱 외교안보수석의 강력한 요구로 인해 두 시간이 채 지나지 않아 황 대사는 다시 기자들을 불러 자신의 말이 개인적 의견을 제시한 것에 불과하다며 당초의 발언을 취소하게 된다.[56]

당시 한국의 언론들은 이 사건을 대대적으로 보도했으며 황 대사의 발언 내용은 국내에서 열띤 논쟁을 불러 일으켰다. 흥미로운 것은 대다수의 언론이 이 사건을 단순한 '외교적 실수'(diplomatic mishap)로 접근했던 반면, 일부 외교관 및 전문가들은 암묵적이나마 황 대사의 의견에 공감을 표했다는 사실이다.[57] 지금 같으면 당장 문책을 당했을 일이지만 당시 김영삼 대통령은 황 대사에게 이로 인한 책임을 묻지 않았다.[58] 북한과 북핵 문제의 해결에 있어 중국이 지닌 중추적 영향력에 대해 한국이 가졌던 당시의 인식을 감안할 때 어쩌면 이 사건은 중국의 건설적인 역할을 희망하는 한국의 속내를 내비친 것일 수도 있다. 그러나 지금의 시점에서 돌이켜 보면 그것은 오히려 한국이 향후 대미·대중 관계 사이에서 나름대로의 균형을 유지하려는 의지를 시사한 전조로 볼 수도 있다.[59] 왜냐하면 10년도 채 되지 않아 노무현이 대통령으로 선출되면서 이러한 정서가 곧바로 수면 위로 떠올랐기 때문이다(이책의 12장 참조).

김영삼 정부 시절 북한 및 일본 문제와 관련해 한-중 간에 전략적 제휴의 가능성이 제기될 수도 있었다. 그러나 이미 위에서 논한 것처럼 당시 아직은 한국이 중국과 전략적 협력을 진지하게 고려할 만큼 미국의 궤도로부터 벗어날 엄두를 내지 못했을 뿐더러 중국 또한 한국과의 관계를 위해 북한을 방기하려 하지 않았다. 1차 북핵 위기(1993-94)의 와중에서도 중국은 UN의 대 북한 비난성명에 반대표를 던지는 등 서방과는 사뭇 다른 입장을 취했기에 북핵 문제에 대한 한국과 중국 사이의 구체적이고도 명시적인 협력은 10년 가까이를 더 기다려야만 했다.[60] 이에 대한 자세한 논의는 11장에서 제시될 것이다.

또 다른 가능성으로 '일본 문제'에 대한 한-중 간의 전략적 협력이 제기되기도 했다. '일본 주도의 세계'(Pax Nipponica)에 대한 기대는 이미 오래 전에 수그러졌지만 세계 4위의 해군력과 3위의 군비 지출국인 일본의 군사력은 주변 국가들에게 적잖은 우려를 조장해왔기 때문이다.[61] 뼈아픈 역사적 기억과 함께 최근까지도 빈번히 일어나는 마찰은 일본에 대한 한-중 간 위협 인식의 공유를 의미했지만, 핵 보유국인 중국보다는 한국이 일본의 위협을 훨씬 더 심각하게 받아들이고 있었다. 김영삼 정부 시절인 1996년에 실시된 한 여론조사에 따르면 한국인 응답자의 10퍼센트와 중국인 응답자의 23퍼센트만이 군국주의 과거에 대해 일본이 진심으로 뉘우치고 있다고 응답했으며, 한국인의 78퍼센트와 중국인의 63퍼센트가 향후 한-중 간 전략적 관계가 더욱 발전할 것이라는 희망을 밝혔기 때문이다.[62)]

1999년에 이루어진 한 조사에 따르면 미국 국민의 46퍼센트, 또 여론주도층(루스재단 연구원들을 샘플로 한)의 62퍼센트가 일본의 재무장에 호의적이었음에 반해, 2000년에 이루어진 한국의 한 조사에 따르면 90퍼센트가 넘는 한국인들이 일본의 군국주의 성향의 억제가 한국외교의 최우선 과제라고 응답했다.[63)] 이렇듯 미묘한 한-일 관계는 양국이 각각 미국과 유지하고 있는 동맹을 바탕으로 겉으로는 우호적 관계를 유지하지만 막후에서는 영토분쟁을 포함해 안보에 대한 우려와 긴장이 항상 잠재해 있었던 것도 사실이다.[64)]

이 시기 한국과 중국이(또 이 문제에 관해서는 북한도) 일본의 위협에 관한 인식을 일정 부분 공유했으며, 심지어 한국과 중국 간에 '반(反)일본 연합전선'의 가능성이 학계 차원에서 제기되기도 했다.[65)] 또 퇴임한 한 중국 외교관의 회고록에 따르면 중국이 대 한국 수교를 결정한 배경 중 하나도 역시 반(反)일본 연합전선을 결성하기 위했던 것으로 전해진다.[66)] 그렇지만 1990년대 당시 한국과 일본의 대 미국 관계를 감안할 때 실제로 이러한 제안이 현실화될 가능성은 거의 없었다. 오히려 장기적인 관점에서 중국은 한-미 관계에 '틈새를 만드는 전략'(wedge strategy)으로, 또 한국은 미국과의 관계에서 단순한 '피보호자'가 아닌 '동반자'로서의 지위를 모색키 위해 중국과의 협력관계를 다원화하고 싶었을 수는 있다. 그러나 만약 미국이 일본에 대한 군사적 제약을 없앤다고 중국이 인식할 경우 그리고 한-일 관계가 악화일로로 치달을 경우, 한-중 간에 일본을 공

동의 위협으로 놓고 새로운 협력이 이루어질 가능성을 완전히 배제할 수는 없을 것이다.[67)]

김대중 정부(1998-2003)하에서도 중국과의 유의미한 협력이 이루어질 수 있었으나 취임 초기부터 최악의 경제위기를 관리해야 했던 관계로 이를 위한 적절한 환경이 만들어지지 못했다. 하루 빨리 IMF 관리체제로부터 벗어나야 했던 한국정부로서는 국제금융체제의 중심에 있는 미국의 도움이 절실했기 때문이다.[68)] 반면에 중국은 경제위기를 겪고 있던 한국에게 어떠한 직접적 지원도 제안하지 않았으며, 한국정부도 당시로는 미국과의 관계를 우호적으로 유지해가는 데에 전력을 쏟았기에 중국의 지원을 받는 방안에 대해 따로 고려하지 않았다.[69)]

1999년 중반부터 한국경제가 회복세를 보이면서 김대중 정부는 대외관계에서 조금씩 자기 목소리를 내기 시작했다. 물론 그 배경에는 1999년 미 전폭기에 의한 주 유고슬라비아 중국대사관의 피폭, 미사일방어(missile defense) 기술 개발을 둘러싼 미-중 간의 논란, 2001년 미 정찰기 EP-3와 중국 전투기와의 충돌 사건 등이 생기면서 미-중 사이에서 한국이 일정한 균형을 잡을 수밖에 없었던 일들이 포함된다. 통일에 대한 강한 염원을 갖고 있던 김대중 정부로서는 이러한 일련의 상황이 한국에게 결코 유리하지 않다고 판단했으며 중국의 '부상'이 가능한 '중국위협론'과 등치되어서는 안된다고 생각했던 것으로 보인다.[70)]

장고 끝에 김대중 정부는 북한에 대해서는 소위 '햇볕정책'을 채택하고, 중국에 대해서는 '포용정책'을 활용하게 된다. 경제위기에서 벗어난 한국정부가 '햇볕정책'을 통해 대북 관계에서의 주도권을 되찾고, 또 대 중국 포용의 과정에서 미국과의 긴밀한 협의의 정도는 점차 낮아지면서 미국정부에게 적잖은 허탈감을 안기게 된다.

2000년 3월의 '베를린 선언'도 미국과의 적극적인 협의의 결과라기보다는 김대중 대통령의 독자적인 전략적 사고에서 나온 것이었기 때문이다.[71] 뿐만 아니라 2000년 6월 15일의 역사적인 남북한 정상회담 이후 발표된 공동성명에 제시된 통일의 원칙도 그동안 미국이 견지해온 '평화통일'(peaceful unification)에 중국이 주장해온 '자주'를 더한 '자주적 평화통일'(independent and peaceful unification; 自主和平統一)이었다.[72]

이러한 일련의 과정에서 김대중 정부는 1990년대 내내 부정적으로 변해가던 한국인들의 대 미국 인식과 달리 지속적으로 향상되던 대 중국 호감도를 일정 부분 활용했던 것으로 보인다. 2000년의 한 조사에 따르면 한국인들이 선택한 최대위협국은 북한(54%)과 일본(21%)이었지만, 미국인들의 선택은 중국(38%)과 러시아(21%)로 사뭇 달랐다.[73] 2000년 6월 이후 남북관계가 호전되면서 한국과 미국의 대 북한 인식 또한 점차로 그 간격이 벌어졌고, 미국의 입장에서 볼 때 한국이 조금씩 중국 쪽에 더 가까이 가는 것처럼 인식되기도 했다. 여기에 더해 2001년 8월 고이즈미 준이치로(小泉純一郎) 총리의 야스쿠니 신사 참배로 인해 한-일 관계가 경색되자 당시 임성준 외교부 차관이 중국의 왕이(王毅) 부부장을 만나 '대일 공조'의 모습을 보이기도 했다.[74]

돌이켜 보면 김영삼 정부와 비교할 때 김대중 정부가 모종의 전략적 사고를 가졌던 것은 사실이나 그것이 중국에 대한 구체적인 초점을 내포했던 것으로 볼 근거는 미약하다. 특히 미국에 편중된 한국 외교를 일부 조정하는 도구 또는 수단으로 중국을 적극 활용하고자 했던 것으로 판단할 근거는 더더욱 없다. 오히려 김대중 대통령의 전략적 사고는 남북한 간 긴장 완화와 민족공조 제고를 위한 '한반도적' 목표에 집중되었던 것으로 보인다.[75] 한국이 남북한 정상회담, 이산가족 상봉, 신뢰 구축, 경제협력과 전반적 긴장완화 등에 더 많은 관심을 쏟았던 반면, 미국은 핵 비확산, 미사일 기술 통제, 대량살상무기의 봉쇄 등에 초점을 맞추고 있었으며 이러한 엇박자가 2000년대에 들어와 한-미 관계를 보다 악화시키는 배경으로 작동하게 된다. 즉, 2000년대에 와서 한-중 관계와 한-미 관계 사이에 연계된 긴장이 새로이 생겨나면서 한-중 관계가 보다 복합적인 안보의 역학으로 변했음을 의미한다. 이에 대하여는 12-13장에서 보다 상세한 논의가 제시될 것이다.

주석

1 Robert W. Tucker, "1989 and All That: Reconsiderations," in Nicholas X. Rizopoulos (ed.), *Sea-Changes: American Foreign Policy in a World Transformed* (New York: Council on Foreign Relations, 1990), p. 217.

2 예컨대 Aaron L. Friedberg, "Ripe for Rivalry: Prospects for Peace in a Multipolar Asia," *International Security*, Vol. 18, No. 3 (Winter 1993/94), pp. 27-31을 보라.

3 이 시기 중-소 국경지역에서 긴장이 대폭 완화된 것과 함께 미국과 러시아 사이에서 이루어진 중거리 핵미사일 폐기 합의는 세 강대국 간의 우호적 관계 형성의 일단을 보여주는 사례라고 할 수 있다. Charles E. Ziegler, *Foreign Policy and East Asia: Learning and Adaptation in the Gorbachev Era* (Cambridge: Cambridge University Press, 1993), pp. 143-152를 보라.

4 Lowell Dittmer, *Sino-Soviet Normalization and Its International Implications, 1945-1990* (Seattle: University of Washington Press, 1992), pp. 249, 253-254.

5 William T. Tow, "Post-Cold War Security in East Asia," *The Pacific Review*, Vol. 4, No. 2 (1991), p. 101; Victor D. Cha, "Defining Security in East Asia: History, Hotspots, and Horizon-Gazing," in Eun Mee Kim (ed.), *The Four Asian Tigers: Economic Development and the Global Political Economy* (San Diego: Academic Press, 1998); David M. Lampton (ed.), *Major Power Relations in Northeast Asia: Win-Win or Zero-Sum Game* (New York and Tokyo: Japan Center for International Exchange, 2001)을 참조하라.

6 미-중 간 우호관계의 취약성 및 잠정성에 대해서는, Mohan Malik, *Dragon on Terrorism: Assessing China's Tactical Gains and Strategic Losses Post-September 11* (Carlisle: U.S. Army War College, 2003); Peter Gries, "The Future of U.S.-China Relations: System, State, and Individual-Level Drivers," in Jae Ho Chung (ed.), *Charting China's Future: Political, Social, and International Dimensions* (Lanham: Rowman & Littlefield, 2006), ch. 7을 참조하라.

7 Jae Ho Chung, "China and Northeast Asian Cooperation: Building an Unbuildable?" in John Wong and Lai Hongyi (eds.), *China into the Hu-Wen Era: Policy Initiatives and Challenges* (Singapore: World Scientific, 2006), pp. 519-539.

8 한-중-일 3자 간 정상회담의 정례화는 이런 측면에서 적잖은 진전이지만 그 지속성과 실질적 역량에 대한 평가는 조금 더 시간을 두고 볼 필요가 있을 것이다.

9 '대중화권'의 틀에 관하여는 *The China Quarterly*, No. 136 (December 1993)의 "Greater China" 특집에 실린 논문들을 참조하라.

10 Seizaburo Sato, "The Interrelationship between Global and Regional Security Issues for the Pacific-Asian Region," in Robert A. Scalapino et al. (eds.), *Asian Security Issues: Regional and Global* (Berkeley: Institute of East Asian Studies, 1988), p. 12; Gu Weiqun, "Security in the Asian-Pacific Region," in Hao Yufan and Huan Guocang (eds.), *The Chinese View of the World* (New York: Paragon, 1989), pp. 7-8; Peter Katzenstein and Takashi Shiraishi (eds.), *Network Power: Japan and Asia* (Ithaca: Cornell University Press, 1997). 동북아에서 FTA가 갖는 도전에 대해서는 K. Masahiro, "East Asian Economic Regionalism: Progress and Challenges," *Journal of East Asian Economics*, Vol. 16, No. 1 (2005), pp. 24-36을 보라.

11 동아시아에서 지역 협력이 갖는 잠재적 이익에 대해서는 Norman D. Palmer, *The New Regionalism in Asia and the Pacific* (Lanham: Lexington Books, 1991), ch. 3 and 10; John Ravenhill, "A Three-Bloc World: The New East Asian Regionalism," *International Relations of the Asia-Pacific*, Vol. 2 (2002), pp. 176-195를 참조하라.

12 동북아에서 양자관계로의 회귀에 대하여는 John Ravenhill, "The New Bilateralism in the Asia-Pacific," in Kanishka Jayasuriya (ed.), *Asian Regional Governance* (London: Routledge, 2004), pp. 61-81을 보라. 동북아에서 다자적 협력의 장애물 가운데 국가 간 불신(不信)의 중요성을 지적한 것으로 Gilbert Rozman, *Northeast Asia's Stunted Regionalism: Bilateral Distrust in the Shadow of Globalization* (Cambridge: Cambridge University Press, 2004)를 참조.

13 Charles Lipson, "International Cooperation in Economic and Security Affairs," *World Politics*, Vol. 37, No. 1 (October 1984), pp. 1-23.

14 Richard Rosecrance, *The Rise of the Trading State: Commerce and Conquest in the Modern World* (New York: Basic Books, 1986); Donald M. Snow, *The Shape of the Future: The Post-Cold War World* (Armonk: M.E. Sharpe, 1991); W. Sandhiltz, M. Borrus and John Zysman, *The Highest Stakes: The Economic Foundations of the Next System* (New York: Oxford University Press, 1992).

15 Harry Harding, *A Fragile Relationship: The United States and China Since 1972* (Washington D.C.: The Brookings Institution, 1992), pp. 13-16을 보라.

16 Zhao Suisheng, "Changing Leadership Perceptions: The Adoption of a Coercive Strategy," in Zhao Suisheng (ed.), *Across the Taiwan Strait: Mainland China, Taiwan, and the 1995-1996 Crisis* (London: Routledge, 1999), pp. 99-125; 國務院台灣辦公室, 『台灣與一個中國的原則』(北京: 國務院台灣事務辦公室, 2000), pp. 13-14을 보라.

17 S. Y. S. Chien and John Fitzgerald, *The Dignity of Nations: Equality, Competition and Honour in East Asian Nationalism* (Hong Kong: Hong Kong University Press, 2006).

18 한국의 "북방정책"(*nordpolitik*)에 대해서는 Jae Ho Chung, "The Political Economy of South Korea-China Bilateralism," in Ilpyong Kim and Hong Pyo Lee (eds.), *Korea and China in a New World: Beyond Normalization* (Seoul: The Sejong Institute, 1993), pp. 257-309; Robert Bedeski, *The Transformation of South Korea: Reform and Reconstruction in the Sixth Republic under Roh Tae Woo, 1987-1992* (London: Routledge, 1994), pp. 148-165; 하용출 외, 『북방정책: 기원, 전개, 영향』(서울: 서울대학교출판부, 2004)을 참조하라.

19 이에 대해서는 이 책의 9장을 보라.

20 1998-2002년 기간 동안 50-60억 달러 수준이던 한국의 대 중국 무역 흑자가 2003년에는 무려 132억 달러로 치솟았다. 이는 그 해 한국이 기록한 무역 흑자 총액의 88%를 점하는 규모였다. 홍콩을 경유한 교역에서 발생한 부가가치까지 모두 포함시키는 중국 측 통계를 사용할 경우 흑자의 규모는 더욱 커지게 된다. 중국정부가 무역통계를 집계하는 과정에서 생기는 이런 차이에 관하여는 Robert C. Feenstra et al., "Discrepancies in International Data: An Application to China-Hong Kong Entrepot Trade," *American Economic Review*, Vol. 89, No. 2 (May 1999), pp. 338-343을 보라.

21 『조선일보』, 1997년 2월 21일; 『동아일보』, 2001년 2월 13일; 대외경제정책연구원(KIEP)의 관련 자료 (2008년 2월 15일 자).

22 양평섭 등, 『한중 교역특성과 한중 FTA에 대한 시사점』(서울: KIEP, 2007), p. 57을 보라.

23 『한-중 수교 십 주년의 경제 성과와 문제점』(서울: 대한무역진흥공사, 2002년 8월), pp. 16-17을 보라.

24 『한국경제신문』, 1992년 8월 7일; 『조선일보』, 2003년 8월 25일; 『동아일

보』, 2008년 8월 19일.

25 『조선일보』, 2003년 10월 4일, 2006년 9월 26일과 2008년 11월 17일; 『중앙일보』, 2010년 8월 30일.

26 『중앙일보』, 2004년 9월 29일; 張玉和, "中韓貿易模式的變遷: 從互補到競爭," 『國際貿易』, 第1期 (2006年 1月); "중국의 무서운 기술추격," 『월간중앙』 (2007년 11월), pp. 131-135를 보라.

27 이러한 대 중국 경계의 정서에 대하여는 대한상공회의소, 한국무역협회 (편), 『중국 경제의 부상과 한국의 정책대응』 (서울, 2004년 10월); 『동아일보』, 2007년 5월 9일; 『中國經濟日報』, 2008년 9월 3일 자를 참조하라.

28 『조선일보』, 2003년 10월 24일.

29 지만수 외, 『중국의 산업고도화 및 기업성장의 현황과 시사점』 (서울: KIEP, 2005년 12월), pp. 232-240을 보라.

30 『한국경제신문』, 2009년 2월 12일. 2010년의 한-중 교역액은 대략 1884억 달러로 추정된다.

31 KOTRA, 『우리의 대중 수출 현황 및 증가요인 분석』 (서울: KOTRA, 2006년 3월 14일); 삼성경제연구소, 『한중 무역구조의 변화와 시사점』 (서울: SERI, 2008년 2월 11일); 『동아일보』, 2008년 8월 19일을 보라.

32 『중앙일보』, 1993년 5월 10일; 『문화일보』, 1997년 2월 27일.

33 금융위기의 대 중국 투자에 대한 부정적 효과에 대해서는 宋龍鎬, "金融危機以後的韓國對華直接投資," 『東北亞論壇』, 4期 (2001年), pp. 41-45를 참조하라.

34 2001년을 기준으로 한국 제조업에서의 평균 임금은 중국보다 무려 13.4배나 높았다. 『조선일보』, 2001년 12월 7일 자를 참조하라. 또 한국의 섬유산업 부문의 평균 임금은 중국보다 8배 가량 높았다. 『동아일보』, 2003년 8월 11일.

35 『한-중 수교 십 주년의 경제성과와 문제점』, p. 11; 劉金質 外, 『當代中韓關係』 (北京: 中國社會科學出版社, 1998), pp. 166, 168; 대외경제정책연구원, 『중국 무역 외국인 투자정책 변화와 우리기업에의 영향 및 정책 시사점』 (서울: KIEP, 2008년 2월 15일), p. 2를 보라. 산둥성에 대한 한국의 투자 규모는 건 당 170만 달러로 중국 내 다른 지역보다는 훨씬 큰 편이었다. "韓國在華投資企業特點硏究," 『山東對外經貿』, 10期 (1999年), p. 38을 보라.

36 지만수, 『한국기업의 대 중국 권역별 진출과 전략』 (서울: 대외경제정책연구원, 2002년 12월), p. 81.

37 산둥성에 대한 한국의 선호에 관하여는 Jae Ho Chung, "Shandong's Strategies of Reform in Foreign Economic Relations: Preferential Policies,

Entrepreneurial Leadership, and External Linkages," in Peter T.Y. Cheung, Jae Ho Chung, and Lin Zhimin (eds.), *Provincial Strategies of Economic Reform in Post-Mao China: Leadership, Politics, and Implementation* (Armonk: M. E. Sharpe, 1998), pp. 282-284; 劉雅靜, "韓國爲什麼喜歡在山東投資,"『山東對外經貿』, 4期 (1990年), p. 12를 보라. 수치는 馬永歡, 樊勝嶽, "山東省利用韓商投資的現狀與對策,"『東北亞論壇』, 1期 (2002年), p. 69; 한국수출입은행의 데이터〈http://www.koreaexim.go.kr/kr/oeis/m03/s01-0401.jsp〉(최종 검색일: 2009년 11월 23일)를 참조했다.

38 『조선일보』, 1997년 8월 24일; 『한-중 수교 십 주년의 경제성과와 문제점』, p. 11; 한국수출입은행의 데이터〈http://www.koreaexim.go.kr/kr/oeis/m03/s01-0401.jsp〉(최종 검색일: 2009년 11월 23일)를 볼 것.

39 중국의 해외투자에 관하여는 Kevin G. Cai, "Outward Foreign Direct Investment: A Novel Dimension of China's Integration Into the Regional and Global Economy," *The China Quarterly*, No. 160 (December 1999), pp. 856-880을 보라. 『한국경제신문』, 1992년 9월 30일; 『조선일보』, 1995년 2월 25일; 『문화일보』, 1997년 2월 20일 자를 보라.

40 외교부 동북아통상과의 "교역투자통계," 〈http://www.mofat.go.kr〉(최종 검색일: 2010년 3월 17일); 『조선일보』, 2010년 2월 22일.

41 외교통상부, 『중국 개황 2010』 (서울: 외교통상부 동북아시아국 중국과, 2010년 7월 16일), p. 368을 보라. 200만 명에 달하는 조선족에 대한 우려 때문에 중국정부는 동북지역에 한국총영사관을 설치하는 것에 대해 일관되게 부정적 입장을 견지했었다. 그런 이유로 인해 1999년 설치에 동의한 것도 총영사관이 아니라 그 권한과 기능이 제한된 영사사무소였던 것이다. 『조선일보』, 1994년 4월 15일; 『동아일보』, 1999년 1월 29일; 孫運來, 沙允中 (主編), 『吉林省邊疆民族區穩定和發展的主要問題與對策』 (北京: 中央民族大學出版社, 1994), pp. 223-252를 보라.

42 한국의 합참의장이 1992년(이필섭)과 1994년(이양호) 두 차례에 걸쳐 중국을 방문했지만 그것은 대통령의 국빈방문을 수행한 것이었다.

43 이에 대한 자세한 논의로 김순수, 『중국의 한반도 안보전략과 군사외교』 (북한대학원대학교 박사학위 논문: 2010년 8월), 4장을 참조하라.

44 양국 간 군사협력에 관한 부분은 1996년과 1997년의 국방부 자료; 2002년 6월과 2005년 7월 서울에서 가진 인터뷰; 황재호, "한국의 대중 군사외교," 『국방정책연구』 (2007년 봄), pp. 72-94를 기반으로 작성한 것임.

45 핫라인은 해군의 경우 평택 2함대 사령부와 칭다오(青島) 북해함대 사령부 사이에 설치되었으며, 공군의 경우에는 대구 제2중앙방공통제소와 지난(濟

南) 군구 공군지휘소 사이에 개설되었다. 『조선일보』, 2008년 11월 25일 자와 2009년 1월 8일 서울에서의 인터뷰.

46 수교 후 한-중 간 문화교류에 대한 자세한 논의로 유재기, 『수교 이후 한중 문화교류사』 (서울: 대가출판사, 2009)를 참조하라.

47 『조선일보』, 1994년 6월 16일, 1997년 1월 16일과 8월 24일, 1998년 6월 3일, 2004년 4월 15일과 2005년 12월 및 2008년 1월 서울에서의 인터뷰; 『동아일보』, 2008년 8월 29일; 『중국 개황 2010』, p. 273.

48 2008-9년 기간에는 경제위기로 인해 513만, 454만 명으로 그 수가 줄었다.

49 牛愛民, "北京有個韓國村," 『半月談內部版』 3期 (2003年), pp. 46-49; 『매일경제신문』, 2006년 1월 28일. 주 중국 한국대사관의 한 자료 ("중국대학 한국 유학생 현황" - 2006년 5월 26일 자)에 따르면 2005년 말 현재 어학연수 및 진수생을 합한 대학생 이상 한국 유학생 총수는 30,150명이었다. 중국 교육부의 2008년 말 통계에 따르면 이 숫자는 66,806명으로 증가했다. 『조선일보』, 2010년 1월 7일.

50 『조선일보』, 1995년 5월 16일, 1997년 5월 28일, 2000년 11월 1일, 2008년 5월 3일과 10월 20일, 2009년 8월 6일; 『동아일보』, 2006년 6월 8일; 『중앙Sunday』, 2008년 5월 4일; 『매경이코노미』, 2011년 1월 19일.

51 다년간 필자의 인터뷰에 응했던 대상자의 다수는 한국의 북방외교가 일정 부분 미국의 영향에서 벗어나 독자적으로 추진되었음을 인정했다. 그러나 2004년 8월 미국 뉴포트(Newport)에서 필자와 가진 대화에서 도널드 그렉(Donald Gregg) 전 주한 미국대사는 당시 미국이 한국의 북방외교 정책과 그 전개과정에 대해 숙지하고 있었다고 밝혔다. 반면 한-중 수교 협상의 진전 속도에 대해 미국이 우려를 표명한 것과 관련해서는 박철언, 『바른 역사를 위한 증언』 (서울: 랜덤하우스 중앙, 2005), 상권, p. 355와 하권, p. 148을 참조하라.

52 6공 당시 한국정부가 추진했던 북방외교의 주요 목표 가운데 하나가 "지금까지 주로 미국과 일본 등에 국한되었던 한국 외교의 지평을 넓히는 것"이었다. Ministry of Information, "Great Strides Made during the First Four Years of the Roh Tae Woo Presidency," Backgrounder, No. 94 (February 8, 1992), p. 10을 보라.

53 Joo-Hong Nam, *America's Commitment to South Korea* (Cambridge: Cambridge University Press, 1986), pp. 153, 158.

54 Edward A. Olsen, "Korean Security: Is Japan's Comprehensive Security Model a Viable Alternative?" in Doug Bandow and Ted G. Carpenter (eds.), *The U.S.-South Korean Alliance: Time for a Change* (New Brunswick:

Transactions Publishers, 1992), pp. 146-148.

55 In-Taek Hyun, "Strategic Thought toward Asia in the Kim Young-sam Era," in Gilbert Rozman, In-Taek Hyun and Shin-wha Lee (eds.), *South Korean Strategic Thought toward Asia* (Basing Stoke: Palgrave, 2008), pp. 71-73.

56 이 사건의 정황을 자세히 기술한 것으로 『조선일보』, 1994년 3월 31일 자를 보라.

57 황병태 대사의 발언을 옹호하는 시각으로 "황병태 대사 鬼言 안했다," 『시사저널』, 1994년 4월 14일, p. 112를 보라. 당시 외교관으로 근무하던 인사들과 필자가 가진 인터뷰에서도 적지 않은 이들이 황 대사 발언에 공감을 표했다는 사실을 알 수 있었다. 이를 "의미 있는 사건"으로 지칭한 후일의 평가로는 『동아일보』, 1998년 9월 8일 자를 참조하라.

58 3월 30일 김영삼 대통령의 귀국 시 공항가는 길에 함께 동승한 황 대사는 김 대통령에게 "중국에게서 한국이 '미국의 졸개'라는 인식을 벗길 필요가 있다"는 요지로 얘기를 했으며 김 대통령도 이에 동의했다고 한다. 당시 외교부 부부장 탕자쉬안(唐家璇)이 황 대사의 조기 소환을 우려하기도 했으나 김 대통령의 황 대사에 대한 신뢰가 이 사건으로 인해 변하지는 않았던 것으로 보인다. 2009년 3월 16일 황병태 대사와 서울에서의 인터뷰.

59 이러한 추세를 지적한 것에 대하여는 Jae Ho Chung, "South Korea between Eagle and Dragon: Perceptual Ambivalence and Strategic Dilemma," *Asian Survey*, Vol. 41, No. 5 (September-October 2001), pp. 777-796을 보라.

60 1차 북핵 위기에서의 중국의 입장에 대해서는 Don Oberdorfer, *The Two Koreas: A Contemporary History* (Reading: Addison-Wesley, 1997), pp. 320-321을 보라.

61 한국인들의 일본에 대한 위협인식에 대하여는 『1995 국민의식조사』 (서울: 세종연구소, 1995), p. 78; 『1997 국민의식조사』 (서울: 동서연구소, 1997), p. 11을 보라. 일본 자위대의 가공할만한 군사력에 관한 보도로 Evan Thomas and Hideko Takayama, "Japan's Unknown Soldiers," *Newsweek*, July 19, 2004, pp. 29-31을 보라.

62 『한국, 중국, 일본 국민 의식조사 백서』 (서울: 한국방송공사 · 연세대학교, 1996년 12월), pp. 431, 436; George Hicks, *Japan's War Memories: Amnesia or Concealment?* (Aldershot: Ashgate, 1998), ch. 8을 보라.

63 William Watts, *Americans Looks at Asia* (Washington, D.C.: Asia Society Washington Center, 1999), p. 42; 『동아일보』, 2000년 12월 5일.

64 Victor D. Cha, *Alignment Despite Antagonism: The U.S.-Korea-Japan*

Security Triangle (Stanford: Stanford University Press, 1999), ch. 1; Ralph A. Cossa (ed.), *U.S.-Korea-Japan Relations: Building toward a "Virtual Alliance"* (Washington D.C.:CSIS, 1999).

65 일본에 대한 중국의 우려는 Li Luye, "The Current Situation in Northeast Asia: A Chinese View," *Journal of Northeast Asian Studies*, Vol. 10, No. 1 (Spring 1991), pp. 79-80을 보라. 일본의 위협에 대응하는 한-중 연합의 구상에 대해서는 Gerald Segal, "Northeast Asia: Common Security or *a la Carte?" International Affairs*, Vol. 67, No. 4 (1991), p. 765를 참조.

66 延靜, 『出使韓國』 (濟南: 山東大學出版社, 2004), p. 17을 보라.

67 한-미 동맹이 우회적으로 일본을 억제한다고 보는 중국의 시각으로는 高午, "中韓兩國在國際領域的外交合作," 『中韓論壇第四次會議論文集』 (北京: 社會科學文選出版社, 1996), p. 43; 王帆, "美韓同盟及未來走向," 『外交學院學報』, 2期 (2001年), p. 65을 보라. 미-일 동맹이 점차로 일본에 대한 통제를 잃어가고 있다는 관점으로는 Wu Xinbo, "The End of the Silver Lining: A Chinese View of the U.S.-Japanese Alliance," *The Washington Quarterly*, Vol. 29, No. 1 (Winter 2005-2006), pp. 119-130을 보라.

68 Lawrence B. Krause, *The Economics and Politics of the Asian Financial Crisis of 1997-1998* (New York: Council on Foreign Relations, 1998), pp. 224-225, 228-230.

69 당시에는 오히려 대만이 100억 달러 규모의 지원을 타진해왔으나 이에 붙은 정치적 조건 때문에 성사되지는 못했다고 한다. 외환위기 당시 산자부 차관보였던 정덕구와의 2008년 7월 24일 인터뷰. 1997년 말 김영삼 정부가 중국인민은행에 100억 달러의 지원을 요청했지만, 중국은 IMF에 대한 출연을 통해 간접적으로만 돕겠다는 뜻을 전한 것으로 알려진다. 2011년 4월 22일 베이징에서의 인터뷰.

70 Gary L. Geipel, "The Diplomacy of German Unification: Lessons for Northeast Asia," in Robert Dujarric (ed.), *The Future of Korea-Japan Relations* (Washington, D.C.: The Hudson Institute, 2001), pp. 151-152; Chung-in Moon and Taehwan Kim, "South Korea's International Relations Challenges to Developmental Realism," in Samuel S. Kim (ed.), *The International Relations of Northeast Asia* (Lanham: Rowman & Littlefield, 2004), p. 271.

71 Samuel S. Kim, "Inter-Korean Relations in Northeast Asian Geopolitics," in Charles K. Armstrong, Gilbert Rozman, Samuel S. Kim and Stephen Kotkin (eds.), *Korea at the Center: Dynamics of Regionalism in Northeast*

Asia (Armonk: M. E. Sharpe, 2006), p. 170을 보라.

72 *Washington Post*, June 21, 2000과 『人民日報』, 2000년 6월 10일 자를 비교해보라.

73 다국가 조사결과는 『동아일보』, 2000년 12월 5일 자를 보라. 또 Jae Ho Chung, "Dragon in the Eyes of South Korea: Analyzing Korean Perceptions of China," in Jonathan Pollack (ed.), *Korea: The East Asian Pivot* (Newport: Naval War College Press, 2006), pp. 258-259를 참조하라.

74 『동아일보』, 2001년 8월 27일.

75 Jae Ho Chung, "South Korean Strategic Thought toward China," in Rozman, Hyun and Lee (eds.), *South Korean Strategic Thought toward Asia*, pp. 164-166.

제9장
한-중 밀월기(蜜月期)의 종언: 통상 갈등의 정치경제

1980년대 중반부터 국교 정상화가 이루어진 1992년까지 한국과 중국은 예외적이기까지는 아니더라도 상당히 특별한 관계를 유지했다고 볼 수 있다. 양국이 대만과 북한을 지나치게 자극하지 않으면서 경제적 이익을 극대화하기 위해 서로를 배려하는 측면이 적지 않았기 때문이다.[1] 1992년 8월의 수교 이후에도 한국과 중국은 매우 우호적인 관계를 유지하며 사실상의 '특별한' 관계를 지속했다. 한국에게 대만은 이미 부수적인 존재가 되었으며, 중국도 북한 때문에 간혹 난처한 입장에 빠지기도 했지만 그때마다 한국을 적절히 배려하는 모습을 보였기 때문이다.[2] 당시 한국인들이 중국에 대해 갖고 있던 대체로 호의적인 시각 또한 한-중 관계의 정서적 기반을 견고히 하는 데에 일조했다고 하겠다.[3]

국교 정상화를 기점으로 1990년대 말까지의 시기는 양국 간 우호와 배려로 충만했던 소위 '밀월'의 시기로 간주할 수 있다. 그러나 다양한 영역에서 교류와 상호의존의 심화로 인해 접촉의 빈도가 늘어남에 따라 갈등과 충돌의 가능성도 함께 높아지게 된다. 2000년에 불거진 '마늘분쟁'(大蒜之戰)은 양국 관계의 밀월 국면이 끝나고 보다 정상적인 관계(normal relationship)로의 전환이 이루어지고 있음을 보여준 분수령적 사건이었다. 당시에 감지된 분규의 전개 속도와 범위 및 그 여파가 당초 예상을 훨씬 뛰어넘는 것이었기에 한국과 중국 사이의 특별한 관계가 마침내 이익에 기반을 둔 정상적 관계로 전환되고 있다는 평가가 내려지기 시작했다.[4]

국내정치의 다양성과 복합성이 외교정책에 지대한 영향을 미치게 되었다는 면에서 한-중 관계는 이제 더 이상 국제정치만의 산물도 아니고 정책엘리트의 전유물도 아니게 되었다. 이제는 선거 역학, 언론, 여론, 사회적 안정, 관료정치, 지역 이익 등의 다양한 요인들이 서울과 북경 간의 관계와 행태를 결정짓게 되었기 때문이다.

양국의 정치체제적 차이로 인해 이러한 요인들이 한국과 중국에 대해 갖는 영향력의 크기에는 분명한 편차가 존재하지만, 그럼에도 불구하고 이에 대한 고려가 한-중 관계 연구에 있어 방법론적인 내용을 풍성하게 만들고 있는 것도 사실이다.[5)]

본 장은 다음의 다섯 부분으로 이루어져 있다. 첫째 부분에서는 2000년 한-중 간 마늘분쟁이 발생하고 격화된 전후 맥락에 대한 자세한 논의를 제시한다. 둘째로는 중국정부가 한국에 대해 강경한 보복조치를 취할 수밖에 없었던 중국 측의 다섯 요인들에 대해 분석한다. 셋째, 한국의 양보를 통해 한-중 마늘분쟁을 해결하게 된 협상의 정치에 대해 자세한 논의를 제공한다.[6)] 넷째, 당시 한국의 협상 행태가 어떤 문제점들을 갖고 있었는지 비슷한 시기에 일어났던 중-일 간의 '버섯분쟁'과 비교 분석해 본다. 마지막으로, '마늘분쟁'이 단순히 고립된 하나의 사례가 아니라 한-중 간에 빈번히 일어날 수 있는 것임을 2005년에 발생한 '김치파동'을 통해 되짚어 보고 대 중국 관계에 대한 전반적인 함의를 도출해본다.

마늘분쟁의 기원: 한국 내 정치역학

1999년 9월 30일 한국 농협중앙회는 중국산 수입마늘에 대한 무역구제 조치를 요청한다. 산업자원부 산하 무역위원회는 이에 대한 피해조사를 거쳐 동년 10월 27일 중국산 수입마늘에 대해 '잠정적인 수입제한 조치'(provisional safeguard)의 채택을 건의하였다. 이 건의에 따라 같은 해 11월 18일 재정경제부는 중국산 수입마늘에 대해 2000년 6월 4일까지 200일간 잠정 수입제한 조치를 발동하였다.[7)]

더 나아가 2000년 2월 2일 무역위원회는 중국산 수입마늘로 인해 한국의 마늘 농가들이 큰 피해를 입었다고 판단해 당초의 잠정 세이프가드를 정식 세이프가드 - 즉, 3년 동안 해당 물품에 대해 추가 관세를 부과하는 조치 - 로 승격시킬 것도 요청하였다. 무역위원회의 요청을 수용해 재정경제부와 농림부는 잠정 세이프가드의 만료 기간을 3일 앞둔 6월 1일에 중국산 냉동 및 초산조제 마늘에 대해 315퍼센트, 그리고 깐마늘에 대해서는 436퍼센트의 관세를 부과하였다.

중국은 처음부터 한국이 제기한 마늘문제에 대해 명시적인 불만을 토로하였다. 2000년 3월 중순 이미 중국정부는 중국산 마늘에 대한 수입제한이 시행될 경우 한국산 공산품의 수입제한이라는 보복 조치의 가능성을 언급했다. 뿐만 아니라 3월 말에 중국정부는 대한국 교역에서 매년 발생하는 대규모 무역적자를 강조하면서 잠정 세이프가드의 즉각 철회를 공식적으로 요구했다. 한국정부는 마늘에 대한 중과세로 인한 중국 측의 손실을 보상해주는 방안을 제시하며 분쟁을 초기에 진화하려 했지만 협상은 성사되지 않았고, 결국 한국정부는 정식 수입제한 조치를 단행하게 된다. 이에 따라 중국정부 또한 2000년 6월 7일 한국산 휴대폰과 폴리에틸렌에 대한 전면 수입금지를 선언하면서 분쟁은 확대되었다.[8)]

한국과 중국은 왜 그 시점에 마늘 수입을 둘러싼 전례 없는 분규에 연루될 수밖에 없었는가? 마늘은 한국인의 식단에 있어 가장 중요한 식재료 가운데 하나이며 대략 한국 농가 총수의 1/3정도가 마늘 농사를 짓고 있는데, 그 총액은 2000년 기준으로 7억 7천만 달러에 달했다. 비록 전체 인구에서 농민의 비율은 10퍼센트도 채 되지 않았지만 한국정치에서 농민/농촌이 갖는 상징성과 영향력은 그리 간단히 생각할 것이 아니다.[9)] 따라서 마늘분쟁은 농민들의 이해관계와 얽힌 국내정치적 고려와 함께 농림부와 농협중앙회가 이익집단으로 작동하면서 통상분규로 이어진 것이었다.

당초 마늘 수입에 대한 관세 규정들은 우루과이 라운드에서의 협상을 통해 결정된 것이었다. 당시 한국은 관세할당(tariff quota: TRQ) 물량에 대해서는 50퍼센트의 관세를, 그리고 이 물량을 초과하는 신선마늘에 대하여는 400퍼센트의 관세 징수에 동의했다는 의미이다. 우루과이 라운드 협상에서 냉동마늘과 초산조제 마늘의 수요가 매우 적을 것이라는 전망에 근거해 한국은 이 두 종류의 마늘에 대한 관세율을 30퍼센트로 낮게 책정하는 데 동의했던 것이다.[10] 그러나 냉동마늘을 해동해 신선마늘에 버금가는 상품으로 만들어내는 기술이 개발되자 생마늘에 할당된 관세할당 분량이 채워지는 대로 무역상들은 관세가 훨씬 낮은 냉동마늘을 수입했다. 〈표 9-1〉은 우루과이 라운드 협상에서 미처 예측하지 못한 결과가 1990년대 말 중국산 마늘의 수입 추이에서 나타나고 있음을 보여준다.

표 9-1
한국의 중국산 마늘 수입량 추이, 1996-1999 (단위: 톤)

	1996	1997	1998	1999
신선마늘	6,153	12,919	25,633	14,355
냉동마늘	2,043	3,768	7,795	18,585
초산마늘	901	1,633	2,128	3,631
총계	9,497	18,368	35,977	37,239
증가율(%)	N/A	93.4	95.9	3.5

주 각 항 수치들의 합이 총계와 일치하지 않는 이유는 소량의 건조마늘도 수입되었기 때문이다.
출처 대한민국 외교통상부〈http://www.mofat.go.kr〉 2000년 8월 1일 자; 中華人民共和國 國務院 發展硏究中心〈http://www.drcnet.com.cn〉 2000년 6월 15일 자 (검색일: 2003년 12월 19일).

한국 농민들이 중국산 마늘 수입에 대해 우려의 목소리를 높이면서 1999년에 수입의 증가세가 대폭 둔화되긴 했으나 1996-99년 기간 동안 중국산 마늘 수입의 총량이 급증한 것은 사실이었다. 〈표 9-1〉에 따르면, 1997년 신선마늘의 수입량이 관세할당 물량(연간 10,000톤)을 초과하자 이내 30퍼센트의 관세율이 적용되는 냉동마늘과 초산마늘의 수입이 늘게 되는데, 각각 1996년의 2,043톤과 901톤에서 1999년에는 18,585톤과 3,631톤으로 증가하였다. 1999년에 이르면 냉동마늘의 수입이 오히려 신선마늘의 수입량을 큰 폭으로 앞질러 중국산 마늘 수입 전체 물량의 50퍼센트를 차지하게 된다.

표 9-2
한국에서의 마늘 가격 변화 추이, 1996-1999 (단위: 원/Kg)

	1996	1997	1998	1999
농가판매가	1,638	2,001	2,719	1,520
도매가	1,317	1,965	3,097	1,859

출처 대한민국 외교통상부〈http://www.mofat.go.kr〉, 2000년 8월 1일 자(검색일: 2003년 12월 19일).

당시 한국정부의 공식적인 평가에 따르면 1999년 마늘 가격의 급락은 대체로 중국산 마늘의 수입이 급증한 데 따른 것이었다. 그러나 〈표 9-2〉의 통계는 마늘 가격의 하락에 다른 요인도 작용했을 수 있음을 암시한다. 왜냐하면 〈표 9-1〉과 비교할 때 마늘 가격은 1999년 한 해만 급락했으나 이 해에는 1996-98년의 기간에 비해 중국산 마늘 수입의 증가세가 오히려 둔화되었기 때문이다. 1999년에 마늘 가격이 급락한 가장 중요한 이유는 아마도 1998년부터 1999년까지 한국 국내에서 마늘 생산이 빠른 속도로 증가한 데서 찾을 수 있을 것이다. 〈표 9-3〉에서 보듯이 1998-99년의 시기에 국내산 마늘의 생산량이 22.8퍼센트나 증가했던 반면, 중국산 마늘의 수입은 3.5퍼센트 증가하는 데 그쳤기 때문이다.

표 9-3

국내산 마늘의 생산량 추이, 1996-1999 (단위: 톤)

	1996	1997	1998	1999
생산량(톤)	495,955	384,834	393,903	483,778
증가율(%)		-13.6	0	22.8

주 中華人民共和國 國務院 發展研究中心〈http://www.drcnet.com.cn〉는 조금 다른 통계를 제시하는데, 1996년과 1997년 수치가 각각 456,000과 394,000톤이었다.

출처 대한민국 외교통상부〈http://www.mofat.go.kr〉, 2000년 8월 1일 자(검색일: 2003년 12월 19일).

이들 통계가 정확하다면 결국 1999년에 마늘 가격이 급락한 주요 원인에는 중국산 마늘 수입의 증가뿐 아니라 국내산 마늘의 증산도 한 몫을 했던 것이 된다. 그러나 국내정치적 관점에서 볼 때, 마늘 값 폭락으로 인한 농민들의 소득 감소에 대한 불만을 해소키 위해 모종의 희생양이 필요했고 농협중앙회는 이를 전적으로 중국산 마늘 탓으로 돌렸던 것이다. 논란의 여지가 적지 않았던 농협의 이러한 판단을 농림부 또한 적극적으로 지지했고, 당시 집권당이던 새천년민주당도 농림부의 입장을 옹호하며 중국산 마늘 수입에 대한 세이프가드 발동을 지지했던 것이다.[11)]

당시 한국정부 내의 중국 담당자들은 중국산 수입마늘과 관련한 상황이 심상치 않게 돌아가고 있음을 감지하고 있었다. 필자의 인터뷰에 따르면, 당시 주 중국 한국대사관과 외교부 동북아 2과(중국과) 및 동북아통상과에서는 점차 정치화되어가는 마늘 분규가 가져올 수도 있는 최악의 상황에 대해 경고했으며, 중국 측의 자율규제를 유도하는 방안을 권고했던 것으로 알려진다.[12)] 그러나 몇 달

후 2000년 4월로 예정된 국회의원 선거에 대비하던 집권당으로서는 정치적 고려가 훨씬 중요할 수밖에 없었다. 결국 정부 내에서 이루어진 설득과 경고는 결실을 맺지 못했으며, 중국산 냉동마늘과 초산마늘에 대해 285-400퍼센트에 이르는 긴급 관세가 부과되기에 이른다.[13)]

중국의 보복조치: 정치경제적 배경

한국의 세이프가드 시행에 대한 중국의 보복조치는 예상을 뒤집는 매우 강경한 것이었다. 일반적으로 수입금지를 단행하기 전에 우선 고관세를 부과하는 것이 관례이나 중국은 전단계를 거치지 않고 바로 공산품에 대한 금수조치를 시행했기 때문이다.[14)] 뿐만 아니라 중국은 교역량에 있어 마늘의 수출액을 훨씬 상회하는 두 가지 공산품에 대한 수입금지를 선택했다. 간단히 말해, 한국이 자신과 충분한 사전 협의를 거치지 않고 자국의 마늘 수출에 대해 잠정 및 정식 세이프가드를 발동한 것을 중국정부는 매우 적절치 않은 행동으로 평가했던 것이다.

돌이켜보면 중국은 기왕에 일어난 한국과의 마늘분쟁을 적극 활용해 자국의 농산물 수출과 관련하여 해외시장에 강력한 경고의 메시지를 보내려 했던 것으로 보인다. 세이프가드로 인한 마늘 수출의 손실액을 보상해주겠다는 한국의 제안을 일언지하에 거절한 것이 이를 잘 보여준다. 그렇다면 중국이 가졌던 불만과 한국에 대해 취했던 강경책을 설명해주는 요인들은 과연 무엇인가? 필자는 대략 다음의 다섯 요인이 그 배경에 있는 것으로 판단한다.

‘체면’ 외교

중국의 대외관계에는 독특하지만 핵심적 요소인 ‘체면’(面子)에 대한 끊임없는 고려가 내포되어 있다. 다른 나라의 외교에서도 체면이 중요하지 않은 것은 아니나 중국은 이에 대해 유난히 민감한 것으로 알려져 있다.[15] 일반적으로 경제영역에서는 체면 요인이 잘 드러나지 않는다. 그 이유는 대체로 영합적(zero-sum)인 안보사안과는 달리 양합적(positive-sum) 성격을 갖는 교역/통상 부문에서는 서로의 체면을 세워주는 조치가 비교적 용이하게 이루어질 수 있기 때문이다.

보다 중요한 것은 최근 들어 중국이 다양한 국제경제기구 및 다자체제에 참여하고 또 국제상거래의 규칙과 규범을 받아들이는 데 매우 적극적으로 나서고 있다는 점이다.[16] WTO 규정에 따르면 잠정 세이프가드에 대한 어떠한 보복조치도 허용되지 않는데, 한국은 당시 WTO 가입을 열망하던 중국이 이 규정에 준한 대응을 할 것으로 예상하는 심각한 오류를 범했던 것이다. 그러나 중국은 WTO 가입 이전임을 명분으로 ‘차별 제재’(discriminatory prohibition)에 대한 보호 조치를 인정한 중화인민공화국 대외무역법 제7조에 의거해 한국에 대한 강력한 보복을 시행했던 것이다.[17]

세이프가드를 적용하기 위해서는 WTO협정 제2조에 따라 국내 생산량에 비해 수입의 절대적 혹은 상대적인 증가가 국내산업에 부정적 영향을 미친 사실을 제대로 증명해야 한다. 1998-99년 기간에 중국산 마늘의 수입 증가율은 3.5퍼센트에 머물렀던 반면, 국내생산은 같은 기간 22.8퍼센트나 증가했기에 피해에 대한 제대로 된 증명을 하기에 어려운 점이 많았다(〈표 9-1〉과 〈표 9-3〉을 참조).[18] 또 중국은 한국정부가 충분한 사전 협의 없이 잠정 수입제한 조치를 일방적으로 단행한 사실에 대해 매우 비판적인 입장을 취했다.[19] 이러한 불쾌감의 앙금이 2000년 초 두 차례에 걸친 한-중 간 협상에 악영향을 미쳤다는 것을 부인하기는 어렵다. 당시의 사정에 밝은 한 한국 관리에 따르면, 중국 측이 이번 분규를 계기로 "중국을 화나게 만들지 말라"는 경고를 한국에 전달하려 했으며 문제의 조기 해결 그 자체에는 큰 관심이 없었다고 한다.[20]

중국의 대 한국 무역적자

중국정부의 강경한 보복조치는 대 한국 무역적자의 누적과도 상당 부분 연관이 있었던 것으로 보인다. 수교 이전인 1979-91년의 기간 중 8년은 한국이 적자를 기록하는 등 불규칙한 양상을 보였던 반면, 국교 정상화 이후에는 단 한 해의 예외도 없이 항상 한국이 대 중국 흑자를 내는 구조가 자리잡았다(〈표 9-4〉 참조). 1998년의 54억 달러,

표 9-4
수교 이후의 한-중 교역구조 (단위: 100만 미 달러)

연도	교역액	중국의 적자 규모
1993	9080	1220
1994	11660	740
1995	16540	1740
1996	19920	2840
1997	23690	3450
1998	18420	5460
1999	22560	4820
2000	31250	5650

출처 『한중 수교 10주년의 경제성과와 문제점』(서울: 대한무역진흥공사, 2002), p. 4.

그리고 1999년의 48억 달러와 같이 대 중국 무역에서 한국이 얻은 흑자의 규모는 상당한 수준이었다. 홍콩을 포함하면 1999년에만 한국이 대중 무역에서 기록한 흑자가 130억 달러에 이르렀다. 이는 한국의 무역흑자 총액의 거의 절반에 해당하는 규모였다.[21)]

1998년 한 해에만 중국이 한국에 대한 농산품 수출로 5억 달러가 넘는 흑자를 거둔 사실을 감안할 때, 중국은 당연히 농산물 수출의 증대를 통해 대 한국 교역수지를 일부분이라도 조정할 수 있을 것으로 여겼을 것이다.[22)] 더 나아가 나날이 확대되는 양국 간 무역에서 매우 작은 액수를 차지하는 마늘 수입을 두고 한국정부가 분규의 불씨를 지핀 것에 대해 중국은 매우 불쾌했을 가능성이 크다. 후추성(胡楚生) 중국 대외무역경제합작부(對外貿易經濟合作部) 대변인은 한국의 대 중국 무역흑자는 마늘문제를 '압도'하는 수준이라며 불쾌감을 드러내기도 했다.[23)] 필자가 베이징과 서울에서 만난 중국 관리들 또한 한국이 매년 엄청난 무역흑자를 얻고 있음에도 불구하고 얼마 되지 않는 마늘 수입을 제한하려는 움직임에 중국이 큰 불쾌감을 느꼈다고 토로했다.[24)]

WTO 가입 이후 예견되는 문제들에 대한 우려

1986년부터 중국은 '관세 및 무역에 관한 일반협정'(GATT)에 참여하기 위해 노력했으며 1990년대에 들어서는 WTO 가입에 큰 관심을 표명해왔다. 동시에 중국은 WTO 가입이 파생시킬 다양한 문제들에 대해서도 심각하게 고민해왔다. 전체 인구의 60퍼센트 이상이 거주하고 있는 농촌문제는 정치적으로도 매우 민감한 사안이었기 때문이다.[25)] 농업 생산성의 지속적인 감소, 불법적인 세금 징수(亂收費)의 확산, 그리고 '유동인구' 규모의 증대와 더불어 중국 농촌에는 정치사회적 불안정이 고조되고 있었다. 심각한 농민 소요를 겪은 성급(省級) 정부의 수가 1990년에는 6개에 불과했으나 10년 후인 2000년에는 무려 16개로 그 수가 급증했기 때문이다.[26]

이러한 문제들이 산적한 상황에서 WTO에 가입할 경우, 중국은 수입 농산물에 부과되는 관세 장벽을 철폐하거나 대폭 낮추어야만 한다. 즉, 시카고 곡물시장에서 톤당 100달러에 매매되는 미국산 옥수수가 톤당 160달러의 가격을 형성하고 있는 중국 시장에 밀려들어온다는 얘기인 것이다. 그렇게 되면 농촌의 실업인구가 급격히 늘게 되고 또 농촌에 대한 정부 지원금의 규모가 커질 수밖에 없는 문제를 야기하게 된다. 바로 이러한 이유로 인해 WTO 가입 조건을 둘러싸고 계속된 협상에서 중국정부는 일관되게 개발도상국 지위의 보전과 8.5퍼센트를 상한선으로 하는 정부지원금의 관철을 주장했던 것이다.[27]

한국이 WTO협정에 따라 세이프가드를 발동했을 때 WTO 비회원국인 중국은 마늘분쟁을 WTO가 금하는 보복조치를 활용할 수 있는 최후의 기회로 여겼을 가능성이 크다. 보다 중요한 것은 중국산 농산물의 수입국들이 한-중 간 마늘분쟁의 전개과정에 지대한 관심을 갖고 지켜보고 있음을 중국정부가 잘 알고 있었다는 점이다.[28] 전체 교역액 중 농산물 수출 비중이 큰 중국으로서는 자국의 농산물 수출이 타국의 규제와 제재에 취약하다는 인식을 주고 싶지 않았던 것이다. 따라서 한국의 고려는 기본적으로 양자 문제 - 중국과의 '특별한' 관계에 대한 낙관론에 기반을 둔 - 에 집중되었지만 중국은 자국 농산품을 수입하고 있거나 향후 할 가능성이 있는 모든 국가들을 염두에 둔 다자적 포석이었던 것이다.[29]

금융위기 이후 바뀐 중국의 대 한국 인식

한-중 관계가 개선의 기미를 보이기 시작한 1980년대 내내 한국을 바라보는 중국의 시각은 급속한 경제발전에 대한 부러움과 경외감이 주를 이뤘다고 할 수 있다. 이 책의 4장에서 언급했듯이 1978년에 중국사회과학원은 세계경제정치연구소 산하에 한국의 발전 경험을 연구하는 팀을 만들었을 뿐 아니라, 공식 또는 비공식적 자리에서 덩샤오핑, 후야오방, 자오쯔양, 리펑 등 최고위 지도자들이 한국의 압축성장 과정에 대해 긍정적인 견해를 표명하기도 했다.[30)]

개혁 초기부터 중국이 일관되게 추구했던 목표 중 하나는 바로 한국의 발전경로를 열심히 따라가 또 하나의 신흥공업국(NIC)으로 성장하는 것이었다. 중국의 경제특구 설립도 한국에서 큰 성공을 거둔 수출자유지역을 창의적으로 변형한 것으로 알려진다. 또 중국은 한국의 경제성장 목표도 일부 모방한 것으로 보이는데, 예컨대 덩샤오핑이 제시했던 일인당 천 달러 GNP 달성이라는 2000년 목표는 박정희 대통령이 한국의 1980년 목표로 제시했던 수치를 참고한 것이었다.[31)] 이러한 학습열풍을 과시라도 하듯 한국의 성공 비결에 대한 엄청난 분량의 관련 서적들이 중국에서 쏟아져 나왔다.[32)]

1997년 후반 동아시아 금융위기의 한파가 서울에 몰아닥치자 중국이 반드시 닮아야 할 모델(模式)로 한국을 간주하던 긍정적이고 호의적인 시각은 급격히 시들어갔다. 금융위기의 후폭풍이 한-중 관계에 엄청난 충격을 주게 된 측면 가운데 하나는 1996년 8억 8900만 달러에 달하던 한국의 대중 투자가 2000년에는 3억 7900만 달러에 그쳐 매우 큰 폭으로 감소한 점이다.[33)] 한국 경제의 위기가 포착된 1997년 이후, 한국을 중국이 따라가야 할 모델로 묘사하는 책은 단 한 권도 출간되지 않았다. 오히려 이제는 한국을 어떤 일이 있더라도 중국이 따라가서는 안 될 부정적 사례로 기술하기도 했다.[34)]

전·현직 주중 한국 외교관들의 상당수도 1997년의 금융위기 이후 한국을 바라보는 중국의 주류적 시각에 적잖은 변화가 생겼음을 감지했다고 토로했다. 심지어 한국의 일부 정책전문가들은 마늘분쟁의 과정에서 중국이 선택한 강경한 보복조치와 중국의 대 한국 인식의 변화 사이에 모종의 연계 가능성을 의심하기도 했다. 이러한 변화는 중국 언론이 2002년 월드컵에서 한국이 준결승에 진출한 것을 부정적으로 보도한데서도 일부 드러났다. 당시 두 나라 국민들 사이에 적대적 감정이 고조되어 이를 진화하기 위해 양국의 외교부가 개입해야 할 정도였다.[35)]

산둥성(山東省)의 자살 사건

중국정부가 마늘분쟁과 관련해 강경책을 택했던 핵심적 촉매로 당시 중국정부가 농촌의 소요 사태에 매우 민감해 있던 상황에서 일부 지방에서 벌어진 불행한 사건을 들 수 있셌다. 중국산 마늘에 대해 정식 세이프가드가 발동되고 마늘 교역으로 생기는 이익이 급감하자 한국의 마늘 수입상들은 중국 수출업자들과의 계약을 서둘러 취소하기에 이른다. 중국에는 전국적으로 대략 300만 호에 달하는 농가가 마늘 재배에 종사했지만 한국의 마늘 수입의 주된 경로는 지리적으로 가까운 산둥성에 집중되어 있었다. 예를 들어 1999년에 산둥성에서 재배된 마늘은 중국 전체 생산량의 약 80퍼센트를 차지했으며 마늘 수출물량의 70퍼센트 정도를 점했다.[36)]

마늘생산과 관련해 산둥성 내에서는 진상(金鄕)현과 창산(蒼山)

현이 특히 유명하다. 진샹현의 경우 한국으로 수출하는 마늘 물량이 상대적으로 적었지만 창산현의 상황은 이와는 대조적이었다. 행정상으로 린이(临沂)시에 속해 있는 창산현은 현지에서 재배한 마늘의 절반이 넘는 물량을 한국에 수출해왔으며, 한국정부가 취한 수입제한 조치로 인해 최소 1억 위안(元)에 이르는 경제적 손실을 입은 것으로 추산되었다. 그리고 이로 인해 마늘 농사비용의 대부분을 빚을 내 마련했던 창산현 농민 여섯 명이 스스로 목숨을 끊는 사건이 발생했다.

이러한 비보(悲報)는 중국 전역에 빠른 속도로 확산되었다. 필자가 인터뷰했던 대외무역경제합작부의 한 관리에 따르면 창산현에서의 자살 소식이 즉각 당내 소식지인 내부참고(内部参考)에 게재되었으며 주룽지(朱鎔基) 총리의 관심을 끌었다고 한다. 주 총리는 자살 소식을 보고받고 격노한 것으로 전해지며 직접 대외무역경제합작부에 지시해 마늘분규를 소홀히 처리하지 말도록 지시했다. 총리급 지도자가 보인 비상한 관심 때문에 일반적인 통상분규와는 달리 지역 담당의 아주국(亚洲司)이 아니라 대외무역국(對外贸易司)이 직접 분쟁을 담당하게 되었을 뿐 아니라 당시 중국의 WTO 가입 협상에 깊이 관여하던 조약법률국(條约法律司)도 자문을 제공했다고 알려진다.[37)]

이제는 여론 - 공식 혹은 비공식(小道消息), 그리고 온라인이나 오프라인을 막론하고 - 도 중국의 대외(경제)정책을 형성하고 변화시키는 데 점차 중요한 역할을 맡기 시작한 것으로 보인다. 당시에 실시된 중국의 한 여론조사에 따르면 베이징, 상하이, 그리고 광저우(廣州)시에 거주하는 사람들 중 무려 61퍼센트에 가까운 응답자들이 한-중 마늘분쟁에 대해 인지하고 있었다는 점이다. 이렇게 높은 대중들의 인식은 곧 중국정부에게 큰 정치적 부담으로 작용했을 수

밖에 없었을 것이다.[38)]

분규 타결의 정치

중국산 수입마늘에 대한 고관세 부과에 대응해 한국산 휴대폰과 폴리에틸렌의 수입을 전면금지한 중국의 조치는 한국정부의 약점을 제대로 파고든 것이었다. 마늘 수입을 둘러싼 분규에도 불구하고 한국은 우호적인 한-중 관계를 낙관했으며 심지어 중국이 국제규범과 관례의 틀 안에서 움직일 것이라는 - 예를 들어, 중국의 보복조치가 마늘과 비슷한 교역량을 가진 상품에 대해 고관세를 부과하는 방식을 택하리라는 - 막연한 낙관론에 기반하고 있었기 때문이다. 한국산 공산품에 대한 수입금지를 단행할 수도 있다는 중국의 경고에도 불구하고 한국은 향후 벌어질 사태를 감지하지 못했거나 이를 인정하고 싶지 않았던 것이다.[39)]

중국은 수입금지의 대상으로 한국산 휴대폰과 폴리에틸렌을 선택했으며 이는 '닭 잡는 데 소 잡는 칼을 쓴 것' 또는 '소총 사격에 미사일로 대응한 것' 등으로 불리기도 했다. 그러나 돌이켜 보면 무역보복의 대상으로 이 두 공산품을 선택한 것은 협상과정에서 처음부터 유리한 지위를 선점하기 위해 치밀하게 계산된 방안이었음에 틀림없다. 〈표 9-5〉를 보면 당초 분규의 대상이던 마늘 교역량과 보복대상으로 선정된 휴대폰 및 폴리에틸렌 교역액 사이에 엄청난 차이 - 무려 57배 - 가 존재함을 확인할 수 있다. 한국의 희망섞인 기대와는 달리 중국이 얼마나 냉정하고 거침없는 보복조치를 취했는지를 알 수 있으며 여기에서 '특별한 관계'나 밀월의 모습을 찾

표 9-5
분규 대상 품목의 교역액 비교 (단위: 1만 미 달러)

품목	교역액
냉동 및 초산제조 마늘	898
휴대폰	4,140
폴리에틸렌	47,130

출처 『동아일보』, 2000년 6월 8일.

아보기는 어렵다.

중국이 보복조치를 취한 지 며칠 지나지 않아 한국의 언론매체들은 중국이 한국 폴리에틸렌 수출시장의 47퍼센트를 점한다는 통계를 인용하면서 중국의 금수조치가 미칠 영향에 대해 심각한 우려를 표시했다.[40] 한국정부도 이에 즉각 반응했는데, 중국산 수입마늘에 대한 세이프가드 발동을 적극적으로 지지했던 김성훈 농림부 장관도 마늘로 인한 중국의 손실을 보상하는 방안을 한국정부가 제시해야 한다고 언급했다. 반기문 당시 외교통상부 차관도 마늘분규가 협상을 통해 신속히 해결되기를 희망한다고 밝혔다.[41] 해당 산업과 관련된 이익집단들과 재계도 중국의 수입금지 조치가 미칠 악영향에 대한 깊은 우려를 표시했다. 대한상공회의소는 한국석유화학공업협회 및 한국전자산업진흥회와 함께 중국산 수입마늘에 부과된 긴급관세에 대해 정부가 재고할 것을 건의하였다.[42]

2000년 7월 5일, 중국정부는 6월 7일 이후 세관에 묶여 있던 폴리에틸렌 27,700톤과 휴대폰 20,000개를 방출하였다. 당시 중국의 이러한 조치는 양국 간 분규를 신속히 해결하고자 하는 화해의 제스추어로 해석되었다. 한국의 언론은 석유화학 및 전자산업 부문의 생산이 중국의 수입금지 조치로 인해 감축될 수밖에 없는 어려운 상황을 계속해서 보도했다.[43] 한국정부가 중국산 마늘에 정식세이프가드를 부과한지 7주 만에, 그리고 중국과 협상을 시작한 지 2주 만인 7월 14일에 한국과 중국은 합의에 도달하게 된다.

양국 간 합의에 따르면 한국 측은 냉동 및 초산조제 마늘의 수입물량 가운데 20,000톤까지는 30퍼센트의 낮은 관세를 부과하는 선으로 물러섰다. 또 생마늘에 대한 최소시장접근 쿼터(관세율 50% 적용) 11,895톤을 포함해 2000년에 50퍼센트 이하의 관세를 적용받고 수입된 중국산 마늘의 전체 물량은 31,895톤에 이르렀다. 뿐만 아니라 한국은 중국산 마늘의 수입 상한량을 2001년과 2003년에 각각 33,728톤과 35,448톤으로 상향 조정하는 안에도 동의했다.[44]

양국 간 합의된 수입 총량은 1997-99년 기간 동안 중국산 마늘 수입량의 연평균 수치를 약간 상회하는 것이었다. 당초 중국정부가 지난 삼 년간의 평균에 근거해 저율 관세가 적용될 수입량을 설정해야 한다고 주장했던 점을 감안하면 결국 중국 측 요구가 받아들여졌음이 드러난다.[45] 협상 타결 후에도 2002년 말까지 한국정부가 정식 세이프가드를 계속 유지하게는 되었으나 저율 관세가 적용되는 수입물량이 대폭 늘어나면서 세이프가드는 실질적으로 무용지물이 된 것이나 다름없었다. 결국 한-중 간 마늘분쟁은 한국의 체면이 크게 손상된 상태에서 중국의 승리로 마무리되었다.[46]

마늘분쟁이 양국 간의 협상을 통해 해결되자마자 한국의 농림부는 그해에 생산된 국산 마늘을 전량 구입하겠다고 발표하는 한편, 1000억 원 규모의 마늘농가에 대한 지원금을 마련하겠다고 밝혔다.[47] 그러나 이 같은 조치는 당초 중국에 대한 긴급 수입제한 조치가 왜 필요했었는지에 대한 원초적 의문을 갖게 만든다. 왜냐하면 어차피 마련할 지원기금을 미리 풀어 한국의 마늘재배 농가들이 입을 손실을 보상했다면 긴급 수입제한 조치도 필요없었을 것이고

또 중국과 불필요한 통상 마찰도 피할 수 있었기 때문이다.[48]

문제는 2000년 7월의 협상으로 양국 사이의 마늘분쟁이 완전히 매듭지어지지 않았다는 점이다. 2001년 4월 13일, 중국은 한국정부가 2000년 7월에 합의한 사항들을 제대로 이행하지 않을 경우 휴대폰과 폴리에틸렌의 수입을 다시 전면금지하겠다며 경고하고 나섰다. 한국정부는 2000년 7월에 작성된 합의문서의 내용과 관련해 11,895톤의 최소시장접근(MMA) 물량만을 정부 관리하에 수입하고 나머지 20,000톤의 마늘은 민간 영역에서 자율적으로 수입하는 것으로 해석했다. 그에 따라 2001년 4월 당시, 20,000톤의 물량 가운데 9,500톤만 수입이 되었던 것이다. 반면에 중국 측은 2000년 7월의 합의에 따라 31,895톤의 마늘 수입물량 전체의 구입을 한국정부가 보장해야 한다고 촉구했던 것이다.

대체로 중요 사안과 관련된 한-중 간의 협상결과를 담는 외교문서는 한국어, 중국어 그리고 영어로 각각 작성해 교환해왔다. 그러나 자세한 내막을 알 수는 없지만 마늘협상에 대한 문건은 영어 번역문 없이 한국어와 중국어로만 작성된 것으로 알려진다. 이 과정에서 분쟁의 빠른 해결에 너무 급급했던 나머지 채택된 모호한 표현이 만들어내는 한국어와 중국어 간의 차이 때문에 또 다른 오해가 발생한 것으로 보인다.[49] 뿐만 아니라 2000년 7월의 합의 시점에 한국은 2003년 1월 1일 이전까지 세이프가드를 완전 철회하라는 중국의 요구를 받아들였으나 여론의 역풍을 우려해 당시 한국정부는 이를 공개하지 않고 비공개 부속문에 담았던 것이다.[50] 결국 중국의 경고에 직면한 한국정부는 다시 이를 수용하고 한국의 휴대폰 및 폴리에틸렌 생산기업들로 하여금 중국산 마늘의 수입비용을 부담하도록 하기에 이른다.[51]

비교적 관점에서 본 한-중 마늘분쟁

여기서 갖게 되는 질문이 하나 있다. 즉, 중국이 한국에 대해서만 유난히 강경한 조치를 취했던 것인지 아니면 유사한 통상분규에서 대개 비슷한 행태를 보였는지에 대한 것이다. 이와 관련해 2001년에 일어난 중-일 간의 '버섯전쟁'(香菇之戰)은 한-중 마늘분쟁과 여러 면에서 닮아 있다. 첫째, 두 분쟁 공히 중국 농산물을 대상으로 한 것으로 전자는 중국산 표고버섯과 다다미용 왕골에 대한 것이며 후자는 냉동마늘과 초산조제 마늘과 연관된 것이다. 둘째, 두 분쟁 모두 국내정치적 고려가 강하게 작용했는데, 선거가 몇 달 앞으로 다가오면서 한국과 일본정부는 총인구의 8.6퍼센트와 4퍼센트에 해당하는 농민들의 요구에 귀를 기울여야 했고, 그 결과 중국산 농산물 수입에 대한 보호조치를 시행했던 것이다. 한국정부는 1999년 10월 중국산 냉동마늘과 초산조제 마늘에 대해서 315퍼센트, 그리고 깐 마늘에는 무려 436퍼센트의 관세를 부과했다. 일본정부 또한 2001년 4월 중국산 대파, 표고버섯 및 다다미용 왕골에 대해 각각 256, 260, 100퍼센트의 고관세를 부과하였다.[52] 셋째, 당시 WTO에 가입하지 않은 중국은 한국과 일본의 공산품 수출에 대한 제재를 통해 보복하였다. 한국의 경우 휴대폰과 폴리에틸렌이 그 대상이었고, 일본에게는 휴대폰, 자동차 및 에어컨에 대한 고율 관세를 발동했다. 넷째, 두 분쟁 공히 협상을 통해 해결되었지만 이는 한국과 일본이 중국에 대폭 양보를 했기에 가능한 것이었다.

이 두 사례는 상당한 차이점을 갖고 있기도 하다. 중국정부가 한국산 공산품에 대해서는 수입금지 조치를 행했던 반면 일본산 공산품에 대해서는 높은 관세를 부과하는 데 그쳤기 때문이다. 더 나아가 2000년 기준으로 한국의 대중 교역에서 휴대폰과 폴리에틸렌이 차지하는 비중은 1.6퍼센트에 달했으나 일본의 대중 무역에서 자동차, 에어컨 및 휴대폰이 점하는 비중은 0.2퍼센트에 불과했다. 뿐만 아니라 2000년에 일본의 자동차 수출 물량 가운데 대 중국 수출은 1퍼센트 정도였지만, 1999년 기준으로 한국산 폴리에틸렌의 47퍼센트가 중국으로 수출되었음에 주목할 필요가 있다.[53] 따라서 중국이 한국에 대해 일본보다 더 강경한 조치를 취했음을 부인하기는 어렵다.

그렇다면 무엇이 중국으로 하여금 다른 대응을 하도록 만든 것인가? 중국이 행한 강경한 조치는 중국산 마늘에 대해 한국정부가 각각 200일과 3년 동안 잠정 및 정식 세이프가드를 연이어 발동했던 사실과 떼놓고 생각할 수 없다. 반면에 일본은 200일간의 잠정 세이프가드를 적용하기는 했지만 정식 세이프가드의 채택에는 매우 신중했기 때문이다.[54] 어찌 보면 한국이 성급하게 보호조치를 취한데 대해 일종의 '길들이기'(教訓) 차원에서 중국이 필요 이상의 강경한 보복조치를 택했을 가능성도 있다. 어찌됐든 이는 중국이 한국에게 양국 간 '특별한' 관계에 임계점이 존재함을 명확히 알린 첫 번째 사건이었다.[55]

중-일 간의 '버섯전쟁'을 통해 일본과 중국 공히 '체면' 문제가 걸려 있음을 깊이 인식했음을 알 수 있다.[56] 두 나라 모두 전면적인 무역전쟁으로 악화되기를 원치 않았으며 따라서 분쟁 해결의 과정에서 보인 신중함이 두드러졌다고 하겠다. 일본과의 무역을 통해 상당한 규모의 흑자를 누려왔고 또 일본 대외개발원조(ODA)의 가장 큰 수혜자였던 중국으로서는 중-일 경제협력의 기본축을 흔들 생각이 없었던 것이다.[57] 한국과 달리 중국에 대해 상당한 영향력을 가졌음에도 불구하고 중국과의 통상 분규에서 일본은 매우 신중하고도 조심스러운 행보를 보였던 것이다.

일본에서는 한국과 달리 국제사회가 자신들의 정식 세이프가드 발동을 시장자유주의 원칙으로부터의 퇴보로 바라볼까봐 내심 두려워하는 모습을 보이기도 했다. 중국산 농산물에 대한 일본의 잠정 세이프가드에 대해 쏟아진 미국무역대표부(USTR) 대표 졸릭(Robert Zoellick)과 하타케야마 노보루(畠山襄) 일본경제무역기구(JETRO) 의장의 비판, 그리고 '보호주의 국가화'를 비판하는 언론 보도 등은 당시 일본이 버섯분쟁을 지나치게 정치화하지 않도록 도와주는 역할을 했던 것이다.[58] 이런 배경 속에서 중국에 대해 발동한 잠정 세이프가드가 2001년 11월 8일 공식 만료되었음에도 불구하고 일본은 - 곧바로 공식 세이프가드를 공포했던 한국과는 사뭇 대조적으로 - 한 달여나 중국과의 협상을 지속했던 것이다. 중국 또한 한국에 대한 금수조치를 결정하는 데 고작 6일이 소요된 것과는 달리 일본에 대해서는 보복조치의 결정까지 무려 두 달을 고심했다.[59]

결론적으로 볼 때, 상황을 급속도로 악화시킨 한국의 정책적 선택은 그리 현명하지 않았던 것 같다. 사태가 점진적으로 진행되면 서로의 '체면'을 살릴 수 있는 신택의 여지를 충분히 확보할 수 있을 뿐만 아니라 사안에 대한 자세한 파악과 함께 중간 협상을 가질 시간도 벌 수 있기 때문이다. 또 한국은 중국의 보복조치에 대한 적절한 대응책도 사전에 갖지 못했던 것으로 보인다. 일반적으로 중국은 분쟁 초기에 즉각적인 우위 선점을 위해 상대국의 조치보다 훨씬 강경한 수위로 대응하는 것으로 알려진다. 따라서 한국은 이에 대한 대응책을 충분히 갖고 있어야만 했다. 지나친 정치화, 잘못된 낙관론 및 부실한 대비로 인해 한국정부는 결국 필요 이상으로 많은 국익과 체면을 잃는 양보를 했던 것이다. 정식 세이프가드를 발동했던 한국의 경우, 결국은 협상 결과로 저관세를 적용받는 중국산 마늘의 수입 비중이 급증했기 때문에 정식 세이프가드 조치는 기실 무용지물이 된 것이나 다름없었다. 비슷한 유형의 분규에서 한국의 '국격'이 일본보다 더 무너진 이유는 바로 이러한 신중함과 명민함의 결여에 있었던 것이다.

2005년 김치파동의 급습: '정상적 관계'의 정착?

수교 이후 '밀월'을 구가하던 초기의 한-중 관계에서는 통상 분규가 비교적 원만하게 해결되었는지도 모른다. 그러나 하루가 다르게 힘이 커가는 - 그로 인해 체면과 국격을 이전보다 더 중시하게 된 - 중국이 경제관계에서 한국과의 '특별한' 관계를 더 이상 인정할 필요성이나 가능성은 없다. WTO 가입과 더불어 국제경제/통상과 연관된 규범을 빠른 속도로 학습 및 체화하고 있는 중국으로서는 대외무역관계를 상호이익에 기반을 둔 정상적 관계로 일원화하는 노력을 경주하고 있기 때문이다. 한국 또한 이런 점을 염두에 두고 날로 확대되는 중국과의 경제관계를 관리해야 할 것이다.

1998년 한-중 간에 합의했던 '21세기를 향한 협력동반자관계'(面向21世紀的合作夥伴關係)가 2003년 노무현 대통령의 방중을 계기로 '전면적 협력동반자관계'(全面合作夥伴關係)로 격상되었다.[60] 그러나 이러한 격(格)의 변화에도 불구하고 - 또 마늘분쟁에서 얻은 값비싼 교훈에도 불구하고 - 한국은 여전히 대 중국 관계를 명민하고 신중하게 다루지 못하는 것 같아 안타깝다. 2005년 9월에 일어난 '김치

분쟁'(泡菜糾紛)은 이러한 문제를 잘 보여주는 사례이기에 이에 대한 간략한 논의를 제공하고자 한다.

2005년 9월 25일 한나라당의 고경화 의원이 한국에 수입되는 중국산 김치에 과도한 납 성분이 들어있다고 지적했다. 10월 10일 식품의약품안전청(이하 식약청)은 중국산 김치의 납 성분이 국제기준치인 0.3ppm보다 낮은 0.05ppm 수준이라고 밝힘으로써 일단락되는 듯 했다. 그러나 10월 21일 두 차례에 걸친 검사 결과에 따라 식약청은 중국산 김치에서 회충과 십이지장충 등의 기생충 알이 발견되었다고 밝히고 10여 종의 수입김치에 대한 금수조치를 발표했다. 중국정부는 기생충 검출과 관련해 한국 측 검사기준 자료의 제출을 요청했으나 당시 한국정부에는 이에 대한 검사기준 자체가 없는 상태였다.[61] 곧 이어 10월 31일, 중국의 국가질검총국(國家質檢總局)에서는 한국산 수입식품에서 기생충 알이 발견되었다고 밝히고 김치, 고추장 및 불고기 양념장 등에 대한 수입금지를 발표했다.

표면적으로는 식품안전과 건강에 대한 관심으로 인해 불거진 것처럼 보이지만 기실 그 배경에는 경제적 측면이 상당 부분 내포되어 있었다. 즉, 김치종주국인 한국의 김치 생산량은 세계 1위이며 또 2001년에만 1억 달러 이상의 김치를 수출해왔다. 그러나 값싼 재료와 노동력의 우위를 가진 중국에 다수의 한국기업이 투자하면

표 9-6
한국의 중국산 김치 수입 추이, 2001-2005

	2001	2002	2003	2004	2005
중국산 김치 수입량(만 톤)	0.039	0.105	2.87	7.26	11.0
증가율(%)	-	169	2,633	150	52.7

출처: 『동아일보』, 2005년 9월 25일.

서 〈표 9-6〉에서 보듯이 중국산 김치의 한국 수입이 날로 늘어갔던 것이다. 2001-4년 기간에 한국의 중국산 김치 수입량은 185배나 증가해 한국 김치시장에서 중국산 김치가 차지하는 비중 또한 18퍼센트까지 늘어났다. 이를 통해 한국산 김치의 가격 하락, 배추 경작 면적의 감소 및 배추 가격의 폭등을 가져왔고, 이는 곧 중국산 김치에 대한 높은 불만을 조장하게 된 것이다.[62]

이러한 배경 속에서 불거진 납김치와 기생충 알 파동은 양국 간 보복적 금수조치로 인해 한-중 간 우호를 저해하는 요인으로까지 확대될 개연성을 갖게 된다. 특히, 2004년 여름에 불거진 '고구려사 문제'로 가뜩이나 중국에 대해 불만을 가져왔던 많은 한국인들의 정서에 더욱 부정적으로 작동했던 것이다.[63] 중국 또한 2003년 사스(SARS) 위기 이후 가짜 분유, 가짜 샤스핀 등 다양한 먹거리 문제가 불거지면서 중국산 김치 문제를 그냥 넘길 수만은 없는 처지에 있었다.[64] 문제는 앞서 논한 마늘분쟁의 경우에서 우리 측이 내세운 근거가 충분치 않았던 것처럼, 김치분규에서도 기생충 알과 관련해 한국정부가 자체의 공식적 기준조차 갖지 못한 상태에서 중국 측에 문제를 제기했다는 점이다. 뿐만 아니라 우리의 금수조치에 대해 중국 측이 어떤 보복을 할 것인지에 대해 충분한 대비를 했는지도 명확치 않다. 즉, 중국이 한국산 화장품에 대해 금수 조치를 채택할 것에 대해 제대로 대비하지 못했다는 점이다.[65]

2001년에 WTO에 가입한 중국이 2000년의 마늘분쟁에서처럼 한국에 대해 무턱대고 보복을 하기는 어려웠으며, '고구려사 문제'로 악화된 당시의 한-중 관계를 더 이상 어렵게 만들어서는 안된다는 양국의 공감대가 형성되었다. 뿐만 아니라 문제가 된 상품의 교역규모가 상대적으로 작았고 또 검역이 주된 문제였기에 양국의 정치적 결단을 통해 곧 해결의 실마리를 잡게 된다. 2005년 말 우선 중국 언론이 한국산 김치에 기생충 알이 없다는 보도를 내고, 곧 이어 한국 또한 재검사를 통해 중국산 김치에서 기생충 알이 다시 발견되지 않았음을 밝히면서 '김치분쟁'은 마무리된다.[66] 그러나 우리가 중국에 대해 제기했던 김치문제로 인해 결국 세계시장에서 한국산 김치가 희생양이 되면서 2006년 우리의 김치수출액은 2005년 대비 대폭 감소하는 손실을 보게 된다.

1979년 제3국을 통한 간접교역으로 시작된 한-중 관계의 역사도 벌써 30년이 넘었다. 상호 교류와 의존이 날로 심화되면서 양국 간 갈등의 발생 가능성도 여느 때보다 높아지고 있다. 밀월기도 끝나고 양국 사이의 '특별한' 관계도 이미 '정상적인' 관계로 전환된 지금 분규 예방의 기제는 충분히 갖고 있는지, 또 실제로 첨예한 갈등이 생겼을 때 과연 한국은 국익을 지킬 만큼 중국에 대한 넉넉한 이해와 갈등 해소의 기제를 갖고 있는지 쉽사리 판단이 서지 않는다. 중국의 '부상'과 함께 한-중 간 힘의 격차가 커질수록 중국과의 갈등을 한국 측의 논거와 입장에서 풀어나가기가 점차 어려워질 것으로 보인다. 특히, 한-중 관계의 가장 큰 기반이었던 교역관계의 구조가 상호 보완성으로부터 벗어나 치열한 경쟁관계 또는 한국이 뒤처지는 상황으로 가게 되면 양국 관계는 지금보다 훨씬 더 어려워질 수도 있기 때문이다. 한-중 양국 공히 미국이나 일본보다 서로에 대한 통상 분규(그것이 반덤핑 제소이건 세이프가드이건)를 더 많이 겪고 있는 상황에서, 협상에 기반을 둔 예방과 보다 원만한 해결을 이룰 수 있는 학습효과의 창출이 필요하다 하겠다.[67] 향후 한-중 FTA의 체결로 한-중 교역이 늘면 늘수록 위기의 조기 경보, 분규 예방 및 관리에 대한 제도화가 절실하며, 이를 위해 과거 실패 사례들에 대한 보다 면밀한 연구와 검토가 있어야 할 것이다.

주석

1 Chae-Jin Lee, *China and Korea: Dynamic Relations* (Stanford: The Hoover Press, 1996), ch. 4; 劉金質 외, 『當代中韓關係』(北京: 中國社會科學出版社, 1998), 3장을 참조하라.

2 Chae-Jin Lee and Stephanie Hsieh, "China's Two-Korea Policy at Trial: The Hwang Chang Yop Crisis," *Pacific Affairs*, Vol. 74, No. 3 (Fall 2001), pp. 321-341.

3 朴鍵一, "中韓建交十年來政治與外交關係述評,"『當代亞太』, 第8期 (2002年), pp. 58-62; Jae Ho Chung, "South Korea between Eagle and Dragon: Perceptual Ambivalence and Strategic Dilemma," *Asian Survey*, Vol. 41, No. 5 (September-October 2001), pp. 783-785를 보라.

4 예컨대 『한겨레신문』, 2000년 6월 8일; 『문화일보』, 2001년 9월 3일; 『中國經濟時報』, 2000년 6월 14일 자를 보라.

5 Peter B. Evans, Harold K. Jacobson and Robert D. Putnam (eds.), *International Bargaining and Domestic Politics: Double-Edged Diplomacy* (Berkeley: University of California Press, 1993), ch. 1 and 2; David M. Lampton (ed.), *The Making of Chinese Foreign and Security Policy in the Era of Reform* (Stanford: Stanford University Press, 2001)에 실린 Joseph Fewsmith, Stanley Rosen과 Samuel Kim이 저술한 장을 참조하라.

6 본 장의 연구를 진행하는 과정에서 필자는 마늘분쟁 당시 이에 직 · 간접으로 관여했던 한국 및 중국 측 관리들과 서울, 북경 및 워싱턴에서 다수의 인터뷰를 수행했으며 이로부터 많은 도움을 받았음을 밝힌다. 또 사안의 민감성으로 인해(예컨대 한국 측 담당자 중 일부는 징계를 받기도 했음) 인터뷰에 응했던 분들을 모두 익명으로 처리함을 밝힌다.

7 이 분규의 전후 관계에 대해서는 『중앙일보』, 『동아일보』, 『조선일보』, 『한겨레신문』 및 농림부 사이트〈www.maf.go.kr〉를 참조하였음.

8 『한겨레신문』, 2000년 3월 14일과 29일 자를 보라. 그리고 후추성(胡楚生) 중국 대외무역경제합작부 대변인이 언급한 대 한국 보복조치에 대해서는 〈http://www.people.com.cn〉, 2000년 6월 7일 자를 보라.

9 2000년 당시 농업생산 인구는 한국 총인구의 8.6%를 차지하고 있었다. 〈http://www.maf.go.kr/html/pds〉에서 활용한 통계임(검색일: 2003년 4월 7일).

10 이에 대해서는 〈http://www.mag.go.kr/html/mains/agromail.htm〉(검색일:

2003년 4월 11일)을 보라. 우루과이 라운드 협상에 참여했던 한국의 한 정부관리에 따르면 당시 한국 측 협상팀은 냉동마늘을 해동하는 신기술에 대한 충분한 사전지식을 갖지 못했다고 밝혔다. 2001년 11월 서울에서의 인터뷰.

11 『매일경제신문』, 2000년 4월 3일; 『조선일보』, 2000년 6월 9일 자를 참조하라.

12 2006년 11월 서울에서의 인터뷰.

13 2002년 4월과 5월 서울과 북경에서 외교통상부 및 대외무역경제합작부 관리들과의 인터뷰에 근거함.

14 WTO 회원국들은 서로 간에 잠정 세이프가드에 대한 보복조치를 취하는 것이 금지되어 있으나 2000년 당시 중국은 아직 WTO에 가입하지 않았기에 이러한 규정의 제한을 받지 않았다.

15 Chih-yu Shih, *The Spirit of Chinese Foreign Policy: A Psychocultural View* (London: St. Martin's, 1990), pp. 28-30을 참조하라.

16 Harold K. Jacobson and Michel Oksenberg, *China's Participation in IMF, World Bank, and GATT* (Ann Arbor: University of Michigan Press, 1990), p. 41; Margaret M. Pearson, "China's Integration into the International Trade and Investment Regime," in Elizabeth Economy and Michel Oksenberg (eds.), *China Joins the World: Progress and Prospects* (New York: Council on Foreign Relations, 1999), pp. 166-167.

17 제7조의 세부 내용에 대해서는 〈http://www.chinatoday.com/law/a07.htm〉(검색일: 2003년 4월 11일)을 참조하라.

18 예컨대 『中國經濟時報』는 "한국의 정당화는 성립되지 않는다"(韓國的解釋不成立)고 언급했다. 2000년 6월 14일 자를 보라.

19 "중국과의 사전 협의를 생략한 채 일방적으로 수입제한 조치를 적용한 것은 한국이 WTO의 규범을 위반한 것이다"는 후추성(대외무역합작부 대변인)의 발언을 참조하라(『人民日報』, 2000년 6월 7일). 물론 후의 주장은 적잖은 논쟁거리를 안고 있다. 왜냐하면 필자가 만났던 한국인 인터뷰 대상자들은 잠정 세이프가드의 발동과 관련해 중국과 충분한 사전 협의가 있었더라면 완전히 다른 결과를 가져왔을 수도 있다는 주장에 대해 상당히 회의적이었기 때문이다.

20 예컨대 당시 한국 외교통상부 대변인의 발언을 참조하라. 〈http://www.mofat.go.kr〉, 2000년 6월 6일; 『조선일보』, 2000년 6월 9일. 『中國經濟時報』의 2000년 6월 14일 자 보도에 따르면 중국산 마늘 수입의 감소분을 보상하기 위해 한국이 참깨 수입을 확대하는 방안을 제안했으나 중국은 이를

받아들이지 않았다. 마늘분쟁 이전에도 한국이 여러 차례 중국에 대한 긴급 수입제한 조치를 일방적으로 단행한 적이 있었기 때문에 중국이 마늘분쟁을 적극 활용해 한국정부에 대해 분명한 경고 메시지를 전달하려고 했던 것으로 여러 한국인 인터뷰 대상자들은 보고 있었다. 2002년 5월 서울에서의 인터뷰.

21 『중앙일보』, 2000년 6월 9일.

22 한국의 중국산 농산물 수입규모는 1988년의 4800만 달러에서 1994년의 13억 3300만 달러로 가파르게 증가해왔다.

23 이에 대한 전문(全文)은 다음을 참조하라. 〈http://www.people.com.cn〉, 2000년 6월 7일 자.

24 이 같은 정서는 중국의 여러 언론매체가 한국이 "나무만 보고 숲은 보지 못한다"(只見樹木不见森林)고 보도한 데서도 발견할 수 있다. 〈http://www.people.com.cn〉, 2000년 6월 9일 자; 『環球時報』, 2000년 6월 16일; 『中華工商時報』, 2000년 6월 16일; 苏科伍, "中韓贸易逆差持续增长的原因及对策," 『當代亞太』, 第1期 (2002年), p. 57.

25 張建華 (編), 『解决中國再度面臨的緊要問題』 (北京: 經濟日報出版社, 2000), pp. 83-86.

26 王永慶, "加强和改進農村思想政治工作的思考," 『内部参閱』, 2000년 5월 5일; "農民領袖," 『半月談内部版』, 第2期 (2000年), pp. 8-31; 楊守永, 王錦濤, "稳定村爲何出了大亂子?" 『半月談内部版』, 第1期 (2001年), pp. 40-42; Thomas Bernstein and Xiaobo Lu, "Taxation without Representation: Peasants, the Central and the Local States in Reform China," *The China Quarterly*, No. 163 (September 2000), pp. 742-763; Jae Ho Chung, Hongyi Lai and Ming Xia, "Mounting Challenges to Governance in China: Surveying Collective Protestors, Religious Sects, and Criminal Organizations," *China Journal*, No. 56 (July 2006), pp. 1-31.

27 Kent Hughes, Gang Lin and Jennifer L. Turner, *China and the WTO: Domestic Challenges and International Pressures* (Washington D.C.: The Woodrow Wilson Center, 2002), pp. 16-21.

28 1999년 중국산 마늘 수출의 전체 물량 가운데 한국이 수입하는 비중은 12.4% 정도였다. 『中國對外經濟贸易年鑒 2000』 (北京: 中國對外經濟贸易出版社, 2000), p. 499.

29 2002년 4월 중국 대외무역경제합작부 관리와의 인터뷰.

30 Jae Ho Chung, "South Korea-China Economic Relations: The Current Situation and Its Implications," *Asian Survey*, Vol. 28, No. 10 (October

1988), pp. 1033-1034.

31 Bruce Cumings, "The Political Economy of China's Turn Outward," in Samuel S. Kim (ed.), *China and the World: Chinese Foreign Policy in the Post-Mao Era* (Boulder: Westview, 1984), pp. 246-247.

32 尹保云, 『韩國爲什么成功?』 (北京: 文津出版社, 1993); 張喜民, 『韓國的利用外資和對外投資』 (濟南: 山東大學出版社, 1994); 范愛軍, 『韓國的對外貿易』 (濟南: 山東大學出版社, 1994); 張英, 曹麗琴, 『韓國财團比较研究』 (北京: 東方出版社, 1994); 顧永才, 『怎樣與韓國人做生意?』 (北京: 北京工業大学出版社, 1995); 韓立民 (編), 『戰後韓國經濟與中韓經贸關係』 (青岛: 海洋大學出版社, 1995); 任曉, 『韓國經濟發展的政治分析』 (上海: 上海人民出版社, 1995); 张仁壽, 『浙江與韓國』 (杭州:: 浙江人民出版社, 1996).

33 *South China Morning Post*, July 26, 1998; 宋龍鎬, "金融危機以後的韓國對華直接投资," 『東北亞論壇』, 第4期 (2001年), pp. 41-44.

34 금융위기 발생 직후, 한 중국인 학자는 중국의 관료들과 전문가들이 '한국 모델'에 열중해 있던 십여 년 전에 이미 '한국병'의 징후를 발견했어야 한다는 비판적 주장을 펴기도 했다. 丁一凡, 『大潮流 - 經濟全球化與中國面臨的挑戰』 (北京: 中國發展出版社, 1998), pp. 191-194를 보라. 또 "世界經濟的回顧與展望," 『求是』, 2001년 1월 1일; "중국의 대질주 - 한국 모델 버리고 영미식 발전 추구," 『조선일보』, 2003년 10월 4일 자를 참조.

35 당시 중국의 외교부 부부장은 자국 언론이 한국에 대해 '왜곡' 보도하는 실태를 비판하기도 했다. 『동아일보』, 2002년 7월 26일.

36 『大衆日报』 (산둥성의 관보), 2000년 6월 10일.

37 자살 사건의 보도에 대하여는 『中國經濟時報』, 2000년 6월 14일; 『環球時報』, 2000년 6월 16일 자를 보라. 자살 사건에 대한 주룽지 총리의 개인적 관심과 관련해서는 2000년 5월 서울, 그리고 2001년 7월 북경에서의 인터뷰에서 확인한 것임.

38 3개 도시의 여론조사 보도에 대하여는 『中國信息報』, 2000년 8월 23일 자를 보라. 중국에서 점증하는 여론의 역할에 대해서는 Li Xiguang, "The Power of the Internet: Implications for Sino-US Relations," 2001년 5월 30일-6월 6일 기간에 열린 The Salzburg Seminar에서 발표된 논문; 劉繼南, 『大衆傳播與國際關係』 (北京: 北京廣播學院出版社, 1999), pp. 108-143; Joseph Fewsmith and Stanley Rosen, "The Domestic Context of Chinese Foreign Policy: Does 'Public Opinion' Matter?" in Lampton (ed.), *The Making of Chinese Foreign and Security Policy in the Era of Reform*, pp. 151-187.

39 필자와의 인터뷰에 응했던 한국정부 관리들은 당시 한국 측의 시각에 안

이한 부분이 있었으며 지나친 낙관론에 근거를 두고 있었다고 토로했다. 2002년 5월 서울에서의 인터뷰.

40 예를 들어 『한겨레신문』, 2000년 6월 9일 자를 보라.

41 『동아일보』, 2000년 6월 12일, 17일 및 19일.

42 『조선일보』, 2000년 6월 19일; 『중앙일보』, 2000년 6월 21일; 『國際金融報』, 2000년 6월 22일.

43 『동아일보』, 2000년 7월 13일; 『매일경제신문』, 2000년 7월 15일.

44 『동아일보』, 2000년 7월 17일; 『매일경제신문』, 2000년 7월 31일.

45 『동아일보』, 2000년 7월 5일.

46 『中華工商時報』, 2000년 8월 3일.

47 『매일경제신문』, 2000년 7월 10일; 『동아일보』, 2000년 7월 17일.

48 『동아일보』, 2000년 7월 7일. 그나마 마늘분쟁이 파생시킨 긍정적인 결과가 있다면 그것은 한국과 중국이 석유화학산업에 대한 공동협의기구를 설치하기로 합의했을 뿐 아니라 마늘의 수출 물량을 함께 조정하기로 했다는 점이다. 이와 관련한 대외무역경제합작부의 제425호 규정(2000년)을 참조하라. 〈http://www.garlic-cn.net/jj/jj3.htm〉; Ian Young, "Korea and China Reach Agreement to Minimize Trade Disputes," *Chemical Week*, October 17, 2001, p. 23.

49 2002년 서울에서 외교통상부 관리와의 인터뷰. 필자의 조사에 따르면 1991-2007년 사이 한-중 간에 맺어진 49개의 협정, 조약, 성명, 교환각서 중 29개(59%)는 영어를 포함한 3개 국어로 문서가 작성되었다. 1991-99년 기간에 맺어진 25개 중 4개(16%)만이 한국어와 중국어 2개의 언어로 작성되었던 반면 2000-2007년 기간에 그 비중은 54%로 급증했기에 이에 대한 시정이 필요해 보인다. 구체적 자료는 中華人民共和國 外交部 亞洲司 (編), 『中國 - 韓國政府間主要文件集』 (北京: 世界知識出版社, 2008)을 보라.

50 『조선일보』, 2002년 7월 16일.

51 *Korea Times*, April 14, 2001; *Korea Herald*, April 23 and 25, 2001; 『주간동아』, 2001년 5월 3일 〈http://www.donga.com〉. 남은 마늘 수입량의 구매와 관련해 중국은 다른 나라들에게 제시한 가격보다 저렴한 톤당 550달러의 가격을 제시했던 것으로 알려진다.

52 중-일 간 버섯분쟁에 대해서는 『讀賣新聞』, 2001년 3월 27일 〈http://news.searchina.ne.jp/2001/0419/politics_0419_002.shtml〉(검색일: 2003년 4월 23일); Iwata Nobuto, "Problems of Japan's Safeguard System and Some Suggestions," in *Boeki to ganzei* [貿易と關稅], Vol. 49, No. 12 (December 2001)을 참조하라.

53 http://news.searchina.ne.jp/2001/0621/business_0621_009.shtml (검색일: 2003년 4월 23일).

54 일본이 정식 세이프가드를 발동했을 경우, 이에 대응해 중국정부가 금수조치를 단행했을지의 여부는 여전히 유효한 질문으로 남아있다. 당시 사정에 정통한 한 중국 측 인사는 이러한 가능성이 분명히 존재했음을 시사했다. 2002년 4월 베이징에서의 인터뷰.

55 '특별한' 관계에는 폭넓은 관용과 상호 배려가 따른다. 또 '친밀한 감정'(友好感情)에 바탕을 두고 있으므로 반드시 주고받기식의 거래가 필요한 것도 아니다. 반면에 '정상적 관계'(normal relationship)는 대체로 이익 지향적이며 대개 단기적인 상호주의를 강조하게 마련이다.

56 중-일 간의 분규가 한-중 분쟁 이후에 일어났다는 점도 일본에게는 일정한 학습 효과를 주었을 가능성이 있다.

57 2000년 한 해에만 일본의 대외개발원조액의 절반이 넘는 2400억 엔이 중국에 제공되었다. 『朝日新聞』, 2002년 3월 12일.

58 Hatakeyama Noboru, "Japan's Position on Some Recent Trade Issues," 貿易と關稅, Vol. 49, No. 8 (August 2001); Sugino Kazu, "Has Japan Entered an Era of Protectionism?" *Global Economy*, Vol. 42, No. 3 (2001); 『毎日新聞』, 2001년 5월 1일; 『朝日新聞』, 2001년 5월 10일과 14일; 『日本經濟新聞』, 2001년 12월 21일.

59 『星島日報』, 2001년 6월 7일; http://www.magazinegv.com/new/News0108/0108-economic/htm(검색일: 2000년 4월 19일); *Financial Times*, December 11, 2001; 『毎日新聞』, 2001년 12월 11일; 『朝日新聞』, 2001년 12월 19일을 참조하라.

60 '전통적 우호관계'(傳統友好關係)에 이어 '전면적 협력동반자관계'(全面合作性夥伴關係)가 중국정부가 부여하는 차상위(次上位)의 관계로 간주된다고 보는 시각으로 張建華 (主編), 『解决中國再度面臨的緊要問題』 (北京: 經濟日報出版社, 2000), pp. 523-524를 보라.

61 당시 한국 외교통상부는 중국이 반발할테니 사전에 중국 측에 알려주고 나서 시간 여유를 갖고 발표하는 것이 좋겠다는 의사를 식약청 측에 전했다. 그러나 고경화 의원이 또 기생충알에 대한 발표를 할 것이라는 정보가 입수되면서 국내정치적 책임을 면하기 위해 식약청이 선제발표를 하는 악수를 두게 된 것이었다. 2008년 7월 서울에서 당시 관련자와의 인터뷰.

62 『조선일보』, 2003년 11월 15일.

63 이 부분에 대하여는 본서의 10장을 참조하라.

64 "中國食品食不得? 國內安檢引發海外恐慌," 『國際先軀導報』, 2004년 6월 25

일; "美FDT製造'中國食品黑榜'" 2004년 7월 1일, 光明網 〈http://www.guangming.content/2004-07/01/content_51409.htm〉(검색일: 2005년 2월 2일).

65 이에 대해 "泡菜 vs. 化粧品中韓貿易大戰一觸卽發," 『民營經濟報』, 2005年 10月 26日; 封瑜, "中國企業如何應對貿易糾紛 - 對中日紫菜案, 中韓泡菜案的法律思考," 『中國法律』, 第5期 (2006年), pp. 60-62를 보라.

66 이를 통해 한 가지 얻은 것이 있다면 2006년 1월 한-중 간에 검사검역 고위급 회담이 성사되었고 조기경보체제도 작동되기 시작했다는 점이다.

67 2009년 말까지 한국의 통상 분규 누적 건수 중 대 중국 분규(67건)가 가장 많았으며 그 비율도 2000년의 17.6%에서 2009년에는 27.3%로 늘었다. 중국의 경우에도 2008년 기준으로 대 한국 분규의 건수가 대 미국, 대 일본 분규 건수에 비해 더 많았다. 주장환, "한중 간 통상 분규의 사례, 전망, 대응방안," 정재호 (편), 『중국을 고민하다-한중관계의 딜레마와 해법』 (서울: 삼성경제연구소, 2011), 2장을 참조.

제10장
한-중 역사분쟁과 '연성 갈등'의 도전

중국의 '부상'은 이미 전 세계의 핵심 화두로 대두했으며, 중국의 붕괴 가능성을 둘러싸고 벌어졌던 논쟁도 이제는 중국이 국제사회에 대해 응분의 책임을 지는 '이해당사자'(利益悠關者: stakeholder)로 바뀔 것인지의 여부로 그 초점이 옮겨가고 있다. 중국의 부상이 21세기 국제정치의 최대 변수라는 데에는 이견의 여지가 없으며, 향후 중국이 현상의 변경을 모색하는 위협세력으로 등장할지에 초미의 관심이 집중되고 있기 때문이다. 따라서 국제사회와 주변국들은 서로 다른 지정학적 환경과 인식에 기반해 떠오르는 중국에 구체적으로 어떻게 대응할지에 대해 부심하고 있다.[1] 또 지난 수년간 중국 시장에 대한 의존도가 급격히 높아지면서 동아시아의 지역적 관심이 점차 미-중 양국으로 분화되는 추세이다.[2] 특히, 미국과 동맹관계를 유지하는 동시에 경제관계에서는 중국에 가장 많이 의존하는 한국에게 이러한 전략적 딜레마의 가능성이 보다 명시적으로 드러난다 할 것이다.[3]

앞서 8장과 9장에서 논했던 것처럼 이제 한-중 관계는 날로 심화되는 상호의존 속에서 단순히 우호적이기보다는 복합적인 관계로 그 본질이 바뀌어 가고 있다. 여기서 직면하는 질문이 하나 있는데 곧 중국의 부상에 대한 한국의 대응방식이 이미 정해져 있는가 하는 것이다. 기존 연구들에 따르면 중국에 대한 한국의 전략을 '위험분산 전략' 또는 '양다리 걸치기'(hedging)에 입각해 중국에 대한 적극적인 개입/교류(engagement)를 수행함과 동시에 한-미 동맹의 견지를 추구하는 것으로 기술한다.[4] 그러나 이들 연구는 한국의 전략이 완전히 고착된 것이기보다는 계속 진화 중에 있음을 암시하고 있다. 따라서 이 장에서는 2004년 여름에 일어난 '고구려사 논쟁'과 그 여파가 한국으로 하여금 일정한 '재인식'(reawakening)의 단계에 들어가도록 했음을 보이고자 한다. 즉, 향후 한국의 대 중국 전략적 좌표의 설정은 여전히 상당 부분 개괄식 질문으로 남아있다는 의미인 것이다.

본장은 세 부분으로 구성되어 있다. 첫째, 한국이 중국에 대해 가졌던 대체로 긍정적이고 우호적인 인식이 2000년대에 들어 '기류의 전환'을 겪고 있음에 대해 구체적인 논의를 제공한다. 둘째, 이러한 변화를 일으킨 핵심 사례로 2004년 이후 불거진 고구려사 논쟁에 초점을 맞춰 앞으로 한-중 간에 통상 분규뿐 아니라 역사문제나 규범의 충돌과 같은 '연성 갈등'(soft clashes)이 빈번히 일어날 수 있음을 경고한다. 셋째, 국가 간 힘의 불균형이 무엇보다도 중요한 역할을 할 수밖에 없는 현실의 국제정치에서 쉼 없이 힘을 키워가는 중국과 한국 사이의 공존이 앞으로 그렇게 무난하거나 용이하지만은 않을 가능성에 대해 살펴본다.

한국 내 대 중국 인식의 변화

오래전부터 대다수의 외국인 학자와 전문가들은 중국에 대해 한국인들이 갖고 있는 우호적 정서의 배경에 많은 호기심을 가져왔다. 이는 한국이 냉전이 끝나기 전부터 이미 대 중국 관계의 개선에 적잖은 노력을 기울였기 때문이다. 냉전의 중심에 있던 1973년에 이루어진 한 여론조사에 따르면, 당시 한국의 국회의원들 가운데 38퍼센트가 '중공'과의 국교 정상화를 지지했던 것으로 나타난다.[5] 또 1980년대 내내 한국사회에서 중국을 잠재적 위협으로 간주하는 우려의 목소리는 거의 표출되지 않았다. 1990년대에 들어서도 한국 국방부가 발간하는 『국방백서』를 중심으로 볼 때 중국을 위협으로

인식하지 않고 있으며 공식적으로 중국을 위협으로 적시한 일본과는 큰 대조를 보였다.[6)]

한국과 중국 사이에 경제협력을 포함한 상호의존의 관계가 깊어지면서 한국인들이 중국에 대해 가졌던 우호적 인식과 정서도 상당 부분 함께 깊어진 것으로 보인다. 1988년부터 2005년 사이에 실시된 19차례의 전국 단위 국민의식조사의 경우, 무려 14개의 조사에서 한국인의 대 중국 인식이 대 미국 인식보다 더 우호적으로 나타났기 때문이다.[7)] 더군다나 한국인들은 대체로 한국의 안보이익을 가장 위협하는 나라로 중국보다는 일본을 지목함으로써 중국에 대한 우호적 정서를 드러내곤 했다.[8)]

1990년대 후반부터 부각되기 시작한 중국의 '부상'은 농어업부터 섬유업, 자동차 생산 및 조선업에 이르기까지 거의 모든 영역에 걸쳐 한국에 지대한 영향을 미치게 되었다. 또 단순히 경제영역에서만 아니라 심지어 중국을 한-미 동맹의 '전략적 보완재'로 삼을 수 있는지에 대한 논쟁이 있기도 했다.[9)] 뿐만 아니라 한국은 중국의 입장을 고려해 2010년 말 현재까지 달라이 라마의 입국을 단 한 번도 허용하지 않은 동아시아 5개국(나머지는 미얀마, 캄보디아, 라오스와 북한) 중 하나로 남아 있다. 또 한국정부는 주한 미군의 '전략적 유연성'(strategic flexibility) 허용이 한-중 관계에 미칠 수도 있는 부정적 영향을 우려해 미국에 이의를 제기하기도 했다.[10)]

이렇듯 한국인들을 중국으로 끌리게 만드는 '자석'의 정체는 무엇인가? 표면적으로는 역사적 경로를 거쳐 내재된 긍정적 인식과 문화적 유대감이 작동하는 것처럼 보인다.[11)] 그러나 이러한 정서가 지속적으로 재생산되지 않을 경우 - 즉, 특정 사건에 의해 이러한 인식과 정서가 단번에 부정적으로 변할 경우 - 한국의 호의적인 대중국 인식이 단순한 '희망적 기대'이거나 혹은 일본, 만주, 몽고, 러시아 또는 미국에 대한 '대응세력'(counterweight)으로 중국을 활용하려는 역사적 학습에 기반을 둔 전략의식에서 기인한 것이라고도 생각할 수 있다. 문제는 한국의 대 중국 인식이 호의적인 것으로 이미 고착된 것이라기보다는 2000년대에 들어 지속적으로 변화하고 또 진화하고 있다는 점이다.

최근 들어 한국에서도 중국의 부상에 대한 우려가 조금씩 나타나고 있다. 이와 같은 정서가 두드러진 곳은 재계로 다양한 한국산 제품들이 해외시장에서 중국에게 추월당하는 상황을 심각하게 걱정하기 때문이다.[12] 뿐만 아니라 한국의 대 중국 무역 의존이 급격히 심화되는 추세를 염려하는 의견도 늘고 있다. 〈표 10-1〉에서 보듯이 한국의 대 중국 무역의존도는 1985년의 1.9퍼센트에서 2009년에는 무려 20.5퍼센트로 높아졌고, 2007년 한국의 수출총액 중 대 중국 수출의 비중이 22퍼센트까지 증가했다. 2009년 현재, 중국의 대 한국 무역의존도가 6.4퍼센트에 그치고 있음을 감안하면 의존도의 상대적 격차의 확대는 국내에서 '중국위협론'을 점차로 증

표 10-1
한국의 대 중국 무역의존도, 1985-2009

연도	한국의 교역총액 중 대 중국 교역의 비중(%)
1985	1.9
1990	2.8
1995	6.4
2000	9.4
2003	15.3
2007	19.8
2009	20.5

출처 http://www.kotis.or.kr/tjgb (검색일: 2005년 2월 15일); http://stat.kita.net (검색일: 2010년 4월 21일).

폭시킬 수도 있을 것이다.[13)]

규범적 측면에서의 마찰도 한-중 간 상호인식을 구성하는 데에 중요한 역할을 하는 것으로 보인다. 그중 하나가 바로 인권 문제인데, 최근 국내에서 인권 및 법치에 대한 인식이 높아지면서 중국에 대한 우려를 만들어내는 또 다른 요인으로 작동하고 있다. 특히, 2000년 이후 중국이 신변보호 조치도 취하지 않은 채 탈북자들을 지속적으로 북송함에 따라 중국을 '야만적' 체제로 보는 시각까지 확산되었기 때문이다.[14)] 또 한국과 서방의 일부 학자 및 전문가들은 중국정부가 북한의 핵무기 개발을 진정으로 저지하려는 의지를 갖고 있는지 의문을 갖고 있다. 1993-94년의 1차 핵 위기 당시와 비교하면 2차 위기에 임하는 중국의 태도에는 분명한 변화가 있었다. 그럼에도 불구하고 적잖은 수의 전문가들은 중국이 1990년대 말에 천명한 '책임을 다하는 대국외교'(负责任的大國外交)의 약속이 북한 핵 문제에 어느 정도로 충실히 적용되는지와 관련해 회의적 입장을 제시하기 때문이다.[15)]

무엇보다도 한국인들의 대 중국 인식에 큰 변화를 가져왔던 것은 고구려(高句麗: 기원전 37년-서기 668년) 왕조에 대한 역사 해석을 둘러싸고 중국과 벌였던 논쟁이었다. 동북 삼성 및 내몽고 지역의 역사적 기원에 대한 중국의 연구조사는 1990년대 초반에 그 준비가 시작되어 1999년 관련 '연구기점'(科研工作站)이 설치되었다. 2002년 2월 소위 '동북(역사)공정'(東北工程)이 시작되면서 중국사회과학원이 중심이 되어 고구려를 중국의 지방사(地方史)로 편입시키려 했고 한국 언론은 이를 집중적으로 보도하였다. 특히, 2003년 6월 중국의 관영지 『광명일보』(光明日報)가 고구려를 중국의 비한족(非漢族) 지방정권으로 기술하면서 한국에서는 격한 반응이 일어났다.[16)] 중국은 즉각 왕이(王毅) 외교부 부부장을 한국에 파견했고, 양국 정부는 이

논쟁이 본질적으로 학술적 문제이며 이로 인해 두 나라의 관계가 훼손되어서는 안 된다는 데 합의했다.[17] 그러나 2004년 여름 중국 외교부가 공식 홈페이지에 올라 있던 삼국 시대의 소개에서 고구려 부분만을 삭제하자 역사논쟁은 곧 양국 간 정치외교적 사안으로 비화된다.[18]

표 10-2

고구려사 논쟁이 대 중국 인식에 미친 영향

	중국을 선택	미국을 선택
2002[a]	41%	30%
2003[b]	48%	33%
2004[c]	61%	26%
2005[d]	29%	55%
2005[e]	11%	46%
2006[f]	12%	50%
2006[g]	24%	47%

출처 a. 『시사저널』, 2002년 3월. 질문: 4강 중에서 가장 우호적으로 생각되는 국가는?
b. 『중앙일보』, 2003년 2월 12일. 질문: 한국 외교의 중점이 두어져야 할 국가는?
c. 『동아일보』, 2004년 5월 4일. 질문: 한국이 가장 중시해야 할 국가는?
d. 『동아일보』, 2005년 11월 7일. 질문: 한국 외교의 중점이 두어져야 할 국가는?
e. 『중앙일보』, 2005년 12월 22일. 질문: 한국 외교의 중점이 두어져야 할 국가는?
f. 『중앙일보』, 2006년 5월 18일. 질문: 한국 외교의 중점이 두어져야 할 국가는?
g. 『문화일보』, 2006년 9월 16일. 질문: 한국이 가장 중시해야 할 국가는?

고구려사를 둘러싼 한-중 간 역사논쟁은 당초 예상보다 훨씬 큰 충격을 만들어낸 것으로 보인다. 실제로 이 사건을 두고 한-중 관계의 중요한 한 분기점이 만들어진 것으로 평가하는 시각도 있다.[19] 고구려사에 대한 '재산권 분쟁'이 벌어진 직후 한국방송공사(KBS)가 실시한 여론조사에 따르면 응답자의 58.2퍼센트가 중국을 "좋아하지 않는다"고 답하였다.[20] 〈표 10-2〉에서 보듯이 고구려사 논쟁은 중국에 대한 한국인의 인식에 심각한 악영향을 끼친 것으로 보인다. 2004년 여름까지만 해도 대 미국 인식을 압도할 정도로 우호적이던 한국인들의 대 중국 시각이 역사논쟁이 불거진 후 급격히 쇠퇴한 것으로 나타났기 때문이다. 1997년의 금융위기가 한국을 바라보는 중국의 시각을 크게 바꿨다면, 2004년의 고구려사 논쟁은 한국인들로 하여금 중국을 '재인식'하게 만들었다고 평가할 수 있다.[21)]

수교 10주년을 기념하고 경축하던 2002년에만 하더라도 한국과 중국이 역사문제를 갖고 그토록 심각한 갈등 국면에 처할 것으로 전망했던 사람은 없었다. 고구려가 한국사의 일부임을 반박하는 것 그 자체가 한민족의 정체성을 송두리째 부정하는 행위와 다름없으며 한국이 강력히 반발할 것이라는 사실을 중국이 몰랐을 리 없다. 그럼에도 불구하고 소위 '동북공정'이 진행되었으며 또 이를 통해 한국과 중국의 역사관이 충돌하게 된 배경에는 과연 무엇이 존재하는가?

'동북공정': 한-중 간 역사관의 충돌

서로 이웃한 국가들은 좋든 싫든 어쩔 수 없이 국경과 역사를 나눠 갖게 된다. 일정 부분 공유할 수밖에 없는 역사에 대해 한 나라가 일방적으로 새로운 해석을 내릴 때 심각한 문제가 발생하기 마련이다. 특히 그러한 변화의 시도가 영토 및 민족 주권과 연관이 있는 것으로 인식될 경우, 관련국들 사이에는 긴장이 고조되고 때론 심각한 분쟁으로 치달을 수도 있다. 고구려사 논쟁은 이러한 갈등의 측면과 요인들을 모두 내포하고 있기에 양국이 충분히 체면을 유지하면서 문제를 해결할 수 있는 방안을 찾기가 그리 쉽지 않은 실정이다. 더구나 '사이버 민족주의'(net-tionalism)의 정치적 영향력이 급증하는 현실에서 정부 간 교섭에 있어서 그 어려움이 훨씬 가중될 수밖에 없기 때문이다.[22)]

고구려사 논쟁의 핵심 쟁점

고구려사 해석과 관련해 중국에는 크게 세 개의 학파가 있다고 볼 수 있다. 우선 전통적으로 가장 주류적인 해석으로 마오쩌둥(毛澤東) 시기(1949-76) 내내 중국정부의 관리 및 주류 학자 대부분이 견지했던 고구려를 한국사(朝鮮史)의 일부로 간주하는 관점을 가리킨다.[23)] 그러나 1980년대 중반부터 탄치샹(譚其驤)을 위시한 일부 학자들이 소위 '일사양용'(一史兩用)을 주창하며 수정주의적 관점이 힘을 키우기 시작했다.[24)] 이들의 견해에 따르면, 현 시점에서 중화인민공화국이 지배하는 영토의 범주가 중국의 역사적 세력권을 결정짓는 주요 기준이라는 것이다. 따라서 이들은 현재 중국의 영토 범위 내에서 발원했거나 활동했던 모든 왕조 및 민족의 역사를 중국사의 일부분으로 포함시키고자 하는 것이다.[25)]

'일사양용' 학파에 속한 학자들이 고구려를 중국사의 공유 부분으로 간주하는 논리는 다음의 두 가지에 근거한다. 첫째, 고구려가 지금의 중국 영토 범위 밖에 소재한 평양으로 천도하기 전까지의 역사 - 즉, 고구려의 706년 역사 중 460년을 차지 - 는 중국의 지방사로 간주될 수 있다는 주장이다. 둘째, 당시 고구려 전체 인구의 4분의 3에 달하는 숫자가 한민족(韓民族)이 아니었기에(한[漢]족, 몽골족, 거란족과 만주족 등으로 구성되어 있었다는 주장) 고구려 역사를 온전히 한국사로만 볼 수 없다는 주장이다.[26] 1980년대 중반만 해도 중국이 아직은 활발한 개방의 중심에 서지 않았고, 또 수교 이전이라 한-중 역사학계 사이에도 이와 관련한 구체적인 교류와 논쟁이 거의 없었기에 외교문제로 비화될 여지가 없었다. 물론 지금은 이와 같은 주장에 대한 한국 학계의 구체적인 반론들이 존재한다.[27]

흥미로운 사실은 1990년대 중반까지만 해도 중국 역사학계가 서북 및 서남의 변경지역사(邊疆史) 연구에 지대한 관심을 보였으나 1990년대 후반에 오면서 이들의 초점이 점차 동북지역으로 옮겨갔다는 점이다.[28] 특히, 1997년 판 『세계통사』에서는 1983년 판과는 달리 한반도 남부와 북부의 주민들이 달랐음을 명시하고 고조선을 삭제한 대신 기자조선(箕子朝鮮)에 대한 논의를 넣었으며, 고구려가 중국 소수민족의 지방정권이라는 해석을 제시하고 있다.[29] 이러한 변화의 추세와 더불어 점차 많은 수의 중국학자들이 전통적 해석에서 벗어나 고구려를 중국의 지방사에 포함시키고 심지어 한국사의 일부라는 것 자체를 부정하는 급진적 사관을 채택하였다. 이들 중 대표적 인물로 쑨진지(孫進己: 瀋陽東亞硏究中心 소속)가 있는데, 그는 과거에 취했던 '일사양용' 사관을 버리고 고구려는 온전히 중국의 지방사라는 새로운 관점을 설파하였다. 헤이룽장성(黑龍江省) 사회과학원의 장비보(张碧波)도 탄치샹의 '일사양용' 사관을 정체된 관점이라며 비판하고 쑨진지의 의견에 동조했다. 더 나아가 장비보는 평양이 지리적으로 고구려 이전에 존재한 기자조선의 세력권 내에 속하므로 고구려가 평양으로 천도를 한 이후의 고구려 역사까지도 중국사로 간주해야 한다고 주장했다.[30]

가장 문제가 되는 것은 2002년 이후 일부 중국인 학자들이 한국사에서 고구려가 차지하는 지위를 전적으로 부정하고 고구려는 온전히 중국사의 일부분 - 중국의 지방정권사(地方政權史) - 이라는 과격한 사관을 주창하기 시작했다는 점이다. '동북공정'(공식명칭은 東北邊疆歷史與現狀係列硏究工程)으로 불리는 이 학술연계망에는 조직상으로 중국사회과학원 산하의 변강사지연구중심(邊疆史地硏究中心)을 주축으로 동북의 지린, 랴오닝 및 헤이룽장 출신의 학자들이 참여하였다.[31] 이들은 (1) 고구려는 중국과 나눠질 수 없는 '일체'(一体)였으며, (2) 중국 왕조와 고구려 사이의 책봉(冊封) 관계는 동아시아 국제관계로서의 조공관계가 아닌 국가 내부의 중앙-지방 관계였고, (3) 고구려의 근원이 지금의 중국 내 동북지역에 뿌리를 두고 있으므로 고구려는 온전히 중국사에 포함된다고 주장했다.[32] 이전에 주류적 시각을 대표했던 궈모로(郭沫若)나 '일사양용' 학파를 대표하는 탄치상 등이 고구려를 중국과는 별개의 '국가'로 논의해온 점에 비추어볼 때 이들의 시각은 다분히 수정주의적이라 하겠다.[33]

물론 중국의 모든 역사학자들이 동북공정에 참여하는 학자들과 시각을 같이하는 것은 아니다. 장멍산(姜孟山), 리우즈민(劉子敏), 쉬더위안(徐德源) 등은 여전히 '일사양용'의 관점을 포기하지 않았으며, 장페이페이(江飛飛), 왕샤오푸(王曉富)와 같은 학자들도 고구려는 중국사가 아닌 한국사의 일부라는 입장을 견지하고 있다.[34] 뿐만 아니라 베이징대 역사학부 쑹청여우(宋成有) 교수는 한국 언론과의 인터뷰를 통해 동북공정의 입장을 반박하고 자신은 지금까지 일관되게 고구려가 한국사의 일부이며 중국과 고구려 사이의 관계는 중앙-지방 관계가 아닌 국가 대 국가의 관계로 파악하고 있음을 밝혔다.[35] 그러나 주목할 점은 시간이 갈수록 이들의 영향력은 전반적으로 쇠퇴하는 추세인 반면 동북공정 학파에 속한 학자들이 힘을 얻어가고 있다는 것이다.[36]

동북공정의 배경에 대한 논쟁

동북공정이 추진되었던 배경과 의도를 해석함에 있어 한국에서는 두 개의 서로 다른 관점이 존재하는 것으로 보인다. 하나는 주로 '방어적 입장'에 초점을 맞춘 것으로, 중국이 동북공정을 시작한 핵심 배경이 주로 '반응적'(reactive) 성격을 가지며 국내정치적 고려에 그 무게중심이 있다고 보는 입장이다. 보다 구체적으로는 다음의 세 가지 동기가 주로 제시되는데, 우선 첫째로 한반도의 통일 이후 통일한국 정부가 간도협약의 무효를 선언하고 남만주(間島)의 영유권을 요구할 가능성에 중국정부가 대비하기 위한 사전작업이라는 해석이다.[37] 둘째, 소수민족 밀집지역에 대해 극도의 민감성을 보여온 중국이 한국의 민족주의 정서로 인해 동북지역의 조선족 사회가 동요되지 않도록 역사 재해석을 통해 '통일다민족국가'의 틀을 강화하는 것이라는 해석도 존재한다.[38] 셋째, 북한정권이 붕괴되어 극도의 혼란이 초래되고 국익에 손실을 끼칠 개연성에 대비해 유사시 '북한사태'에 중국이 개입할 수 있는 역사적 연고 모색의 일환이라는 의미도 가질 수 있겠다.[39]

실제로 이러한 '방어적 관점'을 뒷받침하는 근거가 없지는 않다. 중국의 동북지방과 백두산을 여행하는 한국인 관광객들이 대놓고 고토 회복의 정서를 표현하는 언행이 중국정부와 중국 국민들의 우려와 불쾌감을 자아냈던 부분이 있기 때문이다. 뿐만 아니라 한국정부가 조선족 동포들에게 한국인과 동등한 권리를 부여하려 했던 '재외동포법'의 입법 움직임도 중국을 자극하기에 충분했다.[40] 또 '방어적' 관점을 견지하는 학자들은 중국에서 발간된 모든 서적이 획일적으로 고구려를 중국사로 간주하는 것은 아니므로 동북공정이 중국정부의 치밀한 계획하에 진행되는 것이 아님을 지적하기도 한다.[41] 또 외국에서는 한국에서 제작된 고구려 관련 드라마들이 오히려 중국을 자극했다는 관점을 제기하기도 한다.[42]

반면에 동북공정에 중국의 치밀히 계획된 '공세적 전략'이 내재되어 있다고 믿는 학자들은 사뭇 다른 주장을 펼치고 있다. 이들에 따르면 동북공정이란 중국의 역사적이며 전통적인 세력판도 안에 위치한 모든 국가들에게 자국의 힘과 영향력을 재투사하려는 중국정부의 거시적 전략이 드러난 하나의 예에 불과하다는 것이다.[43] 이 관점에 의하면 중국의 목표는 동아시아에서 새로운 중화주의에 기반을 둔 지역질서를 구성하는 데 있으며, 이를 위해 현재 중국이 견지하는 틀인 '통일다민족국가'(統一的多民族國家) 방식을 우선 역사적 시기에 적용한 후 이를 기반으로 다시 '현재의 정책을 정당화하는'(以古爲今用) 것이라는 점이다.[44]

'공세적 관점'을 따르는 학자들의 시각에서 보면 동북공정이 한국의 고대사를 중국사의 일부로 편입하기 위해 짜여진 치밀한 계획의 일환임을 증명하는 충분한 근거가 있다. 동북공정의 주관기관인 중국사회과학원(CASS)이 중국의 정부기관이자 정부예산으로 운영되는 연구 및 교육기관이며, 국무위원과 정치국원을 역임한 리톄잉(李鐵映)과 재정부장을 지낸 샹화이청(項懷誠) 등의 고위 관리가 동북공정의 고문이었다는 사실을 감안하면 동북공정을 중국정부가 공식적으로 추진하는 것으로 볼 수 있는 충분한 이유가 있다.[45] 뿐만 아니라 동북공정 프로젝트에서 처음으로 출간한 학술서에도 "중앙의 영도와 함께 각급 정부의 [동북공정에 대한] 아낌없는 지원과 관심이 있었다"(也有中央領導, 各級政府的大力支持與關心)고 언급하고 있다. 또 더 나아가 "동북공정을 제대로 마무리하기 위해 필요한 다섯 가지 인식의 문제가 있는데, 그중 으뜸이 곧 정치인식이다"(做好東北工程, 要樹立伍個意識, 第一是政治意識)고 정치성을 누차 강조하고 있기에

이에 대해 한국인들이 갖는 우려는 충분한 근거가 있는 것으로 보인다.[46)]

'공세적 관점'에 동의하는 학자들이 갖는 또 하나의 의문은 동북공정 이전에 또는 동시기에 진행된 일련의 유사한 계획들과 연관이 있다. 예컨대 1980년대 후반 티베트 역사를 중국지방사로 편입시킨 '서남공정'(西南工程)과 1996-2000년 사이에 추진된 '하(夏)-상(商)-주(周) 왕조공정(斷代工程),' 그리고 중국 역사의 기원을 보다 먼 과거로까지 확장시키기 위해 시행된 '중화문명의 기원 탐사계획'(探源工程: 2002-2008) 등이 여기에 속한다. 이들 여러 선행 연구공정의 존재가 단순한 우연의 일치였다고 보기는 어렵기 때문에 동북공정을 별개의 사건으로 떼놓고 생각할 수 없다는 것이다. 뿐만 아니라 신장(新疆) 전문가인 마다정(馬大正)이 동북공정의 책임자였음을 감안할 때, 동북공정이 단순한 학술연구 이상의 의미를 내포한 것으로 평가할 수도 있다는 점이다.[47)]

분쟁 해결의 과정과 평가

단순히 학술적 문제로만 간주되던 동북공정 사안이 본격적으로 정치화된 것은 2004년 중국 외교부의 공식 홈페이지에 올려진 한국사 개요 가운데 고구려 부분이 삭제된 것으로부터 시작되었다. 이에 대해 한국정부가 공식적으로 문제를 제기하자 중국은 아예 1948년 대한민국 건국 이전의 모든 역사 개요를 삭제하는 것으로 대응하였다.[48)] 당시 이에 대해 주중 한국대사를 소환하는 등 보다 강력한 대응을 해야 한다는 의견도 있었으나 한국정부의 행보는 - 돌이켜 보면 어쩌면 지나치게 - 신중했던 것으로 보인다. 한국은 정부 차원의 고구려사 대책위원회 위원장을 차관급으로 격상시키고 당초 외교통상부 내에서 이 업무를 맡고 있던 주무과를 문화협력과에서 동북아 2과(중국담당)로 바꿈으로써 정부가 많은 관심을 갖고 있음을 표명했지만 실질적인 해결을 위한 구체적 방안을 내놓지는 못했다.[49]

중국정부도 한국과의 불필요한 마찰의 확산을 막기 위해 고구려사 논쟁에 대한 중국 언론의 보도를 전면 통제하였다.[50] 또 자칭린(賈慶林) 중국 인민정치협상회의 주석의 한국 방문을 앞두고 정치적 긴장이 고조되자 이를 진화하기 위해 8월 23일 우다웨이(武大偉) 외교부 부부장을 한국에 파견하였다. 우 부부장의 방한 기간 동안 한국과 5개항의 구두합의가 이루어졌으며, 이는 역사문제를 둘러싼 논쟁이 양국 관계에 부정적 영향을 미치지 않도록 향후 학술협의를 통해 문제 해결에 노력할 것 등을 골자로 하는 것이었다.

역사논쟁이 더 큰 갈등으로 비화되지 않도록 서울과 북경이 공조했던 부분은 위기관리 차원에서 긍정적으로 평가할 만하나 문제의 '해결'이라는 관점에서 본다면 양국 간 구두협의는 그리 큰 역할을 하지 못한 것으로 보인다. 문제의 재발 가능성이 여전히 상존하기 때문이다. 2004년 8월의 양국 간 구두합의에 의하면 중국 측이 중앙 및 지방정부 차원에서 적절한 조치를 취할 것을 명시했지만, 대체로 중앙정부는 성, 시급 단위에서 반복되는 역사 왜곡을 단순히 지방정부가 가진 경제적 동기 때문인 것으로 치부하는 실정이다. 개혁기에 들어 분권화가 광범위하게 이루어졌음에도 불구하고 중앙정부가 결심한 우선정책에 대해 지방정부가 발을 빼거나 저항하기는 어렵다는 측면에서 보면 역사왜곡에 대한 중국 중앙정부의 관철 의지가 불투명하다는 얘기가 되며, 이에 대한 한국정부의 대응도 그리 치열하거나 선명하지 않았던 것이다.[51]

한-중 간 역사분쟁이 그리 큰 문제가 아니며 우려의 대상도 아니라는 관점은 한국의 입장에서 볼 때 지나친 사치로 보인다. 단순히 학술영역의 문제에 불과하다는 반복된 언급에도 불구하고 이 문제가 이미 상당 부분 정치화되었기 때문이다. 또 양국이 합의한 것처럼 학술연구의 방법과 경로를 통해 이 문제가 해결될 기미도 잘 보이지 않는다. 특히 한국에서 초청코자 하는 관련 중국학자들이 회의에 오지 않거나 중국에서는 아예 고구려를 주제로 한 국제학술회의를 개최하는 데 소극적이라면, 과연 어떻게 학술협의를 통해 돌파구가 열릴 수 있는지 회의적일 수밖에 없다.[52] 실제로 필자가 만난 대다수의 중국인 전문가들은 고구려사 문제에 대한 중국의 현재 입장을 "일단 구석에 던져두고 다루지 않기"(擱置)라고 표현했다. 시간이 지나면 결국 중국의 관점과 입장이 보다 큰 영향력을 가질 수밖에 없을 것이라는 믿음이 이러한 대응방식의 저변에 있다는 의미이다.

"[동북공정은] 현실 속의 중요한 문제를 다루는 것"이라고 한 변강사지연구중심의 리궈창(李國强) 부주임의 말대로 이 문제는 단순한 학술적 이슈가 아닐 가능성이 크다.[53] 따라서 당초에 한국정부가 이를 선불리 '학술문제'로 규정해버린 것이 우리의 행동범위를 불필요하게 축소해버리는 패착을 낳았던 것으로 보인다. 설령 동북공정이 순수한 학술적 연구로 시작되었다손 치더라도 향후 중국정부가 이를 전략적으로 활용할 가능성을 배제하기는 어렵기 때문이다. 아직까지는 중국의 역사학자들과 국제문제 전문가들 가운데 조선은 '속국'(屬國)이었지 중국의 행정통제를 받았던 '지방정권'(屬部)은 아니었다고 주장하는 학자들이 있다. 예컨대 베이징대 국제관계학원 천펑쥔(陳峰君) 교수는 2002년에 출간한 저서에서 "역사에 나타난 중국의 속국들은 모두 독립국가였으며 내정과 외교를 자주적으로 처리하는 권리를 갖고 있었다"(藩屬國都是獨立國家 具有獨立自主地處

理本國內政外交的權利)라고 쓰고 있지만 이들이 언제까지 이런 목소리를 계속 낼 수 있을지는 확실치 않다.[54] 더군다나 중국에서는 정부의 입장에 명시적으로 이의를 제기하는 비정부기구(NGO)가 허용되지 않는 점을 감안하면 향후 전망이 그리 밝지만은 않은 것이 사실이다.[55]

2006년 9월 10일 노무현 대통령과 원자바오 총리의 회담 이후 변강사지연구중심의 홈페이지에 일정한 변화가 도입되었고, 또 2007년 4월 원 총리의 방한 시 역사문제에 대한 재언급이 있기도 했다. 연구프로젝트로서의 동북공정은 2007년 1월 공식 종료되었으나 한국 고대사를 중국사의 일부로 편입시키려는 중국의 노력이 과연 거기서 멈출 것이냐는 질문에 대해 한국에서는 그러기 힘들 것이라는 전망이 우세한 것으로 보인다.[56] 실제로 중국의 전략적 초점이 이제는 고구려를 넘어 발해와 고조선 등의 고대왕조를 포괄하는 방향으로 나아가고 있음을 보여주는 정황들도 적지 않다. 제도적으로도 지린성 사회과학원이 중국사회과학원의 주관 임무를 이어 받았으며, 2004년에 창간된 학술지 『동북사지』(東北史地)를 중심으로 그 연구 결과물과 관점을 확산시키고 있다.[57]

동북지역이 '중국 본토 방위의 생명선'이라는 전제가 맞다면 중국정부가 동북공정의 핵심 목표와 기능을 쉽게 포기하기는 어려울 것이다. 따라서 한-중 간 역사 마찰은 제대로 해결되지 않고 그냥 수면 밑에 가라앉아 동면(冬眠)하는 상태이며, 적절한 촉매가 작동만 하면 하시라도 수면 위로 부상할 수 있는 문제라고 할 수 있다. 2007년 하반기 필자가 베이징과 상하이에서 설문조사와 인터뷰를 수행했던 38인의 중국인 국제문제 전문가들 중 무려 58퍼센트(23인)가 한-중 관계의 최대 장애물로 역사문제를 선택해 이 문제의 심각성을 새삼 인식하게 되었다.[58] 더 큰 문제는 향후 역사해석과 관련한 갈등이 발생할 때마다 양국은 보다 강력한 조치를 선택할 가능성이 크며, 이는 또 그때마다 감정의 앙금을 남겨 한-중 관계의 장기적 미래에 부정적인 영향을 끼칠 수도 있다. 몇 년 후 - 특히, 한국과 중국 간 국력 차가 지금보다 더 크게 벌어진 이후 - 동북공정의 관점이 슬그머니 초, 중등학교 교과서에라도 실리면 그때 한-중 관계는 과연 어떻게 될 것인지 생각해보지 않을 수가 없다.

한-중 관계에서의 '연성 갈등'과 전망

고사(故事)의 내용처럼 "대개 나쁜 일은 홀로 오지 않는 것"일지도 모른다. 한-중 간에 고구려사 분쟁과 더불어 두 가지 다른 사건이 함께 발생했기 때문이다. 하나는 중국과 남북한이 유네스코 세계문화유산의 등재를 위해 지역(예컨대 백두산/長白山), 문화유적(평양의 고구려 유적), 전통문화(강릉단오제/端吾) 등을 경쟁적으로 신청하면서 빚어진 갈등 상황을 의미한다.[59] 단오에 대해서는 한국 측이 단오 그 자체가 아니라 강릉의 단오제를 신청 대상으로 함을 밝히면서 오해가 풀렸고, 또 중국 내에 소재한 고구려 유산에 대해서는 주한 중국대사 닝푸쿠이(寧賦魁)가 중국 단독으로 UNESCO에 신청하지 않겠다고 함으로써 고비를 넘기게 된다. 다만 백두산(長白山)의 경우, 여전히 갈등의 불씨가 남아 있는 것으로 보인다.[60] 게다가 언론의 허위보도 및 그로 인한 사이버 공간에서의 갈등 증폭은 한-중 관계가 '연성 갈등'에 매우 취약할 수 있음을 보여준다.[61]

또 다른 사건은 한-중 간의 분규가 단순히 '연성 갈등' 차원에만 머물지 않을 수도 있음을 보여준다. 한-중 간에는 아직 '배타적 경제수역'(EEZ)을 획정하지 않았을 뿐 아니라 대륙붕 개발과 연관된 협정도 없는 실정이다. 2001년 한국석유공사의 탐사선이 전라도 서단의 2광구에서 탐사를 벌이다 중국 해군 함정의 경고와 방해로 인해 배를 돌린 적도 있었다.[62] 특히 제주도의 남쪽이자 상해의 동북 방향에 위치한 소코트라 암초(Socotra Rock, 이어도/蘇岩礁)를 둘러싸고 양국 간 분쟁이 일어날 가능성을 배제하기 어렵다. 양국의 매체가 이에 대한 집중 조명을 통해 서로의 민족주의적 정서를 한껏 고양시킬 때 '연성 갈등'은 '경성 분쟁'으로 전환될 가능성이 있기 때문이다.[63] 2012년에 소위 '청사공정'(國家淸史纂修工程)이 완료되면 중국의 역대 왕조 중 가장 광범위한 세력권을 가졌던 청조의 영토 범위에 근거한 중화인민공화국의 영토/변경정책의 핵심을 들여다볼 수 있게 된다. 당시의 한반도를 독립성을 가졌던 '속국'으로 규정할지 아니면 그냥 하나의 '지방정부'(屬部)로 간주할지에 따라 그 시점에서 또 다른 분쟁의 가능성이 만들어질 수도 있다.[64]

부상하는 중국과 함께 살아갈 수밖에 없는 한국에게는 확고한 신뢰와 상호협력에 기반을 둔 호혜적 관계인 '공생'(共生)과 우호적이지만 주로 이익에 기반을 둔 현실적 관계로서의 '동거'(同居)의 두 가지 선택이 있을 수 있다. 지금까지(2007년까지)의 한-중 관계는 '전면적 협력동반자관계'라는 명칭이 의미하는 것처럼 공생에 가까운 모습을 보여 왔다.[65] 그러나 국제정치 전반에서 힘의 불균형이 발휘하는 지대한 영향력을 감안하면 공생 관계의 지속 여부는 - 한국이 지금과는 현저히 다른 외교력을 발휘하지 않는 한 - 상당 부분 중국의 뜻에 달려 있다고 해도 과언이 아닐 것이다. 한국에 대한 중국의 영향력이 갈수록 증대하고 점차 자국의 국격과 지위를 제고하려는 욕구에 사로잡힐수록 양국 간의 공생 관계는 언제라도 동거의 단계로 격하될 수 있다.

한국 역시 중국에 대해 단순히 호감을 느끼던 단계에서 벗어나 미국과 중국 중에서 어느 쪽이 더 한국에 대해 우호적이며 관용을 베푸는지를 면밀히 따지게 될 것으로 보인다(또는 최소한 앞으로 그런 방향으로 나가야만 할 것이다).[66] 중국의 부상 과정보다 중국의 역할에 대한 한국인들의 호의적인 시각과 기대가 더 오래 지속될 것인지의 여부를 지켜볼 필요가 있다는 말이다. 따라서 향후에는 '인기 경쟁' 또는 요즘 자주 쓰는 말로 '소프트 파워'의 경합이 문제의 핵심으로 부상할 것인데, 이미 중국은 미국을 부정적인 사례로 인용하면서 이 경쟁에 진입했다고 할 수 있다.[67] 향후 미-중 사이에서 한국의 좌표 설정이 일면 위태로우면서도 흥미로운 이유가 바로 여기에 있다.

주석

1 Alastair I. Johnston, "Is China a Status Quo Power?" *International Security*, Vol. 27, No. 4 (Spring 2003), pp. 5-56; Yong Deng, "Reputation and the Security Dilemma: China Reacts to the China Threat Theory," in Alastair I. Johnston and Robert S. Ross (eds.), *New Directions in the Study of China's Foreign Policy* (Stanford: Stanford University Press, 2006), pp. 188-214; Robert S. Ross and Zhu Feng (eds.), *China's Ascent: Power, Security and the Future of Intenrational Politics* (Ithaca: Cornell University Press, 2008); Amitav Acharya, Shiping Tang and Mingjiang Li (eds.), *Living with China: Dynamic Interactions between Regional States and China* (Basing Stoke: Palgrave, 2009)를 보라.

2 G. John Ikenberry, "American Hegemony and East Asian Order," *Australian Journal of International Affairs*, Vol. 58, No. 3 (September 2004), pp. 353-367.

3 이러한 딜레마의 근원적 성격에 대해서는 Jae Ho Chung, *Between Ally and Partner: Korea-China Relations and the United States* (New York: Columbia University Press, 2007), chs. 7-8을 보라.

4 Victor A. Cha, "Engaging China: The Views from Korea" in Alastair I. Johnston and Robert S. Ross (eds.), *Engaging China: The Management of an Emerging Power* (London: Routledge, 1999), pp. 40-42; Jae Ho Chung, "South Korea between Eagle and Dragon: Perceptual Ambivalence and Strategic Dilemma," *Asian Survey*, Vol. 41, No. 5 (September/October 2001), pp. 777-796; Taeho Kim, "South Korea and a Rising China: Perceptions, Policies and Prospects," in Herbert Yee and Ian Storey (eds.), *China Threat: Perceptions, Myths and Reality* (London: RoutledgeCurzon, 2002), pp. 175-176. 또한 Jae Ho Chung, "China's Ascendancy and the Korean Peninsula: From Interest Reevaluation to Strategic Realignment?" in David Shambaugh (ed.), *Power Shift: China and Asia's New Dynamics* (Berkeley: University of California Press, 2005), pp. 159-161을 보라.

5 『조선일보』, 1973년 3월 4일.

6 Jae Ho Chung, "Dragon in the Eyes of South Korea: Analyzing Evolving Perceptions of China," in Jonathan Pollack (ed.), *Korea: The East Asian Pivot* (New Port, RI: Naval War College Press, 2006), pp. 258-260.

7 보다 자세한 내용은 이 책의 12장을 참조하라.

8 『1995 국민의식조사』(서울: 세종연구소, 1995), p. 78; 『1997 국민의식조사』(서울: 동서리서치, 1997), p. 11; 『동아일보』, 1999년 10월 25일과 2000년 12월 5일. 32명의 국회의원을 대상으로 2002년에 실시한 한 조사에 따르면 50세 미만의 의원들 가운데 66%(21명)가 한국에게 가장 심각한 위협대상으로 일본을 꼽았다. 『조선일보』, 2002년 2월 24일 자를 보라.

9 예컨대 『조선일보』, 2004년 4월 29일과 30일; 『동아일보』, 2004년 5월 4일 자를 보라.

10 이에 대하여는 이 책의 13장을 보라.

11 徐德榮, 向冬梅, "中韓建立面向21世紀合作夥伴關係的背景分析," 『當代韓國』, 第22期 (1999年), p. 34; 鄭成宏, "韓劇何以打動中國," 『世界知識』, 第4期 (2005年), pp. 17-19.

12 이에 대하여는 이 책의 8장을 참조하라.

13 중국 측의 통계는 『中國统計年鑑 2010』(北京: 中國統計出版社, 2010), p. 229에 근거하였다.

14 『동아일보』, 1999년 10월 13일, 18일; 『조선일보』, 2000년 1월 27일; 김현호, "한국정부의 '조용한 탈북자 외교'에는 조용함만 있고 외교는 없다," 『월간조선』(2000년 6월), pp. 458-472; *New York Times*, May 31, 2000; Mark O'Neil, "Jilin Uses Strike Hard to Force out Starving Koreans," *South China Morning Post*, July 25, 2001; 『동아일보』, 2002년 6월 18일; 『조선일보』, 2002년 6월 24일; 『중앙일보』, 2007년 1월 17일.

15 예를 들어 홍준호, "북핵 이대로 중국에 맡겨도 되나?" 『조선일보』, 2005년 2월 16일; 남만권, "북핵 관련 중국 역할론에 대한 의구심," 『동북아 정세분석』, 2005년 4월 15일 자를 보라. 한-중 간 규범 충돌과 관련해서는 조영남, "한국과 중국 간의 규범, 표준 및 가치관의 충돌 가능성" (SNU-MASI Policy Report: 2010년 3월 18일)〈http://masi.snu.ac.kr/xe/?mid=report&document_srl=1077〉을 참조하라.

16 『光明日報』, 2003년 6월 24일 자를 보라.

17 한국정부가 왜 이를 단순히 '학술적 이슈'로 그리 쉽게 치부했는지 그 배경은 명확치 않다. 충분한 시간을 두고 중국의 의도를 파악하면서 우리의 대응을 준비하기 위해 그 결정을 늦췄어야 했다는 분석도 적지 않다. 예컨대 김태완, "국제정치 시각으로 본 중국의 동북공정: 국내-국제 연계분석," 『국제관계연구』, 13권, 2호 (2008년), p. 7을 보라.

18 이 사건의 전말에 대해서는 Peter H. Gries, "The Koguryo Controversy, National Identity and Sino-Korean Relations Today," East Asia, Vol. 22,

No. 4 (Winter 2005), pp. 3-17을 참조하라.

19 이와 같은 평가에 대하여는 *Scott Snyder*, "A Turning Point for China-Korea Relations?" *Comparative Connections*, Vol. 6, No. 3 (October 2004), p. 115; 宋成有, "中韓建交16年: 兩國關係發展軌跡的回顧," 北京大韓國學硏究中心會議(2008年 12月 19日)에서 발표된 내용을 참조.

20 http://find.joins.com/joinsdb_content_f.asp?id=DY01200409140125 (최종 검색일: 2007년 1월 12일).

21 2006년 9월에 실시된 한 여론조사에 따르면, 응답자의 63%가 고구려사 논쟁과 관련해 한국정부가 보다 강력한 조치를 취해야 한다는 견해를 피력했다. 특히 주목할 것은 응답자의 53%가 중국에 의한 역사왜곡이 일본의 역사왜곡과 유사하거나 또는 오히려 그보다 더 심각한 행위라고 답했다는 사실이다. 백승구, "월간조선 현안여론조사," 『월간조선』 (2006년 10월), pp. 182-183을 보라.

22 한국은 말할 것도 없고 중국의 경우에도 여론과 인터넷이 대외관계에 미치는 영향이 점증한다는 논의로 郝雨凡, 林甦 (主編), 『中國外交決策 - 開放與多元的社會因素分析』 (北京: 社會科學文獻出版社, 2007), 4장을 보라.

23 1963년 6월 28일 북한 과학원이 파견한 대표단과 만난 자리에서 저우언라이(周恩來) 총리는 일부 중국인 역사학자들이 조선인을 중국 기자(箕子)의 후손이라고 주장한 것은 역사왜곡이라고 비판했으며, 또한 당나라와 고구려 사이에 벌어졌던 전쟁을 당의 침략(侵略)으로 규정하기도 했다. 『동아일보』, 2007년 4월 14일 자를 보라.

24 변강사지연구중심(邊疆史地硏究中心)이 1983년에 설립되었던 것도 이와 관련해 주목할 필요가 있다.

25 대개 '일사양용' 학파는 1750년-1840년 기간에 중국(즉, 淸朝)이 행사했던 세력권을 그 주된 기준으로 삼고 있다. 譚其驤, "歷史上的中國和中國歷代疆域," 『中國邊疆史地硏究』, 第1期 (1991年)를 보라.

26 이와 같은 입장을 갖는 대표적 논문으로 姜孟山, "高句麗史的歸屬問題," 『東疆學刊』, 第4期 (1999年), pp. 38-41을 보라.

27 천도 이전 또는 이후 시점을 사용하는 논리는 정치적인 것일 뿐이며, 고구려 인구의 80% 이상이 예맥족이었고 10% 정도에 불과했던 한족(漢族)을 압도했기 때문에 '일사양용'을 주장하는 중국 측의 근거가 매우 취약하다는 주장이 서울대 국사학과 이성규 교수의 서울대 사회과학연구원 초청 강좌(2008년 6월 14일)에서 제기된 바 있다.

28 중국 역사학자들이 1978-87년의 기간에 변경지역에 대한 학술회의와 현지조사를 총 116차례나 수행했으나 동북지역과 관련된 것은 단지 8회에 불

과했으며 조선의 고대사를 주제로 한 조사도 단 3회에 그쳤다. 유용태, "중화민족론과 동북지정학," 『동양사학연구』, 93집 (2006년), p. 190을 참조.

29 『世界通史』 (北京: 人民出版社, 1997)을 보라.

30 탄치샹을 비판한 장비보의 시각에 대해서는, 張碧波, "關於歷史上民族歸屬與疆域問題的再思考 - 簡評一史兩用史觀," 『中國邊疆史地研究』, 第2期 (2000年), pp. 1-9를 보라.

31 동북공정에 참여한 기구와 학자들에 대한 개괄적 논의로 이희옥, "중국의 동북공정 추진 현황과 참여기관 실태," 이개석 외 (編), 『중국의 동북공정과 중화주의』 (서울: 고구려연구재단, 2005), pp. 111-121을 보라.

32 예를 들어 趙福香, 黃甲元, "高句麗在東北史上的地位," 『通化師範學院學報』, 第6期 (2002年), pp. 10-12; 馬大正, "東北邊疆歷史研究的回顧與思考," 『北華大學學報』, 第1期 (2005年), pp. 37-41; 李淑英, "高句麗民族起源研究述要," 『通化師範學院學報』, 第3期 (2006年), pp. 60-62, 70을 보라.

33 郭沫若 外 (編), 『中國史稿地圖集』 (北京: 中國地圖出版社, 1979), 上卷, p. 68; 譚其驤 外, 『中國歷史地圖集』 (北京: 中國地圖出版社, 1982), p. 20.

34 Yonson Ahn, "The Korea-China Textbook War-What's It All About?" *George Mason University's History News Network* (March 2006), pp. 3-5 <http://hnn.us/articles/21617.html>(최종 검색일: 2007년 1월 6일).

35 『조선일보』, 2006년 9월 16일 자를 보라.

36 대외관계사(涉外史)를 전공하는 학자들의 경우, 대개 고구려를 한국사로 보거나 또는 중국과 한국이 공유하는 역사라는 전통적 사관을 지지하는 경향이 많았다. 그러나 변방사(邊疆史)를 전공한 학자들 사이에서는 고구려를 중국사의 일부로만 보는 시각이 급속도로 힘을 얻어가고 있다고 한다. 2007년 2월 서울에서 동북아역사재단 연구원들과의 인터뷰. 고구려사와 관련해 중국 내 주류학계의 관점이 개혁기에 들어 변했다는 중국 측의 평가로는 Jin Linbo, "Sino-South Korean Differences over Koguryo and the United States Role," in Gilbert Rozman (ed.), *U.S. Leadership, History, and Bilateral Relations in Northeast Asia* (Cambridge: Cambridge University Press, 2011), p. 186을 보라.

37 Austin Ramzy, "Rewriting History," Time, August 16, 2004; Mark Byington, "Appropriating the Past: How an Ancient Korean State Became Newly 'Chinese,'" 〈http://ieas.berkeley.edu/events/2003.09.19.-html〉(최종 검색일: 2007년 1월 29일); Mark Byington, "A Matter of Territorial Security: China's Historiographical Treatment of Goguryeo in the Twentieth Century," in *Nationalism and History Textbooks in Asia and*

Europe (Seoul: The Academy of Korean Studies, 2005).

38 1991년 소련의 붕괴 이후 소수민족 지역에서의 안정에 대해 중국 지도부가 가진 우려와 대처 방안에 대하여 陸南泉, 『蘇聯興亡史論』(北京: 社會科學出版社, 2002)을 보라. 동북지역에서의 소수민족 안정에 대한 중국정부의 관심에 대해서는 孫運来, 沙允中, 『吉林省邊疆民族地區穩定和發展的主要問題與對策』(北京: 中央民族大學出版社, 1994); 張植榮, 『中國邊疆與民族問題』(北京: 北京大學出版社, 2005)를 참조하라.

39 김희교, "중국의 동북공정과 한국 민족주의의 진로," 『역사비평』(2004년 가을), pp. 192-220; Yoon Hwy-tak, "China's Northeast Project: Defensive or Offensive Strategy?" *East Asian Review*, Vol. 16, No. 4 (Winter 2004), pp. 100-101을 보라. 북한 붕괴의 개연성과 관련해서는 Lee Jin-woo, "China Distorts History to Prepare for North Korea's Collapse," *Korea Times*, October 11, 2006을 보라.

40 http://www.mofat.go.kr/ek/ek_a002/ek_caba/ek_a02/ek_b05/1175119_11452.html (최종 검색일: 2007년 1월 30일).

41 예를 들어 중국의 공식 사전인 『辭海』(1999년 판)에서는 고구려를 여전히 "한국의 고대국가"(高句麗也稱句麗或高麗, 是朝鮮古代國家)로 정의하고 있다. 下册, p. 5788을 볼 것.

42 Scott Snyder, "New Grounds for Contestation: South Korea's Koguryo-Era Historical Dramas and Sino-Korean Relations," 동북아역사재단이 개최한 *US Leadership, History, and Bilateral Relations in Northeast Asia* (2009년 1월 22-23일)에서 발표된 논문을 참조.

43 자신의 세력판도에 대한 중국의 영향력 투사 의도와 관련해서는 Michael Swaine and Ashley Tellis, *Interpreting China's Grand Strategy: Past, Present and Future* (Santa Monica: RAND, 2000), pp. 22-79; Roger Des Forges and Luo Xu, "China as a Non-Hegemonic Superpower? The Uses of History among the *China Can Say No* Writers and Their Critics," *Critical Asian Studies*, Vol. 33, No. 4 (December 2001), pp. 483-507을 보라. 또 '공세적 관점'에 기반을 둔 주장으로는 Pankaj N. Mohan, "China's Nationalist Historiography of the 'Northeast Project' and the Australian Responses to Its Challenges," *Journal of Inner and East Asian Studies*, Vol. 3, No. 1 (2006), pp. 27-46; Jungmin Seo, "The Politics of Historiography in China: Contextualizing the Koguryo Controversy," *Asian Perspective*, Vol. 32, No. 3 (2008), pp. 44-54; 동북아역사재단 (편), 『중국의 역사 만들기 프로젝트 동북공정 바로알기』(서울: 동북아역사재단, 2009)를 참조하라.

44 신형식, 최규성 (編), 『고구려는 중국사인가? 중국 동북공정의 문제점』 (서울: 백산서당, 2004); Song Ki-ho, "China's Attempt at 'Stealing' Parts of Ancient Korean History," *The Review of Korean Studies*, Vol. 7, No. 4 (2004), pp. 93-122.

45 동북공정의 예산 규모에 대한 논쟁은 그 핵심을 빗겨 가는 것으로 그리 유용한 것으로 보이지 않는다. 우선 구매력 기준에서의 비교가 필요할 뿐 아니라 소위 '숨겨진 재원'(hidden outlay)을 외부에서 포착하기란 쉽지 않기 때문이다. 또 중국정부는 동북공정을 중국 내 학문적 자유의 증대 결과라고 평하기도 하지만 사회과학(특히, 정치학 및 국제관계) 분야에서의 학문 연구가 중국에서 여전히 검열과 자기검열의 대상임은 재론의 여지가 없다. 중국정부의 공식적 입장을 대변한 것으로 Jin Linbo, "The Eruption of the Koguryo Controversy and Its Impact on Sino-Korean Relations," 동북아역사재단이 개최한 *US Leadership, History, and Bilateral Relations in Northeast Asia* (2009년 1월 22-23일)에서 발표된 논문의 p. 6을 참조.

46 馬大正 (編), 『中國東北邊疆研究』 (北京: 中國社会科學出版社, 2003), pp. 14-15를 참조하라.

47 우실하, 『동북공정의 선행 작업과 중국의 국가전략』 (서울: 울림, 2004), pp. 113-153; http://www.china5000.cn/wenming/statics/duandai; http://www.kaogu.cn/cn_kaogu (최종 검색일: 2007년 2월 5일); 『조선일보』, 2006년 9월 14일.

48 이 과정에 대한 중국 측의 개괄적 논의로 張威威, "韓國對高句麗史問題評論综述," 『國際资料信息』, 第9期 (2004年), pp. 27-30을 보라. 후에 중국 외교부는 홈페이지에 나온 모든 국가의 소개에서 근대 이전의 역사 부분을 일괄 삭제하였다.

49 당시 한국정부, 특히 외교당국의 지나치게 소극적인 대 중국 대응에 대한 부정적 평가에 대해서는 동북아역사재단 (편), 『중국의 동북공정의 경과와 쟁점 및 한국의 대응』 (서울: 동북아역사재단, 2007), pp. 204-207을 보라.

50 『동아일보』, 2004년 8월 9일; 『조선일보』, 2004년 8월 25일; 2004년과 2006년 북경과 서울에서의 인터뷰.

51 개혁기 중국 중앙정부의 대 지방 정책 관철 능력에 대하여는 Jae Ho Chung, "Reappraising Central-Local Relations in Deng's China," in Chien-min Chao and Bruce J. Dickson (eds.), *Remaking the Chinese State: Strategies, Society and Security* (London: Routledge, 2001), pp. 46-75을 보라. 지방단위에서 지속되는 여러 가지 왜곡 사례에 대하여는 "중국 동북공정, 대책을 찾는다"(2006년 10월 3일 방영된 KBS 특집프로그램)에서

참조함.

52 2007년 2월에 가진 동북아 역사재단 연구원 7인과의 인터뷰.

53 리궈창의 언급에 대하여는 李國强, "東北工程與中國東北史的硏究," 『中國邊疆史地硏究』, 第4期 (2004年 12月), p. 1을 보라. 또 고구려사 문제를 '중국의 단결을 위한 중차대한 문제'로 간주한 중국 내 고구려문제 학술토론회(연변 개최)에 대해서는 『조선일보』, 2006년 9월 14일 자를 보라.

54 陳峰君, 王傳劍, 『亞太大國與朝鮮半島』 (北京: 北京大學出版社, 2002), p. 279을 보라. 또 楊軍, 王秋彬, 『中國與朝鮮半岛關係史論』 (北京: 社会科學文獻出版社, 2006), pp. 183-184를 참조하라. 번국(藩國)은 곧 왕조의 지방정권이라는 시각을 피력한 최근 연구로 黃松筠, 『中國古代藩屬制度硏究』 (長春: 吉林人民出版社, 2008), pp. 165-190을 보라.

55 일본의 비정부기구(NGO)가 일본정부의 역사왜곡에 대항하는 데 발휘했던 핵심적 역할은 익히 알려져 있다. 중국 NGO의 부재에 대한 우려에 대해서는 정재호, "동북공정의 현재적 의미와 한국외교," 『월간중앙』 (2004년 9월), p. 379를 보라.

56 윤휘탁, "포스트(post) 동북공정: 중국 동북변경전략의 새로운 패러다임," 『역사학보』, 197집 (2008), pp. 99-127을 보라.

57 『조선일보』, 2006년 9월 6일; 『중앙일보』, 2007년 1월 27일; 『동아일보』, 2007년 1월 30일; 2007년 2월에 가진 동북아 역사재단에서의 인터뷰.

58 이 결과가 보도된 『중앙일보』, 2008년 5월 9일 자를 보라.

59 南黎明, "韓國對中國的文化抗議," 『亞洲周刊』, 2004년 7월 25일, pp. 16-21. 이에 대한 중국의 우려에 대하여는 施金波, "在對外交流中保護我國文化遺産的産權," 『領導參閱』, 第19期 (2004年), pp. 5-6; 江迅, "穿越中韓文化混戰迷路理性反思," 『亞洲週刊』, 2008년 1월 6일, pp. 48-50을 보라.

60 "중국의 백두산 공정"(2006년 12월 3일 방영된 KBS 일요스페셜); "중국, 역사 이어 영토 동북공정?" 『주간한국』, 2006년 8월 15일, pp. 32-34를 참조.

61 실존하지 않는 한국인 교수들의 이름을 거명하며 한자의 유래나 쑨원(孫文)의 한국계 보도 등과 같은 허위사실의 유포로는 『新快報』, 2008년 7월 31일과 12월 12일 자 보도가 대표적이다. 신영미, "중국 내 반한 정서의 현황과 동인: 인터넷 공간을 중심으로," 『중소연구』, 34권 4호 (2010/2011년 겨울), pp. 107-138을 보라.

62 『동아일보』, 2004년 9월 10일.

63 "이어도 넘보는 중국 흑심 뭔가?" 『주간한국』, 2006년 10월 3일, pp. 58-59; 江迅, "韓佔領蘇岩礁綳緊中韓神經," 『亞洲週刊』, 2006년 12월 3일, pp.

24-27; 王小波, 『誰來保衛中國海島』(北京: 海洋出版社, 2010), 6장; 김애경, "한-중 간 영토문제: 현황 및 대응방안," 정재호 (편), 『중국을 고민하다-한중관계의 딜레마와 해법』(서울: 삼성경제연구소, 2011), 7장을 보라.

64 정혜중, 김형종, 유장근, 『중국의 청사공정 연구』(서울: 동북아역사재단, 2008), pp. 62-63, 99-103을 보라.

65 2008년 5월 이명박 대통령의 방중 시 합의된 '전략적 협력동반자관계'(戰略合作夥伴關係)의 의미에 대하여는 14장에서 자세한 논의를 제시하고 있음.

66 미국이 동아시아에서 "안정적인 단극"으로서 작동하기 힘든 것에 대하여는 Charles A. Kupchan, "After Pax Americana: Benign Power, Regional Integration, and the Sources of a Stable Multipolarity," *International Security*, Vol. 23, No. 2 (Fall 1998), pp. 63-69를 볼 것.

67 王義桅, 『世界圍绕美國轉?』(北京: 北京大學出版社, 2005), pp. 305-307; Bates Gill and Yanzhong Huang, "Sources and Limits of Chinese 'Soft Power,'" *Survival*, Vol. 48, No. 2 (Summer 2006), pp. 17-36; 鳴友富, 『中國國家形象的塑造和傳播』(上海: 復旦大學出版社, 2009).

제11장
북-중 관계의 변환과 한반도의 국제정치

1990년대는 북한이 어떻게 '실패국가'(failed state)의 나락으로 빠지게 되었는지를 잘 보여주는 기간이다. 북한 경제의 계속된 침체는 회복의 기미를 보이지 않았으며, 이는 곧 식량, 에너지 및 외환의 지속적인 부족으로 이어졌다. 또 경제의 침체는 북한이 오랜 기간 견지해왔던 한국에 대한 군사력의 우위를 급감시켰을 뿐 아니라, 1990년대에 보다 명시적으로 드러난 소련과 중국의 대 한국 유화노선은 동북아 국제정치의 상황을 북한에게 매우 불리하게 만들었다. 1990년과 1992년에 소련과 중국이 각각 한국과 국교를 수립하면서 이들 맹방에 대한 북한의 '독점'이 깨어졌다. 더 나아가 소련의 붕괴와 동구 사회주의권의 집단 몰락을 통해 이념적으로나 전략적으로 북한이 의지할 수 있는 국가들이 일거에 사라지는 변환도 함께 일어났음에 주목할 필요가 있다.

경제의 지속적인 침체, 적대체제에 대한 우위의 상실, 이념 및 안보 파트너들의 붕괴라는 삼중의 도전 속에서 북한에게 주어진 전략적 선택의 폭은 그리 넓지 않았다. 미국의 일부 전문가들은 당시의 북한을 가리켜 '구석에 몰려 사람까지 물려는 개'로 표현하기도 했다.[1] 이렇듯 감당하기 힘든 상황을 일거에 반전하기 위해 북한이 움켜쥔 선택은 이념의 포기나 개방이 아니라 바로 핵무기 개발이었다. 북한은 '벼랑 끝 전술'을 통해 경제적 지원도 얻고 적대적 체제로부터의 위협도 상쇄하고자 했다. 1990년대 초에 시작되어 2010년 현재까지도 여전히 진행 중인 '북핵 문제'는 불리한 상황을 북한이 어떻게 효과적으로 활용해왔는지를 잘 보여준다.

북핵 문제는 중요한 현안 문제이자 또 이를 통해 북-중 관계의 흐름을 이해하는 단초도 찾을 수가 있다. 그러나 그 근저에는 비확산(非擴散)이라는 미국의 정책목표와 대 미국 관계 개선이라는 북한의 목표가 함께 담겨 있어 때로는 북핵 문제가 북-중 관계에서 중요한 변화의 기미들을 제대로 볼 수 없게 핵심을 '굴절'시키는 역할을 했던 것도 사실이다. 본 장에서는 북핵 문제에 대해 간략한 논의를 한 후, 1990년대부터 2009년까지 일어난 북-중 관계의 변화 추이와 그것이 동북아 국제정치에 갖는 함의에 대한 분석을 제시하고자 한다.

북핵 문제와 북-중 관계

1993년 3월 북한이 '핵 비확산 조약'(NPT) 탈퇴를 선언함으로써 시작된 1차 북핵 위기에서 중국은 대체로 '국외자'(bystander)의 입장 - 즉, 미국과 북한 사이에서 해결될 문제라는 시각 - 을 취했었다.[2] 중국이 이 같은 입장을 취한 데에는 크게 세 요인이 작용했던 것으로 보인다. 우선 첫째, 1960년 중-소 분쟁의 발발 이후 국제사회의 반대에도 불구하고 중국 자신도 핵무기 및 탄도 미사일 체계를 독자적으로 개발했던 경험이 있다. 따라서 이들 영역에 대한 배타적 주권을 누누이 강조해왔던 중국으로서는 북한의 노력에 대한 일정한 정서적 공감대를 갖고 있을 개연성이 있다.[3] 둘째로 당시에 중국은 북한이 이미 핵무기 개발 능력을 갖고 있다는 미국 측 주장의 설득력이 떨어진다고 파악했다. 따라서 미국 주도의 대 북한 제재에 동조하지 않았고, 국제연합(UN)이 채택하려던 대 북한 비난성명에도 동참하지 않았던 것이다.[4] 셋째, 북한의 핵 개발 노력의 배경에 미국의 적대정책이 있다는 북한 입장에 동의하는 중국으로서는 미-북 간 양자대화의 필요성을 강조하기 위해서라도 직접적인 개입을 자제했던 면이 있었다.

미-북 간의 입장이 평행선을 달리면서 미국이 영변에 소재한 핵 시설에 대한 군사행동을 취할 수도 있었던 위기 상황으로부터 한반도가 자유로워진 것은 평양에서 김일성을 만나 북한을 대화 창구로 이끌어낸 카터(J. Carter) 전 대통령 때문이었다.[5] 곧이어 미-북 간 '제네바 합의'(Agreed Framework)가 이루어졌고, 그 틀에 따라 경수로 건설을 전제로 북한이 핵무기 개발의 '동결'에 동의해 1차 위기는 해결 국면으로 들어갔다. 따라서 1차 위기의 해결 과정에서 중국이 행한 역할은 별로 없었으며, 이 시기 북-중 관계에서 드러난 변화를 구체적으로 정의하기도 어렵다.

1차 위기가 해결된 이후에도 북한이 처했던 여러 가지 어려운 상황에는 개선된 부분이 별로 없었고 경제적 침체와 외교적 고립은 더욱 심화되었다.[6] 특히, 1992년 한-중 수교 이후 미묘한 변화의 징후를 보였던 북-중 관계가 1994년 김일성의 갑작스런 사망 이후 악화일로의 길을 가게 된다. 중국은 개혁과 개방에 집중했으며 간혹 북한에게 중국식 모델의 채택을 종용하는 정도였다. 전략적 협력 및 의존의 대상이 없는 상태에서 북한은 핵무기 카드를 활용해 새로운 '벼랑 끝 전술'에 대한 유혹에 빠지게 된다. 2002년 10월 제임스 켈리(J. Kelly) 국무부 동아태차관보의 방북 기간에 불거진 북한의 농축우라늄(HEU) 프로그램에 대한 문제 제기는 2차 북핵 위기의 도화선이 되었다.[7]

2차 북핵 위기와 관련해 중국은 당초 이 문제에 관해 견지해온 세 원칙 - (1) 한반도에서의 평화와 안정의 유지, (2) 한반도의 비핵화(無核化), (3) 대화와 협상을 통한 평화적 해결 - 을 제시하며 1차 위기 때의 입장과 그리 큰 차이를 보이지 않았다.[8] 심지어 『인민일보』는 사설을 통해 "한국은 북한의 핵 문제와 관련해 미국의 입장만을 무조건 추종해서는 안 될 것"이라는 입장을 밝히기도 했다. 1차

위기 때도 그랬듯이 중국의 정부관리들은 중국이 북한에 대해 가진 영향력에 적잖은 한계가 있다면서 직접적 개입을 꺼리는 모습을 보이기도 했다.[9)]

주목할 것은 2003년 2월 말부터 중국의 태도가 조금씩 변하는 기미를 나타냈다는 점이다. 이즈음 북한의 핵 능력에 대해 미국이 제공한 정보에 대해 중국이 일정 부분 관심을 갖게 되었다는 것이다. 더 나아가 소위 '악의 축' 국가들에 대해 선제공격을 포함한 군사제재를 단언하는 부시 행정부를 보면서, 중국은 핵을 가지고 북한이 펼치는 '벼랑 끝 전술'에 대해 회유와 조정이 필요하다고 본 것으로 평가된다.[10)]

그런 맥락에서 몇 가지를 짚고 넘어갈 필요가 있다. 외교적 노력의 일환으로 2월 말 외교부 부부장 왕이(王毅)가 평양으로 가 핵 프로그램의 동결을 요구했고, 또 3월 7일에는 외교담당 부총리 첸치천(錢其琛)이 - 후진타오의 전용기를 타고 - 평양을 비밀리에 방문해 핵 프로그램의 동결을 다시 종용했다는 점이다.[11)] 또 이전과는 달리 2003년 1월 국제원자력기구(IAEA)가 북한에 보내는 핵 동결 요구 성명에 중국이 참여했을 뿐 아니라, 2월에는 UN 안보리에서의 북핵 문제의 안건 상정에도 동의했다는 점이다.[12)] 이 과정에서 일어난 흥미로운 사건으로 2월 말 중국과 북한을 잇는 송유관이 3일 가까이나 작동하지 않았던 것을 들 수 있다. 물론 중국이 내세운 공식적 이유는 '기술적 문제'(technical difficulties)였지만 이유야 어쨌든 중국이 이를 북한에 대한 지렛대로 적절히 활용했던 것은 사실이라고 중국의 전문가들도 보고 있다.[13)]

무엇보다도 변화된 모습은 북핵 문제의 해결을 위해 중국이 3자회담 및 6자회담의 주최국/의장국으로 나서서 보여준 외교력이었다. 1997년 중국이 4자회담에 처음으로 참여할 때만 해도 참가 그 자체가 기존의 '한반도 문제에 대한 불간섭 및 비관여'의 원칙을 깬 것이라는 말이 많았지만 이제는 아예 대화의 주도자로서의 모습을 보이고 있기 때문이다. 특히, 6자회담이 제대로 진척되지 않아 그 틀 자체에 대한 의문이 제기될 때면 고위급 인사를 방북시키는 '셔틀 외교'를 수행함으로써 필요할 때마다 북한을 협상테이블에 불러내는 외교력을 발휘했다.[14)]

총 여섯 차례(두 부분으로 나뉘어 진행된 4차 회담을 포함하면 총 7회의 회동)의 6자회담을 통해 참가국들은 2005년의 9·19 합의와 2007년의 2·13 시행세칙을 만들어냈다. 그러나 2006년 10월 9일과 2009년 5월 25일에 북한이 이미 두 차례의 핵실험을 감행했고, 2010년 현재 여전히 비핵화의 실질적인 진전이 없는 상황을 감안할 때 진정한 의미에서의 북핵의 '동결' 및 '제거'는 이루어지지 않고 있다. 이 시점에서 북-중 관계와 관련해 갖게 되는 근원적인 질문이 하나 있다. 핵을 가진 북한을 중국에서는 어떻게 인식하고 있는가?

핵을 보유한 북한을 바라보는 관점은 중국에서도 반드시 통일되어 있다고 하기는 어렵다.[15)] 이는 북한이라는 체제 자체를 바라보는 관점과도 연관이 있겠는데, 예컨대 2003년 가을 중국사회과학원 산하 세계경제 및 정치연구소 소속의 선지루(沈冀如) 연구원은 소위 '자동개입조항'의 폐지를 골자로 한 중조우호조약(中朝友好條約)의 수정이 이루어져야 한다고 주장해 논란을 일으킨 바 있다.[16)] 또 2004년 봄 톈진(天津) 사회과학원 소속의 연구원 왕쭝원(王忠文)이 권위 있는 학술지인 『전략과 관리』에 실은 논문에서 김정일 체제를 비판했다가 학술지 자체가 폐간되기도 했다.[17)] 중국 내에서 국제문제에 대한 학술지 및 논문의 출판이 엄격히 규제되고 또 높은 수준의 자기 검열을 거친다는 점을 감안할 때, 2003-4년 기간에 벌어졌던 대 북한 정책 및 북핵 문제에 대한 논쟁 그 자체가 중국이 바라보는 북한의 모습이 예전과는 사뭇 달라졌음을 잘 보여준다고 하겠다.

뿐만 아니라 북핵 문제에 대해서도 다양한 논쟁과 의견들이 제기되었다. 예컨대 상해 푸단 대학(復旦大學)의 선딩리(沈丁利) 교수의 경우 핵을 가진 북한을 현실로 인정해야 한다는 주장을 펴는 반면, 중앙당교의 장롄꾸이(張璉瑰) 교수는 무력제재를 포함한 어떤 방법을 사용하더라도 중국의 이익에 반하는 북한의 핵 개발을 막아야 한다는 입장을 제시하기 때문이다.[18] 2004년 초와 2007년 후반 두 차례에 걸쳐 각각 30인과 38인의 중국인 국제문제 전문가들을 대상으로 필자가 수행한 설문조사에 따르면, '북한의 핵 보유를 현실로 받아들여야 한다'는 의견을 피력한 응답자의 비율이 2004년에는 32퍼센트였으나 2007년에는 13퍼센트에 불과했다. 반면에 '제재를 가하더라도 북한의 핵 개발을 저지해야 한다'는 의견을 표시한 응답자의 비율은 2004년의 35퍼센트에서 2007년의 57퍼센트로 늘어났다.[19] 2006년에 핵 실험이 처음 이루어진 후 최소한 전문가들 사이에서는 북한이 '혈맹'에서 '위협'으로 변할 수도 있다는 생각을 갖게 된 것이다.

학계에서의 논쟁과 전문가 차원에서의 일정한 인식 변화에도 불구하고 '정책' 차원에서의 대 북한 관계는 그리 큰 차이를 노정하지 않았음에 주목할 필요가 있다. 실제로 2006년 10월과 2009년 5월 두 차례 핵실험이 이루어진 후의 중국 측 반응을 자세히 비교해보면 큰 틀에서는 대동소이(大同小異)함을 알 수 있다. 며칠간 공식적으로 불쾌감, 유감 등을 표시하고 유엔에서의 결의안에 참여하거나 미국 주도의 제재에도 일정 부분 동의하는 듯한 모습을 보이지만 대체로 거기까지이다.[20] 오히려 2차 핵실험 이후에는 1차 핵실험 때처럼 북한을 '제멋대로 하는'(悍然) 국가로 부르지도 않았으며, 뱅코 델타 아시아(BDA) 조사로 대표되는 엄격한 경제 제재의 모습을 보이지도 않았기 때문이다.

북한의 핵 개발과 핵실험은 최소한 여섯 가지 측면에서 중국의 국익을 저해한다고 볼 수 있다.[21)] (1) 북핵 문제는 동북아와 한반도에 불안정 요인으로 작동하며 이는 중국의 '평화로운 부상/발전'에 도움이 되지 않음; (2) 북핵 문제는 미국과 북한 간에 군사분쟁을 촉발시킬 수 있음; (3) 북한의 핵 개발은 일본의 군비 증강과 미국의 탄도미사일 방어체제 구축에 대한 빌미를 제공하고 있음; (4) 북핵은 동북아에서 핵 개발의 '도미노 현상'을 초래할 수도 있음; (5) 북한의 핵 실험은 중국 동북지역에 방사능 및 환경오염의 위험을 초래할 수 있음; (6) 최악의 상황에서 북한 핵은 중국을 대상으로 사용될 수도 있음 등이다. 그렇다면 이런 인식에도 불구하고 왜 중국의 대 북한 정책은 예상보다 대체로 소극적이며 또 북한 감싸기 위주로 지속되고 있는 것인가? 중국이 북한에 대해 갖고 있는 영향력은 어느 정도이며 중-북 관계의 변환 가능성과 그 한계는 무엇인가? 바로 이 부분에 대해 다음의 두 절에서 자세히 살펴보도록 하자.

중국의 대 북한 영향력 평가

중국이 북한에 대해 갖고 있는 영향력의 크기 및 그 사용의 전제는 오랫동안 학계와 정책서클의 지대한 관심의 대상이었다. 이는 정치적으로 매우 민감할 뿐 아니라 실증적으로 설득력 있게 보이기도 쉽지 않지만, 향후 북-중 관계를 전망함에 있어 반드시 짚고 넘어

가야 할 문제임에 틀림없다. 북한이 그동안 중국의 정책 선호에 얼마만큼 따라줬는지를 봄으로써 이에 대한 일정한 평가를 내릴 수 있을 것이다. 특히 급증하는 대 중국 경제의존도가 북한에게는 치명적 약점으로 작동할지의 여부, 그리고 중국이 이를 실제로 활용하려 들 것인지가 핵심질문이다.

중국이 북한에 대해 명시적으로 영향력 또는 압력을 행사한 것으로 간주할 수 있는 경우는 탈냉전기에만 최소한 다섯 번 정도 있었던 것으로 볼 수 있다. 1991년 당시 '하나의 조선' 원칙에 입각해 UN 가입을 꺼리던 북한에 대해 중국은 "더 이상 한국의 UN 가입을 저지할 명분이 없다"며 지금이 아니면 앞으로 북한의 가입 자체가 어려울 수도 있다는 논리로 북한에 압력을 가했었다. 물론 그렇게 압력을 행사했던 배경의 하나는 남북한의 UN 가입을 통해 '하나의 중국' 원칙이 더 이상 한반도 문제와 연계되지 않도록 고리를 차단한 후 여유롭게 한국과 수교를 이루고자 했던 것이며, 이 경우의 압력 행사는 성공적 결과를 낳았다고 하겠다.[22)]

중국이 북한에 대해 압력을 행사한 사례는 1998년에도 있었는데, 북-중 관계가 악화되는 와중에 북한이 대만의 핵폐기물을 유상으로 보관함으로써 대 대만 관계의 개선을 시도하려다 중국의 압력(미국의 협조)으로 불발된 것을 들 수 있다. 또 앞서 언급한 것처럼 2003년 2월 대 북한 송유관을 3일간 막음으로써 중국, 미국과 함께 북핵 문제를 다룰 '3자회담'에 북한이 참석하도록 영향력을 행사하기도 했다. 뿐만 아니라 신의주 개발을 위해 네덜란드 국적의 중국인 양빈(楊斌)을 행정장관에 앉히려던 북한의 계획이 2004년 중국의 양에 대한 구속 집행으로 좌절되었던 것도 북한식 개발 모델에 불만을 가졌던 중국의 압력이 효과를 발휘한 것으로 볼 수 있다. 또 2006년 중국은행(Bank of China)이 북한 관련 계좌에 대한 동결을 결정함으로써 북한 문제와 관련해 미국과의 협력을 모색했다는 정황도 이 범주에 포함시킬 수 있다.[23] 따라서 중국이 북한에 대해 실제로 영향력을 행사할 수 있다는 것은 이미 실증적으로 나타나 있는 사실이며, 위의 다섯 사례만 보더라도 80퍼센트의 성공률을 보이고 있다.

2000년대에 들어 급증하고 있는 북한의 대 중국 경제의존도에 대한 우려와 맞물려 중국의 대 북한 영향력에 대한 논의도 빈번해지고 있다. 중-북 교역은 중국의 교역총액에서나 한-중 교역과 비교할 때 매우 미미한 수준에 불과하다. 2000년 북-중 교역액은 4억 8800만 달러에 불과했던 반면 한-중 교역액은 312억 달러를 상회했기 때문이다. 〈표 11-1〉에서 보듯이 2000년대에 들어 북한의 대

표 11-1
북한의 대 중국 교역 및 교역의존도

연도	교역액(100만 미 달러)	무역의존도(%)
1992	696	27
1995	550	26
2000	488	25
2001	737	33
2002	738	33
2003	1023	43
2004	1385	48
2005	1580	52
2006	1698	56
2007	1976	65
2008	2781	73

주 무역의존도는 남북한 교역을 제외한 수치로 산정한 것임.
출처 『주간조선』, 2006년 1월 30일, p. 18; 『조선일보』, 2006년 10월 16일; "Chinese Investors Keeping Eye on North Korea," *Strait Times*, March 9, 2007; 『동아일보』, 2008년 2월 20일.

중국 교역액과 교역 비중이 급증하고 있다. 1990년 소련에 대한 무역의존도가 56퍼센트에 달했으나 2008년에는 대 중국 무역의존도가 73퍼센트를 상회한 것으로 나타난다. 2000년의 대중 무역의존도가 25퍼센트에 불과했던 점을 감안하면 이는 충분히 우려의 대상이 될 수 있음을 의미한다.[24)]

최근 몇 년간 중국이 북한에 대한 투자를 급격히 늘리고 있는 점에도 많은 관심이 집중되고 있다. 2003년 130만 달러에 불과했던 중국의 대 북한 투자규모는 2004년에 원저우러칭성진(溫州樂淸盛金) 고속버스공사 투자를 포함해 총 5000만 달러, 그리고 2008년에도 4120만 달러의 수준을 유지하고 있기 때문이다. 특히, 2005년 10월 북-중 간 상호투자보호협정이 체결된 이후, 기업적 투자뿐 아니라 발해유전(渤海油田)의 공동개발, 무산탄광, 혜산동광 개발 등에 대한 장기임차 계약이 속속 성사되었다. 또 최근에는 중국기업이 나진항 부두 개발 및 사용권을 확보하고 압록강 유역 위화도와 황금평 개발에도 참여하는 등 중국의 전략적 발상의 측면을 엿보게 하기 때문이다.[25)]

중국의 영향력과 관련해 특히 주목할 것은 교역과 투자 이외에도 다양한 유형의 원조를 북한에 제공한다는 점이다. 크게 세 가지를 들 수 있는데, 첫째는 정기적인 정부원조(定期性官方援助)로 식량과 원유에 대한 무상 또는 특별가에 입각한 지원을 가리킨다. 식량원조의 중요성은 상론의 여지가 없으며, 1999년부터 수입유 전량을 중국으로부터 들여오던 북한으로서는 KEDO(한반도에너지개발기구)에 의한 중유 공급이 2002년 11월에 중단되면서 중국산 원유의 공급이 사활의 문제가 되었다.[26)] 둘째, 정부 차원의 산업적 원조(官方産業性援助)도 있는데, 그 예로 2004년 야오화유리집단공사(耀華硫璃集團公司)를 통한 2400만 달러의 무상투자로 평남 대안군에 유리공장을 지은 것이 대표적이다. 셋째, 정부차원에서 도로, 철도, 항만 등을 지어주는 것(設施性官方援助)이 있는데, 나진-원정 간 도로 건설, 투먼(圖門)-청진 간의 철도 개보수 사업 등이 이에 포함된다.[27]

앞서 논한 것처럼, 1990년대 중반 이후 북-중 간의 정서적 유대는 감소한 반면 경제교류 - 실제로는 북한의 일방적인 대 중국 의존 - 가 급증한 것을 어떻게 해석할 것인가? 중국은 전략적 완충지로서의 북한에 대해 그렇게라도 영향력을 유지하려 했을 수 있으며, 또 북한의 입장에서는 다른 국가들과의 협력이 극도로 제한된 상태에서 중국과의 경협 확대에 적극적으로 나설 수밖에 없었을 것으로 보인다. 중장기적으로 북한에 대한 '선점 효과'를 노린 중국의 치밀한 접근이라는 관측도 있으며, 2004년부터 시행된 '진흥동북'(振興東北) 프로젝트가 궁극적으로는 북한을 중국의 영향권 안에 두려는 전략이라는 의견까지 있다. 그러나 실제로 이를 입증할 수 있는 근거를 찾기는 쉽지 않다.[28]

따라서 중국과의 무역이 북한 교역 총액의 70퍼센트 이상을 차지하고, 북한에서 사용되는 공산품의 72퍼센트, 외자 유치액의 80퍼센트, 그리고 원유 수입량의 87퍼센트를 중국에 의존하는 상황에서 중국의 대 북한 영향력(leverage)은 정황적으로 충분히 존재한다고 볼 수 있다. 특히 중국의 대 북한 경제의존도가 미미하기 때문에 중국은 상대로부터 아무런 영향을 받지 않고도 북한에 대해 일방적이며 또 결정적(fatal)인 영향력을 행사할 수 있다는 의미이다. 다만 여기서 주의할 점은 영향력의 존재와 실제 그 영향력의 행사는 별개의 문제일 수 있다는 것이다. 즉, 북한의 대 중국 경제의존도를 활용하는 방식으로 중국이 그 영향력을 실제로 행사할 수 있는지 또 그럴 가능성은 얼마나 되는가의 문제인 것이다.

중국이 이러한 경제의존도를 자유롭게 대 북한 영향력으로 전환하는 데에는 적잖은 제약과 한계가 있음을 이미 여러 기존 연구들이 밝힌 바 있다.[29] 그러나 이들 연구의 대부분이 기술적인(descriptive) 접근을 한 반면, 중국 학술지에 게재된 한 연구에 따르면 2006년까지는 중국정부의 '중등 수준'(고위급 방문 포함) 이상의 적극적 노력이 극소수의 예외를 제외하면 북핵 문제의 진전에 상당히 긍정적인 결과를 만들어냈다고 한다.[30] 과연 이와 같은 평가는 2010년 말의 시점에도 여전히 적실한가? 필자는 조금 다른 관점을 가지고 있다. 〈표 11-2〉에서 보듯이, 2003년 3월부터 2010년 5월까지 총 20회에 걸쳐 중국의 고위인사가 북한 또는 중국에서 김정일과 회동하였다. 이 중 8회의 회동이 2개월 안에 3자회담 또는 6자회담 개최라는 결과를 만들어냈다. 흥미로운 것은 2003-6년의 기간에 일곱 번이나 가능했던 것(7/12=58%)이 2006-10년 기간에는 단 한 번(1/8=13%) 성공하는 데 그쳤다는 점이다. 즉, 대 중국 경제의존도가 급증한 시기에 중국의 영향력 행사의 성공률은 오히려 줄어든 것이다. 2004년과 2007년 두 번에 걸쳐 중국인 국제문제 전문가들에 대해 필자가 수행한 설문조사에서도 각각 76퍼센트와 63퍼센트에 달하는 다수가 '중국이 북한에 대해 영향력을 갖고는 있으나 이를 실제로 사용하기는 쉽지 않다'고 답했던 것과 맥을 같이 하는 것이다.

도대체 무슨 이유로 중국은 자신이 갖고 있는 대 북한 영향력을 실제로 사용하기는 어렵다고 보는 것인가? 여기에는 크게 세 이유가 있는 것으로 보인다. 우선 첫째로 중국이 자기 자신에 대해 가진 시각(즉, mirror image)을 북한에 일정 부분 투영한다는 것인데, 즉 상대가 강하게 나올수록 오히려 더 굴하지 않고 버티려는 성향을 의미한다. 북한도 이런 성향을 지닌 상대라는 중국의 인식 때문에 북한의 자존심을 상하게 할 수단을 실제로 사용하기가 그리 용이하지

표 11-2
북핵 문제 해결에 있어서의 중국의 영향력 추이, 2003-2010

일시	방문자	접견자	결과
2003년 3월 8-9일	錢其琛	김정일	3자회담
2003년 8월 19-20일	徐材厚	김정일	1차 6자회담
2003년 10월 30일	嗚邦國	김정일	-
2004년 1월 19일	王家瑞	김정일	2차 6자회담
2004년 3월 23-25일	李肇星	김정일	-
2004년 4월 19-21일	김정일	胡錦濤	3차 6자회담
2005년 2월 19일	王家瑞	김정일	-
2005년 7월 12-14일	唐家璇	김정일	4차 6자회담(1회)
2005년 10월 8일	嗚儀	김정일	-
2005년 10월 28-30일	胡錦濤	김정일	4차 6자회담(2회)
2006년 1월 10-18일	김정일	胡錦濤	-
2006년 10월 18-19일	唐家璇	김정일	5차 6자회담
2007년 7월 2-4일	楊潔篪	김정일	6차 6자회담
2008년 1월 29일	王家瑞	김정일	-
2008년 6월 17-19일	習近平	김정일	-
2009년 1월 22-24일	王家瑞	김정일	-
2009년 9월 17-19일	戴秉國	김정일	-
2009년 10월 4-6일	溫家寶	김정일	-
2010년 2월 7-9일	王家瑞	김정일	-
2010년 5월 3-7일	김정일	胡錦濤	-

출처 a.『조선일보』, 2003년 11월 13일; b.『중앙일보』, 2003년 8월 23일; c. "Regular Press Conference," Ministry of Foreign Affairs (PRC) at http://www.fmprc.gov.cn/eng/xwfw/s2510/2511, October 30, 2003; d. "Regular Press Conference," Ministry of Foreign Affairs (PRC) at http://www.fmprc.gov.cn/eng/xwfw/s2510/2511, January 19, 2004; e. "Regular Press Conference," Ministry of Foreign Affairs (PRC) at http://www.fmprc.gov.cn/eng/xwfw/s2510/2511, March 23, 2004; f. Department of International Liaison of the Central Committee of the CCP at http://www.idcpc.org.cn/duiwai/niandugaikuang/2004/040421-1.htm; g. "Regular Press Conference," Ministry of Foreign Affairs (PRC) at http://www.fmprc.gov.cn/eng/xwfw/s2510/2511, February 19, 2005; h. "Regular Press Conference," Ministry of Foreign Affairs (PRC) at http://www.fmprc.gov.cn/eng/xwfw/s2510/2511, July 14, 2005; i.『조선일보』, 2005년 10월 9일; j. Department of International Liaison of the Central Committee of the CCP at http://www.idcpc.org.cn/duiwai/niandugaikuang/2005/051028-2.htm; k. Xinhua News Agency, January 18, 2006; l. "Regular Press Conference," Ministry of Foreign Affairs (PRC) at http://www.fmprc.gov.cn/eng/xwfw/

s2510/2511, October 18, 2006; m. "Regular Press Conference," Ministry of Foreign Affairs (PRC) at http://www.fmprc.gov.cn/eng/xwfw/s2510/2511, July 3, 2007; n. Department of International Liaison of the Central Committee of the CCP at http://www.idcpc.org.cn/duiwai/niandugaikuang/2008/080129-1.htm; o. Ministry of Foreign Affairs (PRC) at http://fmprc.gov.cn/chn/gxh/tyb/zyxw/t466341.htm and 『조선일보』, 2009년 2월 5일; p. http://www.idcpc.org.cn/dongtai/090123.htm; q. http://fmprc.gov.cn/chn/gxh/tyb/zyxw/t585254htm; r. http://www.fmprc.gov.cn/chn/gxh/tyb/zyxw/t618473.htm; s. http://www.idcpc.org.cn/dongtai/100209.htm; t. http://www.idcpc.org.cn/dongtai/100507.htm.

않다는 의미이다.[31] 둘째, 핵과 미사일 개발에 있어 '자력갱생'이라는 노정을 그대로 똑같이 밟아가는 북한에 대해 중국이 '도덕적 우위'를 갖고 있지 않기 때문이다. 보다 중요하게 셋째, 경제의존도를 활용한 압력을 실제로 행사했을 때 북-중 관계는 그 본질 자체가 변할 수밖에 없기에 이 방법은 기껏해야 한두 차례 정도밖에 쓸 수가 없다. 따라서 꼭 써야만 한다면 어느 시점에 이를 사용해 중국의 국익을 극대화시킬 것인지의 선택을 해야 하는데, 이는 그리 쉬운 문제가 아니다. 미-중 관계의 미래를 반드시 긍정적으로만 보지 않는 중국의 관점에서 볼 때, 북한에 대한 영향력을 행사하는 방법의 사용 시점은 훨씬 뒤로 미뤄질 개연성이 크기 때문이다.

북-중 관계의 변환 가능성과 '정상적 관계'로의 전환

중국이 북한과의 관계에 대해 공식적으로 사용했던 개념과 호칭들은 수십 년 동안 나름의 논리를 갖고 진화해왔다. 한국전쟁 참전을 통해 형성된 북-중 관계의 끈끈함은 '선혈로 맺어진 우호관계'(鮮血凝成的友好關係)라는 '전우'(戰友)의 개념으로 주로 표현되었다. 이러한 개념은 1980년대까지만 해도 가족(一家親)과 같이 친밀하고 특별한 관계로 운위되기도 했다. 그러나 중국이 전방위 개방과 함께 주변국들에 대해 '선린외교'(睦隣外交)를 시행하고, 또 1992년 한-중 수교가 이루어진 후 중국의 대 북한 인식도 점차 일정한 변화를 보이기 시작한 것으로 평가된다.

1990년대 후반부터 중국이 다양한 국가들에 대해 소위 '동반자관계'(夥伴關係: partnership)라는 개념을 사용하면서 지금까지 특별한 대상으로 간주해온 북한과의 관계 규정이 어려워지는 문제를 파생시켰다. 즉, 중국은 동반자관계를 "서로 적대하지 않으며 또 동맹을 맺지 않는"(不敵對 不結盟) 것으로 규정하기 때문에 조-중 우호조약을 통해 동맹의 형식을 유지하고 있는 북-중 관계는 이러한 개념의 적용이 불가능했기 때문이다. 따라서 동맹적 성격을 희석시키기 위한 대안으로 1990년대부터 중국은 북한에 대해 '전통적 우호관계'(傳統友誼關係)라는 개념을 사용해온 것이다.[32] 이러한 공식 명칭만으로는 중-북 동맹의 실질적인 지속 여부를 판단하기 어렵고, 그 안에 내재된 전략적 모호성으로 인해 중국의 자의적 판단이 중요할 수밖에 없다.

중국의 대 북한 정책 유지와는 별개로 중-북 간의 정서적 유대는 이전과 상당히 달라졌다고 봐야 할 것이다. 중국에서는 이미 혁명세대가 거의 사망해 북한과 옌안(延安) 시대 및 항일투쟁의 경험을 공유한 고위층 인사가 거의 없다. 또 한국전쟁 참전 세대의 대부분도 이미 사망했거나 현실정치에서 떠나 있기에 양국 간 정서에 기반을 둔 연계는 거의 희석되었다 해도 과언이 아니다. 또 후진타오(胡錦濤)나 원자바오(溫家寶) 등의 지도부는 군 경험이 없기에 북한에 대한 특별한 정서를 따로 갖고 있지도 않다. 앞에서 기술한 중국 내 대 북한 정책의 수정 필요성이 주로 2002년 후의 집권 이후에 제기된 것에도 주목할 필요가 있다.[33] 2009년 이후 중-북 간 군사 교류가 빈번해지고 있으나 단순히 교류의 빈도나 층차를 제고한다고 '전우애'에 준하는 유대감이 만들어지는 것은 아닐 것이다.

중-북 간의 유대감이 전에 비해 약화된 또 다른 이유는 양국 체제의 이념적 동질성이 급감한 것과도 연관이 있다. 이는 중국에서 계획경제 및 이념에 의한 '전체주의적 통제'(totalitarian grip)가 거의 사라지고 '사회주의 시장경제'의 확산과 더불어 '권위주의적 통제'(authoritarian control)만 이루어지는 것과 일맥상통한다. 또 기술관료 세대의 부상을 통해 북한을 이념적 폐쇄체제로 바라보는 중국 지도부의 전반적인 시각과도 적잖은 연관성이 있다.

중-북 간 유대감의 명시적인 변화에도 불구하고 변하지 않은 것이 있다면 그것은 곧 중국에 대해 북한이 갖는 전략적 완충지(strategic buffer)로서의 가치라 할 것이다.[34] 중국에 대한 한반도의 전략적 가치는 이미 일본으로부터 조선을 지키기 위해 명나라가 왕조의 명운을 걸고 대군을 파견했던 것이나, 건국한 지 1년도 안 되어 미국과의 전면전에 돌입했던 한국전쟁을 통해 잘 알려져 있다. 향후 중국의 '부상'에 대한 미국의 견제와 일본의 경계가 심화될수록 중국에 대해 북한이 갖는 전략적 가치는 높아질 수밖에 없을 것이다.[35] 더 나아가 21세기의 전략적 구도가 대륙세력과 해양세력 사이의 긴장과 대치로 귀결될 때 북한의 효용성은 보다 극대화될 것이다.

2006년 북한이 1차 핵실험을 강행한 직후 주UN 중국대사 왕광야(王光亞)가 "나쁜 행위(를 한 북한)는 보호할 필요가 없다고 본다"(I think that for bad behavior, no one is going to protect them)고 한 발언이 추후 중국 정부 내에서 비판의 대상이 된 것도 이러한 맥락에서 이해할 수 있다. 또 북한의 김계관 부상이 2007년 뉴욕에서의 한 정책

토론회에서 "미국은 핵 문제와 관련해 중국에 너무 큰 기대를 말라"고 한 것도 비슷한 맥락에서 북한이 가진 자신감의 표현으로 볼 수 있다.[36] 즉, 미-중 간의 전략적 경쟁이 심각한 상황에 이를수록 북한과 대립각을 세우는 관계로 가서는 곤란하다는 생각을 중국이 할 수밖에 없을 것이라는 의미이다.[37]

탈냉전기 북한의 대외관계는 상당 부분 생존의 딜레마를 극복하기 위해 할 수밖에 없었던 노력의 일환이었다. 개혁과 개방을 축으로 한 생존전략이 효과면에서 큰 성공을 도출해내기 힘들자 핵무기 개발을 통해 국제사회에 대한 위협이라는 '벼랑 끝 전술'을 채택했던 것이다. 그러나 돌이켜 보면 북한의 핵 개발과 그로 인한 '위기' 상황의 지속은 오히려 한반도 전반에 대한 중국의 상대적 영향력을 제고시키는 결과를 낳아 북-중 관계에서도 중국에 대한 북한의 의존도를 보다 높이는 상황으로 몰고 간 측면이 적지 않다.[38]

만약 북한이 핵의 포기 및 폐기를 실행하지 않고 위기가 지속될 경우, 공은 중국 측 코트로 넘어가는 것으로 봐야 한다. 최근 들어 부쩍 회자되는 '책임지는 대국외교'(負責任的大國外交)와 '조화로운 세계'(和諧世界)의 모색을 대외관계의 핵심으로 삼고 있는 중국으로서는 국제사회에 큰 위협이 되고 있는 북한에 대해 일정한 입장을 정해야 하는 부담을 안게 되기 때문이다. 1980년대에 비해 1990년대에, 그리고 1990년대보다는 2000년대에 들어 국제적 규범과 가치를 훨씬 잘 수용하고 따르는 모습을 보이는 중국으로서는 북한의 '위반 행위'를 그냥 계속 수긍하고 변호할 수만도 없을 것으로 보인다.[39]

경제적 교류의 확대에도 불구하고 북-중 관계의 내면에서는 마찰도 적지 않게 일어나는 실정이다. 2005년 가을 쩡칭훙(曾慶紅) 당시 국가부주석이 방북해 "조선은 시기를 놓치지 말고 한국과 정치

협상, 인력교류를 통해 관계를 정상화해야 한다"고 권고했을 때, 김정일은 "조선노동당이 남한 정권에 구걸하며 생존하란 말이냐"며 반발했던 것으로 알려진다.[40] 또 2006년 7월 15일 UN 안보리에서 대북 제재결의가 통과되자 16일 새벽 북한 외교당국은 우동허(武東和) 평양 주재 중국대사를 불러 강한 불만을 표시한 것으로 전해진다.[41] 실제로 중국에 대한 사전 배려도 없이 2006년 10월 9일 북한이 핵실험을 감행했을 때, 중국은 북한에 대해 가장 부정적 표현이랄 수 있는 '제멋대로 하는'(悍然) 국가로까지 칭했지만 거기까지였다. 북한은 중국을 대놓고 비판하며 6자회담의 유용성에 대해 회의적인 시각을 드러내기도 했다.[42] 미-중 간 전략적 경쟁이 심해질수록 북한과 대립각을 세우는 관계로 가서는 곤란하다는 생각을 중국이 할 수밖에 없음을 북한이 너무도 잘 알고 있기 때문이다.[43]

이런 상황에서 중국이 어떤 선택과 행동을 할지가 곧 향후 북-중 관계의 상당 부분을 결정하게 될 것이다. 앞서 언급한 전략적 완충지의 중요성을 감안할 때, 대 북한 관계에 대한 중국의 새로운 조정과 설계는 능력의 문제라기보다는 의도와 의지의 문제로 보는 것이 타당하다.[44] 대 북한 유대감의 희석, 이념 차의 확대 그리고 정책조정 필요성의 대두에도 불구하고 중국의 궁극적인 전략적 선택지는 곧 지정학적 관점에 기반을 둔 안정의 유지인 것이다.[45] 필자의 생각에는 이와 관련해 중국에게 두 가지의 고려가 있다고 본다. 하나는 중국이 보는 미래의 국제전략 환경과 미-중 관계의 모습인데, 향후 장기적으로 미국과의 관계가 우호적이거나 협력적이라는 확신이 서지 않는다면 전략적 완충지로서의 북한을 어떻게든 함께 끌고 갈 수밖에 없다는 점이다.[46] 또 다른 하나는 한-미 관계에 대한 중국의 평가와 깊이 연관된 것이다. 즉 한-미 관계가 어려워질수록 중-북 관계의 중요성이 낮게 평가될 수 있겠으나, 2004년 고구려사 왜곡 파동 이후 한-미 관계가 동요하는 속에서도 안정을 찾고 또 2008년 이후 보다 구조적으로 강화되는 모습을 보면서 중국은 북한과의 관계를 이전보다 더 긴밀히 유지할 필요성을 느끼고 있기 때문이다.

주석

1 Joel S. Wit, Daniel B. Poneman and Robert L. Gallucci, *Going Critical: The First North Korean Nuclear Crisis* (Washington, D.C.: The Brookings Institution Press, 2004), p. 1을 보라.

2 북한의 핵무기 개발의 배경과 1차 위기(1993-94) 발발에 대하여는 Don Oberdorfer, *The Two Koreas: A Contemporary History* (Reading, MA: Addison-Wesley, 1997), pp. 249-280을 보라.

3 이와 같은 정서를 엿볼 수 있는 중국 문헌으로 解放軍總裝備部政治部 (編), 『兩彈一星』(北京: 九州出版社, 2001)을 참조하라. William Burr and Jeffrey T. Richelson, "Whether to 'Strangle the Baby in the Cradle': The United States and the Chinese Nuclear Program," *International Security*, Vol. 25, No. 3 (Winter 2000/01), pp. 54-99도 참조하라.

4 대 북한 제재에 대한 당시 중국의 미온적인 태도에 대해서는 Wit, Poneman and Gallucci, *Going Critical*, pp. 101, 194를 보라.

5 이에 대한 논의로 Ashton B. Carter and William J. Perry, *Preventive Defense: A New Security Strategy for America* (Washington, D.C.: The Brookings Institution Press, 1999), pp. 127-133을 참조하라.

6 예컨대 United States Institute of Peace (USIP) Special Report, *North Korea's Decline and China's Strategic Dilemmas* (Washington, D.C.: USIP, October 1997)을 보라.

7 2차 북핵 위기의 배경에 대하여는 Michael O'Hanlon and Mike Mochizuki, *Criris on the Korean Peninsula: How to Deal with a Nuclear North Korea* (Washington, D.C.: The Brookings Institution Press, 2003), pp. 32-42를 보라.

8 『人民日報』, 2002년 10월 25일, 2003년 1월 10일과 22일 자를 보라. 또 Gilbert Rozman, *Strategic Thinking about the Korean Nuclear Crisis: Four Parties Caught between North Korea and the United States* (Basing Stoke: Palgrave, 2007), ch. 5을 보라.

9 "韓國穩定中求改革,"『人民日報』, 2002년 1월 8일 자; John Pompret and Glenn Kessler, "China's Reluctance Irks US: Beijing Shows No Inclination to Intervene in North Korea's Criris," *Washington Post*, 2003년 2월 4일 자.

10 Elizabeth Rosenthal, "China Asserts It Has Worked to End Nuclear Crisis," *New York Times*, February 13, 2003; Joseph Kahn, "Turnaround by China:

Center Stage as a Diplomatic Power," *New York Times*, August 28, 2003.

11 David M. Lampton, "China: Fed up with North Korea," *Washington Post*, June 4, 2003.

12 Charles Hutzler and Gordon Fairclough, "The Koreas: China Breaks with Its Wartime Past," *Far Eastern Economic Review*, August 7, 2003.

13 2004년 1월 북경에서 필자의 인터뷰; "China Seen Toughening Stance against North Korea's Nuclear Developments," *Baltimore Sun*, March 28, 2003.

14 Jae Ho Chung, "China's Ascendancy and the Korea Peninsula: From Interest Reevaluation to Strategic Realignment?" in David Shambaugh (ed.), *Power Shift: China and Asia's New Dynamics* (Berkeley: University of California Press, 2005), pp. 155-157.

15 실제로 필자는 2004년 이후 중국에서 열린 비공개 세미나에서 중국학자들 사이에 북한과 북핵 문제를 놓고 치열한 논쟁이 벌어지는 것을 여러 차례 목도한 바 있다.

16 "維護東北亞安全的當務之急," 『世界經濟與政治』, 9號 (2003年), p. 57을 보라.

17 "以新的觀點來觀察朝鮮問題與東北亞情勢," 『戰略與管理』, 4號 (2004年), pp. 92-94.

18 예컨대 Shen Dingli, "Accepting a Nuclear North Korea," *Far Eastern Economic Review* (March 2005)와 Zhang Liangui, "Stalemate and Solutions," *Beijing Review*, August 18, 2005를 비교해보라.

19 중국에서의 두 번에 걸친 설문조사의 대상 명단에 대하여는 부록(I)을 참조하라.

20 2009년 2차 핵실험 직후에도 5월 27일 시진핑(習近平) 국가부주석이 "북한의 핵실험은 중국의 국가이익에 반한다"고 언급했고, 6월 1일에는 당초 방북 예정이던 천즈리(陳至立) 전인대 부위원장의 방문 연기를 발표했으며, 6월 2일에는 한국의 '확산방지구상'(PSI) 참여 결정을 이해한다는 중국 외교부의 성명이 있었지만 대체로 거기까지였다.

21 이 단락은 Jae Ho Chung, "Chinese Interests and Policies," in *Task Force Report: North Korea Policy and ROK-US Alliance* (Seoul: Seoul Forum for International Affairs, June 2010), pp. 40-46에서 발췌한 것임.

22 이에 대해서는 錢其琛, 『外交十記』 (北京: 時事出版社, 2004), 5장을 보라.

23 『조선일보』, 2006년 7월 25일 자; Rowan Callick, "China Freezes Out Pyongyang," *The Australian*, July 25, 2006을 보라. 또 김흥규, 최명해, "양빈 사건과 북한-중국 관계," 『한국정치학회보』, 39집, 1호 (2005년 봄)를

보라.

24 물론 이 같은 변화는 미국을 비롯한 서구와의 교역이 미미한 상태에서 그나마 북한이 기댈 곳은 중국과 한국뿐이었기 때문이다. 한국과의 교역도 큰 폭으로 늘기는 했으나 여러 가지 제한이 있을 수밖에 없었다. 또 북한의 대일본 교역의존도가 2001년의 18퍼센트에서 2004년에는 7퍼센트로 급감한 부분을 중국이 벌충한 부분도 상당한 것으로 보인다.

25 『조선일보』, 2005년 7월 14일; "북, 위화도, 황금평 개발권 중에 넘겨," 『연합뉴스』, 2010년 2월 23일; Wendell Minnick, "No Chinese Naval Base in North Korea, Experts Say," *Defense News*, March 17, 2010 〈http://www.defensenews.com/story.php?c=Asi&s=TOP&i=4542988〉(검색일: 2010년 6월 27일).

26 Keun-wook Paik, "Challenges and Opportunities in Sino-DPRK Energy Cooperation," *China Brief*, Vol. 6, No. 16 (August 2, 2006)을 보라.

27 『조선일보』, 2005년 7월 15일과 16일; Liu Ming, "China and North Korea: Causes and Implications of Deepening Economic Relations," paper presented at the conference in Seoul hosted by the Asia Foundation, June 13, 2006을 보라.

28 Jae Ho Chung, Hongyi Lai and Jang-Hwan Joo, "Assessing the 'Revive the Northeast' Programme: Origins, Policies and Implementation," *The China Quarterly*, No. 197 (March 2009), pp. 108-125를 보라. 반면 중국의 대북한 인프라 투자를 북한 붕괴에 대한 대비책으로 보는 시각으로 Robert Kaplan, "North Korea: The Next Iraq?" *The Atlantic Monthly* (October 2006)을 보라.

29 Yiwei Wang, "China and the North Korean Nuclear Issue," *International Studies*, Vol. 42, No. 3 & 4 (October 2005), pp. 265-267; International Crisis Group, "China and North Korea: Comrades Forever?" *Asia Report*, No. 112 (February 1, 2006); 蔡建, "中國在朝鮮核問題上的有限作用," 『國際觀察』, 3期 (2006), pp. 55-61; Yongho Kim and Myung Chul Kim, "China in the North Korean Quagmire: Rethinking Chinese Influence on North Korea," *Issues and Studies*, Vol. 44, No. 3 (September 2008), pp. 149-175; 조동호, 이상근, "북한경제 중국예속론의 비판적 고찰," 『국제지역연구』, 12권 3호 (2008), pp. 363-369; Jaewoo Choo, "Mirroring North Korea's Growing Economic Dependence on China," *Asian Survey*, Vol. 48, No. 2 (March/April 2008), pp. 343-347; and Scott Snyder, *China's Rise and the Two Koreas* (London: Lynne Rienner, 2009), pp. 130-132, 157-158.

30 李開盛, "中國對朝核問題影響的定量分析," 『世界經濟與政治』, 4期 (2007), pp. 48-53을 보라.

31 2006년 1월 필자의 전 북한 노동당 국제담당비서 황장엽과의 인터뷰에서도 중국이 북한을 그리 호락호락한 상대로 여기지 않는다는 점을 재차 확인할 수 있었다.

32 북한이 1차 핵실험을 행했던 2006년을 결산하며 중국 외교부는 중-북 관계를 처음으로 '전통적 우호관계'가 아니라 '우호적인 이웃관계'(睦隣友好關係)로 불렀으나 그 다음 해에는 다시 이전의 호칭을 사용하였다. 中華人民共和國 外交部 政策司 (編), 『中國外交 2007』 (北京: 時事出版社, 2007), p. 100과 中華人民共和國 外交部 政策司 (編), 『中國外交 2008』 (北京: 時事出版社, 2008), p. 83을 보라.

33 일부 미확인 보도에 따르면 2002년 10월 북핵 문제가 다시 불거진 이후 후진타오 총서기는 '조선문제영도소조'(朝鮮問題領導小組)라는 한시적인 기구를 설치해 한반도 전문가들의 조언을 들어온 것으로 알려졌다. 이를 통해 중국의 대 북한 정책의 수정 필요성에 대한 의견이 다수 개진되었던 것으로 알려진다. 관련하여 Willy Wo-Lap Lam, "China Looks Ahead to Korea Crisis," at http://cnn.com/world, March 18, 2003; Morton Abramowitz and James T. Laney, *Meeting the North Korean Nuclear Challenge* (New York: Council on Foreign Relations, June 2003), p. 28; 『동아일보』, 2003년 9월 8일을 보라.

34 일부에서는 군사기술의 발전으로 전략적 완충지의 중요성이 줄어들었다고 보는 견해도 있으나, 최소한 중국의 관점에서는 아직 한반도와 관련해 그런 인식의 변화가 감지되지는 않고 있다. 예컨대 중국인 학자 리우밍(劉明)은 다음과 같이 적고 있다: "지역환경이 어떻게 바뀌든 중국에 대해 북한이 갖는 안보 및 외교적 중요성은 지속될 것이며, 따라서 중국은 북한과의 '특수한 관계'를 버리려 하지 않을 것이다." Liu Ming, "China's Role on the Korean Peninsula: Its Characteristics and Developments," *Joint US-Korea Academic Studies* (Washington, D.C.: KEI, 2001), Vol. 11, p. 100을 보라.

35 이와 관련해 Jae Ho Chung, *Between Ally and Partner: Korea-China Relations and the United States* (New York: Columbia University Press, 2007), pp. 13-15를 참조하라.

36 『동아일보』, 2006년 10월 9일과 『조선일보』, 2007년 3월 9일을 보라.

37 물론 중국정부 내에도 학계와 마찬가지로 하나의 통일된 입장만 있는 것은 아닌 것으로 보인다. 예컨대 군부가 일반적으로 외교부에 비해 북한의 전략적 중요성을 더 강조한다면, 외교부 내에서도 아주사(亞洲司)와 조선처(朝

鮮處)가 조약사(條約司)나 군축 부서보다는 북한의 전략적 중요성을 더 부각시키는 것으로 알려져 있다. 『조선일보』, 2006년 10월 20일 자; 2010년 12월 21일 상하이에서의 인터뷰.

38 Richard C. Bush, *The Challenge of a Nuclear North Korea: Dark Clouds, Only One Silver Lining* (Washington, D.C.: The Brookings Institution Policy Paper No. 3, September 2010).

39 이런 중국의 변화하는 모습에 대하여는 Allen Carlson, *Unifying China, Integrating with the World* (Stanford: Stanford University Press, 2005)를 보라.

40 北海閑人, "北朝鮮靠山是中國," 『爭鳴』 (2006년 8월), pp. 31-33을 보라.

41 『조선일보』, 2006년 8월 9일.

42 6자회담의 주선국이자 의장국이라는 사실에 큰 자부심을 가져왔던 중국 내부에서도 이 틀의 실질적 유용성에 대해서 적잖은 비판과 회의가 제기되고 있다. 예컨대 薛力, "朝鮮問題的治本之道: 用'聯合國方案'代替'六方機制,'" 『世界經濟與政治』, 9期 (2007), pp. 14-15; 葉海林, "當下中國面臨的國際安全挑戰," 『改革內參』, 1期 (2010), p. 42를 보라.

43 전미외교정책협의화(NCAFP)가 개최한 세미나에서 김계관 북한 외무성 부상은 "중국은 우리를 이용하려고만 든다 …… 미국이 지난 6년간 핵 문제의 해결을 위해 중국에 의존해왔지만 나온 것이 무엇인가"라고 언급했다. 『조선일보』, 2007년 3월 9일 자를 보라.

44 대 북한 정책 조정의 필요성을 역설하는 논조로 曹世功, "中國對朝政策該變調時就得變調," 『環球時報』, 2009년 7월 6일을 보라. 장롄꾸이 교수 같은 이는 "오늘의 동지이자 형제인 북한이 내일은 노한 눈을 부릅뜬 적이 될 수도 있다"고 표현했다. "核威脅與中國安全戰略," 『改革內參』, 1期 (2010), p. 42를 보라.

45 중국 측은 이를 "얼굴색은 바꿀 수 있어도 등을 돌릴 수는 없는"(變臉不翻臉) 것으로 기술하고 있다. 詹小洪, 『東鄰面面觀 - 透視韓國』 (濟南: 山東大學出版社, 2010), p. 261을 보라.

46 Peter H. Gries, "The Future of United States-China Relations: System-, State, and Individual-Level Drivers," in Jae Ho Chung (ed.), *Charting China's Future: Political, Social and International Dimensions* (Lanham: Rowman & Littlefield, 2006), p. 157을 보라.

제4부
중국의 부상, 미국, 그리고 한국의 전략적 선택

제12장
중국의 부상과 한-미 관계: 인식과 정책의 변화

1990년대는 이념의 쇠퇴와 함께 시작되었고, 소련과 동구권의 와해는 미국으로 하여금 동북아를 포함한 세계 각 지역의 전략목표에 대한 재고찰의 필요성을 제고시켰다. 소련의 붕괴 직후 당초 미국은 동아시아에 대한 군사적 개입을 대폭 축소하는 방안을 검토했으나, 이러한 내용을 담은 소위 '동아시아전략구상'(East Asia Strategic Initiative: EASI)은 그리 오래가지 못했다. 오히려 소련을 대체할 잠재적 위협으로서 중국의 '부상'을 둘러싼 논쟁, 1995-96년에 발생한 대만해협에서의 긴장 상황, 북한의 핵무기 및 미사일 개발, 역내 민족주의 성향의 고조, 그리고 동북아의 경제적 역동성은 미국으로 하여금 이 지역에서의 중추적 역할의 지속 의지를 재천명하도록 만들었다.[1)]

동아시아에 대해 미국이 가진 전략적 이익의 재천명은 미-일 동맹의 강화로 이어졌으며, 이를 기반으로 1997년에 '미일방위협력지침'(신가이드라인)이 만들어지기도 했다. 뿐만 아니라 미국의 동맹관계 강화의 일환으로 한국, 미국 및 일본이 참여하는 3자조정감독그룹(Trilateral Coordination and Oversight Group: TCOG)이 설치되었다. 또 소련의 붕괴 이후 '준(準)단극체제'(quasi-unipolar system)로 간주될 만큼 미국의 독주가 이어지자, 중국과 러시아가 이에 대한 전략적 우려를 표명하고 미국의 패권적 요소들을 제한하기 위해 다양한 양자 및 다자적 노력을 기울였다. 예컨대 중-러 합동군사훈련의 실시, 상해협력기구(上海合作組織: SCO)의 설립, 보아오(博鰲) 아시아 포럼의 창설, 그리고 중국의 ASEAN에의 적극적인 참여 등을 그 예로 들 수 있다.[2)]

1999년에 일어난 유고슬라비아 주재 중국대사관에 대한 폭격, 미사일 방어 시스템(NMD 및 TMD)에 관한 미-러/중 간의 이견, 2001년에 발생한 미 정찰기 EP-3기와 중국 전투기의 충돌 사건 등은 역내 국가들로 하여금 미-중 갈등과 관련해 심각한 우려를 갖게 하기에 충분했다. 뿐만 아니라 2000년 천수이볜(陳水扁)의 총통 당선 이후 가속화된 대만의 독립 추세와 일본의 '우익화' 경향도 중국의 전략적 우려를 가중시켰는데, 이는 일본과 대만 공히 미국과의 관계를 강화하는 가운데 이러한 움직임을 보임으로써 미-중 관계의 '압점'(壓點)을 활용했기 때문이다. 또 클린턴 대통령이 중국과 '전략적 협력관계'(strategic partnership)를 조성하기 위해 노력했던 것과는 대조적으로 부시 행정부는 중국을 '전략적 경쟁자'(strategic competitor)로 규정하기도 했다.[3] 게다가 9·11 사건과 되살아난 북한 핵 위기를 기점으로 '실패국가' 및 테러리스트 집단에 대응하기 위한 '가치동맹'을 지향하는 미국의 굳은 의지는 새천년을 맞는 시점에서 보다 큰 전략적 불확실성을 파생시키는 효과를 가져왔다.

당시 주변의 상황이 만들어낸 여러 대립적 신호에 가장 큰 우려를 가진 측은 아마도 한국정부였을 것으로 보인다. 독일의 통일이 가능했던 배경에 - 물론 동서독의 노력도 있었지만 - 소련의 암묵적인 동의와 함께 독일 통일에 대해 우려를 가졌던 유럽 국가들에 대한 미국의 적극적인 설득이 있었듯이, 한반도의 통일이 이루어지려면 동북아 4대 강국 사이에도 일정한 합의의 구축이 필요할 수밖에 없기 때문이다.[4] 그러나 이러한 합의는 관련 국가들 대부분이 서로 우호적 관계를 유지할 때 보다 용이하게 도출될 수 있을 것이다. 즉, 동북아 6개국(미, 중, 러, 일과 남북한)이 모두 우호적인 상태(*menage a six*)를 유지하는 것이 거의 불가능한 상황에서, 최소한 미국과 중국의 지지만이라도 이끌어 내거나 적어도 두 나라의 적극적인 반대가 없도록 하는 일은 상당한 외교력을 필요로 한다.[5]

앞서 8장에서 자세히 논했듯이, 경제적으로나 전략적으로 중국은 이제 한국의 외교에 있어 매우 중요한 존재로 자리매김하고 있다. 이와 동시에 한국정부는 경제적 이유에서뿐만 아니라 전략적 이익과 통일의 달성을 위해 미국과도 우호적이며 유익한 관계를 유지할 수밖에 없다.[6] 그러나 실제로 또는 인식의 차원에서 미국과 중국 사이의 종합국력의 격차가 줄어들고 궁극적으로 양국 간에 '세력전이'나 '문명의 충돌' 또는 이 두 가지가 다 일어날 경우, 한국이 양국과 공히 우호적인 관계를 유지하기는 점차 어려워질 수밖에 없다.[7] 특히, 구조적으로 한국은 미국과 동맹의 틀 속에 묶여 있기 때문에 중국의 '부상'을 곧 중국으로부터의 위협 증대와 등치하는 시각이 미국에서 주류적 관점으로 자리잡을 경우, 이는 통일을 위한 한국의 전략적 선택과 행보를 제한하게 될 것이 명약관화하기 때문이다.

아래에서 상술하겠지만 내재적 요인으로 주목할 것은 한국에서의 미국과 중국에 대한 인식과 정책의 변화를 들 수 있다. 민주화가 이루어진 1987년부터 2004년 중반까지 미국에 대한 한국인의 인식은 대체로 하향세를 그려온 반면, 중국을 바라보는 한국인의 시각은 상당히 우호적으로 변해 왔다. 바로 이러한 인식 변화를 기반으로 한국의 대 미국 관계와 대 중국 관계도 따라 움직여 왔으며, 이들 관계의 벡터는 곧 한반도의 전략적 미래와 통일 가능성에 결정적인 영향을 미칠 수밖에 없는 것이다. 이런 관점에서 본 장에서는 1991년 이후 지난 20년 동안 한국의 대외인식과 정책의 변화를 중심으로 분석을 제시하고자 한다.

중국의 부상과 한국의 대 중국 인식 변화

상대적으로 짧았던 교류 기간에도 불구하고 한-중 관계에 드리워진 중국의 '그림자'는 빠른 속도로 경제, 외교, 문화, 군사 등의 영역에 걸쳐 영향력을 확대해온 것으로 보인다. 한-중 교역과 투자 및 경제교류의 괄목할만한 확대는 이미 8장에서 자세히 논했기에 따로 상론이 불필요할 것이다. 한국에게 있어 최대교역국, 최대흑자국, 최대투자대상국, 20퍼센트를 훌쩍 넘어버린 무역의존의 대상인 중국은 이제 한국 경제 그 자체를 움직이는 최대의 외적 변수가 되었다. 지리적 근접성과 문화적 공감대를 통한 인적 교류의 폭발적 증대도 빼놓을 수 없다. 한국과 중국의 유학생이 상대국에서 가장 많은 수를 차지하고 있는 점도 이 같은 측면을 잘 보여주고 있다. 2000년대 초부터 한국에 불고 있는 '중국열풍'(漢風)과 중국을 사로잡고 있는 '한국열기'(韓流)는 경제적이면서도 문화적 현상으로 양국 간 상호인식의 형성에 중차대한 역할을 해오고 있다.[8)]

이러한 배경에서 한국이 군사적 관점에서 중국을 어떻게 보고 있는지는 그리 분명하지 않다. 중국의 부상이 갖는 군사전략적 함의가 금기시된 논의의 주제가 아님에도 불구하고, 한국의 군사 및 안보전문가들 가운데 중국이 초래할 수도 있는 잠재적 위협에 대해 공개적으로 문제를 제기한 사례는 별로 없다. 반세기 전만 해도 한국과 중국이 서로를 향해 총부리를 겨눴던 적국이었음을 감안하면 한-중 군사교류 및 협력을 확대해야 한다는 최근의 여러 제언은 흥미롭다.[9)] 미국이 바라보기에도, 중국이 한국 안보에 대해 위협이 될 수 있는 경우와 또 그런 상황에서 한국정부가 취할 수 있는 대응

에 관해 한국정부가 전략적 모호성을 유지하는 것으로 비치기 때문이다.[10)]

최근까지만 해도 한국의 군사전문가들 대부분은 인민해방군이 규모는 커도 여전히 '낡은 군대'라는 미국의 평가를 공유해온 것으로 보인다.[11)] 그러나 중국이 보유한 재래식 전력이 구식이고 무력하다는 미국의 평가를 한국에까지 그대로 적용하기에는 난점이 있다. 한국을 상대로 군사적 조치를 감행할 경우, 중국이 반드시 東風-41(DF-41), 수호이(Su-27)나 탄도미사일 탑재 핵잠수함(SSBN)을 필요로 하지 않을 수도 있다. J-8, '연해해군'(brown water navy), 그리고 베이징(北京), 선양(瀋陽), 지난(濟南) 군구에 주둔하는 신속대응군(拳頭部隊)을 가지고도 한국에 가공할만한 위협을 가할 수 있기 때문이다. 매년 한국 국방부가 발간하는 『국방백서』에서도 일반적으로 5-6페이지 정도를 할애해 중국군의 현대화와 양국 간 군사교류를 개괄할 뿐, 중국과 관련해 한국이 갖는 안보 불안의 흔적은 찾아볼 수 없다. 다만 최근 들어 일부 퇴역 장성들을 중심으로 중국의 군사위협에 대한 우려가 간헐적으로 제기되고 있기는 하다.[12)]

그러면 한국인들은 중국을 과연 어떻게 인식해왔는가? 1988년부터 2010년까지 20여 년에 걸쳐 실시된 다양한 전국 범위의 여론조사에 근거해 대략 다음과 같은 추세와 특징들을 확인할 수 있다. 첫째, 아래의 표에서 보듯이 조사기간 동안 한국인의 대중(對中) 인식은 점차 우호적으로 변해왔음을 알 수 있다. 둘째, 대중 인식과는 사뭇 대조적으로 한국인의 대미(對美) 인식은 전반적으로 하향세를 탔던 것으로 보인다. 셋째, '고구려사 논쟁'(10장 참조)이 불거진 2004년 이전에 이루어진 여론조사의 대부분에서 한국인의 대중 인식이 대미 인식보다 훨씬 긍정적이고 우호적인 것으로 드러났다(〈표 12-4〉 참조). 넷째, 〈표 12-1〉부터 〈표 12-3〉에서 보듯이 한국인의 대

표 12-1

한국인의 연령별 대 중국 인식의 변화, 1989/1990 (단위: %)

	20대	30대	40대	50대 이상
긍정적 인식	43.9/46.3	31.6/36.6	28.9/33.8	22.3/26.8
중립적 인식	36.1/35.7	45.2/37.8	41.6/44.8	51.4/46.6
부정적 인식	20.0/17.7	23.3/25.1	29.5/21.0	26.3/26.4

주 좌측의 수치는 1989년의 조사 결과이며 우측의 수치는 1990년의 조사 결과임.

출처 인구발전연구소 (편), 『전환기의 한국사회: 1989 국민의식조사』 (서울: 인구발전연구소, 1990), p. 153과 인구발전연구소 (편), 『전환기의 한국사회: 1990 국민의식조사』 (서울: 인구발전연구소, 1991), p. 184.

표 12-2

한국인의 연령별 대 미국 인식의 변화, 1989/1990 (단위: %)

	20대	30대	40대	50대 이상
긍정적 인식	28.2/29.5	30.0/34.1	44.3/47.8	54.2/48.6
중립적 인식	26.8/27.3	33.5/33.1	32.1/30.8	26.2/35.9
부정적 인식	44.9/43.2	36.5/32.6	23.6/21.4	19.7/15.3

주 좌측의 수치는 1989년의 조사 결과이며 우측의 수치는 1990년의 조사 결과임.

출처 인구발전연구소 (편), 『전환기의 한국사회: 1989 국민의식조사』 (서울: 인구발전연구소, 1990), p. 153과 인구발전연구소 (편), 『전환기의 한국사회: 1990 국민의식조사』 (서울: 인구발전연구소, 1991), p. 181.

표 12-3

한국인의 연령별 대 중국 및 미국 인식, 1993과 1996 (단위: %)

	중국을 선택	미국을 선택
20대	34.8/46.6	22.8/19.3
30대	34.3/50.4	36.4/21.3
40대	36.4/50.2	39.0/26.5
50대 이상	27.7/41.0	54.8/32.1

주 좌측의 수치는 1993년의 조사 결과이며 우측의 수치는 1996년의 조사 결과임. 1993년의 질문은 "21세기 한국의 가장 중요한 협력대상은 어느 나라인가?"였으며, 1996년의 질문은 "10년 후(2006년에) 한국과 가장 밀접한 관계를 맺을 파트너는 어느 나라인가"였음.

출처 인구발전연구소 (편), 『전환기의 한국사회: 1993 국민의식조사』 (서울: 인구발전연구소, 1994), p. 158; 국가홍보처, 『한국인의 의식가치관 조사』 (서울: 홍보처, 1996), p. 354.

중국 우호적 인식이 연령과는 역(逆)의 상관관계에 있는 반면, 대 미국 우호인식은 정(正)의 상관관계를 갖는 것으로 나타난다. 치열했던 한국전쟁과 냉전에 대한 직접적 기억을 지닌 나이든 세대에게는 중국이 그리 친근하게 와 닿지 않는 반면, 젊은 세대들은 중국을 보다 긍정적이고 우호적으로 보는 경향이 있다는 점이다.[13)]

주변 4강과의 관계를 묻는 설문에서도 대체로 미국을 가장 중요하게 인식하던 추세로부터 적잖은 변화가 나타났다. 1990년에 실시된 한 조사에 따르면 응답자 가운데 28퍼센트만이 미국과의 관계를 보다 강화해야 한다고 답했다.[14)] 1997년의 한 여론조사에서는 9퍼센트에 달하는 응답자들이 한국은 미국과의 관계를 지금보다 약화시켜야 한다고 답했으나, 중국과 관련해서는 상응하는 수치가 1.3퍼센트에 그쳤다. 응답자 가운데 무려 56퍼센트가 한-중 관계의 강

표 12-4
한국인의 대 중국 및 미국 선호도의 변화, 1997-2010 (단위: %)

	중국 선택 비율	미국 선택 비율
1997[a*]	56	31
1999[b*]	33	22
2000[c***]	45	43
2000[d***]	53	8
2001[e**]	29	30
2002[f**]	41	30
2002[g**]	50	36
2002[h**]	55	37
2003[i***]	48	33
2004[j***]	48	38
2004[k*]	24	53
2005[l**]	39	54

2005[m]**	38	37
2005[n]**	65	51
2005[o]**	15	38
2005[p]**	11	46
2005[q]**	39	54
2005[r]***	29	55
2006[s]**	12	50
2006[t]**	56	51
2006[u]**	24	47
2006[v]**	57	58
2007[w]**	32	35
2007[x]*	20	79
2008[y]***	52	30
2008[z]**	40	49
2008[A]*	18	52
2008[B]*	23	50
2008[C]**	15	45
2009[D]***	32	51
2010[E]**	6	71
2010[F]**	4	71

주 *질문은 "한국이 보다 밀접한 관계를 유지해야 할 나라는 어디입니까"; **질문은 "어느 나라에 대해 보다 우호적으로 느끼십니까"; ***질문은 "어느 나라를 가장 중요시해야 한다고 보십니까."

출처 a. 세종연구소, 『97세연조사보고서』 (서울: 동서리서치, 1997년 10월), pp. 11-13; b. 『동아일보』, 1999년 1월 1일; c. 『한국일보』, 2000년 6월 9일; d. 『동아일보』, 2000년 12월 5일; e. 『동아일보』, 2001년 12월 25일; f. 『시사저널』 (2002년 3월); g. 『월간조선』 (2002년 7월); h. 『조선일보』, 2002년 12월 22일; i. 『중앙일보』, 2003년 2월 12일; j. 『동아일보』, 2004년 5월 4일; k. *Global View 2004 - Comparing South Korean and American Public Opinion and Foreign Policy* (Chicago: Chicago Council on Foreign Relations, 2004), p. 19; l. 『조선일보』, 2005년 1월 1일; m. 『한겨레신문』, 2005년 3월 17일; n. 『한국일보』, 2005년 6월 10일; o. 『국민일보』, 2005년 12월 9일; p. 『중앙일보』, 2005년 12월 22일; q. 『조선일보』, 2005년 1월 1일; r. 『동아일보』, 2005년 11월 7일; s. 『중앙일보』, 2006년 5월 18일; t. 『한국일보』, 2006년 8월 7일; u. 『문화일보』, 2006년 9월 16일; v. 『중앙일보』, 2006년 12월 23일; w. 『EAI 여론브리핑』, 9-2호, 2007년 3월 6일; x. Haesook Chae and Steven Kim, "Not the South Korea We Thought We Knew," *Christian Science Monitor*, August 13, 2007; y. 『동아일보』, 2008년 4월 1일; z. 『EAI 여론브리핑』, 25-1호, 2008년 4월 2일; A. 『국민일보』, 2008년 8월 15일; B. 『동아일보』, 2008년 8월 15일; C. 『경향신문』, 2008년 8월 15일; D. SBS 시사토론/리얼미터, 2009년 2월 21일; E. 『조선일보』, 2010년 8월 12일; F. 서울대학교 통일평화연구소, 『2010통일의식 조사발표』 (서울: IPUS, 2010년 9월 7일), p. 90.

화에 대한 희망을 피력한 반면, 한-미 관계의 강화를 요구한 비율은 31퍼센트에 머물렀다.[15)]

1997년부터 2010년까지 실시된 32개의 서로 다른(즉, 시계열 조사가 아닌) 여론조사를 바탕으로 작성한 〈표 12-4〉를 통해 몇 가지 추가적인 사실을 확인할 수 있다. 우선 중요한 것은 1997년부터 2004년 전반까지 이루어진 10개의 조사 결과 가운데 중국을 더 우호적으로 인식하거나 또는 다른 국가(예를 들어 미국) 보다 더 중요하게 간주한 것은 아홉 개로 그 비중은 무려 90퍼센트에 달한다. 이는 중국의 '부상'이 단순히 물질적인 것에 그치지 않고 한국인의 마음까지 끌어들이고 있었음을 나타낸 것이다. 물론 중국에 대한 호감도의 증가가 일정 부분 한국에서의 반미주의의 반영일 수도 있겠으나, 미국에 대한 우호적 인식의 약화가 반드시 한국에서만 관찰된 것이 아니라는 데에 주목할 필요가 있다.[16)]

반면에 2004년 후반부터 2010년까지 이루어진 조사결과 22개 중에서 중국을 우호적으로 선택한 것은 불과 4개로 그 비율이 18퍼센트밖에 되지 않는다. 1990년대 초부터 2004년까지 이루어진 여론조사 결과(〈표 12-1〉에서 〈표 12-3〉까지 포함)와 비교할 때, 2004년 후반부터 분명히 뭔가 새로운 추세가 나타나고 있음을 보여주는 대목이다. 물론 중국의 부상으로 인한 우려와 함께 중국에 대한 우호적 인식이 줄어드는 것이 한국만의 현상은 아니나, 그 시점의 부분에서 고구려사를 둘러싼 중국과의 역사논쟁이 한국인의 대 중국 인식에 미친 부정적인 영향에 주목할 필요가 있다.[17)] 향후 30년이 되는 시점에 한국에 가장 큰 영향력을 미칠 국가가 미국이 아닌 중국이라는 의견이 대다수(52%)를 차지하는 상황에서 이러한 부정적 인식의 추세가 얼마나 더 지속될 것인지는 앞으로 진지하게 주시할 문제라 하겠다.[18)]

대 중국 인식의 양면성과 모호성

미국과 중국을 바라보는 한국의 대중들과 정책엘리트의 시각에는 적지 않은 편차가 존재해온 것으로 보인다. 일본과 미국의 경우 대체로 엘리트보다는 일반 국민들이 중국의 부상을 더욱 걱정스러운 눈으로 바라보는 데 비해, 한국에서는 엘리트들이 대중보다 더 큰 우려와 불안감을 갖고 있는 것 같다.[19] 한국에서 엘리트와 대중 사이에 이러한 인식 차가 발생한 원인에 대해 만족스러운 설명을 제시하기는 어려우나, 일반적으로 한국의 정책엘리트들이 현상유지적 성향을 지니고 있으며 - 즉, 한-미 동맹 내에서의 안보틀의 견지를 선호하며 - 따라서 중국의 부상이 이러한 구조에 대해 불안정을 야기할 것으로 우려하는 것일 수도 있겠다.[20]

필자가 1997-98년 기간에 외교정책과 관련한 한국인 여론 주도층 스무 명을 대상으로 실시했던 설문조사 및 인터뷰에 의거해 다음과 같은 추세를 확인할 수 있었다.[21] 한 명의 예외도 없이 응답자 전원이 동북아 지역 안보를 유지하기 위해 미국의 역할이 절대적이라고 보았다. 그러나 18명(90%)은 이러한 상황이 10-30년 내에 바뀔 것으로 전망했으며, 그중 12명은 구체적으로 중국의 부상이 그러한 변화를 야기할 것이라고 지적했다. 인터뷰 대상자들 가운데 10명(50%)이 잠재적으로 가장 위협적인 국가로 중국을 선택했으며, 6명은 일본을 지목했다(나머지 4명은 러시아를 선택하거나 대답을 유보).

이러한 결과는 당시 일반 국민들이 가졌던 인식과는 뚜렷한 대조를 보였다. 1995년과 1997년에 실시된 전국 여론조사에서 각각 53퍼센트와 23퍼센트의 응답자들이 일본을 가장 위협적인 국가로 지목했으며, 반면에 중국의 경우 1995년의 조사에서는 24퍼센트로

2위, 그리고 1997년의 조사에서는 8퍼센트로 3위에 그쳤기 때문이다.[22] 1999년과 2000년에 실시된 『동아일보』와 『아사히신문』의 합동조사에 따르더라도 1999년 조사에서는 31퍼센트 대 14퍼센트, 그리고 2000년의 경우 21퍼센트 대 8퍼센트로 한국인들은 일본을 중국보다 더 위협적인 국가로 인식하고 있었다.[23]

설문조사 및 심층 인터뷰에서 이들 20인의 정책엘리트들은 미-일 동맹의 핵심 기능에 대 중국 견제가 포함되어야 하는지의 질문을 받았다. 이에 대해 한국정부가 취해야 할 선택으로 5명은 대 중국 견제를 위해 미국과 일본에 적극적으로 협조할 것을, 또 다른 5명은 대 중국 교류로부터 얻는 막대한 이익을 보호하기 위해 미-일 동맹과는 일정한 거리를 둘 것을 제안하였다. 나머지 응답자들(10인)은 사안에 따른 지지, 최대한의 중립 유지, 다자간 제도에의 의존 등의 방안을 제시하였다.[24]

한국 정책엘리트의 중국에 대한 인식은 일반적인 국제규범과 관례에 비춰볼 때 드러나는 중국의 부정적인 행태와도 연관이 있는 것으로 보인다. 한국 연안해역에서 빈번히 발생하는 중국 어선의 영해 침범과 불법어획이 그러하고, 또 중국은 한반도에 심각한 환경문제 - 특히 이산화황(SO2)에 의한 공기오염 - 의 주된 원인으로 지목되기도 한다. 실제로 한국정부와의 환경 협력이 일본이나 유럽 및 미국과의 협력보다 훨씬 미약하다는 중국 자체 평가가 나오기도 했다.[25] 인권문제에 대한 관심과 우려도 한국의 정책엘리트들이 중국에 대해 조심스러운 태도를 갖게 만드는 요인 중 하나이다. 탈북자를 난민으로 인정하지 않을 뿐만 아니라 한국정부가 이를 인권문제로 접근하는 것에 대해 주권 침해라며 비판하는 중국에 대해 규범적 측면에서 동의하지 않는 엘리트들이 적지 않기 때문이다.[26]

'북한/북핵 문제'의 해결을 위한 중국의 역할과 의지를 평가하는 시각에서도 한국의 정책엘리트들은 대체로 신중하거나 유보적인 태도를 보여 왔다. 1973년의 6·23 선언 이후 한국정부는 북한에 대해 중국이 건설적인 영향력을 행사해 유의미한 역할을 해줄 것을 지속적으로 기대해왔다. 그러나 중국의 정책과 행태는 항상 자신의 국익을 위해 철저히 진화했을 뿐 국제규범이나 한국의 선호를 위해 변하지 않는다는 것을 확인할 수 있다. 이로 인해 일부 전문가들은 중국의 한반도 정책을 '(평양과의) 정치관계와 (서울과의) 경제관계의 분리'(政經分離)로 특징짓기도 했으며, 심지어 중국의 역할에 대한 기대를 '중국 신화'로 부르기도 한다. 1997년 4자회담 참여와 2003년 이후 3자 및 6자회담의 적극적인 주도에도 불구하고 중국은 북한이 가진 전략적 가치에 대한 인식 위에서 한반도 정책을 짜고 있기 때문이다.[27] 이러한 사실은 두 번에 걸친 북한의 핵실험과 천안함 및 연평도 사건 이후 중국이 보인 대 북한 옹호와 '방어막' 역할에서 여실히 드러났다고 할 것이다.

마지막으로 많은 수의 한국인들은 - 특히 지식인들의 경우 - 과거에 명나라나 청나라가 조선에게 그랬듯이, 부상하는 중국이 늘어가는 힘의 격차를 활용해 한국을 위압적인 동시에 안하무인격으로 대하지나 않을까 우려하고 있다. 이미 10장에서 자세히 논했던 '동북공정'과 관련한 문제들을 감안할 때, 한국인들이 중국의 '제국주의적' 성향에 우려를 표시하는 것을 근거 없다고 하기는 어렵다.[28] 이런 측면에서 볼 때 중국 외교관들이 가끔씩 보이는 고압적인 자세가 한국의 정책엘리트들로 하여금 중국에 대해 적잖은 우려를 갖게 만드는데, 예를 들어 2000년 봄 우다웨이(武大偉) 당시 주한 중국대사는 "달라이 라마의 입국이 허용될 경우, 단교까지는 아니더라도 양국 관계가 심각하게 훼손될 수 있다"며 경고했다. 중국과 수교한 국가들 가운데 이미 40개국 이상을 달라이 라마가 방문했던 사실을 고려할 때 그의 발언은 국내에서 적잖은 반발을 자아냈다.[29] 또 다른 예로 2004년 5월 중국 대사관에서 전화와 팩스를 통해 한국 국회의원들의 대만 천수이볜(陳水扁) 총통 취임식 참석을 적극 저지하려 했던 사건을 들 수 있다. 당시의 언론 보도에 따르면, 심지어 중국대사관의 언론 비서관이 "취임식에 참석하는 사람들을 반드시 기억해 두겠다"며 위협한 것으로 알려진다.[30]

중국에 대한 인식의 양면성과 우려에도 불구하고 한국의 정책 엘리트 자체가 대 중국 인식에 있어 일정한 변화를 겪어왔다는 것 역시 주목할 필요가 있다. 2002년 미국의 한 싱크탱크가 한국의 새로운 여론 주도층을 대상으로 실시한 조사에 따르면, 응답자의 무려 86퍼센트가 대 중국 관계의 강화를 희망했으며 미국과의 관계 강화를 선택한 비율은 14퍼센트에 그쳤다.[31] 2004년 17대 국회에 당선된 초선(初選) 국회의원 138명(열린우리당 의원의 68%와 한나라당 의원의 43%)에 대한 설문조사에 따르면 응답자의 55퍼센트가 미국보다 중국이 더 중요한 외교관계 대상이라고 답했다.[32] 같은 해 5월 또 다른 조사에 의하면, 한나라당 의원들은 33퍼센트만이 중국이 더 중요하다고 한 반면 열린우리당 의원의 63퍼센트가 중국을 더 중시한다고 밝혀 정당 간의 차이도 부각되었다.[33]

한 해 뒤인 2005년 187명의 현역의원을 대상으로 한 여론조사에서는 응답자의 68퍼센트가 미국을 선택했는데, 이 시기 일반 국민들의 대 중국 시각에 변화가 나타난 것 같이 당시 논란의 초점이었던 역사분쟁이 한국 엘리트들의 대 중국 인식에도 영향을 끼쳤을 가능성이 크다.[34] 2008년 18대 국회 당선자들에 대한 조사에서도 한나라당 의원들 대부분은 '한-미 동맹관계를 복원해야 한다'는 쪽에 선 반면, 민주당 의원들은 '외교노선을 다변화해야 한다'는 입장을 밝혀 대 중국 관계에 대한 선호가 정당 간에 큰 차이가 있음을 부각시켰다.[35] 즉, 중국은 이미 한-미 관계에 영향을 미치는 핵심 변수이자 국내정치의 주요 현안이 되어버린 것이다. 또 고구려사 문제와 같은 양자적 현안뿐 아니라 북핵 및 천안함 사건 등에서 노정된 중국의 입장으로 인해 이제는 드러내놓고 대 중국 견제에 방점을 둔 '위험 분산 전략'(hedging)이 필요함을 주장하는 학자들이 등장했고, 한국의 여론 주도층으로 하여금 이전과는 상당히 다른 중국 담론을 갖도록 하고 있다.[36]

한-미 관계의 경색: 균열의 공간?

앞의 〈표 12-1〉부터 〈표 12-4〉까지에서 보았듯이, 한국에서 중국에 대한 선호와 기대가 상승하면서 미국을 바라보는 우호적 시각은 적잖이 쇠퇴한 것으로 나타났다. 물론 대 미국 호감도의 하락 추세와 대 중국 호감도의 상승 사이에 직접적인 상관관계가 있는지의 여부는 그리 확실치 않다.[37] 그러나 중국의 부상과 맞물려 최근 몇 년 동안 - 특히 노무현 정부하에서 - 한-미 동맹에서 긴장과 균열의 국면이 드러났음을 부인하기는 어렵다. 국력의 격차가 큰 두 나라 사이의 '비대칭 동맹'(asymmetrical alliance)으로서의 한-미 동맹이 나름대로 지난 반세기 이상 성쇠를 잘 견뎌왔음을 감안할 때, 이러한 인식의 변화는 간단한 문제가 아니며 한국의 미래에 상당한 함의를 갖는다고 할 것이다.

1950년대와 1960년대 내내 북한의 국력이 한국을 압도했고 또 그 군사적 위협이 상당했기 때문에 한국은 미국을 생존의 조건으로 받아들일 수밖에 없었다. 이 시기에 있어 동맹의 원초적 딜레마(즉,

동맹을 맺느냐 마느냐)는 한국에게 전혀 문제가 되지 않았던 셈이다. 당시 미약한 경제력을 가진 한국의 입장에서는 자주방위 능력의 강화를 통한 '내적 균형'(internal balancing)보다는 주권의 약화를 감수해서라도 미국과의 동맹을 통한 '외적 균형'(external balancing)을 추구하는 것 외에는 별다른 선택이 없었기 때문이다.[38] 한국에 대해 엄청난 규모의 원조를 제공하면서도 큰 문제를 제기하지 않는 '무관심의 배려'(benign neglect)로 인해 한-미 관계는 급속도로 발전해갔고, 이 시기 중국은 서울-워싱턴 관계에 있어 전혀 변수가 되지 못했다.[39]

물론 한국이 그저 충성스러운 '피보호자'로만 남아 있었던 것은 아니다. 1970년대에 한국 경제가 놀라운 속도로 성장하면서 한국 정부는 국력에 걸맞은 역할을 수행하기 원했을 뿐 아니라 대 미국 관계에서도 일정한 자율성을 갖는 '대리인'(agent)의 지위를 희망했다.[40] 그러나 비대칭 동맹이 갖는 구조적 한계와 함께 지속되는 북한의 위협으로 인해 이러한 노력이 큰 결실을 맺지는 못한 것으로 보인다. 뿐만 아니라 1980년대 중반까지 한국의 독재정권들이 미국에 지고 있던 '정당성의 부채'(즉, 한국 군사정권의 정통성을 미국이 승인해주는 관례)가 안보 유지라는 궁극적인 목표만 달성된다면 대 미국 의존 및 주권 약화라는 비용은 상당 부분 감내할 수 있다는 인식을 뒷받침해왔던 것이다.[41]

1987년 대통령 직선제의 채택으로 민주화가 이루어지면서 한국 정부는 제3세계 국가들이 직면하는 전형적인 문제인 '전방위 균형'(omnibalancing)으로부터 벗어날 수 있게 된다. 즉, 정권의 안정을 위협하는 내부 정치의 요인이 사라지면서 동맹을 중심으로 하는 '외적 균형'에 전념할 수 있게 되었다는 의미이다.[42] 그러나 이에 반하는 요인들도 있었는데, 하나는 탈냉전으로 인해 파생된 새로운 가능성을 지칭하며 가장 중요하게는 노태우 정부(1988-1993) 시기에 중국을 포함한 사회주의 국가들과의 관계 개선이 이루어졌다는 점이다. 즉, 한국에게 미국은 여전히 절대적으로 필요한 존재였으나 이들 새로운 파트너도 매우 중요한 존재로 부각되었다는 것이다. 다른 하나의 요인은 한국전쟁과 미국의 관대한 지원에 대해 선명한 기억을 지닌 구세대들이 세상을 떠나면서 그러한 정서도 빠른 속도로 사라지고 있다는 점이다. 대신 그 자리에는 군사독재 정권을 지원하고 1980년 광주민주화운동의 진압에 대해 수수방관했던 나라라는 부정적인 기억과 함께 일상이 되다시피 한 미군 범죄 및 한국에 대한 미국의 오만한 태도 등의 기억이 주로 채워졌던 것이다.[43)]

한국에서 미국의 인기와 호감도가 꾸준히 하락하는 추세였음에 반해 미군 주둔에 대한 시각은 1990년대 내내 점차로 개선되고 있었다(〈표 12-5〉참조). 1988년의 조사에서 74.5퍼센트의 응답자가 미

표 12-5
미군 주둔에 대한 한국인의 인식, 1988-2003 (단위: %)

	조기철수	점진적 철수	현상유지	전력보강	의견없음
1988*	10.0	64.5	25.1	–	0.4
1989*	9.8	61.7	28.2	–	0.3
1990*	12.0	48.2	38.9	–	0.9
1995**	5.9	45.6	36.8	4.7	6.9
1996**	4.8	41.6	38.7	7.3	7.6
1997**	2.9	34.5	49.1	8.9	4.6
2003***	13.8	42.8	41.5	2.0	1.4

주 인구발전연구소 시리즈는 "현상유지"와 "전력보강"의 항목이 따로 없었기에 "철수 불가함" 항목을 "현상유지" 수치로 대체하였음.

출처 *인구발전연구소 (편), 『전환기의 한국사회: 1989 국민의식조사』 (서울: 인구발전연구소, 1989), p. 70; 인구발전연구소 (편), 『전환기의 한국사회: 1990 국민의식조사』 (서울: 인구발전연구소, 1990), p. 49; **『95세연조사보고서』 (서울: 세종연구소, 1995), p. 68; 『96세연조사보고서』 (서울: 세종연구소, 1996), p. 56; 『97세연조사보고서』 (서울: 동서리서치, 1997), p. 9; ***『중앙일보』, 2003년 2월 12일.

군의 조만간 철수를 원했으나, 같은 질문에 대해 1990년의 조사에서는 60.2, 1995년에는 51.5 그리고 1997년에는 37.4퍼센트로 그 비율이 급속히 감소했음을 알 수 있다.[44] 대 미국 호감도의 감소에도 불구하고 한국인들이 '실용적' 안보관을 갖게 된 것일 수도 있겠으나, 1993년 이후 불거진 북한 핵 위기에서 비롯된 안보인식의 제고가 이러한 변화에 반영되었을 가능성도 있다. 반면, 2003년의 조사 결과에 따르면(〈표 12-5〉의 맨 아랫줄) 미군 주둔에 대한 한국인의 인식이 2000년대 초반에 들어 다시 악화되었음을 보여준다. 이는 2002년 여름에 일어난 여중생 사망 사건이 한-미 관계에 미친 지대한 충격을 여실히 드러내는 것이라 하겠다. 그러나 2007년의 한 조사에서는 응답자의 57퍼센트가 주한 미군의 조기 철수 또는 점진 철수에 반대해 2003년보다는 더 긍정적인 인식이 형성되고 있음을 보여줬다.[45]

이 시기에는 한국과 미국이 동아시아에 대해 가진 전략적 이익에 대한 국민들의 인식에 있어서도 점차 균열이 발생하였다. 예컨대 1997년의 한 조사에서 응답자들에게 한국의 11가지 외교정책 목표에 대해 그 중요도에 따라 순위를 매기도록 했다. 군사/전략 목표 가운데 응답자들이 꼽은 최우선 과제(64.2%)는 한반도에서의 평화유지였으며, 일본의 군국화 반대가 바로 그 뒤(51.2%)를 이었다. 중국의 '부상'에 대한 견제(34.4%)는 한국의 자주국방 능력의 확보(50.7%)와 UN에서의 한국 역할의 제고(36.1%)에 이어 5위를 기록했다.[46] 2000년에 이루어진 다국적 여론조사에서도 한국인들은 북한(54%)과 일본(21%)을 가장 위협적인 두 개의 국가로 선택한 반면, 미국인들은 중국(38%)과 러시아(21%)를 지목한 것에서도 양국의 인식 차가 여실히 드러났다.[47]

한국이 금융위기로부터 점차 벗어나면서 김대중 정부가 본격적으로 시행한 '햇볕정책' - 전제 조건 없이 북한에 대해 '관여'하고 지원하는 노선 - 을 통해 한-미 간 인식의 차이는 곧 정책의 차이로 드러나게 된다. 남북한 관계에 있어서 한국이 주도권을 쥐는 데 크게 기여한 '햇볕정책'은 중국의 적극적인 지지를 받았다. 또 한반도 긴장 완화에 있어 한국의 주도적 역할을 국제사회에 부각시켰던 2000년 6월의 남북정상회담도 워싱턴보다는 베이징의 정책노선에 더 가까운 것이었다.[48] 한국정부가 남북정상회담, 이산가족 상봉, 한반도에서의 긴장 완화와 신뢰 구축 및 경제협력에 중점을 둔 반면, 미국은 핵무기 및 대량살상무기의 비확산과 미사일 통제에 더 많은 관심을 가지고 있었기 때문이다.[49] 이러한 일련의 추세는 한국에서 하락하던 대 미국 호감도와 함께 한반도 문제에 있어 미국으로 하여금 소외감을 느끼도록 만들었다.

2002년 10월에 불거진 2차 북핵 위기와 거의 동시에 들어선 노무현 정부의 대외관계를 통해서도 한-미 간에 지속적으로 다양한 균열이 생겼음을 볼 수 있다. 북핵 위기에 대한 인식과 그 해결을 위한 방법론에 있어서 부시 행정부와 노무현 정부는 상당한 이견을 보였는데, 특히 한국정부는 미국이 북한에 군사적 조치를 취할 가능성을 우려해 중국의 평화와 안정정책에 동조하는 모습을 보였다. '효순, 미선 사건' 이후 급락하던 대 미국 인식과 엘리트층의 지각변동을 통해 한-미 간 인식공동체 또한 큰 변화를 겪게 된다. 2003년의 『중앙일보』 여론조사에 따르면, 60퍼센트가 넘는 한국인들이 미국과의 관계를 전면 재조정하거나 적어도 미국 일변도의 정책에서 탈피해야 한다고 답했다.[50]

한-미 간의 균열은 노무현 정부하에서 크게 네 영역에서 보다 첨예하게 드러나게 된다. 첫째, 국내 여론이 양극화될 만큼 열띤 논쟁을 불러 일으켰던 것은 2004년 이라크에의 한국군 파병 여부, 규모, 지역 및 그 시기에 대한 것이었다. 이 배경에는 UN이 승인하지 않은 전쟁에 참여해야 하는 한국의 부담도 있었지만, 보다 중요하게는 바뀌어진 한-미 동맹의 현주소를 가장 잘 보여주는 사례였기 때문이다. 둘째, 노무현 정부는 당시 미국이 적극적으로 추진하던 '비확산안보구상'(PSI)에 대해 매우 비판적인 인식을 갖고 이에 참여하지 않았으며, '미사일방어계획'(MD)에 대해서도 현상의 안정을 깨는 것으로 간주해 불참을 결정했다.[51)]

셋째, 2005년에 제기되었던 소위 '동북아에서의 전략적 균형자론'과 관련된 양국 간의 입장 차이에 대한 것이다. 청와대 국가안보회의(NSC) 사무처에 따르면, 한국의 '전략적 균형자' 역할은 전쟁을 추구하지 않았던 전통적 평화세력으로서의 한국이 외교적 기반에 의한 역내 균형자를 지향하는 것이었다.[52)] 미국에게는 이것이 자기 역량을 모르는 중형 국가의 허황된 생각 정도로 비쳤던 것으로 보인다. 흥미로운 것은 한국의 이러한 지향점에 대해 미국과 대조적으로 중국은 상당한 동감과 지지를 보냈다는 점이다.[53)]

마지막으로는 주한미군의 '전략적 유연성'(strategic flexibility) 허용 여부를 두고 한-미 간에 벌어진 수 년에 걸친 논쟁과 협상을 들 수 있다. 2003년부터 서울과 워싱턴은 상황에 따라 주한미군이 다른 지역에서의 작전 수행을 위해 한국기지를 떠나 유연하게 이동할 수 있도록 허용할지의 여부와 그 조건을 두고 협상을 벌여왔다.[54)] 한국정부의 핵심 고려사항은 크게 두 가지였는데, 하나는 미군의 이동이 한반도의 전략 균형에 미칠 수 있는 부정적 영향에 대한 것이었고, 다른 하나는 미군의 이동이 대만해협을 둘러싼 소위 '중국 상황'(China contingencies)과 연관될 때 야기될 수 있는 한국 입장에서 그리 바람직하지 않은 경우에 대한 것이었다. 2006년 1월 제1차 한미전략대화에서 양국 간에 '전략적 유연성'의 필요성과 한국의 우려에 대한 상호 존중을 천명하는 원칙적 합의가 이루어졌으나, 그 구체적인 내용은 모호한 수준으로 남겨졌다. 즉, 규정된 파병 조건 및 절차와 관련해 향후 일정한 갈등의 소지가 생길 수도 있다는 점이다.[55)]

이상에서의 논의가 파생시키는 근원적인 문제가 하나 있다. 즉, 강대국과 약소국 간의 동맹이 견실한 경우 일반적으로 후자가 그 관계를 변화시키고자 하는 동기를 별로 갖지 않는다는 점이다.[56)] 그렇다면 한국의 경우 왜 90년대 후반부터 미국과의 동맹관계의 재조정을 모색했는가 하는 것이다. 물론 앞서도 언급한 것처럼 - 또 1970년대 박정희 대통령이 시도했듯이 - 국가안보의 유지에 있어 미국에 대한 영구적 의존에서 벗어나 자주국방의 기틀을 마련하려는 오래된 염원이 가장 중요한 이유였을 것이다. 이는 한국의 안전보장이라는 약속이 때로는 한국의 입장이나 상황과는 관계없이 미국의 전략 및 인식 변화에 따라 바뀌어온 경험에서 비롯된 것이기도 하다.[57)] 전통적으로 한국의 정부 지도자들은 한-미 동맹에 대한 높은 심리적 의존 - 이를 두고 미국에서는 '이별에 대한 불안'(separation anxieties)이라고 부르는 - 을 가져왔으나, 김대중 정부가 들어서면서 일정한 변화가 생기기 시작했다. 뒤이어 노무현 정부는 동맹의 역할은 희석시키고 자강(自强)의 비중을 제고시킨 "협력적 자주국방"의 개념을 제시하기에 이른다.[58)] 즉, 외교 다변화와 독자적 '호흡의 공간'을 가지려는 한국의 노력이 한-미 동맹관계의 일정한 조정 없이는 어렵다는 점을 인식하고 이를 실행에 옮긴 것이 바로 김대중, 노무현 정부의 10년이었던 것이다.[59)]

한국전쟁 당시 미군의 지원을 통해 생존할 수 있었고 그 후 오랜 기간 엄청난 규모의 원조를 제공받은 한국이 항상 감사의 마음을 가져야 한다고 생각하는 미국으로서는 이러한 일련의 변화들을 받아들이기 쉽지 않았을 것이다. 그러나 시간의 흐름과 함께 그러한 기억과 정서는 바뀔 수밖에 없다. 보다 중요한 것은 미국과 한국 사이의 엄청난 국력 차이가 파생시키는 상호 간 인식의 차이라고 할 것이다. 즉 미국의 세계전략 차원에서 볼 때 한국은 동아시아에서 작은 배역을 담당한 나라에 지나지 않지만, 이와 대조적으로 한국의 전략/정책 영역에서 미국보다 더 큰 비중을 차지하는 나라는 없기 때문이다.[60] 그러한 격차에도 불구하고 바뀌고 있는 것이 있다면, 예전에는 미국의 보호를 받는 대가이자 당연한 비용으로 여겨졌던 한-미 간의 다양한 문제들 - 한미주둔군지위협정(SOFA), 방위비 분담, 기지 사용, 미군이 연루된 범죄 등 - 이 과거와는 달리 더 이상 쉽게 허용되거나 용서되지 않는다는 점이다. 2003년『중앙일보』가 수행한 한 조사에 의하면 응답자의 77퍼센트가 한-미 관계에 미치는 일부 부정적 영향을 감수하더라도 SOFA는 개정될 필요가 있다고 답했다.[61]

한-미 간 상호인식에 있어서 문제의 핵심은 과거 대다수 미국인들이 일반적으로 국제정세에 무관심하고 한국에 대해 무지했다는 점이다.[62] 미국의 일반 대중들은 말할 것도 없고 정책전문가들 중에서도 극소수만 한국이 미국의 7대 교역국이라는 점을 알고 있었다. 1995년 갤럽(Gallup)이 실시한 한 조사에 따르면 미국인들 가운데 현직 한국 대통령의 이름을 아는 사람은 10퍼센트도 채 되지 않았다. 그러나 일본과 중국의 최고 지도자들에 대해서는 각각 20퍼센트, 66퍼센트씩이나 그 이름을 안다고 답했다. 한국에 대한 관심을 묻는 갤럽조사에서도 미국인의 58퍼센트가 부정적으로 답했으며, 단지 6퍼센트만이 '상당한' 관심을 표명했다.[63]

2000년대에 들어서도 미국인들의 한국에 대한 인식은 그리 크게 바뀌지 않은 듯하다. 2001년 해리스 인터액티브(Harris Interactive)

가 수행한 한 조사에서, "한국을 어떻게 생각하는가?"라는 질문에 대해 무려 60퍼센트의 미국인들이 아무런 생각도 갖고 있지 않다고 답했기 때문이다.[64] 이 조사 결과는 미국, 일본 및 중국이 한국을 어떻게 인식하는지에 대해서도 유용한 정보를 제공한다(〈표 12-6〉 참조). 응답자의 1/4 내지 1/5이 한국에 호감을 갖고 있다는 점에서 미국과 일본의 대 한국 인식은 거의 유사했다. 반면 중국의 경우, 한국에 우호적 인식을 보인 비율이 미국이나 일본보다 12-15퍼센트 정도 더 많았다.

표 12-6
미국, 일본 및 중국의 한국에 대한 인식, 2000년 (단위: %)

	우호적	비우호적	무의견	잘모름
미국	23	15	60	3
일본	20	17	60	3
중국	35	16	45	5

출처 Harris Poll #8, January 31, 2001 〈http://www.harrisinteractive.com〉(최종 검색일: 2004년 6월 30일).

그러한 추세는 최근에 들어서도 그리 큰 변화를 보이지 않고 있다. 〈표 12-7〉에서 보듯이 미국의 대 한국 인식보다는 중국의 대 한국 인식이 보다 우호적이며 긍정적으로 나타난다. 그러나 중국의 대 한국 인식도 심도있게 들여다보면 조금 다른 측면들에 주목하게 된다. 2009년 10월 국회 외교통상통일위원회가 수행한 『한류와 한중 관계 평가보고서』에 따르면, 중국인들이 느끼는 '친한 나라' 순위에서 한국(10.3%)은 북한(28%), 러시아(25%), 미국(22%)에 훨씬 못미치는 형편이었다.[65] 뿐만 아니라 중국사회과학원이 2008년에 수행한 조사에 의거해 2009년에 공개본으로 출간한 자료에 따르면, 한-중 관계가 좋다고 생각하는 중국인은 50.2퍼센트 정도이며 양국 국민 간의 정서가 양호하다고 본 비율은 39.6퍼센트에 불과했다. 더 나아가 한-중 관계에 부정적 인식을 가진 비율이 40대나 50대보다는 20-30대에 더 높게 나타나 양국 관계의 미래에 경고등이 켜지고 있음을 보여주었다.[66)]

표 12-7
미국과 중국의 대 한국 인식 및 호감도

	미국의 대 한국 인식	중국의 대 한국 인식
2006*	45.7%	73.0%
2008**	48.6%	82.1%
2010***	39.5%	53.9%

주 *호감도(우호적 인식): 『중앙일보』, 2006년 12월 13일; **한국의 소프트 파워 평가: 『EAI 여론브리핑』, 32-1호 (2008년 6월 17일); ***호감도(우호적 인식): 『조선일보』, 2010년 3월 5일.

일반 대중의 인식과 의견이 어느 정도로 정부의 외교정책에 반영되어야 하는지의 문제는 명쾌하게 답하기 어려운 질문임에 틀림없다. 그럼에도 불구하고 2002년 12월 20대와 30대 유권자들(즉, 〈표 12-1〉에서 〈표 12-3〉까지에서 드러난 성향의 주인공들)의 적극적인 참여와 인터넷정치로 이루어진 노무현의 대통령 당선이 상당 부분 한국의 대중국 관계 강화 및 대미 외교의 약화를 만들어냈던 것으로 평가된다.[67)] 같은 맥락에서 2007년 12월 이명박 대통령의 당선이 이와는 상반된 동학으로 인해 이루어졌으며 상응하는 정책 변화가 수반된 것으로 볼 수 있는 여지가 많다. 따라서 향후에도 상호 간의 관심과 인식의 편차는 향후 한-미 관계의 가장 큰 장애로 작동할 가능성이 농후하다.

반미주의는 한국에만 국한된 것도 아니고 더 이상 새로운 현상도 아니다. 사실 반미주의 또는 소위 '반(反)부시주의'(anti-Bushism)가 전 세계적으로 급속히 확산되었지만 한국에서는 사뭇 다른 추세를 보이기도 했다. 저명 여론조사기관인 퓨리서치(Pew Research)의 한 조사에 따르면, 한국인의 대 미국 호감도는 2003년의 46퍼센트에서 2007년 58퍼센트, 2008년 70퍼센트, 2009년 78퍼센트, 2010년 79퍼센트까지 지속적으로 변화하고 있다. 또 한국갤럽과 국방대 안보연구소가 공동으로 수행한 조사에서도 한-미 관계가 돈독하다고 인식하는 응답자의 비율이 2007년의 19퍼센트에서 2008년과 2009년에는 각각 34, 50퍼센트로 높아졌다. 특기할 것은, 2005년 조사에서 통일방해국가 1위(43.6%)에 올랐던 미국이 2010년 조사에서는 북한(39.0%), 중국(30.4%)에 이어 3위로 내려 앉았다는 점이다. 그럼에도 불구하고 한국민의 81퍼센트는 한-미 관계가 여전히 불공정(unfair)하다고 인식하고 있다.[68] 보다 근원적인 문제는 향후 제3자가 비집고 들어올 공간이 생길 정도로 한-미 관계가 다시 악화될 것인지의 여부이다.

여기서 말하는 제3자의 가능성이 가장 큰 것은 재론의 여지 없이 중국일 것이다. 문화와 역사의 심도 있는 공유, 지리적 근접성, 그리고 최근 양자관계의 급격한 확대로 말미암아 중국이 한-미 관계의 간극을 메울 수 있는 핵심적인 변수이기 때문이다. 물론 한국의 많은 정책엘리트들은 떠오르는 중국이 과연 '현상유지' 세력으로 남을지에 대해 회의적인 시각을 갖고 있으나, 다방면에 걸쳐 한-미 간에 갈등이 생길 경우 중국이 그 균열의 틈을 비집고 들어올 여지가 커지는 것도 사실이다. 2007년 중반까지만 해도 중국의 많은 외교전문가들이 최소한 사석에서는 한국 주도의 통일을 당연시하거나 이에 대해 크게 우려하지 않았다. 즉 예전에는 한국 주도의 통일이 한반도에서 미국의 영향력을 증대시키고 중국의 안보 이익을 침해할 가능성을 우려했지만, 2007년 시점만 해도 그런 가능성을 매우 낮게 볼만큼 한-중 관계가 개선되었고 한-미 관계는 악화된 것으로 중국이 평가했다는 의미이다.[69)]

양국 간 역사문제의 앙금이 아직도 남아 있어 한국인의 89퍼센트가 중국을 '위협'으로 인식하거나 한국인 응답자의 60퍼센트가 한-중 관계가 별로 좋지 않다고 보는 상황에서 그러한 간극의 활용이 쉽지만은 않을 것이다.[70)] 2010년에 벌어진 천안함, 연평도 사건 이후 중국이 보인 '북한 옹호' 입장으로 인해 보다 악화된 중국 인식은 향후 한-중 관계와 관련해 우려되는 바가 적지 않다.[71)] 특히, 부상하는 중국과의 힘의 격차가 벌어질수록 한-중 관계도 인식의 편차가 주도하는 '한-미 관계화(化)'할 개연성이 크며, 그 경우 한국인의 '피해의식'과 민족주의 성향이 더 강해질 개연성이 높기 때문이다.

그럼에도 불구하고 중국이 그런 간극을 비집고 들어올 가능성은 얼마나 될 것인가? 역사가 제대로 된 길잡이가 맞다면 그 같은 가능성은 상당히 높다고 봐야 할 것이다. 전통적으로 한반도는 왕조의 흥망성쇠와 관계없이 중국의 영향을 가장 많이 받았던 몇 안 되는 지역에 속한다. 조선에 대한 종주권을 둘러싸고 벌어진 1895년의 청일전쟁, 국민당과의 내전과 같이 극히 어려운 국내 사정에도 불구하고 한국전쟁에 개입키로 한 한 마오쩌둥의 고뇌어린 결정, 그리고 1997년 중국정부의 4자회담 참여와 2003년 이후 3자 및 6자회담의 주도는 한반도에 대한 중국의 지속적이고도 명료한 이해관계를 가장 잘 보여주기 때문이다. 게다가 2000년대 이후 한국 국내에서 늘어가는 '중국 지지층'(China constituencies)의 영향력도 눈여겨 볼 필요가 있다. 한 가지 유의할 것은, 중국을 소위 미국에 대한 '전략적 대안' - 또는 '전략적 보완재' - 으로 삼으려는 희망을 한국이 가질 수는 있겠으나, 중국이 반드시 그러한 가능성을 현실적으로 고려하거나 받아들이는 것과 등치시키기는 어렵다는 점이다.

주석

1 미국은 *East Asia Strategic Report, Quadrennial Defense Review, Joint Vision 2020*, 그리고 *Asia 2025* 등의 다양한 공식문건에서 동아시아 지역에 대한 지속적인 관심과 개입의 입장을 명확히 밝히고 있다.

2 보아오 포럼에 대해서는 陳伯賢, "中共主導亞洲事務跨出一大步,"『中共研究』, 35卷, 3號 (2001年 3月), pp. 23-25을, 그리고 상해협력기구(SCO)에 대해서는 中國現代國際關係研究所 (編),『上海合作組織 - 新安全觀與新機制』(北京: 時事出版社, 2002), 4-5장을 보라.

3 중국을 지칭하는 대조적인 언어의 사용은 *Quadrennial Defense Review* (2001)와 *National Security Strategy* (2002)에서 여실히 드러났다. 다만 이는 본질적으로 전략상의 전환이었다기보다는 상황 변화에 따른 세부 전술의 차이였던 것으로 보인다.

4 독일 통일에서 드러난 이러한 과정에 대해서는 Philip Zelikow and Condoleezza Rice, *Germany Unified and Europe Transformed: A Study in Statecraft* (Cambridge, MA.: Harvard University Press, 1995)를 보라. 독일 통일이 한반도에 대해 갖는 함의에 대해서는 Gary L. Geipel, "The Diplomacy of German Unification: Lessons for Northeast Asia," in Robert Dujarric (ed.), *The Future of Korea-Japan Relations* (Washington, D.C.: The Hudson Institute, 2001), pp. 151-152을 참조하라.

5 미국의 입장에서는 중국이 한반도의 현상유지를 선호한다고 보는 반면, 중국은 미국이 한반도의 통일을 가장 원하지 않는 국가인 것으로 평가한다. 陳峰君, "21世紀朝鮮半島對中國的戰略意義,"『國際政治研究』, 第4期 (2001年), pp. 8-9을 보라.

6 2003년까지만 해도 미국이 한국의 최대교역 대상국이자 제1위 투자대상국이었다.『조선일보』, 2004년 6월 12일. 반면에 이제 한 특파원은 한-중 관계를 "끊을래야 끊을 수 없는 관계"(割也割不斷的關係)로 적고 있다. 莽九晨, "如何看待中韓民間情緒對立," 張玲 외,『直擊韓國 2009 - 駐韓中國記者一線實錄』(北京: 世界知識出版社, 2010), p. 209를 보라.

7 전자의 시나리오로는 Steven Mosher, *The Hegemon: China's Plan to Dominate Asia and the World* (San Francisco: Encounter, 2000)를, 그리고 후자의 가능성에 대해서는 Michael D. Barr, *Cultural Politics and Asian Values: The Tepid War* (London: Routledge, 2002), pp. 46-63를 참조.

8 한-중 관계를 유지하는 핵심요인의 하나로 문화적 친밀성의 중요성을 거

론한 것으로 徐德榮, 向冬梅, "中韓建立面向21世紀的合作夥伴關係的背景分析," 『當代韓國』, 第22期 (1999年), p. 34; Chul Koo Woo and Jinwoo Choi (eds.), *Korea and China in the Global System* (Seoul: KAIS, 2002); 鄭成宏, "韓劇何以打動中國," 『世界知識』, 4期 (2005年), pp. 17-19; 賴奇丹, 『韓流嘆奇』 (廣州: 華南理工大學出版社, 2009)를 참조하라.

9 한국이 중국과의 군사교류를 적극적으로 추진하는 배경은 곧 한-미 동맹이 중국을 견제하는 역할을 맡는 것을 방지하기 위함이라는 논의에 대해서는 劉鳴, "韓國的地緣位置與其外交和安全政策," 『亞太論壇』, 3/4期 (1999年) p. 37을 참조하라.

10 Eric A. McVadon, "Chinese Military Strategy for the Korean Peninsula," in James R. Lilley and David Shambaugh (eds.), *China's Military Faces the Future* (Armonk, N.Y.: M.E. Sharpe, 1999), pp. 271-294; Evan Medeiros et al., *Pacific Currents: The Responses of U.S. Allies and Security Partners in East Asia to China's Rise* (Santa Monica: RAND, 2008), pp. 82-85를 보라.

11 예컨대 Harold Brown et al. (eds.), *Chinese Military Power* (New York: Council on Foreign Relations, 2003)를 보라.

12 최명상, 김국헌, 김성재, 『중국의 강대국화가 한반도에 미치는 영향과 대응책』 (대한민국 성우회 발표 논문, 2008년 4월)을 참조하라.

13 이러한 80년대 말, 90년대 초의 인식은 10년이 지나 노무현 정부하에서 채택된 미국과 중국에 대한 정책의 편차에서 일부 그 모습을 드러내게 된다.

14 Gi-Wook Shin, "South Korean Anti-Americanism: A Comparative Perspective," *Asian Survey*, Vol. 36, No. 8 (August 1996), p. 795를 보라. 한겨레 신문사에서 1995년에 실시한 여론조사에 따르면 33.6%의 응답자가 한-미 관계의 강화를 희망한 반면, 71.4%의 응답자는 한-중 관계의 강화를 제안했다. 『한겨레신문』, 1995년 8월 15일 자를 보라.

15 세종연구소, 『97세연조사보고서』 (서울: 동서리서치, 1997년 10월), p. 12.

16 The Pew Research Center, *What the World Thinks in 2002: How Global Public View Their Lives, Their Countries, The World, America* (December 4, 2002), pp. 53-55 〈http://people-press.org〉(최종 검색일: 2002년 12월 9일); Chicago Council on Foreign Relations, *Worldviews 2002: American and European Public Opinion and Foreign Policy* 〈http://www.worldviews.org/detailedreports/compreports/index.htm〉(최종 검색일: 2002년 12월 9일)을 참조.

17 고구려사 논쟁이 불거진 직후인 2004년 9월에 한국방송공사(KBS)가 중국에 초점을 두고 실시한 여론조사의 결과에 따르면, 응답자의 58%가 "중

국을 좋아하지 않는다"고 답한 것으로 나타난다. 〈http://find.joins.com/joinsdb_co-ntent_f.asp?id=DY01200409140126〉(최종 검색일: 2004년 9월 29일)을 보라. 중국에 대한 우호적 인식의 일반적인 하향 추세에 대하여는 Frank Ching, "China's Image Sinking Fast," *Japan Times*, September 6, 2007을 보라.

18 이 조사에서 미국을 선택한 응답자는 30%에 불과했다. 조사결과에 대하여는『동아일보』, 2008년 4월 1일 자를 보라.

19 중국의 부상과 관련해 일본과 미국에서 나타난 엘리트와 일반 대중 간의 인식 차이에 대해서는 Hideo Sato, *Japan's China Perceptions and Its Policies in the Alliance with the United States* (Stanford, CA.: Institute for International Studies, September 1998), p. 10; William Watts, *Americans Look at Asia* (Washington, D.C.: Asia Society Washington Center, October 1999), p. 36을 참조하라.

20 한국의 외교 관련 엘리트들이 지닌 보수적 정책 성향에 대하여는 Sam Sung Lee, "The Korean Society and Foreign Policy," in Yong Soon Yim and Ki-Jung Kim (eds.), *Korea in the Age of Globalization and Information* (Seoul: KAIS, 1997), pp. 110-122; Dong Sun Lee, "Democratization and the U.S.-South Korean Alliance," *Journal of East Asian Studies*, Vol. 7 (2007), pp. 470-471을 보라. 또 황병태 대사의 발언과 관련된 1994년의 에피소드를 다룬 이 책의 8장과 2003-4년 기간에 노무현 대통령과 그의 보좌관들이 취했던 '진보'적 정책들에 대해 제기된 수많은 경고와 비판을 실은 언론 보도들을 참조하라. 또 Seong-Ho Sheen, "Strategic Thought Toward Asia in the Roh Moo-hyun Era," in Gilbert Rozman, In-Taek Hyun and Shin-hwa Lee (eds.), *South Korean Strategic Thought toward Asia* (New York: Palgrave, 2008), pp. 101-128을 보라.

21 엘리트의 시각을 도출해내는 것은 상당히 까다로운 작업이지만 스무 명의 전문가를 대상으로 실시한 인터뷰가 일반화의 기반을 제공한다고 볼 수는 없다. 그러나 이러한 작업이 추세에 대한 대강의 그림(sketch)을 보여준다고 할 수는 있을 것이다. 당시 인터뷰 대상자들은 정부 관료(국장급 이상)와 군 장성 7명, 정부 산하 연구기관의 연구원 5명, 언론인(편집인 및 대기자) 4명, 그리고 외교안보 관련 대학교수 4명으로 구성되었다. 자세한 사항에 대하여는 Jae Ho Chung, *The Korean-American Alliance and the "Rise of China": A Preliminary Assessment of Perceptual Changes* (Stanford, CA.: Institute for International Studies, February 1999), Appendix 1을 보라.

22 『95세연조사보고서』(서울: 세종연구소, 1995), p. 78;『97세연조사보고서』

(서울: 동서리서치, 1997년 10월), p. 11. 2002년 50세 미만의 국회의원 32명을 대상으로 실시된 조사에서도 66%(21명)가 동북아의 안정을 가장 위협하는 국가로 중국이 아니라 일본을 지목하였다. 『조선일보』, 2002년 2월 24일.

23 『동아일보』, 1999년 10월 25일과 2000년 12월 5일 자를 참조하라.

24 『동아일보』와 『아사히신문』의 2000년 합동 여론조사에 따르면 미-일 동맹의 강화에 대한 부정적인 응답의 비율은 일본에서 15%, 미국에서 20%, 한국에서 44% 그리고 중국에서는 55%를 기록하였다. 『동아일보』, 2000년 12월 5일.

25 중국 어선들의 영해 침범에 대하여는 "특별기획," 『주간한국』, 1999년 12월 16일, pp. 48-58; 강인선, "중국 어선 행패에 당하듯 중국에 당할 수도," 『조선일보』, 2010년 12월 22일을 보라. 1998년의 한 연구에 따르면 한반도 대기 중 아황산가스(SO2)의 66%가 중국으로부터 유입된 것이며 산화질소(NOx)의 25%, 또 한국에 내리는 산성비 가운데 최대 3분의 1이 중국으로부터 파생된 것으로 알려졌다. 『조선일보』, 1997년 10월 23일; 『월간조선』(2000년 6월), pp. 583-589; 徐嵩齡, "中國 - 東北亞國家之間的環境合作: 狀況分析與評價," 『東北亞論壇』, 1期 (2002年), p. 51을 보라.

26 『동아일보』, 1999년 10월 13일과 18일; 『조선일보』, 2000년 1월 27일; 『월간조선』 (2000년 6월), pp. 458-472; *New York Times*, May 31, 2000.

27 Andrew Scobell, "China and North Korea: The Limits of Influence," *Current History* (September 2003), pp. 274-278.

28 『동아일보』, 2003년 12월 3일; 『중앙일보』, 2003년 12월 4일; 南黎明, "韓國對中國的文化抗議," 『亞洲週刊』, 2004년 7월 25일, pp. 16-21을 보라.

29 『동아일보』, 2000년 5월 30일과 6월 29일. 혹자는 당시 그의 태도를 19세기 말 조선의 내정에 적극 개입했던 리훙장(李鴻章)에 비유하기까지 했다.

30 『조선일보』, 2004년 6월 2일; 『동아일보』, 2004년 6월 2일.

31 William Watts, *Next Generation Leaders in the Republic of Korea: Opinion Survey Reports and Analysis* (Washington, D.C.: Potomac Associates, April 2002), p. 12.

32 『동아일보』, 2004년 4월 19일.

33 『조선일보』, 2004년 4월 30일.

34 『동아일보』, 2005년 4월 13일.

35 『중앙일보』, 2008년 5월 16일.

36 전자로는 Sukhee Han, "From Engagement to Hedging: South Korea's New China Policy," *Korean Journal of Defense Analysis*, Vol. 20, No. 4 (December

2008), pp. 335-351을 보라. 그리고 후자의 예로는 이재호 칼럼, "13억의 굴기, '중화평화론'을 경계한다," 『동아일보』, 2008년 8월 19일; 하태경, "한반도 운명을 중국에 맡기자는 햇볕론자들," 『조선일보』, 2008년 10월 1일; 김영봉, "중국과 이웃해 긍지있게 살아가기," 『조선일보』, 2008년 10월 6일; 박승준, "중국은 태도를 분명히 하라," 『조선일보』, 2009년 3월 19일; 사설, "후진타오의 대북 자세 우려된다," 『동아일보』, 2009년 4월 4일; 윤평중, "중국 '한반도 종주권' 복원하려 한다," 『조선일보』, 2010년 12월 27일; 이선민, "원세개를 잊지 말자," 『조선일보』, 2010년 12월 31일을 참조하라.

37 이 둘 사이에 직접적인 상관관계가 없다는 주장으로 Myongsob Kim, Suzanne L. Parker and Jun Young Choi, "Increasing Distrust of the United States in South Korea," *International Political Science Review*, Vol. 27, No. 4 (2006), pp. 436-437을 보라.

38 이 두 가지 선택에 관하여 James D. Morrow, "Arms Versus Allies: Trade-Offs in the Search for Security," *International Organization*, Vol. 47, No. 2 (Spring 1993), pp. 207-233을 참조.

39 1953-57년 기간에 제공된 미국의 대 한국 원조는 100억 달러에 달했으며, 이는 미국의 전체 해외원조 가운데 8%를 차지하는 액수였다. Young-Nok Koo and Dae-Sook Suh, *Korea and the United States: A Century of Cooperation* (Honolulu: University of Hawaii Press, 1984), p. 145을 보라.

40 Don Oberdorfer, *The Two Koreas: A Contemporary History* (Reading, MA.: Addison-Wesley, 1997), pp. 85-94, 101-108을 참조하라.

41 Marshall R. Singer, *Weak States in a World of Powers: The Dynamics of International Relationships* (New York: The Free Press, 1972), p. 279를 보라.

42 '전방위 균형'에 대하여는 Steven R. David, "Explaining Third-World Alignment," *World Politics*, Vol. 43, No. 2 (January 1991), pp. 233-256을 참조하라.

43 예컨대, Bruce Cumings, *Korea's Place in the Sun: A Modern History* (New York: Norton, 1998), chs. 4-5를 보라.

44 이러한 추세는 1990년에 『동아일보』, 그리고 1995년에 『조선일보』가 실시한 조사 결과에서도 확인할 수 있다. 1990년의 조사에서는 65.2%의 응답자가 미군 철수를 선호했으나 1995년에는 그 비율이 46.2%로 감소하였다. 『동아일보』, 1990년 1월 1일; 『조선일보』, 1995년 8월 15일 자를 보라.

45 *Christian Science Monitor*, August 13, 2007을 보라.

46 『97세연조사보고서』, p. 12.

47 『동아일보』, 2000년 12월 5일.

48 예컨대 남북정상회담 이후 발표된 공동성명에서는 미국이 그 동안 써왔던 "평화통일"이라는 용어 대신 중국이 견지해온 "자주적인 평화통일"을 사용했다. *Washington Post*, June 21, 2000과 『人民日報』, 2000년 6월 16일 자 내용을 비교해보라.

49 이러한 입장의 차이에 대해서는 Catharin Dalpino and Bates Gill (eds.), *Brookings Northeast Asia Survey 2000-01* (Washington, D.C.: The Brookings Institution, 2001), p. 31을 보라.

50 『중앙일보』, 2003년 2월 12일.

51 한국정부의 MD에 대한 소극적 입장은 일정 부분 중국 측을 고려했던 것으로 알려진다. PSI 불참에 대한 미국 측의 불만은 "한국이 중국, 인디아와 함께 틀 밖에 머무는 것"으로 표현되고 있다. Andres C. Winner, "The Proliferation Security Initiative: The New Face of Interdiction," The *Washington Quarterly*, Vol. 28, No. 2 (Spring 2005), p. 135을 보라.

52 공식적 입장에 대해서는 청와대 국가안보회의 사무처, "평화의 균형자, 새로운 동북아시대를 여는 참여정부 구상," 2005년 3월 30일 자를 보라. 의도와는 달리 그 구체적인 내용이 지닌 문제점에 대하여는 이재호, "노무현 독트린이 성공하려면," 『동아일보』, 2005년 4월 5일; 정재호, "균형자보다는 균형점 모색해야," 『동아일보』, 2005년 4월 27일을 보라.

53 예컨대 李敦球, "盧武鉉: 做東北亞的均衡者," 『世界知識』, 11期 (2005年), pp. 30-33를 보라.

54 주한미군은 - 주일미군 역시도 - 원래부터 한국과의 협의나 통보 없이 병력의 이동을 수행해왔으나 일단 미국이 대외적으로 '전략적 유연성'이라는 개념을 설정했기 때문에 한국정부도 이에 대응했던 것으로 알려진다. 주일미군의 경우에도 '사전 협의' 조항이 있지만 실질적으로는 유명무실한 것이었으며, 특히 협상과정에서 우리가 제시했던 '사전 승인'에 대해 미국은 강력히 반대한 것으로 알려진다. 2008년 9월 서울에서 국방부 관리와의 인터뷰.

55 Jae Ho Chung, *Between Ally and Partner: Korea-China Relations and the United States* (New York: Columbia University Press, 2007), p. 119; 『동아일보』, 2006년 1월 21일; 『조선일보』, 2006년 2월 2일 자를 보라. '주한 미군의 동북아 분쟁 개입에 대한 우려 조항'(합의문 2항)의 삽입에 대해 미국이 불쾌해 했으며 외교부 내에서도 이견이 있었으나 한국정부는 이를 견지했던 것으로 알려진다. 또 미국과의 합의 후 당시 주한 중국대사 닝푸쿠이(寧賦魁)에게 이를 통보했다고 한다. 2009년 3월 20일 미국 팔로 알토(Palo Alto)에서 이종석 전 통일부 장관과의 인터뷰.

56 Mustafa Chaudhary, "Dynamics of Superpower-Small Power Relationship," in Syed Farooq Hasnat and Anton Pelinka (eds.), *Security for the Weak Nations: A Multiple Perspective?* (Lahore, Pakistan: Izharsons, 1986), pp. 33-35.

57 예컨대 Joo-Hong Nam, *America's Commitment to South Korea* (Cambridge: Cambridge University Press, 1986), pp. 153, 158을 보라.

58 이에 대해서는 국가안전보장회의, 『평화번영과 국가안보』 (서울: 국가안전보장회의, 2004), pp. 15, 24-28을 보라.

59 이러한 평가에 대하여는 Chung-in Moon and Taehwan Kim, "South Korea's International Relations: Challenges to Developmental Realism?" in Samuel S. Kim (ed.), *The International Relations of Northeast Asia* (Lanham: Rowman & Littlefield, 2004), p. 271을 보라.

60 케이건(Robert Kagan)에 따르면 이러한 불균형은 아마도 미국을 제외한 거의 모든 국가들이 받아들일 수밖에 없는 문제일 수도 있다. Robert Kagan, *Of Paradise and Power: America and Europe in the New World Order* (New York: Basic, 2002).

61 262명의 퇴역 장성들을 대상으로 실시한 조사 결과에 따르면 응답자의 무려 85%가 SOFA를 불평등한 조약이라고 간주하고 있었다. 『예비역 고급장교들의 국방 현안에 대한 인식연구』 (서울: 한국군사연구원, 1995년 12월), p. 38을 보라. 2003년 조사에 대하여는 『중앙일보』, 2003년 1월 17일 자를 보라.

62 국제정세에 관한 미국인들의 전반적인 무지와 무관심에 대해서는 Mark Hertsgaard, *The Eagle's Shadow: Why America Fascinates and Infuriates the World* (New York: FSG, 2002), ch. 1을 보라. 미국인들의 한국에 대한 무관심에 대해서는 Philip J. Powlick, "U.S. Public Opinion of the Two Koreas," in Tong Whan Park (ed.), *The U.S. and the Two Koreas: A New Triangle* (Boulder, CO.: Lynne Rienner, 1998), pp. 197-228을 참조할 것.

63 『조선일보』, 1995년 7월 23일.

64 Harris Poll #8, January 31, 2001 〈http://www.harrisinteractive.com〉(최종 검색일: 2004년 6월 30일).

65 『조선일보』, 2009년 10월 22일 자를 참조하라.

66 王曉玲, 『中國人心目中的韓國形象』 (北京: 民族出版社, 2009), pp. 374, 378, 438을 보라.

67 참여정부 당시 외교안보의 사령탑이었던 이종석 전 통일부 장관에 따르면 "노 대통령은 '균형'을 중시했고 이것이 미국에 '할 말은 다하는' 것으로 인

식되면서 친중(親中)적으로 비춰질 소지를 만든 것은 사실"이라고 말했다. 또 "참여정부가 동북아 다자협력을 강조하면서 기존의 한-미 양자틀이 약화되었고, 이를 중국이 반기면서 그러한 이미지에 일조를 한 것도 사실"이라고 덧붙였다. 2009년 3월 20일 미국 팔로 알토에서 이종석 전 통일부장관과의 인터뷰. 반면 한 외교부 고위 관리는 "노 대통령이 균형을 중시했다"는 표현이 참여정부의 집권 직후인 2003-4년의 기간에는 적절치 않으며, 일정한 학습효과를 얻은 2005년 이후의 모습이라고 평가했다. 2010년 6월 24일 서울에서의 인터뷰.

68 『EAI 여론브리핑』, 51-2호 (2009년 7월 7일); 『조선일보』, 2010년 2월 9일과 6월 19일; 『EAI 여론브리핑』, 84호, 2010년 6월 25일을 보라.

69 노무현 정부 시기에는 한-미 동맹을 '동맹'(同盟)이 아니라 '연맹'(聯盟: 보다 느슨하고 군사적 함의가 적은 관계)으로 부를 정도로 한-미 관계에 대한 중국의 평가가 달랐었다. 그러나 이명박 정부에 들어와서는 그러한 평가가 상당 부분 잘못된 것이고 조급했음을 중국 측이 자인하고 있다. 전자의 평가로는 夏立平, "論韓國核不擴散政策與美韓聯盟轉型," 『當代亞太』, 9期 (2007), pp. 8-9을 보라. 그리고 후자에 대해서는 周輝, "超越傳統: 美韓傾力打造新型戰略同盟關係," 『現代軍事』, 5期 (2010), p. 16을 보라.

70 『중앙일보』, 2006년 12월 13일; 『조선일보』, 2008년 11월 28일.

71 2010년 11월의 연평도 사건 직후 이루어진 한 조사에 따르면 응답자의 91.9%가 중국정부의 태도에 불만을 표시했으며, 한-중 간에 경제적 문제가 생기더라도 중국에 강력한 항의를 해야 한다는 입장을 밝힌 응답자도 58.2%에 달했다. 김지윤, 우정엽, 『연평도 포격사태 관련 긴급 여론조사 보고서』 (서울: 아산정책연구원, 2010년 11월), pp. 18-19 참조.

제13장
동맹과 동반자 사이에서: 한국의 전략적 선택은 무엇인가?

역사는 실제로 반복되는가? 지난 백여 년 동안 주변 강대국들의 지정학적 볼모로 잡혀 있는 한반도의 관점에서 볼 때, 불행히도 역사의 반복 가능성을 완전히 부정하기는 어려울 것이다. 자신의 대외관계를 나름대로 재구성해보려던 노력에도 불구하고 결국 조선은 중화질서 최후의 보루로 남게 되었다.[1] 1880년 청(淸)의 외교관 허루장(何如璋)이 러시아의 침탈을 견제하기 위해 제안했던 "중국과 친히 지내고, 일본과 가까운 관계를 맺으며, 미국과는 연계를 만들어가는(親中國 結日本 聯美國)" 전략으로도 조선을 위한 독자적 공간을 만들어내는 데는 실패했으며, 그 결과 1910년 주권을 상실하고 일본의 식민지로 전락했던 것이다.

그로부터 한 세기가 지난 지금, 탈냉전의 구조 속에서 남북한 공히 패권국 미국 및 부상하는 강국 중국과 향후 어떤 관계를 설정해야 할지에 대한 - 한반도로서는 - 비교적 익숙한 딜레마에 다시 한번 직면하고 있다. 다만 역사가 과거와 유사한 형태로 반복될 수는 있더라도 정확히 동일하게 되풀이되지는 않는 것 같다. 즉, 100년 전과는 달리 이번에는 기존의 패권 구조가 미국 중심이며 이에 대한 대안적 구조가 중국을 중심으로 짜여가고 있기 때문이다. 한국은 이미 1992년에 중국과 국교를 정상화했을 뿐 아니라 거의 모든 영역에 걸쳐 급속한 속도로 양자 간 협력을 확대해가고 있다(8장 참조). 이러한 상황에서 중국의 부상은 한국정부로 하여금 냉전의식에 기반을 둔 전략적 구상으로부터 점차 벗어나 한-미 관계에 대한 일정 부분의 조정을 불가피하게 만드는 측면을 파생시켰다.[2]

한국이 직면한 딜레마는 특히 다음의 세 가지 차원에서 두드러진다. 첫째, 여론조사를 통해 드러나는 인식이 유용한 지표라고 전제할 때(세부 내용은 본서의 12장을 참조), 한-미 관계의 미래에는 적잖은 불확실성이 내재되어 있다. 1998-2007년 10년간의 '불편한' 관계가 남긴 앙금이 크면 클수록 그 미래 또한 어둡다고 할 수 있기 때문이다.[3] 둘째, 한반도에 대한 중국의 전략적 의도가 여전히 상당 부분 베일에 가려져 있는 데 비해 그동안 한국의 대 중국 인식과 기대는 지나치게 부풀려진 부분이 적지 않았다는 점이다.[4] 2000년대 중반에 불거진 역사논쟁으로 인해 중국의 '고압적' 외교에 대한 우려가 - 특히, 한국 엘리트들의 인식 속에 - 편재되고 있지만, 중국에 대한 인식은(2010년의 천안함, 연평도 사건 이후의 추이를 더 지켜봐야겠지만) 긍정적인 부분과 부정적인 부분이 혼재되어 나타난다. 셋째, 미-중 관계는 한국의 대외관계를 결정짓는 가장 중요한 요인이 되었지만, 역으로 한국이 미-중 관계에 영향을 미칠 수 있는 부분은 거의 없다는 데에 우리의 고민이 있다. 따라서 한국의 입장에서는 미국, 중국 양자와 공히 우호적 관계를 유지하면서 이들로부터 얻는 이익을 극대화하는 동시에 둘 사이의 분쟁에는 절대 개입되지 않도록 적절한 균형점을 찾아야만 한다. 즉, 한국외교의 3대 목표인 생존(안보), 발전(경제) 및 통일(비전)을 달성하는 데 가장 핵심이 바로 미국, 중국과의 관계를 제대로 설정하고 관리하는 것이라는 의미 때문이다.

그렇다면 한국은 어떠한 전략을 가지고 중국 및 미국과 동시에 우호적인 관계를 유지할 수 있을 것인가? 이 질문에 대한 답은 우선 중국의 미래를 어떻게 전망하고 평가할 것인지와 밀접한 관련이 있다.[5] 중국이 국제사회와 주변 국가들에 대해 우호적이고 온건한 세력으로 부상할 경우, 미국 및 중국 양자와 공히 우호적 관계를 유지해야 하는 한국에게 미-중 관계가 심각한 문제를 일으킬 소지는 줄어든다. 반면에 중국이 공세적이며 또 기존질서에 대한 도전자로 등장할 경우, 미국의 동맹국인 한국으로서는 상당히 어려운 상황에 빠지게 될 개연성이 높아진다. 바로 이러한 맥락에서 우선 중국이 나아갈 미래 좌표에 대해 구체적으로 검토해볼 필요가 있다.

중국의 미래에 대한 전망: 이분법적 사고를 넘어서

소련의 붕괴와 동구 사회주의권의 와해로 인해 1990년대 전반부 내내 적잖은 국제문제 전문가들이 중국 또한 급격한 정치변동이나 심지어 영토분열을 겪게 될 가능성을 제기했었다.[6] 그러나 지금은 빠른 속도로 떠오르고 있는 중국이 아시아에서뿐 아니라 세계질서를 재조정할 수 있는 영향력을 지닌 강대국으로 평가받고 있다. 중국도 패권국이 되려 한다는 외부의 지적에 대해 일관되게 부인하고, 또 과거의 여타 강대국들과 자신을 차별화하려 노력하면서도 스스로에게 대국(大國)의 지위를 부여하는 데에 주저하지 않음을 보게 된다.[7] 중국의 미래에 관한 수없이 많은 전망, 예측 및 경고가 있음에도 불구하고 이 모든 논의들은 태생적으로 적확한 결론에 다다를 수 없는 한계를 지닌다. 과거의 경험과 발전 추세에 대한 통계가 대체로 유용한 것은 사실이나 미래의 확실한 예측을 위한 충분조건은 아니기 때문이다. 또 압축성장의 실현과 예측 못한 위기가 어느 때라도 들이닥칠 수 있음을 감안하면, 중국의 미래 또한 매우 불확실한 토대 위에 서 있음을 부인하기는 어렵다.[8]

지금까지 중국의 미래를 둘러싸고 제기된 논의들은 대개 이분법적 관점을 설파하는 경우가 많았다. 중국의 급속한 경제 성장과 국방예산의 증대에 그 초점을 맞추는 경우, 과거 서구의 강대국화 경험에 중국을 투영하게 되고 그 결과 중국의 부상은 곧 새로운 위협의 등장이라는 등식에 이르게 되는 것이다.[9] 반면 체제전이의 과정 속에서 중국경제가 가진 구조적 취약성에 지나치게 몰입하게 되면 소련의 경험 속에 중국을 대입해 '중국붕괴론'의 가능성을 부각시키는 경향이 커진다. 그러나 지금의 중국체제를 어떻게 정의해야 하는가에 대한 학계의 합의조차 부재한 상태에서 중국의 미래가 어떤 것일지에 대한 구체적 해답을 찾기란 어려울 수밖에 없다.[10] 어찌 보면 중국의 미래는 관찰자가 가진 관점 그 자체에 따라 상당히 달라 보일 수 있다. 즉 중국 공산당 지도부의 유연한 학습 및 적응력을 강조하는 이들은 중국의 미래를 비교적 긍정적으로 바라보는 반면, 중국이 지닌 구조적 문제와 통치(governance)의 난점에 방점을 찍는 이들은 중국의 미래를 다소 부정적으로 전망하기 때문이다.[11]

중국의 미래 기착지와 관련해 이론적으로는 최소한 여덟 가지 이상의 가능성을 상정할 수 있다. 이 중 네 가지는 중국의 입장에서 볼 때 그리 바람직하지 않은 시나리오들이며, 나머지 넷은 비교적 밝은 미래를 가리키고 있다. 그중 첫 번째는 '유고슬라비아 모델'로서 아마도 여덟 시나리오 중 최악의 경우라고 할 수 있다. '유고슬라비아 모델'은 민주화, 경제발전 및 체제통제의 세 가지 국가목표에 모두 실패한 사례로, 독재와 빈곤 그리고 국가 분열이라는 최악의 결과를 상정하기 때문이다.[12] 역사적 관점에서 볼 때, 중국에서 대규모 군중시위의 전국적 확산, 북경에 저항하는 지방 군벌의 등장, 그리고 외세의 침입 등이 동시에 발생할 경우 정권의 붕괴나 일부 지역의 분리가 일어날 가능성을 배제할 수는 없으나, 이 세 가지 조건이 동시에 만족될 가능성은 현실적으로 매우 낮다.[13] 또 비교체제적 관점에서 소련과 중국의 유사성을 지나치게 부각시키는 경우도 있는데, 소수민족의 구성비, 지역통합의 역사, 그리고 개혁전략의 성격 등의 측면에서 중국은 소련과 현격한 차이를 노정했기에 소련의 전례에 비춰 중국의 붕괴를 단순 추론해내는 것은 적절치 않다. 보다 중요하게는 1991년 이후 중국정부는 소련 붕괴의 경험과 그 함의에 대해 치밀하게 연구함과 동시에, 이를 바탕으로 한 대응책을 마련하고 있기에 그 전철을 밟을 가능성은 오히려 낮아졌다고 평가할 수 있다.[14)]

두 번째로 '인도네시아 모델'을 들 수 있는데, 이는 경제성장과 민주화의 두 목표를 모두 달성하지 못한 '크지만 강하지는 않은' 중국을 상정하고 있다.[15)] 지속적인 경제의 침체, 빈곤의 확산 및 권위주의적 통치의 만연은 광범위한 사회적 불만과 소수민족의 소요를 야기할 수 있다. 그러나 이 비효율적인 '거인'은 좀체로 쓰러지지 않고 그럭저럭 버텨나가는 모습을 보인다. 하지만 그 체제 자체는 언제라도 정치, 사회 및 경제적 불만이 폭발할 수 있는 가능성을 안고 있다. 1997년의 경우처럼 엄청난 충격을 동반한 금융위기가 발생할 경우 - 즉, 새로운 경제위기의 발원지가 중국이 될 경우 - 중국은 고성장의 곡선이 끊기는 경험을 할 수도 있다. 물론 '인도네시아 모델'은 동티모르 분리의 경험에서 보듯이, 중국과 관련해서는 대만 독립이라는 치명적인 함의도 함께 가지고 있다.[16)]

세 번째, '인도네시아 모델'의 연장선상에 소위 '라틴아메리카 모델'(拉美模式)이 위치해 있다. 한때는 높은 경제성장을 누렸지만 극도로 비민주적이며 부패하고 혹독한 독재정권의 유지를 통해 소수를 위한 통치를 지속하는 대표적 사례라고 할 수 있다. 이러한 성격의 정권이 소수민족의 소요를 효과적으로 통제할 수는 있겠지만, 벌어지는 소득 격차를 줄이는 데 실패한 결과로 만성적 사회동요, 인권탄압 및 범죄 증가가 일상적으로 나타나게 된다. 1978년에는 0.3에도 못 미치던 지니계수(genie coefficient)가 2007년에 이미 0.47에 달한 중국에서 국제수지의 파탄과 금융체제의 붕괴가 일어난다면 정

권은 물론 사회전반에 큰 변동을 일으킬 가능성이 있는 것이다.[17)]

네 번째로 '인도 모델'(1990년대의 인도)을 생각해볼 수 있다. 특히, 이 시나리오는 중국이 민주화에는 성공했으나 몇 가지 이유로 - 예를 들어, 에너지와 환경의 극심한 제약 때문에 - 높은 수준의 경제성장을 유지하는 데 실패하는 상태를 상정하고 있다.[18)] 그 결과는 곧 인도식 불균형을 의미하는데, 즉 민주적이기는 하지만 침체되고 사회 전체가 불만으로 가득한, 그리고 실리콘밸리와 빈민가가 병존하는 중국을 의미하는 것이다.[19)] 이 글을 쓰는 시점에 이미 인도는 IT부문의 약진에 힘입어 고도 경제성장의 국면에 진입하면서 세계의 주목을 끌고 있다. 실제로 중국과 인도 두 나라의 사례가 어느 정도로 유사한지는 여전히 불확실하지만, 이 시나리오에 따르면 중국이 인도와 같이 적어도 지역적 영향력은 확실히 발휘할 수 있는 지역 강국이 될 것이라는 점이다.[20)]

다섯 번째로 소위 '중국 모델'(China model)이라는 아직 완성되지 않은 시나리오를 떠올릴 수 있다. 널리 알려진 동아시아 발전 모델이나 '발전적 권위주의'(developmental authoritarianism) 모델이 이 시나리오와 공유하는 부분도 적지 않지만, 중국이 지닌 규모와 함께 정치, 경제적 체제전이의 과정에서 자신만의 - 다시 말해 비서구, 준(準)사회주의 및 시장 기반의 비민주 체제 - 양식을 모색하는 노력을 감안하면 이를 별도의 기착지로 구분할 수도 있다.[21)] 비록 최종 목적지는 분명치 않지만 여러 정황으로 판단할 때 '중국 모델' 개발에 대한 중국정부의 의지와 집착이 단순한 구호의 수준은 뛰어넘는 것임을 알 수 있다.[22)]

여섯 번째는 성공적 시나리오로서, 중국이 OECD국가에 상응하는 수준 또는 그 이상의 경제발전을 달성하고 정치적으로도 상당한 민주화를 이루어낸 상황을 상정한다. '프랑스 모델'로도 규정할 수 있는 이 시나리오는 중국을 국제사회에 대한 기여도가 높고 또 국제정치를 일정 부분 이끌어가는 선도국가의 하나로 간주한다. 이 경우는 중국이 아직 패권세력으로까지 성장하지는 못했지만 나름대로 규범의 틀을 갖고 패권국의 행태에 가끔씩은 거부권을 행사함을 의미한다.[23] 중국이 패권국의 지위를 갖기에 부족한 부분이 있다면 아마도 이는 전 지구적으로 확산되고 수용될 수 있는 '소프트 파워'를 결여한 것과 함께 패권국을 압도하는 '하드 파워'를 갖추지 못한 데서 비롯될 것으로 평가된다.[24]

이제 남은 두 개의 시나리오는 중국의 부상을 매우 긍정적으로 평가하는 것으로, 향후 중국이 국제사회에서 강력한 국가로 등장해 패권경쟁국 또는 패권국의 지위를 갖게 되는 경우를 상정한다. 이 두 경우의 가장 핵심적인 차이는 국제사회에서 중국이 향유하는 권력의 수준과 중국이 갈망하는 지위에 대한 것이다. 소위 '공존자'(co-exister) 또는 '양대 패권국'(bigemon)이라고 부를 수 있는 일곱 번째 시나리오는 중국이 미국과 명시적인 패권경쟁과 분쟁은 피하면서 우호적인 공존관계를 유지하는 상태를 지칭한다. 이는 중국과 미국이 아시아와 서구권을 각각 분점하는 형태로 나타날 수도 있는데, 그 경우 중국은 자신의 소프트 파워를 전 세계로 확산시키려는 노력을 적극적으로 하지 않을 수도 있다.[25] 그러나 이러한 분점 또는 협력의 상황이 얼마나 장기적으로 안정적일지에 대해서는 논란이 적지 않다.

다양한 역사적 경험과 전례를 감안할 때, 결국에는 중국도 패권적 지위를 모색할 것이라는 마지막 시나리오가 다소 불안하기는 해도 비교적 높은 개연성을 가진 것으로 평가된다. '중국위협론'을 차용하는 거의 모든 논의들은 중국이 필연적으로 미국 중심으로 짜여진 기존의 국제정치 구조 및 규범의 질서에 도전하는 '수정주의 국가'로 등장할 것이라는 평가를 내리고 있다.[26] 미국이나 러시아, 중국과 같은 대륙 규모의 국가들이 겪는 국내적 발전과정에 외부세력이 효과적으로 개입할 여지가 적다는 사실을 감안하면, 중국이 현재보다 훨씬 강력한 국가로 성장할 가능성이 그 반대의 경우보다 더 높아 보인다.[27] 또 기존의 강대국들과는 달리 이미 제국 경영의 경험을 수차례나 가지고 있는 중국이 이에 대한 기억과 동경을 버리기가 그리 쉽지 않을지도 모른다.

그렇다면 상술한 여덟 가지 경로 가운데 실현 가능성이 가장 높은 시나리오는 무엇인가? 기실 이들 시나리오의 상당 부분은 청조의 몰락 이후 현대 중국이 거쳐 온 과정의 여러 국면들로 해석될 수도 있다. 군벌이 할거했던 20세기 전반부는 '유고슬라비아 모델'과 유사한 부분이 적지 않았으며, 공산 중국의 마오쩌둥 통치 시기는 '인도네시아 모델'과 공유하는 부분이 많았고, 지금의 중국은 일정 부분 '남미 모델'의 모습을 띠기 때문이다. 중국이 만일 앞의 네 가지 - 즉, 약한 중국을 상정하는 - 시나리오 중 하나를 따라간다면 한국의 전략적 딜레마는 대폭 완화될 가능성이 크다. 물론 중국이 가진 내부 문제들이 심각하고 경제적으로 취약하다고 해서 그 위협이 반드시 감소하는 것은 아니다. 구소련이 지녔던 전 지구적 영향력이 일인당 평균소득과 같은 지표에 근거했던 것이 아님을 기억할 필요가 있다. 1971년 중국의 UN가입이 경제적 성과에만 기반을 둔 것이 아니었으며, 중국의 호전적인 성향도 오히려 지금보다 국력이 훨씬 약했던 1949-78년 기간에 두드러졌기 때문이다.[28]

과거의 궤적과 지금의 추세를 참조한다면, 중국이 앞으로 갈 길은 나머지 네 시나리오 중의 하나 또는 그중 몇 개의 조합이 될 가능성이 크다.[29] 다시 말해 민주화의 진전 여부나 "중국식 vs. 서구방식"의 논쟁과는 무관하게 중국이 지속적으로 부강해질 가능성이 높다는 것이다. 관건은 이렇게 커져가는 중국의 힘이 주변 지역과 국제사회에 실제로 위협이나 불안정을 초래할 것인가의 여부이다. 중국의 미래에 대한 평가는 반쯤 채워진 물 잔과 비슷하기에 그 궁극적 해답은 보는 이의 관점에 따라 좌우될 수밖에 없다. 문제의 핵심은 중국의 미래를 '어떻게' 전망할 것인가가 아니라 위협 인식과 관련하여 '어떤 시각'을 택하는가에 있기 때문이다.[30] 이제 세계는 단지 서구와 중국(혹은 '나머지')이라는 이분법적 구분만으로는 이해하기 힘들게 변해가고 있다. 동아시아만 하더라도 중국을 적극적 교류/관여의 대상으로 간주하는 인식은 대체로 공통되지만, 일단 각론으로 들어가면 일본, 대만, 몽골, 싱가포르, 태국, 말레이시아, 베트남, 인도네시아, 북한, 미얀마 등의 국가들 사이에서 중국의 '부상'에 대처하는 방식에 적지 않은 편차가 존재하기 때문이다.[31] 바로 이러한 위협 인식의 다양성과 편차의 관점에서 개별 국가들의 전략적 선택을 바라볼 필요가 있다.

전략적 대안의 범위와 합리적 선택

지금까지 중국에 대한 한국의 교류/관여(engagement)는 그 누구의 기대나 예상보다도 성공적인 것으로 평가되지만, 어찌 보면 그러한 성공 자체가 한국에게는 심각한 전략적 딜레마를 파생시켰음을 인식할 필요가 있다. 이 딜레마의 근저에는 미국이 더 이상 동아시아에서 안보와 경제의 양 영역에서 공히 압도적 패권을 행사하기 어렵다는 사실의 인지가 자리잡고 있다.[32] 물론 중국이 미국의 위상을 완전히 대체할 만큼의 힘을 갖지는 못할 것이라는 주장도 있지만, 중국의 의도와는 관계없이 중국의 부상 자체가 미국이 지금껏 누렸던 전략적 공간을 축소시킬 수밖에 없고 이를 미국이 받아들이기 쉽지 않을 것이라는 의견도 적지 않다.[33] 미국과 중국 사이에서 한국의 좌표는 '선택'이 아닐 수도 있다는 의견을 많은 이들이 피력하지만, 이는 상당 부분 정치적 수사이거나 근거 없는 낙관론에 불과하다. 그것이 선택일지 아닐지의 여부는 우리가 결정하기보다는 한국이 거의 영향력을 미칠 수 없는 미-중 관계의 변환 그 자체에 의해 좌우될 것이기 때문이다. 9·11 이후 상당 기간 중국이 미국과 공조하는 모습을 보였지만, 향후의 미-중 관계는 적이 아니더라도 최소한 '경쟁자'의 관계에 가까울 것으로 보는 것이 대체로 적절하다.[34]

미국 중심의 동맹체제 또는 그 질서에 잔류하는 소위 '현상유지'의 방안과 여전히 그 진로가 불확실한 중국 중심의 질서로의 편입이라는 방안 사이의 선택을 놓고 고심하는 나라는 비단 한국만이 아니다. 또 여기에 단순한 이분법적 선택만이 존재하는 것도 아니다. 그러나 무엇보다도 중요한 것은 실제로 선택의 순간이 오든 아니든 그러한 때가 있을 수도 있음을 전제로 이에 대해 철저히 대비하는 것이 필요하다는 점이다. 역사적으로 한국외교가 대개 근거가 빈약한 낙관론에 기반해 최악의 상황에 대한 대비를 제대로 못하고 국익의 손상을 입은 후에야 요란을 떠는 '대증외교'(對症外交)에 머물러왔음을 감안할 때, 이는 한국의 미래전략에 있어 매우 핵심적인 제언이라고 하겠다.

중국의 미래가 앞서 논한 여덟 가지 가능성 중에서 일곱 번째나 여덟 번째의 시나리오를 닮아갈 경우, 따라서 패권국 미국과의 관계가 경쟁자 내지는 적대적인 성격을 띨 경우, 한국이 고려할 수 있는 전략적 선택의 범위는 어떻게 될 것인가? 이론적으로만 보면 그 선택의 폭은 상당히 넓을 수 있으며, 한국이 택할 수 있는 방안의 수도 최소한 열 가지에 이른다. 여기서 이들 방안의 효용성을 하나하나 구체적으로 한번 평가해보자.[35] 이러한 평가의 전제로는 한국 정부가 안보 이익의 확보와 경제적 이익의 극대화라는 목표를 달성하기 위해 미국 및 중국 양국과 공히 우호적인 관계를 유지해야 한다는 점을 고려하였다.[36]

중국의 부상에 대해 한국이 취할 수 있는 가장 강경한 방안으로는 '예방전쟁'(豫防戰, preventive war)을 생각할 수 있으나 한국이 현재 또는 미래의 그 어떠한 경우에도 중국에 대한 예방전쟁의 수행을 고려할 가능성은 없다.[37] 경제, 외교, 문화 및 군사 등 전 영역에 걸쳐 양국 관계가 급속도로 확대, 발전하는 상황과 한반도에서의 평화 및 안정의 유지라는 한-중 간에 공유된 이익의 관점에서 볼 때, 중국을 상대로 한 예방전쟁은 한국이 단독으로 수행할 능력도 없을 뿐 아니라 또 이러한 방안을 택하려는 제3국의 편에 서는 것도 한국으로서는 비현실적인 것으로 평가된다.

대 중국 협력의 폭과 범위를 의도적으로 줄여나가는 '거리두기'(distancing)나 '관계 격하'(downgrading)의 방안도 한국 입장에서는 그리 바람직한 선택으로 보기 어렵다. 왜냐하면 우선 지정학적으로 한반도 통일의 달성에 있어 중국의 지지 확보가 중요하며 최소한 거부권의 행사는 막는 것이 필수적이기 때문이다.[38] 뿐만 아니라 보다 중요하게는 중국시장에서 급증하는 한국의 경제적 이해관계를 감안하면 '거리두기'나 '관계 격하'는 현실적이지도 또 합리적이지도 않다. 지난 2000년에 발생한 '마늘분쟁' 당시 중국정부가 한국산 휴대폰과 폴리에틸렌에 대한 수입금지를 발동해 야기한 경제적 손실과 충격을 고려할 때, 한국정부는 극도로 예외적인 상황을 제외하고는 위의 두 방안과 같은 선택을 염두에 두지 않을 가능성이

높다.[39)]

현재까지도 국내에서 회자되는 논의 중 하나가 '중립'(neutrality) 방안에 대한 것이다. 지정학적 관점에서 평가할 때 한국은 '주변국가'(rim state)라기보다는 오히려 '완충국가'(buffer state)에 더 가깝다고 할 수 있다.[40)] 따라서 설사 우리가 중립선언을 하더라도 이를 주변 강국들이 그대로 받아들일 가능성은 높지 않으며, 또 이의 지속적인 시행도 그리 쉬워 보이지 않는다.[41)] 한국의 규모와 국력을 감안할 때 만약 한국이 전략적으로 조금만 더 유리한 지역(예컨대 동남아)에 위치했더라면 소위 '중추적 국가'로 행세할 수도 있었을 것이다. 그러나 동북아에서는 한국이 주변 강국들과 대등한 수준의 강대국으로 발전할 가능성이 비교적 낮고 또 한국도 그러한 의지를 표명한 적이 없기에, 하나 혹은 두 개 이상의 강대국과 긴밀한 협력의 틀을 짜는 것이 보다 합리적인 것으로 인식되어 왔다.[42)] 지금처럼 역내 안보적 불확실성이 점차 높아가는 상황에서 구체적이고도 현실적인 안보전략이 마련되지 않은 채 이루어지는 중립선언만큼 한국이 감당하기에 벅차고 또 위험한 선택도 없을 것으로 평가된다.

미국과의 동맹관계라는 구조로부터 이탈해 중국 중심의 새로운 질서로 편입하는 소위 대 중국 '편승'(bandwagoning)의 방안도 현재로서는 비현실적인 선택으로 평가된다.[43)] 가까운 미래에 중국은 붕괴나 분열하기보다는 더욱 빨리 발전해나갈 것으로 예측된다.[44)] 중국이 전 지구적 패권경쟁국으로 발전하는 것보다 동아시아의 지역패권으로 등장하는 시점이 훨씬 빨리 다가옴에도 불구하고 미국이 아시아를 떠나지 않는 한 그 전략적 경쟁은 간단히 끝나기 어려울 것이다. 따라서 중국의 부상과 패권으로의 발돋움이 적어도 2020년 이후까지 지속되는 장기적 과정임을 부정할 수 없다. 보다 중요하게는 한반도에 대한 중국의 구체적인 전략과 의도가 명확히 드러나

지 않은 상태에서, 북한의 위협을 억제하는 동시에 지역 안정의 유지에 핵심 역할을 수행하는 미국 대신 중국에 편승하는 방안은 시기상조이자 잘못된 선택일 가능성이 높은 것으로 평가된다.[45)]

위에서 논한 네 가지 방안에 비해 남은 여섯 개의 대응책은 보다 현실적이고 또 유용하다 하겠다. 실제로 한국정부는 이들 가운데 일부를 이미 실행 중이거나 때때로 적절한 조합을 모색하는 노력을 게을리 하지 않고 있다. 우선 자주방위 능력의 확보를 위해 '내적 균형'을 추구하는 것은 바람직하고 또 반드시 필요하지만 이에만 전적으로 의존하는 것은 그리 적절치 못하다. 왜냐하면 매년 적어도 40-50억 달러 이상의 추가비용이 소요돼 경제에 큰 부담을 끼칠 뿐 아니라 국내적 반대를 무마하기 위해 드는 정치비용도 적지 않기 때문이다. 뿐만 아니라 세계적 군사대국인 주변 강대국들과 비교할 때, 이러한 노력이 가져올 이익이 비용 대비 충분하다고 보기 어려운 부분도 있다. 따라서 중국을 포함해 그 누구도 쉽게 건드리지 못할 정도의 자주적 방위력을 갖추는 동시에 주변 강대국들에 대한 명민한 외교를 결합해 능숙히 활용할 필요가 있다. 실제의 외교전선에서는 상당한 미숙함을 드러내기도 했으나, 2004년 이후 노무현 정부가 제시했던 '협력적 자주국방'의 개념이 이런 관점과 일맥상통하는 부분이 있다고 할 수 있다.[46)]

이따금 논쟁의 대상이 되는 견해 중 하나가 바로 양자동맹이나 집단안보와 같은 다자적 협력의 틀 안에 중국을 끌어들여 견제하려는 '구속'(binding/enmeshment)의 개념이다. 전자의 경우 그 가능성이 매우 낮은 것으로 보이는데, 이는 중국이 개혁기에 들어 새로이 동맹관계를 맺은 적이 없을 뿐 아니라 한때 '혈맹'으로 일컫던 북한을 이제는 '전통적인 우호관계' 또 때로는 '우호적인 이웃국가'(睦隣友好關係)로 칭하기 때문이다.[47)] 중국을 지역 내 다자간 안보협력체제에 편입시키는 것 또한 그리 쉬운 일은 아니다. 오랫동안 중국은 동북아 지역을 유럽이나 동남아와는 달리 지역적 정체성조차 공유하지 못하고 또 집단안보의 인식이 제대로 작동할 수 없는, 즉 지역에 미치지 못하는 '차지역'(次區域)으로 인식해왔기 때문이다.[48] 물론 2000년대에 들어 동북아 역내 다자적 안보기제에 대해 중국이 전향적 인식을 갖게 되었고, 또 6자회담을 주도했음을 감안할 때 이의 점진적인 제도화는 여전히 하나의 가능성으로 남아있다. 그러나 이러한 기제 안에서 미국과 중국이 어떻게 구체적으로 역할 분담을 할 것인지가 해결되지 않을 경우 그 성사 가능성은 그리 높다고 보기 어렵다.[49]

'교류/관여'는 '균형/봉쇄'(balancing/containment)에 이어 두 번째로 긴 역사를 갖고 있으며, 앞에서(8장 참조) 이미 자세히 다뤘기에 여기서 다시 상론할 필요는 없겠다.[50] 한국의 적극적인 대 중국 교류/관여가 한-중 양국에 공히 호혜적이자 성공적으로 작동했기 때문에 양국 간 협력은 향후 보다 더 광범위하게 확대될 것이다.[51] 이와 관련해 두 가지를 지적할 필요가 있겠는데, 하나는 한-중 경제관계가 상호보완적 성격에서 점차로 경쟁/경합의 유형으로 바뀌면서 향후 대 중국 교류/관여의 증대가 우리에게 반드시 긍정적으로만 작동하지 않을 소지가 있다는 점이다. 다른 하나는 한국의 입장에서 여전히 필요할 수밖에 없는 한-미 동맹이 대 중국 견제의 수단으로 인식되면 한국의 대 중국 교류/관여 정책에 있어서도 일부 구조적이고 인식적인 한계가 부과될 수 있다는 점이다.[52]

균형/봉쇄는 한국이 중국의 '부상'에 대해 선택할 수 있는 방안들 가운데 가장 오랜 역사를 가지고 있다.[53] 한국전쟁 이후 줄곧 한국은 미국과의 동맹의 틀 안에서 일본과 함께 중국에 대한 균형/봉쇄를 수행해왔으나, 한-중 관계가 급속히 확대된 90년대 초 이후 이에 대한 적잖은 변화가 있었다. 한-미 동맹이 갖는 구조적 성격이나 미국의 변화하는 정책 선호로 인해 향후 대 중국 견제의 임무를 다시 수행할 가능성도 없지는 않다. 그러나 한-중 양국 간에 2003년 '전면적 협력동반자관계'(全面合作夥伴關係)를 체결했고, 2008년에 이것을 다시 '전략적 협력동반자관계'(戰略合作夥伴關係)로 격상시켰음을 감안할 때, 한국이 중국을 명시적으로 견제하는 것은 그리 쉽지 않을 것으로 평가된다.[54] 가능성은 희박하지만 대만을 둘러싸고 벌어질 수도 있는 미국과 중국 사이의 군사분쟁은 한국에게 균형/봉쇄가 파생시킬 수 있는 전략적 딜레마의 극단을 보여주는 사례가 될 것이다.[55]

대 중국 교류/관여는 지속할 수밖에 없고 그렇다고 대놓고 중국에 대한 균형/봉쇄를 수행하기도 어려운 상황에서 부상한 대안이 바로 미국과 중국 양쪽 모두와 좋은 관계를 유지함으로써 위험을 최소화하는 소위 '양다리 걸치기' 또는 '위험 분산'(hedging)의 전략이다.[56] 돌이켜 보면 이는 한국정부가 이미 간혹 시도했던 방안으로 - 앞서 8장에서 논했듯이 - 1994년 황병태 대사의 논쟁적인 발언이 이러한 시각의 일단을 처음으로 시사했었고, 이는 향후 십 년 내에 벌어질 일을 예견한 것이기도 했다.[57] '양다리 걸치기' 방안이 갖는 효용은 대개 두 국가를 동시에 만족시키는 데 들 수밖에 없는 고비용에 의해 상쇄되곤 한다. 따라서 양쪽 모두로부터 신뢰를 잃고 버림받는 최악의 결과를 피하기 위해서는 '양다리 걸치기'의 실행에 극도의 신중함과 명민함이 요구된다. 지난 2001년 탄도요격미사일 제한협정(ABM)에 대한 미국과 러시아 간의 다툼에 한국이 휘말렸던 사건을 이와 관련해 곰곰이 되새길 필요가 있겠다.[58] 외교적 '정신'(氣)과 외교력과 관련해 끊임없이 비난의 대상이 되고 있는 한국정부에게 있어, 또 동맹이라는 구조적 틀에 들어 있는 상황에서 양다리 걸치기가 반드시 가장 유용한 전략인지 또 유용하다면 구체적으로 어떻게 수행해야 할 것인지에 대해 선언적 차원을 넘어서는 많은 연구와 검토가 필요한 것으로 보인다.[59)]

'양다리 걸치기'의 효과적인 수행에 필요한 신중함과 그에 걸맞은 외교적 능력이 따라주기 어려울 때 생각할 수 있는 대안으로 '현안별 지지' - 즉, 사안에 따라(상황에 따라서가 아니라) 특정 국가의 입장에 동조하거나 반대하는 전략 - 를 상정할 수 있다. 실제로 '양다리 걸치기'와 '현안별 지지'를 구분하기가 쉽지는 않다. '양다리 걸치기'는 대개 상대국들에게 공히 우호적이어야 하고 이를 적극적으로 내보여야 하지만, 그 균형을 항상 적절히 때론 비밀스럽게 유지해야 한다는 점에서 난이도가 높고 매우 신중한 태도가 요구된다. 이에 비해 '현안별 지지'는 상대국들에게 현안별로 공개적이면서도 일관성 있는 입장을 미리 밝히고 그 계속성을 유지함으로써 향후 상대국들 간의 분쟁에서 비교적 자유로울 수 있다는 장점을 갖는다. 즉 '현안별 지지'는 상당한 정도의 능동적 역할을 상정하지만, '양다리 걸치기'는 본질적으로 방어적이거나 '변통'(便通)의 성격을 띤다고 할 수 있다.

다자간 통상협정인 우루과이 라운드(1986-1994)에서 한국은 농산물 시장의 보호를 위해 중국과 입장을 같이 하는 편이었으며, 일본의 역사 왜곡에 대처함에 있어서도 이에 대한 미국의 입장이 모호한 상태에서 암묵적으로 중국과 협력했었다.[60)] 또 미국이 주도하는 UN의 중국 인권문제에 관한 결의에서 한국정부는 대부분 기권을 선택했다. 그러나 리우샤오보(劉曉波)의 노벨상 수상식에는 중국의 압력에도 불구하고 차석이 아닌 대사의 참석을 감행했다. 또한 핵을 포함하는 대량살상무기의 확산 금지와 관련해 한국은 중국보다는 미국의 입장을 지지했다. 대북 제재 조치에서 간혹 드러난 한국의 미온적 입장도 대량살상무기의 확산 방지를 위한 미국의 노력에 반대한 것이라기보다는 어떻게든 한반도에서의 분쟁을 막으려는 일환이었다고 봐야 한다. 미국이 주도한 전역미사일방어체제(TMD) 계획에 한국정부가 참여하지 않기로 한 것도 전적으로 중국을 배려했다기보다는 한반도의 짧은 종심이 갖는 특성과 기술적 고려에 의한 현안별 지지였다고 하겠다.[61)]

미-중 간의 수렴점(收斂點)과 한국의 선택

미국과 중국은 한반도 정책과 관련해 공히 '평화와 안정'(peace and stability; 和平與穩定)이라는 동일한 기조를 견지해왔다. 이러한 기조를 구성하는 '평화'의 본질(즉, 분쟁의 부재)에 대해서는 큰 입장 차이가 없는 반면, 중국과 미국이 지칭하는 '안정'이 과연 정확하게 동일한 의미를 갖는지에 대해서는 논란의 여지가 있다. 다시 말하면 미국이 말하는 안정이란 한반도에서 미국의 전략적 및 외교적 절대 우위(predominance)를 지속하는 현상유지를 지칭하지만, 과연 중국 또한 이러한 의미에서 '안정'의 개념을 사용하는가라는 질문이 제기될 수 있다.[62)]

한반도와 관련해 중국과 미국 사이에 현상유지가 아닌 방향으로 모종의 변화가 일어날 경우, 한국은 그러한 변화에 어떻게 대응할 것인가? 앞서 언급한 바와 같이, '위험 분산' 또는 '현안별 지지'의 신중한 수행을 통해 미국과 중국 양자와 공히 친밀한 우호관계를 유지하는 것이 한국의 이익에 가장 부합되는 방안이다. 이러한 전제하에서 미-중 관계가 원만히 유지될 경우, 한국이 둘 중 한 쪽만을 지지하거나 선택해야 하는 곤경에 빠질 가능성은 적어진다. 반면에 중-미 관계의 틈이 벌어져 둘 사이의 관계가 경직되거나 대결 국면으로 치달을 경우, 한국은 동맹국 미국과 '전략적 파트너'인 중국 사이에서 자신의 입장을 정하기 어려운 상황에 빠질 개연성이 높아진다. 물론 이에 대한 궁극적인 결정은 한국의 정부 지도자들이 자주적으로 내리겠지만, 그러한 결단이 두 강대국의 전략적 이해관계가 수렴하는 범위 내에서 모색될 가능성이 클 것으로 예상된다. 따라서 필자는 이와 같은 '수렴점'(point of convergence)을 구체적이며 실증적으로 규명하기 위해 미국 및 중국의 정책전문가들에 대한 설문조사 및 심층 인터뷰를 수행하였다.[63)]

국적을 불문하고 엘리트의 인식과 관점을 규명하는 것은 무척 어려운 작업임에 틀림없다. 여론 주도층과 전문가들을 무작위 추출하는 데에 있어 왕도는 없으며, 표본의 규모와 관련해 명확한 기준도 존재하지 않기 때문이다. 필자는 2002-3년의 일 년 동안 워싱턴에서 총 56명의 미국인 정책전문가들과, 또 2004년(1-4월) 및 2007년(9-12월)의 두 번에 걸쳐 각각 33명과 38명의 중국인 전문가들에 대해 구조화된 설문조사와 함께 심층 대면 인터뷰를 실시했다. 조사 대상자의 선정에 내재된 잠재적 오차(bias)와 그로 인한 추론의 난점에도 불구하고, 이 조사 결과는 한국의 '선택'과 관련해 미국과 중국의 전략적 선호가 수렴하는 지점을 가늠케 해주는 유용한 틀을 제시한다고 평가된다.

중국의 부상과 소위 '세력 전이'의 여파로 한국에게 전략적 선택의 딜레마가 밀어닥칠 시점은 언제쯤일 것인가? 필자의 설문 및 인터뷰에 응했던 56명의 미국인 전문가들 중 63퍼센트가 2030년을 전후해 중국이 미국의 패권 경쟁국으로 등장할 것이라고 답했다.

그러나 이같이 응답한 중국인 전문가들의 비율은 2004년과 2007년에 각각 33, 39퍼센트에 지나지 않았다(그 외는 2050년을 선택했거나, 중국이 앞으로도 내내 미국의 경쟁자가 되기 힘들 것이라고 답함).[64] 게다가 미국인 전문가의 57퍼센트와 중국인 전문가의 61퍼센트(2004), 47퍼센트(2007)가 미-중 경쟁의 핵심 영역으로 경제를 꼽았다. 결론적으로 중국인 전문가들은 20년 이내에 그리고 미국인 전문가들은 10년 이내에 미-중 간 명시적인 대립이 발생할 확률을 낮게 전망했으며, 대만 문제를 제외하면 양국이 군사적으로 충돌할 가능성은 더욱 낮은 것으로 평가했다.[65]

흥미로운 것은 경제력이나 군사력과 같은 '경성 권력'(hard power)이 아니라 '연성 권력'(soft power)과 연관된 조사 결과이다. 설문에 응한 미국인 전문가들의 54퍼센트와 중국인 전문가들의 76퍼센트(2004), 100퍼센트(2007)가 9·11 이후 미국의 소프트 파워가 쇠퇴했다고 답했기 때문이다. 또 중국인 전문가들의 67퍼센트(2004)와 50퍼센트(2007)는 미국의 그것을 대체하는 대안적 규범을 중국이 만들어낼 수 있다고 응답했다.[66] 뿐만 아니라 향후 중국이 미국에 대해 가장 큰 도전을 만들어낼 영역으로 '문화'(軟力量)를 선택한 중국인 전문가 비율이 2004년의 19퍼센트에서 2007년에는 26퍼센트로 늘어난 사실을 감안할 때, 연성 권력과 관련하여 중국이 비집고 들어올 여지는 충분히 있다고 할 것이다.[67]

인식적 차원에서뿐만 아니라 현실적으로도 중국의 부상이 점차 기정사실화되는 가운데, 한국이 전략적 선택의 딜레마를 직면하게 되는 상황은 구체적으로 어떤 경우일 것인가? 대략 두 가지를 상정할 수 있겠는데, 하나는 중장기적 시나리오로서 앞서 지적한 것처럼 2030년을 전후해 미-중 간 패권경쟁이 과열될 시 한국은 어떤 선택을 해야 하는가의 질문과 맥이 닿아있다. 〈표 13-1〉에서 보듯이, 미국인 전문가들의 2/3(67%)가 이에 대한 한국의 선택으로 미국과의 동맹은 유지하되 중국에 대한 적대적 정책에는 참여하지 않는 방안을 추천했다. "미국이 한국의 이러한 선택을 용인할 것인가?"라는 후속 질문에 대해서는 무려 90퍼센트의 미국인 전문가들이 긍정적으로 답했다. 반면에 중국인 전문가들은 2004년 설문의 경우, 다자간 안보기제에의 참여(42%)와 미국과의 동맹 유지 및 대 중국 적대정책에의 불참(40%)의 두 가지 의견으로 크게 양분되었으나 2007년의 설문에서는, 미국과의 동맹 유지 및 대 중국 적대정책에의 불참(47%)이 다자간 안보기제에의 의존(32%)을 상당한 차로 넘어섰다.[68)]

표 13-1
한국의 전략적 선택에 대한 미국인 및 중국인 전문가들의 의견 분포 (단위: %)

	동맹 유지 및 대 중국 견제 불참	다자적 안보 기제 참여	동맹 유지 및 대 중국 견제 참여	자주 방위력 배양	대 중국 편승	기타
미국	67	17	9	2	0	4
중국(2004)	40	42	0	12	6	0
중국(2007)	47	32	3	0	0	18

단기적으로는 대만해협에서의 미-중 간 충돌의 시나리오가 한국에게 심각한 전략적 딜레마를 초래할 수도 있다. 미국과 중국이 대만문제에 대해 갖고 있는 전략적 이익과 관심의 크기는 유사하지만, 이와 관련해 한국이 어떻게 해야 할지에 대해서 양국이 가진 선호의 차이는 극명하게 대비된다. 대만해협에서 충돌이 발생할 경우, 미국인 전문가들의 64퍼센트는 미국이 한국정부에게 지원을 요청할 것으로 봤으며, 또 동일한 비율의 응답자들이 전투병 또는 비전

투병 파견이라는 군사적 지원을 미국정부가 요청할 것으로 전망했다(〈표 13-2〉 참조). 중국인 전문가들의 경우에도 무려 67퍼센트가 미국이 한국의 지원을 요청할 것으로 보았지만, 파병과 같은 군사적 지원을 예상한 비율은 12퍼센트(2004)와 0퍼센트(2007)에 불과했다. 대다수(2004년의 81%와 2007년의 92%)의 중국인 전문가들은 미국이 한국 내 기지의 사용을 요청할 것으로 전망했다. 보다 중요한 것은 중국인 전문가들의 58퍼센트(2004)와 76퍼센트(2007)가 미국의 이러한 요청을 한국정부는 거부해야 한다고 응답했다는 점이다. 한국이 미국의 이러한 요구를 수용할 경우, 중국은 이를 공세적 조치로 간주해 한국에 대해서 상응하는 군사적 대응을 할 수도 있다는 데에 한국의 고민이 있는 것이다.[69] 물론 이러한 상황이 실제로 발생할 가능성은 비교적 낮은 편이지만 그렇다고 해서 가능성이 전무하지는 않기에 이에 대한 대응책 마련이 절실하다.

표 13-2
대만 문제를 둘러싼 미-중 갈등과 한국의 대응에 대한 전문가 의견 분포 (단위: %)

	전투병 파견	비전투병 파견	비군사 지원	기지사용 허용	기타
미국	9	54	25	N/A	11
중국(2004)	0	12	3	81	4
중국(2007)	0	0	5	92	3

21세기의 불확실성과 한국 외교

표면적으로는 마치 역사가 되풀이되는 것처럼 보일 수도 있다. 지금의 한반도를 둘러싼 강대국들은 하나의 예외도 없이 한 세기 전과 똑같은 나라들이다. 국내에서 이들 나라 중 어디와 더 가깝게 지내야 하는지에 대한 이견이 있는 것까지도 19세기 말과 사뭇 닮아 있다. 그러나 유사점은 거기까지이고, 지금 한국이 직면한 이 '익숙한' 딜레마에 내재된 '선호'(選好)의 순서는 백 년 전과는 다른 모습을 띠고 있다. 중화질서에 대한 집착과 서구세력의 부상 속에서 갈팡질팡하던 조선이 결국 주권 상실의 길을 걸었다면, 지금의 한국은 중국의 급속한 '부상/부흥'을 목도하면서 미국 주도의 안보 질서를 지지하고 있다. 여기서 관건은 한국이 미국과의 동맹 구조에서 탈피할 경우 발생하는 비용이 대체 방안을 선택할 때 생기는 이익보다 더 클 것인지의 문제인 것이다.[70)]

한국이 미국과의 동맹 구조 안에 - 향후 20년 정도는 - 잔류하는 것이 나을 것이라는 평가에 대한 근거는 여러 가지가 있을 수 있다. 우선 전술했듯이 중국의 '부상'이 미국을 대체하는 효과와 결과를 가져오려면 앞으로도 적잖은 시간이 걸릴 것이기 때문이다.[71)] 또 평화 보장의 구체적인 장치가 한반도에 제대로 뿌리내리기까지는 한-미 동맹의 구조가 갖는 안정과 저비용의 합리성 때문이기도 하다. 더 나아가 한반도에 대한 중국의 미래전략이 아직은 확실치 않고, 또 북핵 문제와 천안함, 연평도 사건에서 드러나듯 중국은 북한을 포기하면서까지 한국을 지지할 의도를 가지고 있지 않다. 뿐만 아니라 통일의 달성과 통일 이후의 재건에 있어서도 미국의 지원은 필수적일 수밖에 없다.[72)]

그럼에도 불구하고 한-미 동맹의 구조가 무한정, 무조건 바람직하다고만 볼 수 없는 몇 가지 이유가 존재한다. 우선 동맹관계에서 파생되는 소위 '연루'(entrapment)와 '방기'(abandonment)의 위험은 대개 역(逆)의 관계를 갖는다. 즉, 동맹국 간 관계가 지나치게 긴밀하면 방기의 위험은 줄어도 동맹국이 제3국과 벌이는 분쟁에 연루될 가능성은 높아진다는 의미이다.[73] 한-미 동맹의 중심 추(錘)가 이미 일정 부분 대 북한 견제에서 동아시아 안보의 일익 - 아마도 잠재적으로는 대 중국 견제를 포함하는 - 을 담당하고 또 미-일 동맹을 지원하는 방향으로 이동함에 따라 한국이 '방기'와 '연루'를 동시에 경험할 가능성을 안고 있기 때문이다. 다시 말해 미국이 역내 일본의 전략적 지위를 강화함으로써 한국의 주요 전략이익을 손상시키는 '방기'의 위험과 한국이 대 중국 견제의 구조 안에 휘말려 들어가는 '연루'의 위험이 양(陽)의 상관관계를 가질 수도 있다는 것이다.[74]

과연 우리는 '연루'의 위험을 감당할 수 있을 것인가? 이 책의 9장에서 보았듯이, 중국이 행한 한국산 폴리에틸렌과 휴대폰의 금수조치만으로도 정부와 재계가 휘청거렸던 2000년의 경험을 상기할 때 이는 그리 간단히 생각할 일이 아니다. 대 중국 무역의존도가 9.4퍼센트에 불과했던 2000년에 비해 2010년에는 그 비율이 무려 21퍼센트에 달한 상황에서 한국은 과연 어디까지 불편함을 감수할 수 있을 것인가? 중국 일각에서 한국의 경제의존도를 '무기화'(武器化)할 필요가 있다는 논의까지 이루어지는 가운데 한국은 과연 어떤 구체적인 대비를 하고 있는가?[75]

한국과 미국은 2003년부터 주한미군의 '전략적 유연성'(strategic flexibility)에 대한 논의를 시작했다. 한국정부는 전 지구적 차원에서 미국이 필요로 하는 전략적 유연성에 대해 공감을 표시하면서도,

행여 동북아에서 발생할 수도 있는 분쟁에 자신의 의사와 관계없이 휩쓸리기를 원치 않음을 분명히 밝혔다. 동맹을 '특정한 국가에 대해 - 그 대상의 명시적인 적시 여부를 불문하고 - 군사력을 사용하기 위한 국가 간의 공식적인 제휴'라고 정의할 때, 지역의 안보 균형자로 새로이 조정되고 있는 한-미 동맹은 과연 중국에 대한 군사력 사용 가능성까지를 포함하는가라는 질문을 내포할 수밖에 없다.[76] 그렇다면 우리는 이와 관련해 과연 어디까지 불편함을 견뎌낼 수 있을 것인가? 이에 대한 대답이 그리 분명치 않을 경우, '유연성'은 동맹의 약소 파트너로서의 한국이 반드시 고민해야 할 개념임에 틀림없다.

한-미 동맹의 틀을 통해 미국이 한국을 견제 및 통제하고 있음에도 주목할 필요가 있다. 당초 북한에 대한 독자적 군사행동에 제동을 걸기 위해 시작되었지만, 시간이 지나면서 어떤 의미에서는 동맹이 한국의 자주적 방위 능력 및 의지에 대한 족쇄로 작동했다는 해석이 가능하다. 한-미 양자 간 미사일협정이나 원자력협정 등을 통해 국제사회에서 일반적으로 용허되는 수준 이하로 우리의 주권적 결정 범위가 제한받아왔기 때문이다. 한-미 동맹이 한국의 국익에 매우 핵심적인 것은 사실이지만, 그 또한 어디까지나 수단이지 '목적화'(目的化)되어서는 안 될 것이다. 국제사회에서뿐만 아니라 '주권'을 신성시하는 중국에게 '존중'(respect)을 얻어내기 위해서는, 동맹의 틀 속에서 우리가 실제로 자주국방의 능력과 의지를 제대로 구현해내는 명시적 노력을 지속할 필요가 있다.[77]

북한의 미래 또한 우리의 선택에 영향에 미치는 중요한 변수일 수밖에 없다. 북한이 완전한 비핵화를 수행한 개방국가로 변신할 경우, 무역, 투자, 차관 제공 및 관광 진흥의 유인(誘因)들이 북한으로 물밀듯 쏟아져 들어가고 이를 통해 북한의 개방은 더욱 촉진

될 것이다. 곧이어 북-미 간 관계 정상화가 이루어질 것인데, 그 이후에도 과연 미국은 지금같이 한국과 밀접한 관계를 유지할지 아니면 남북한을 두고 저울질할 것인지는 그리 명확치 않다. 반면에 북한이 명실상부한 핵보유국으로 부상할 경우 한-미-일의 전통적 삼각동맹이 강화될 것이며, 여기서 한-중 관계에 대한 긍정적 함의를 찾기는 어려워진다. 또 다른 부정적 상황으로 북한의 '붕괴'를 상정할 수 있는데, 이는 곧 한반도에서 강대국 정치가 다시 한 번 주도적 역할을 할 여지를 증대시킬 것이다. 일정한 변화에도 불구하고 인식의 타성으로 인해 중국이 북한에게 최소한의 안전보장을 지속적으로 제공할 가능성이 높은 상황에서 중국이 한국에게 주는 전략적 불확실성은 여전히 클 수밖에 없다.[78]

한-중 관계의 양자적 차원도 점차 다변화되고 복잡해지는 동북아 국제정치와 매한가지로 그 미래를 예측하기가 점점 어려워지고 있다. 향후 중국의 공간적, 기능적 세력권이 점차 확대되고, 이것이 '국격'(國格)을 제고하기 위한 한국의 노력과 지속적으로 충돌하면서 심각한 갈등이 발생할 소지가 커지고 있기 때문이다.[79] 고구려사와 백두산 논쟁, 문화유산에 대한 갈등, 이어도 문제 등이 다 이와 연관이 있는 것이다. 이러한 맥락에서 홉스(T. Hobbes)가 제시했던 갈등의 궁극적 원인은 시사하는 바가 크다: "우리는 인간의 본성에서 갈등의 세 가지 주요 원인을 찾을 수 있는데, 첫째는 경쟁이요, 둘째는 망설임이며 셋째는 영예의 추구이다."[80] 특히 앞으로 중국이 영예에 강하게 집착하면서 한국이 중국에 대해 가질 수 있는 '호흡의 공간'은 대폭 줄어들 수밖에 없을 것이며, 지금껏 운위되던 한-중 간의 문화적 친밀감도 실험대에 오를 가능성이 커진다.

종합적으로 볼 때, 21세기 초반의 동북아는 불확실성과 잠재적 모순으로 가득한 모습을 띠고 있다.[81] 역내 주요 국가들 사이의 이해관계가 반드시 일치하는 것도 아니고 다자적 협력이 타 지역에 비해 잘 이루어지는 것도 아니며 오히려 그 반대에 가깝다고 할 수 있기 때문이다.[82] 동북아가 진정한 의미에서 '지역' 또는 '지역공동체'로 거듭나려면 규범의 공유가 선결 조건이지만, 규범의 공유와 내면화에는 많은 시간이 소요되기에 대개는 보다 투명하고 예측 가능한 이익의 관계를 따르게 된다. 그러나 역동적인 이익관계는 사안에 따른 국가 간의 다양한 이합집산과 현명한 짝짓기를 필요로 한다. 따라서 가장 중요한 것은 이념이나 특정 구조에 집착하지 않는 유연성(flexibility)인데, 이는 곧 뛰어난 외교 감각과 경험을 기반으로 하는 것이다. 과연 한국은 이러한 조건들을 만족시키고 있는가?

이 같이 불확실한 역내 상황과 미래 전망을 감안할 때, 한국의 국익 수호를 위해 절실히 요구되는 것은 곧 한국이 취할 수 있는 전략적 선택의 범위를 가능한 넓혀야 한다는 점이다. 또 이를 위해 이미 정해진 사안에 대해서는 일관성과 투명성을 제고하는 한편, 아직 정해진 것이 없는 사안들에 대해서는 최대한의 전략적 모호성을 유지하는 것이 필요하다. 다시 말해 한국정부가 이미 얻어낸 성과 - 예컨대 미국과의 안보동맹과 중국과의 경제 및 외교협력 - 는 지속적으로 극대화하되, 자신의 통제 범위를 벗어나는 현안들에 대해서는 매우 신중하게 접근하는 유연성을 보여줄 필요가 있다는 점이다.[83]

1990년대에 들어 한국은 건국 이후 처음으로 미국과 일본을 중심으로 짜여진 냉전적 동맹관계를 벗어나 경제 및 외교 협력의 대상들을 다변화하며 다양한 '외교 공간'의 확보에 성공했다. 그러나 시장 다변화와 경제협력을 위해 시작된 중국과의 관계 개선이 한국 외교와 미래전략에 대해 갖는 함의를 제대로 반추할 새도 없이 대 중국 경제 및 외교 의존도가 지나치게 높아지는 상황을 맞게되었다.[84] 지금이라도 수교 이후의 한-중 관계를 기본부터 다시 되짚으면서 우리 자신의 국익을 규정하고, 그에 따라 전략과 정책을 만들 때가 되었다. 과연 우리의 국내정치와 여론은 이렇듯 긴박한 과제를 제대로 수행할만큼 성숙해 있는가?

한-미 동맹의 유지는 필요하고 또 당연하지만, 그 기능과 협력의 범위를 어디까지 넓히고 참여할지를 결정하는 것은 그리 간단한 문제가 아니다. '전략적 가치동맹'의 지향점이 우리의 국익과 잘 맞아 떨어지는지, 또 어떤 부작용이 있을 수 있는지에 대한 치밀한 계산이 필요하기 때문이다. 이와 맞물려 고민해야 할 문제가 바로 2008년 5월 결성된 중국과의 '전략적 협력동반자관계'이다. 1998년에는 '협력동반자관계,' 2003년에는 '전면적 협력동반자관계,' 그리고 2008년에는 '전략적 협력동반자관계'로 한-중 관계의 성격과 중요성이 제고된 듯 보이지만 왜 대통령이 바뀌는 5년마다 반드시 이런 형식(ritual)의 변화가 있어야 하는지는 여전히 의문으로 남는다. 이런 변화에 조응될 만큼 한-중 간에는 과연 차원이 다른 분쟁해결과 협력의 기제가 만들어지고 있는지, 중국과 지역적, 전 지구적 협력을 수행함에 있어 미국과의 전 지구적 동맹과 부딪힐 가능성에 대해서는 충분한 검토가 있었는지 등에 대한 답이 필요한 시점이다. 한국의 미래 좌표가 '균형자'가 되는 것이 아니라 적절한 '균형점'을 찾는 쪽에 가깝다면, 어쩌면 우리는 부지불식중에 또 하나의 큰 실수를 한 것인지도 모르기 때문이다.

주석

1 송병기, 『근대한중관계사 연구』 (서울: 단국대학교출판부, 1985), pp. 59-69.

2 이론적으로는 한반도를 중심으로 한 미-중 간 역학관계가 반드시 제로섬 게임인 것은 아니나 - 일반 대중은 물론이고 - 많은 학자들까지도 이를 제로섬의 성격을 갖는 것으로 인식하는 경향이 높다. 예컨대 Eric A. McVadon, "China's Goals and Strategies for the Korean Peninsula," in Henry D. Sokolski (ed.), *Planing for a Peaceful Korea* (Carlisle, PA.: Strategic Studies Institute, 2001), pp. 149, 169; 陳峰君, "21世紀朝鮮半島對中國的戰略意義," 『國際政治研究』, 4期 (2001年), pp. 7-9를 보라.

3 David I. Steinberg (ed.), *Korean Attitudes Toward the United States: Changing Dynamics* (Armonk, N.Y.: M. E. Sharpe, 2005); Hyun-Wook Kim, "Domestic Events, Ideological Changes and the Post-Cold War U.S.-South Korean Alliance," *Australian Journal of International Affairs*, Vol. 63, No. 4 (2009), pp. 482-504를 보라.

4 Robert J. Myers, *Korea in the Cross Currents: A Century of Struggle and the Crisis of Reunification* (New York: Palgrave, 2001), ch. 2를 참조하라.

5 이와 같은 전제는 향후 미국의 역할이 중요하지 않음을 의미하기보다는 오히려 당분간 아시아에서 미국의 역할이 변하지 않을 것이라는 함의를 가진다. 실제로 중국의 부상을 미국의 '쇠퇴'와 등치시키기보다는 유럽과 미국에 이은 '나머지의 부상'(rise of the rest) 속에서 미국이 수행하게 될 상당한 역할이 있다고 보는 편이 합리적이라는 뜻이다. 이 같은 관점에 대해서는 Fareed Zakaria, The *Post-American World* (New York: Norton, 2008), ch. 1을 보라.

6 Maria Hsia Chang, "China's Future: Regionalism, Federation, or Disintegration," *Studies in Comparative Communism*, Vol. 25, No. 3 (September 1992), pp. 211-227; Gerald Segal, *China Changes Shape: Regionalism and Foreign Policy* (London: IISS, 1994).

7 陶文昭 (編), 『拒絕霸權-與2049年的中國對話』 (北京: 中國經濟出版社, 1998); 葉自成, "中國實行大國外交戰略勢在必行," 『世界經濟與政治』, 1期 (2000年); 張文木, "大國崛起的歷史經驗與中國的選擇," 『戰略與管理』, 2期 (2004年), pp. 70-84를 보라.

8 소련의 붕괴나 동아시아 금융위기 등이 이와 같은 범주에 속하는 것으로

볼 수 있겠다. 예컨대 Nassim Nicholas Taleb, *The Black Swan: The Impact of the Highly Improbable* (New York: Random, 2007)을 보라.

9 유럽, 미국, 소련 및 일본의 강대국화 경험에 대한 비교적 논의로 정재호 (편), 『중국의 강대국화: 비교 및 국제정치학적 접근』 (서울: 길, 2006), 2-5장을 보라.

10 현재의 중국체제를 규정하는 개념만 최소한 스무 개 이상이 학계에 소개되었다. 예컨대 Richard Baum and Alexei Shevchenko, "The 'State of the State,'" in Merle Goldman and Roderick MacFarquhar (eds.), *The Paradox of China's Post-Mao Reform* (Cambridge, MA.: Harvard University Press, 1999), pp. 333-334를 보라.

11 전자의 입장으로 Bruce J. Dickson, "Cooptation and Corporatism in China: The Logic of Party Adaptation," *Political Science Quarterly*, Vol. 115, No. 4 (Winter 2000-2001), pp. 517-540을, 그리고 후자의 입장으로는 Gordon Chang, *The Coming Collapse of China* (New York: Random House, 2001), ch. 6을 참조하라.

12 Alastair Finlan, *The Collapse of Yugoslavia*, 1991-99 (London: Osprey, 2004)를 보라. '중국붕괴론'에 관한 저작들은 최근 몇 년 사이 그 자체로 하나의 분야(genre)를 이룰 정도가 되었다. David S. G. Goodman and Gerald Segal (eds.), *China Deconstructs: Politics, Trade, and Regionalism* (London: Routledge, 1994); Jack Goldstein, "The Coming Chinese Collapse," *Foreign Policy*, Vol. 99, No. 2 (Summer 1995), pp. 35-52; Chang, *The Coming Collapse of China*; 중국어 문헌으로 鳴國光, 王兆軍, 『鄧小平之後的中國』 (台北: 世界書局, 1994), pp. 181-282; 辛向陽, 『大國諸侯』 (北京: 中國社會出版社, 1996); 童中心, 『失衡的帝國』 (貴陽: 貴州人民出版社, 2001), 3장 등을 보라.

13 이에 관한 주요한 논의로 John Fitzgerald, "Reports of My Death Have Been Greatly Exaggerated: The History of the Death of China," in *China Deconstructs*, pp. 21-58; Yasheng Huang, "Why China Will Not Collapse," *Foreign Policy*, Vol. 99, No. 2 (Summer 1995), pp. 54-68; Barry J. Naughton and Dali L. Yang (eds.), *Holding China Together: Diversity and National Integration in the Post-Deng Era* (Cambridge: Cambridge University Press, 2004); Jae Ho Chung, "Forecasting China's Future: Scenarios, Uncertainties, and Determinants," in Jae Ho Chung (ed.), *Charting China's Future: Political, Social, and International Dimensions* (Lanham, MD.: Rowman & Littlefield, 2006), ch. 1을 참조하라. 중국 내

군중시위의 확산과 그 함의에 대하여는 Jae Ho Chung, Hongyi Lai and Ming Xia, "Mounting Challenges to Governance in China: Surveying Collective Protestors, Religious Sects and Criminal Organizations," *China Journal*, No. 56 (July 2006), pp. 1-32를 보라.

14 本書編寫組, 『興衰之路 : 外國不同類型政黨建設的經驗與教訓』 (北京: 中共中央黨校出版社, 2002), pp. 127-158; 關海庭, 『中俄體制轉向模式的比較』 (北京: 北京大學出版社, 2003), 5, 6, 9장; 陸南泉 外 (編), 『蘇聯興亡史論』 (北京: 人民出版社, 2004), 修訂版, 第伍編, 특히 26-29장을 보라.

15 인도네시아는 2004년 여름에 대통령 직선제를 처음으로 실시했다. 그러나 이것이 민주화의 충분한 척도가 되는지의 평가에는 조금 더 시간이 필요할 것으로 보인다. Jacques Bertrand and John Ravenhill (eds.), *Nationalism and Ethnic Conflict in Indonesia* (Cambridge: Cambridge University Press, 2003)을 보라.

16 '약한 중국'이 야기할 수 있는 역설적 위험에 대해서는 Bruce Cumings, "The More Things Change, the More They Remain the Same: The World, the United States, and the People's Republic of China, 1949-1999," in Tyrene White (ed.), *China Briefing 2000: The Continuing Transformation* (Armonk, N.Y.: M. E. Sharpe, 2000), p. 298을 보라.

17 Jonathan Watts, "China Admits First Rise in Poverty Since 1978," *The Guardian*, July 20, 2004; 『文匯報』, 2005년 2월 19일; George J. Gilboy and Eric Heginbotham, "The Latin-Americanization of China," *Current History*, No. 674 (September 2004), pp. 256-261; 鄭秉文, "對'中國拉美化'的幾點看法," 『領導參閱』, 2期 (2005年), pp. 17-19.

18 Thomas M. Kane and Lawrence W. Serewicz, "China's Hunger: The Consequences of a Rising Demand for Food and Energy," *Parameters* (Autumn 2001)〈http://carlisle-www.army.mil/usawe/Para-meters/01autumn/Kane.htm〉(최종 검색일: 2005년 1월 14일); Vaclav Smil, *China's Past, China's Future: Energy, Food, Environment* (London: Routledge Curzon, 2004).

19 인도의 경우에 있어서 민주화와 불만의 만연, 그리고 실리콘밸리와 빈민가의 병존은 Atul Kohli, *Democracy and Discontent: India's Growing Crisis of Governability* (Cambridge: Cambridge University Press, 1990)와 Zakaria, *The Post-American World*, ch. 4에서 차용하였다.

20 UBS Wealth Management, *China and India (Research Focus)* (August 2004) pp. 1-28.

21 예를 들어, David Zweig, "Undemocratic Capitalism: China and the Limits of Economism," *The National Interest*, No. 56 (Summer 1999), pp. 63-72; Harvey Nelson, "The Future of the Chinese State," in David Shambaugh (ed.), *The Modern Chinese State* (Cambridge: Cambridge University Press, 2000), pp. 230-236; Yingjie Guo, *Cultural Nationalism in Contemporary China: The Search for National Identity Under Reform* (London: Routledge Curzon, 2004)를 보라.

22 "중국 특색의 사회주의"에 대해서는 葉自成,『中國大戰略』(北京: 中國社會科學出版社, 2003), pp. 116-126; Wei Pan, "Toward a Consultative Rule of Law Regime in China," *Journal of Contemporary China*, No. 34 (2003), pp. 32-43 등을 참조하라.

23 龐中英, "如果日本成爲亞洲的德國,"『世界知識』, 9期 (2001年), p. 17.

24 2000년대 초 미국의 전문가그룹은 중국의 군사력이 미국에 비해 최소한 20년 이상 뒤져 있다고 평가했다. 만약 이러한 격차가 앞으로도 크게 줄어들지 않는다면 하드파워에 있어서 중국이 미국을 압도할 가능성은 낮다고 할 것이다. Harold Brown et al., *The Chinese Military Power* (New York: Council on Foreign Relations, 2003)를 보라. 반면 2011년 벽두 세계를 놀라게 했던 중국의 스텔스 전투기(J-20) 시험비행이 사실이라면 군사 분야에서도 '따라잡기'(telescoping)가 급속도로 이루어질 수 있음을 보여준 것이다.

25 2003년의 한 연구가 내린 잠정적 결론에 따르면 중국이 아직은 현상을 변경코자 하는 열망을 강하게 지니고 있지 않은 것으로 보인다. Alastair I. Johnston, "Is China a Status Quo Power?" *International Security*, Vol. 27, No. 4 (Spring 2003), pp. 12-34를 보라. 그러나 소프트 파워에 대한 중국의 관심이 증가 추세에 있음을 암시하는 여러 연구들이 존재한다. 張小明, "重視軟權力因素,"『現代國際關係』, 3期 (2004年), pp. 21-22; 朱馬杰, "加強軟國力建設是中國和平發展的戰略選擇," 陳佩堯, 夏立平 (編),『新世紀機遇期與中國國際戰略』(北京: 時事出版社, 2004), pp. 25-42; 門洪華,『中國軟實力方略』(杭州: 浙江人民出版社, 2007); 唐晋 (主編),『大國策: 軟實力大戰略』(北京: 人民日報出版社, 2009)를 보라.

26 Richard Bernstein and Ross H. Munro, *The Coming Conflict with China* (New York: Knopf, 1997); Gerald Segal, "East Asia and the 'Constrainment' of China," *International Security*, Vol. 20, No. 4 (Spring 1996), pp. 107-135; Bill Gertz, *The China Threat: How the People's Republic of China Targets America* (Washington, D.C.: Regnery, 2000); Steven W. Mosher, *Hegemon:*

China's Plan to Dominate Asia and the World (San Francisco: Encounter Books, 2000); Erik Durschmied, *Beware the Dragon* (London: Andre Deutsch, 2008). 또 브레즈진스키(Zbigniew Brzezinski)와 미어샤이머(John Mearsheimer)가 중국의 부상과 이로 인한 미-중 충돌의 불가피성에 대해 벌인 논쟁을 보라. "Clash of the Titans," *Foreign Policy* (January-February 2005).

27 이에 대해서는 A. F. K. Organski and Jacek Kugler, *The War Ledger* (Chicago: University of Chicago Press, 1980), ch. 2; 章百家, "改變自己 影响世界," 牛軍(主編), 『中國學者看世界 - 中國外交卷』 (北京: 新世界出版社, 2007), pp. 25-26을 참조하라.

28 Alastair I. Johnston, "China's Militarized Interstate Dispute Behavior, 1949-1992: A First Cut at the Data," *The China Quarterly*, No. 153 (March 1998), pp. 1-30을 보라.

29 2001년부터 2005년까지 중국 경제의 평균 성장률은 7%대였으며 2005년 10월에 열린 중국 공산당 중앙위원회 제5차 전체회의에서 발표된 2006-10년 기간의 연간 기대 성장률은 8.5%였다. 즉, 중국정부 자신도 향후 보다 높은 성장률을 예상했던 것이다.

30 Alastair Iain Johnston and Robert S. Ross (eds.), *Engaging China: The Management of an Emerging Power* (London: Routledge, 1999); Herbert Yee and Ian Storey (eds.), *China Threat: Perceptions, Myth, and Reality* (London: Routledge Curzon, 2002); Barry Buzan, "How and to Whom Does China Matter?" in Barry Buzan and Rosemary Foot (ed.), *Does China Matter? A Reassessment* (London: Routledge, 2004), ch. 10; David Shambaugh (ed.), *Power Shifts: China and Asia's New Dynamics* (Berkeley: University of California Press, 2005); David Kang, *China Rising: Peace, Power and Order in East Asia* (New York: Columbia University Press, 2008); Shiping Tang, Mingjiang Lee and Amitav Acharya (eds.), *Living with China: Regional States and China through Crises and Turning Points* (Basingstoke: Palgrave, 2009).

31 Jae Ho Chung, "East Asia Responds to the Rise of China: Patterns and Variations" *Pacific Affairs*, Vol. 82, No. 4 (Winter 2009/10), pp. 657-675 참조.

32 예컨대 G. John Ikenberry, "American Hegemony and East Asian Order," *Australian Journal of International Affairs*, Vol. 58, No. 3 (September 2004), pp. 353-367을 보라.

33 전자의 입장으로는 Gerald Segal, "Does China Matter?" *Foreign Affairs*, Vol. 78, No. 5 (September/October 1999), pp. 24-36; Robert G. Sutter, *China's Rise in Asia: Promises and Perils* (Lanham: Rowman & Littlefield, 2005)를 보라. 그리고 후자의 입장으로는 Franz Schurmann, "China Replaces Russia as America's Global Partner" 〈http://news.pacificnews.org〉, November 4, 2002; John Mearsheimer, *The Tragedy of Great Power Politics* (New York: Norton, 2001), pp. 373-377; idem, "China's Unpeaceful Rise," *Current History*, No. 105 (2006), pp. 160-162를 보라.

34 Peter Gries, "The Future of U.S.-China Relations: System, State, and Individual-Level Drivers," in Chung (ed.), *Charting China's Future*, ch. 7.

35 이들 열 가지 방안 가운데 일부는 다음의 자료에서 차용했음을 밝힌다. Randall L. Schwaller, "Managing the Rise of Great Powers: History and Theory"와 Alastair Iain Johnston and Robert S. Ross, "Conclusion," in Johnston and Ross (eds.), *Engaging China*, pp. 7-17과 273-278; Mearsheimer, *The Tragedy of Great Power Politics*, ch. 5; Jae Ho Chung, "South Korea between Eagle and Dragon: Perceptual Ambivalence and Strategic Dilemma," *Asia Survey*, Vol. 41, No. 5 (September-October 2001), pp. 788-793.

36 경제적 의존도의 측면에서 한국이 중국으로부터 그리 자유롭지 않게 되었다는 점에 대해서는 이미 제8장에서 자세한 논의를 제공하였다.

37 예방전쟁의 일반논리에 대해서는 Jack Levy, "Declining Power and the Preventive Motivation for War," *World Politics*, Vol. 40, No. 1 (October 1987), pp. 82-107을 참조하라.

38 이러한 지리적 "불가분성"이 갖는 중요성에 대해서는 劉鳴, "韓國的地緣位置與其外交和安全政策,"『亞太論壇』, 3/4期 (1999年) p. 37을 보라.

39 중국의 금수조치가 초래한 악영향에 대해서는 Jae Ho Chung, "From a Special Relationship to a Normal Partnership: Interpreting the 'Garlic Battle' in Sino-South Korean Relations," *Pacific Affairs*, Vol. 76, No. 4 (Winter 2003-2004), pp. 549-568을 참조할 것. 대 중국 경제의존도의 증가가 한국의 전략적 선택의 폭을 좁힌다는 견해로 Scott Snyder, *China's Rise and the Two Koreas* (Boulder: Lynne Rienner, 2009), pp. 3-15를 보라.

40 한국을 '주변국'이 아닌 '전략적 요충지'(集聚區域) 또는 '전선국가'(前線國)로 보는 중국의 관점으로 王傳劍, "從雙重渴制到雙重規制: 戰後美韓軍事同盟的歷史考察,"『美國硏究』, 2期 (2002), p. 37을 보라. 미국도 유사한 인식을 갖고 있는데, 한반도를 미국의 5대 지정학적 중심축 국가 중 하나로 보는 관

점으로 Zbigniew Brzezinski, *The Grand Chessboard: American Primacy and Its Geostrategic Imperatives* (New York: Basic Books, 1998), pp. 63-64를 보라.

41 '완충국가'와 '주변국가'의 정의는 Trygve Mathisen, *The Functions of Small States in the Strategies of the Great Powers* (Oslo: Universitetsforlaget, 1971), pp. 84, 107을 참조. 완충국가의 경우에 그 중립이 제대로 실현되기 어려움을 설명한 글로 Efraim Karsh, *Neutrality and Small States* (London: Routledge, 1988), pp. 82-83을 보라. 한국의 맥락에서 이와 유사한 결론을 내린 글로 Robert A. Manning and James J. Przystup, "Asia's Transition Diplomacy: Hedging Against Future Shock," *Survival*, Vol. 41, No. 3 (Autumn 1999), p. 54를 보라.

42 "중추국가"의 개념은 Robert Chase, Emily Hill, and Paul Kennedy (eds.), *Pivotal States: A New Framework for U.S. Policy in the Developing World* (New York: Norton, 1999), pp. 1-14를 참조하라.

43 '편승'의 개념에 대하여는 Randall L. Schweller, "Bandwagoning for Profit: Bringing the Revisionist State Back In," *International Security*, Vol. 19, No. 1 (Summer 1994)을 보라.

44 Fitzgerald, "The Reports of My Death Have Been Greatly Exaggerated," pp. 19-24; Hongyi Harry Lai, "The Life Span of Unified Regimes in China," *The China Review*, Vol. 2, No. 2 (Fall 2002), pp. 93-124.

45 Chung, "South Korea between Eagle and Dragon," pp. 788-790을 보라.

46 예컨대 국가안전보장회의, 『평화번영과 국가안보』 (서울: 국가안전보장회의, 2004), pp. 15, 24, 28을 보라.

47 中華人民共和國 外交部 政策硏究司 (編), 『中國外交 2007』 (北京: 世界知識出版社, 2007), p. 100; 『中國外交 2010』 (北京: 世界知識出版社, 2010), p. 96을 보라.

48 예컨대 尹桂云, "合作安全:亚太地区可行的安全模式选择," 『當代亞太』, 10期 (1999年), p. 33을 보라.

49 Alastair Iain Johnston, "The Myth of the ASEAN Way? Explaining the Evolution of the ASEAN Regional Forum," in Helga Haftendorn, Robert O. Keohane, and Celeste A. Wallander (ed.), *Imperfect Unions: Security Institutions Over Time and Space* (Oxford: Oxford University Press, 1999), pp. 287-324; Jae Ho Chung, "China and Northeast Asia: A Complex Equation for 'Peaceful Rise,'" *Politics*, Vol. 27, No. 3 (2007), pp. 156-164.

50 교류/관여의 개념에 대하여는 Evan Resnick, "Defining Engagement,"

Journal of Intenational Affairs, Vol. 54, No. 2 (Spring 2001), pp. 556-559; Michael Mastanduno, "The Strategy of Economic Engagement: Theory and Practice," in Edward D. Mansfield and Brian M. Pollins (eds.), *Economic Interdependence and International Conflict: New Perspectives on an Enduring Debate* (Ann Arbor: University of Michigan Press, 2003), pp. 175-186을 참조하라.

51 한국의 대 중국 교류정책에 대한 긍정적인 평가에 대하여는 Victor D. Cha, "Engaging China: The View from Korea," in *Engaging China*, pp. 43-46; Chung, "South Korea between Eagle and Dragon," pp. 781-785; Jae Ho Chung, "Korea and China in Northeast Asia: From Stable Bifurcation to Complex Interdependence," in Charles K. Armstrong, Gilbert Rozman, Samuel S. Kim and Stephen Kotkin (eds.), *Korea at the Center: Dynamics of Regionalism in Northeast Asia* (Armonk, N.Y.: M. E. Sharpe, 2006), pp. 206-210을 보라.

52 Jianwei Wang and Xinbo Wu, *Against Us or With Us: The Chinese Perspective of America's Alliances with Japan and Korea*, Discussion Papers (The Asia/Pacific Research Center, Stanford University, May 1998); 王帆, "美韓同盟及未來走向,"『外交學院學報』, 2期 (2001年), pp. 62-63; Changhee Nam and Seiichiro Takagi, "Rising China and Shifting Alliances in Northeast Asia: Opportunities and Challenges Facing America and its Allies," *Korean Journal of Defense Analysis*, Vol. 16, No. 2 (2004), pp. 165, 179.

53 봉쇄의 정의에 대해서는 John Lewis Gaddis, *Strategies of Containment: A Critical Appraisal of Postwar American National Security Policy* (Oxford: Oxford University Press, 1982), ch. 1; Mearsheimer, *The Tragedy of Great Power Politics*, pp. 156-157을 보라.

54 중국 측의 해석에 따르면, '동반자관계'는 "서로 적대하지 않으며 위험을 분담하는"(互不爲敵 同當風險) 성격을 지니며 전통적인 '동맹'을 대체하는 개념으로 주로 사용된다. 張建華,『解決中國再度面臨的緊要問題』(北京: 經濟日報出版社, 2000), pp. 503, 517, 523; 鳴福寶, "夥伴關係重塑中共大國地位之成效分析,"『中共硏究』, 35卷, 2號 (2001年 2月), pp. 107-117. 2008년 5월 서울에서 열린 한 세미나에서 부시행정부 때 국가안보회의 아시아담당 선임보좌관을 지낸 그린(Michael Green)은 한국이 중국과 '전략적 동반자관계'를 맺은 것에 대해 명시적으로 불만을 표시하기도 했다.

55 이에 대한 심층 논의는 후술하겠다.

56 Evan Medeiros, "Strategic Hedging and the Future of Asia-Pacific

Stability," *The Washington Quarterly*, Vol. 29, No. 1 (Winter 2005/06), pp. 145-168; Evelyn Goh, "Understanding 'Hedging' in Asia-Pacific Security," *PacNet Newsletter*, No. 43, August 31, 2006 at http://www.csis.org/pacfor/pacnet (최종 검색일: 2007년 3월 2일)을 보라. 실제로 동아시아 국가들 과반 이상이 이 방안을 수행하고 있는 것으로 평가된다. Chung, "East Asia Responds to the Rise of China," pp. 665-669를 보라.

57 한국이 '양다리 걸치기' 전략을 회피한다는 시각은 Johnston and Ross, "Conclusion," p. 288을 참조하라. 그러나 이러한 평가는 대체로 90년대 중반 이전까지의 기간에만 적용되는 것으로 보인다.

58 한국정부가 처음에는 ABM 조약의 유지를 지지하며 러시아의 손을 들어주었으나, 곧이어 미국이 추진하려는 국가미사일방위체제(NMD) 계획에 반대하지 않는다며 워싱턴의 편에 섰다. 결과적으로 한국은 미국과 러시아 모두로부터 신뢰를 잃고 비판을 받는 처지에 놓였다. 『동아일보』, 2001년 3월 3일, 10일, 24일 자를 보라.

59 '정신'과 외교력에 대한 보다 구체적인 논의와 제언은 이 책의 14장을 참조하라.

60 Gilbert Rozman, *Northeast Asia's Stunted Regionalism: Bilateral Distrust in the Shadow of Globalization* (Cambridge: Cambridge University Press, 2004), pp. 170-171.

61 1999년 초 10개국을 대상으로 한 여론조사에 따르면 북한 미사일에 대한 위협인식과 관련해 한국은 6위를 기록했으며, 전역미사일방어체제(TMD) 계획에 대한 찬성도도 9위에 머무르는 데에 그쳤다. *Far Eastern Economic Review*, March 18, 1999, p. 36.

62 필자와 대화를 나눈 다수의 중국인 관리들과 학자들은 중국이 지칭하는 '안정'의 의미를 군사적 분쟁이 없는 상태에서 - 통일 여부와는 관계 없이 - 한반도에 대한 중국의 영향력이 점진적으로 제고되는 일종의 '스며들 듯이 커져가는 우위'로 해석하였다. Wu Baiyi, "China on the Korean Peninsula: Interests and Role," *Korean Journal of Security Affairs*, Vol. 11, No. 1 (June 2006), pp. 66-68을 보라.

63 미국에서 여론 주도층과 싱크탱크들이 수행하는 역할의 중요성은 상론의 필요가 없겠다. 중국의 경우에도 1990년대 말부터 싱크탱크와 정책 전문가들의 비중이 점차로 증대되는 추세에 있다. 전자와 관련해서는 James A. Smith, *The Idea Brokers: Think Tanks and the Rise of the New Policy Elite* (New York: Free Press, 1991); Donald E. Abelson, *American Think Tanks and Their Role in U.S. Foreign Policy* (New York: McMillan, 1996)를 보라.

그리고 후자에 대해서는 *The China Quarterly*, No. 171 (September 2002), pp. 575-624에 실린 Shambaugh, Glaser and Saunders, 그리고 Gill and Mulvenon의 논문 세 편을 참조하라.

64 1990년대 대부분의 예측은 2050년을 미-중 간 세력 전이의 시점으로 잡았으나, 2000년대에 들어와 2030년 또는 그 이전(2020년)으로까지 그 시점이 점차 앞당겨지고 있음을 주목할 필요가 있다. 『조선일보』, 2008년 9월 25일; Robert Fogel, "$123,000,000,000,000: China's Estimated Economy by the Year 2040," *Foreign Policy* (January/February 2010)을 보라.

65 미국인 전문가들의 경우 18%만이 핵심 경쟁영역으로 군사 부문을 꼽았으며, 중국인 전문가들은 2004년에는 0%, 2007년의 경우에는 5%만이 군사 영역을 선택했다.

66 독자적인 규범의 장(場)을 갈구하는 중국의 열망에 대해서는 Rosemary Foot, *The Practice of Power: U.S. Relations with China Since 1949* (Oxford: Oxford University Press, 1995), pp. 264-265와 朱馬杰, "加強軟國力建設是中國和平發展的戰略選擇," pp. 25-42를 볼 것.

67 Joseph S. Nye, "The Decline of America's Soft Power: Why Washington Should Worry," *Foreign Affairs*, Vol. 83, No. 3 (May/June 2004), pp. 16-20.

68 2009년의 한 설문조사에서 중국인 응답자의 44%는 한-미 동맹이 중국에게 '위협'이 된다고 인식한 반면 33%는 위협이 없다고 답했다. 『조선일보』, 2009년 10월 22일 자를 참조. 중국의 한-미 동맹에 대한 인식은 유동적일 뿐 아니라 2010년 3월 천안함 사건 이후 보다 역동적으로 변하고 있는 것으로 보인다. 정재호, "중국의 한-미 동맹 인식변화와 한국의 대응," 정재호 (편), 『중국을 고민하다-한중관계의 딜레마와 해법』 (서울: 삼성경제연구소, 2011), 5장을 보라.

69 이와 같은 '최악 상황'에 대한 지적은 정재호, "중국의 부상, 미국의 견제, 한국의 딜레마," 『신동아』 (2000년 10월), pp. 255-256에서 처음 다루어졌다. 미국과의 동맹을 둘러싸고 중국의 '부상'이 호주에 대해 파생시키는 유사한 딜레마에 대해서는 John Kerin, "Canberra's Catch-22: The U.S. or China," *Weekend Australian*, May 8-9, 2004를 참조하라. 유사시 중국이 미사일 공격을 통해 한국과 일본에 소재한 미 공군 기지 6곳 중 5개소를 무력화시킬 수 있다는 전망도 있다. Tony Capaccio, "Chinese Missiles Could Close US Bases in Attack," *Bloomberg Businessweek*, November 11, 2010을 보라.

70 위키리크스(WikiLeaks)에 따르면, 2009년 12월 21일 청융화(程永華) 당시 주한 중국대사와 캐서린 스티븐스 주한 미국대사와의 만찬에 배석했던 천

하이(陳海) 정무참사관은 "청나라가 명조를 대체한 후에도 조선은 명에 조공을 보냈듯이, 한국은 변화하는 환경(중국의 부상을 가리키는 듯)에 대한 두려움을 갖고 있다"고 말했다. 즉, 주한 미국대사에게 한국이 가야할 곳은 미국이 아니라 중국이라는 요지의 발언을 한 것이다. 『조선일보』, 2011년 1월 5일을 보라. 이에 대한 한국 언론의 반론으로 안성규(국제외교안보 에디터), "'조선, 명 대신 청 택해야 했다'는 청융화 대사에게," 『중앙Sunday』, 2011년 1월 9/10일 자를 보라.

71 물론 우리의 대 중국 및 미국 인식에 따라 이러한 시점의 장단은 유연하게 바뀔 수도 있다. 천안함, 연평도 사건의 와중에 드러난 중국의 모습과 우리의 대응을 보면 그 시점이 훨씬 빨리 올 수도 있는 것처럼 보이기 때문이다.

72 안보적 고려로 인해 1997년 이후 금융위기에 빠진 한국을 돕기 위해 미국은 중추적인 역할을 수행했다. Lawrence B. Krause, *The Economics and Politics of the Asian Financial Crisis of 1997-1998* (New York: Council on Foreign Relations, 1998), pp. 224-225, 228-230을 보라. 또 2010년의 한 조사에 따르면 미국(16.5%)보다는 중국(30.4%)을 통일의 장애로 인식하는 한국민의 비율이 훨씬 높았다. 『EAI여론 브리핑』, 84호 (2010년 6월 25일) 참조.

73 Jack Snyder, "The Security Dilemma in Alliance Politics," *World Politics*, Vol. 36, No. 4 (July 1984), pp. 466-474를 참조하라.

74 한국의 이러한 대 일본 인식에 대한 미국의 둔감함에 대해서는 Nicholas D. Kristof, "The Problem of Memory," *Foreign Affairs* (November/December 1998), pp. 37-49를 보라. '미-일 신방위협력지침' 등에서 미국은 일본의 전반적인 - 한반도 문제를 포함한 - 안보 역할의 강화를 주문하고 있다. Morton I. Abramowitz, James T. Laney, and Michael J. Green, *Managing Change on the Korean Peninsula* (New York: Council on Foreign Relations, 1998), pp. 32-33. 이러한 추세에 대한 중국의 우려에 관하여는 孫承, "美國要提升日本," 『世界知識』, 8期 (2001年) pp. 14-15를 보라.

75 중국이 한국을 움직일 다양한 수단을 갖고 있다는 내용의 사설은 『環球時報』, 2010년 12월 23일을 보라. 그리고 한국의 대 중국 경제의존도를 활용해 한-미 동맹을 희석시켜야 한다는 논의로 鈕維敢, "論冷戰遺留的美韓同盟," 『軍事歷史研究』, 2期 (2009年), pp. 119-120을 보라.

76 심히 경직된 동맹관계가 초래하는 연루의 가능성에 대해서는 Charles W. Kegley Jr. and Gregory A. Raymond, "Networks of Intrigue? Realpolitik, Alliances, and International Security," in Frank W. Wayman and Paul F. Diehl (eds.), *Reconstructing Realpolitik* (Ann Arbor: University of Michigan

Press, 1994), pp. 190-194를 볼 것.

77 동맹의 틀 속에서 축소된 한국의 주권을 지적하는 중국 측 연구로 王傳劍, "從'雙重遏制'到'雙重規制' - 戰後美韓军事同盟的歷史考察," 『美國硏究』, 第2期 (2002), p. 32; 张玉山, "新地缘政治環境下的韓美同盟關係," 『亞非縱橫』, 第5期 (2006), pp. 40-41을 보라.

78 이러한 가능성은 Jae Ho Chung, "China's Korea Policy under the New Leadership: Stealth Changes in the Making?" *Journal of East Asian Affairs*, Vol. 18, No. 1 (Spring/Summer 2004), pp. 1-18; Jae Ho Chung and Myung-hae Choi, "Uncomfortable Allies or Uncertain Neighbors? Making Sense of China-North Korea Relations, 1949-2009,"(근간)을 보라.

79 이와 관련해 정재호 (편), 『중국을 고민하다-한중관계의 딜레마와 해법』을 참조하라.

80 Thomas Hobbes, *Leviathan* (1651), ch. 13 in C.B. MacPherson (ed.), *Hobbes' Leviathan* (Harmonsworth: Pelican Books, 1968), p. 185.

81 대부분의 현실주의자들은 동북아에서 '무정부 상태'의 지속이 궁극적으로 매우 위험한 결과를 초래할 것으로 전망하고 있다. Richard Betts, "Wealth, Power, and Instability: East Asia and the United States after the Cold War," *International Security*, Vol. 18, No. 3 (Winter 1993/94), pp. 34-77; Thomas J. Christensen, "China, the U.S.-Japan Alliance, and the Security Dilemma in East Asia," *International Security*, Vol. 23, No. 4 (Spring 1999), pp. 49-80; Mearsheimer, *The Tragedy of Great Power Politics*, pp. 396-402를 보라.

82 Nicholas Eberstadt and Richard J. Ellings, "Assessing Interests and Objectives," in Nicholas Eberstadt and Richard J. Ellings (eds.), *Korea's Future and Great Powers* (Seattle: University of Washington Press, 2001), pp. 320-340.

83 이에 대한 상세한 논의는 14장을 참조하기 바람.

84 초기에는 미국도 한국에서의 '중국 열풍'이 단순히 경제적 성격만을 갖는 것으로 오해했었다. 예컨대 Office of Research(국무성) "For South Koreans, China's Draw Is Mainly Economic," *Opinion Analysis*, M-127-03, September 30, 2003을 보라.

제14장
명민외교를 위한 제언

본 장에서는 이 책의 서장에서 처음 제기했으며, 또 몇 개의 장에서 그 필요성에 대해 간략히 언급한 바 있는 '명민외교'(明敏外交)의 구체적 내용에 대해 논하고자 한다. 필자가 명민외교를 강조하는 이유는 21세기 초 목하 한국과 한반도가 처한 지정학적 상황이 그리 간단치 않으며, 특히 중국의 급속한 부상이 만들어낼 충격에 대한 특별한 대비가 필요한 것으로 판단되기 때문이다. 어쩌면 늘 그래왔듯이, 현재 한국의 대외환경은 전반적으로 그리 우호적이지 않고 안정적이지도 않으며 또 고도의 불확실성을 띠고 있다고 평가할 수 있다. 따라서 우리가 어떤 대외전략과 외교정책을 택하며, 또 이를 어떻게 집행하는지가 우리의 '국익'을 지키는 데에 있어 가장 핵심적일 수밖에 없음이 강조될 필요가 있다.

이미 8장에서 자세히 논의했듯이, 반세기에 걸쳐 치열하게 전개되었던 냉전의 종식은 국제정치 전반과 동아시아에 안정을 가져오기보다는 오히려 새로운 도전과 분규의 근원을 제공했다. 또 유럽과 달리 '지역공동체' 인식이나 역내 안보협력을 위한 구조가 부재한 상황에서는 개별 국가의 외교적 선택 하나하나가 국익의 유지와 제고에 결정적 영향을 미칠 수밖에 없다. 이에 더해 한국은 '패권국' 미국과는 군사동맹을 맺고 있으며, '부상국'이자 역내 '중심국가'인 중국과는 가장 밀접한 경제관계를 유지하고 있어, 미-중 관계의 변화 자체가 한국의 대외관계와 국익에 직접적이고도 지대한 영향을 미칠 수밖에 없는 구조 안에 들어있다.

13장에서도 언급했지만, 중국의 고성장은 앞으로도 상당 기간 지속될 것으로 보이며 일본과 같이 장기간의 침체에 빠질 개연성은 그리 높지 않은 것으로 평가된다. 한 조사에 따르면 2030년 이전에 중국의 국내총생산(GDP)이 미국의 그것을 상회할 것으로 나타났으며, 그 근거 중 하나가 바로 "중국의 지속적 성장이 확실시 된다"

(China's continued growth guaranteed)는 전망이었다.[1] 흥미로운 것은 중국 경제규모의 미국 추월에 대한 예상 시점이 점차 앞당겨지고 있다는 점이다. 1990년대 말만 해도 빨라야 2050년 경으로 보던 것에서, 최근에는 2027년(골드만 삭스), 2025년(JP 모간), 2020년(도이체방크), 2019년(영국왕립경제사회연구소)까지 그 전망이 속속 앞당겨지고 있기 때문이다.[2]

미국발 경제위기가 일정한 영향을 미치더라도 중국의 부상이라는 추세 그 자체를 되돌릴 수는 없을 것으로 보인다. 이와 맞물려 한국에서도 향후 30년간 한국의 정치, 경제 및 외교안보에 가장 큰 영향을 미칠 국가로 미국(30.1%)이 아닌 중국(52.3%)이 뽑힌 것은 적잖은 함의를 갖는 것으로 평가된다.[3] 이런 와중에 2008년 들어 미국과는 '가치에 기반을 둔 전략적 동맹'(strategic alliance based on shared values)을, 그리고 중국과는 '전략적 협력동반자관계'(strategic cooperative partnership)를 맺음으로써 한국은 미-중 관계라는 핵심변수로부터 보다 직접적인 영향을 받을 수밖에 없는 자리에 한걸음 더 다가가게 되었다.

여기에 더해 - 11장에서 상세히 논했듯이 - 북한/북핵 문제를 둘러싼 고도의 불확실성과 불안정성이 앞으로 더욱 부각될 개연성이 크다. 북한의 체제 유지와 북핵 문제의 해결과 관련해 미국과 중국이 갖고 있는 국익의 정의가 일치되기 어려운 상황에서 한국의 정책적 선택은 상당한 어려움을 내포할 수밖에 없기 때문이다. 천안함과 연평도 피폭 사건 이후 일련의 과정에서 노정된 중국의 입장은 한-중 관계의 현주소를 잘 보여주었다. 김정일 국방위원장의 유고 시 - 즉, 안정적인 권력 승계가 불확실하고 사회 안정의 유지가 어려울 때 - 한, 미, 중 사이의 입장 차가 여실히 드러날 수도 있다. 또 '급변사태'와 맞물려 대량살상무기(WMD)의 유출을 통제하기 위한 한-미 공동 군사작전이 실제로 집행될 경우, 중국의 개입이 불가피해지고, 따라서 한국은 미-중 사이에서 상당히 미묘한 입장에 처할 가능성이 있다.[4)]

뿐만 아니라 미국 및 중국과의 개별적 양자관계에 있어서도 예전과 달리 한국이 여러 가지로 어려운 상황에 처해 있는 것으로 평가된다. 미국과의 관계를 놓고 볼 때 - 이명박 정부 출범 이후 한-미 동맹 강화의 다양한 노력에도 불구하고 - 10여 년 전과 같은 관계로의 완전한 복귀는 쉽지 않을 것으로 보인다. 이미 국내 및 국제정치의 구조와 인식이 이전과는 상당히 달라졌기 때문이다.[5)] 한-중 관계에서도 2004년 고구려사 논쟁의 발발 이후 양국 간 상호인식이 점차로 악화되어 한국 내 반중(反中) 정서 및 중국 내 '혐한류'(嫌韓流)의 확산이 큰 문제로 등장했으며, 이에 대한 해결책을 찾기가 그리 쉽지 않아 보인다.[6)] 민간 차원에 국한되었던 한-중 간의 부정적 상호인식은 2010년 천안함, 연평도 사건을 거치면서 정부 간 인식에도 그 범위를 일부 넓힌 셈이 되었다.[7)] 공식적으로는 '전략적 협력동반자관계'임에도 불구하고 한-중 관계가 예전과는 사뭇 다른 어떤 정서와 동학을 내포하기 시작한 것이다.[8)]

이상에서 논한 것처럼 21세기 한반도가 처한 상황과 한국의 대외관계가 직면하고 있는 고도의 불확실성을 감안할 때, 우리는 과연 무엇을 어떻게 해야 할 것인가? 미국과 중국 사이에서 한국이 처하게 될 전략적 딜레마를 어떻게 풀어야 할지에 대해서는 이미 13장에서 자세한 논의를 제시한 바 있다. 따라서 본서의 결론 부분이라고 할 수 있는 이 장에서는 다른 나라를 탓하고 이유로 들기보다는 서장에서 언급했던 것처럼, 우리가 - 한국정부뿐 아니라 우리 사회가 함께 - '명석한 이해와 철저한 준비에 바탕을 두되 민활한 대처를 할 수 있는 능력과 의지를 가진 외교,' 즉 '명민외교'를 수행해야 함을 강조하고자 한다.[9] 이를 위해 우선 '명민외교'의 개념을 구체적으로 정의하고 이의 성공적인 수행을 위한 제조건들을 적시할 필요가 있겠다.

명민외교의 개념과 내용

'명민외교'는 오로지 한국에게만 적용되거나 중국만을 대상으로 하는 그런 특수한 개념이 아니다. 강대국도 약소국도 아닌 '중형 강국'으로서 분단국 한국이 지향해야 할 국가목표와 외교적 좌표가 분명히 있는 만큼, 한국적인 상황과 조건들도 그 안에 분명히 내포되어 있다. 무엇보다도 우선 '명민외교'는 지나친 낙관론을 경계해야 함을 그 당위적 전제로 삼고 있다. 여러 사례와 기록을 통해 볼 때, 한국 외교는 대체로 '어쨌든 잘 풀릴 것이며 그다지 큰 문제가 없을 것'이라는 낙관론적 인식에 주로 의존해온 것으로 평가된다. 물론 외교의 수행에 있어 긍정적 전망과 심리는 필요한 것이지만, 국익 수호의 최전선이자 마지막 보루일 수밖에 없는 외교에서는 일반적으로 낙관론보다는 신중론이 훨씬 더 유용해 보인다. 문제가 발생할 가능성이 0.01퍼센트라도 있다면 낙관론보다는 신중론에 의거해 문제 발생 시 구체적으로 어떻게 대처해야 할지를 치밀하게 따지고 또 사전에 대비해야 한다는 것이다. 그러한 대비 없이 큰 문제가 생길 경우, 백이면 백 극도로 당황한 상황에서 엄청난 국익의 손실을 입을 수밖에 없다.[10)]

그렇다면 신중론에 입각한다는 것은 구체적으로 무엇을 의미하는가? 신중론이란 일단 철저한 사전 준비를 전제로 하며, 현안이 발생하기 전에 미리 다양한 상황의 가능성에 대한 연구가 진행된 상태에서, 각각의 상황에 있어 어떤 대책이 국익 제고에 효용이 가장 클 것인지에 대한 계서화(階序化)된 답을 갖고 있음을 지칭한다. 이와 관련해 가장 중시해야 할 것은 '유의미한' 정책연구(policy research)에 대한 진지한 관심인데, 자국의 안보환경과 미래 시나리오에 대한 독자적이고도 체계적인 평가의 수행을 의미한다.[11] 이러한 전략적 '자기분석'은 학술적 연구와 정책적 효용 양자 모두에 기초해 대외전략과 외교정책의 여러 선택들(options)이 지니는 한계점을 신중하게 평가하고 현안 발생에 대비하는 귀중하고도 유용한 지침을 제공할 수 있다. 이를 위해서는 외교를 직접 담당하는 정부 부처들뿐 아니라 - 실제로는 전자가 대체로 일상적 사무(day-to-day businesses)에 매몰되어 있기 때문에 - 싱크탱크 및 대학 등과의 긴밀한 연계 속에서 체계적이며 지속적인 연구가 이루어져야만 할 것이다.[12]

너무나도 당연하고 원론적인 이야기로 들릴 수 있는 위의 제언이 실상 제대로 이루어지지 않는 이유는 무엇일까? 십수 년 전과 비교하면 한국에서도 관학교류(官學交流)의 폭과 빈도가 대폭 늘어난 것이 사실이지만, 그 실질적인 내용과 효과는 여전히 빈약하다는 평가를 벗어나기 어려울 것이다. 관학연계의 실질적인 어려움과 관련해 십 년 전 한 외교관이 내렸던 평가가 지금도 상당 부분 적실해 보인다.

> 현 단계에서 중국 문제에 관한 우리의 관학교류가 미미한 것은 공무원 입장에서는 상호보완적인 관학교류의 필요성은 인정하면서도 당장 풀어야 할 현안에 도움이 되는지의 단기적인 유용성을 중시하고 있고, 이런 측면에서 학계의 연구실적을 참고하는 경향이 있기 때문이며, 대 중국 정책의 수립과정에 중국정치

학계인사를 보다 적극적으로 활용하고자 하는 의지가 부족한 데 기인한다고 볼 수 있다.[13)]

여전히 관학교류는 체계적이거나 제도화되기보다는 일회성인 경우가 대부분이며, 그때그때 정부 부처들이 직면한 현안 해결의 필요를 위해 급하게 이루어지는 경우가 많다. 사실 정부 측에서 학계의 자세한 상황을 제대로 파악하고 있지도 않으며 구태여 상세히 알려고 하지도 않는 것 같다.[14)] 전략과 기획보다는 현안과 일상에 매몰된 상태에서, 학계의 유용한 역할이나 비중은 줄어들 수밖에 없을 것이다. 뿐만 아니라 어쩌다 중장기적인 전략 수립을 위한 기획과 연구를 함께 수행하는 경우에도, 이에 들어간 시간과 노력만큼의 피드백(feedback)과 정책에의 반영이 실제로 이루어지는지 참여학자로서는 알 수 없는 경우가 대부분이다. 그러한 경험은 곧 학자들로 하여금 타성적인 참여에 그치도록 만들고 관학교류가 의도하는 시너지(synergy)를 줄이는 쪽으로 작동하는 것이다.

관학교류의 부족과 그 효용성에 대한 아쉬운 평가에 대해 학계도 물론 일정한 책임을 질 필요가 있는데, 그동안 정책과정 및 자문에 참여했던 학자들이 충분히 또 성실히 제 몫을 다하지 못했던 탓도 있기 때문이다. 그러나 어찌 보면 고급정보와 '실전'에 익숙한 외교담당자들이 학자들을 '전문가'로 인정해주기 꺼렸던 소위 '장벽'의 문제도 여기에 한 몫을 했던 것으로 보인다.[15)] 특히, 한국처럼 학자들이 외교관이나 정부관리로 임명될 가능성이 높은 환경에서는 외교담당자들이 학자들을 '잠재적 경쟁자'로 인식하고 암묵적으로 그 '장벽'을 높이는 경우도 있기 때문이다. 물론 이러한 교류와 '장벽'의 문제가 단지 한국에만 있는 것은 아니지만 서로 다른 영역 사이의 대화와 소통이 서구 사회보다 조금은 덜 제도화되어 있고

더 분절화되어 있는 것으로 평가된다.[16)]

'명민외교'의 또 다른 핵심 조건에는 국익에 불리한 상황의 전개가 일어날 경우, 이에 적극적으로 대처할 능력을 가진 국제적 연계망의 유지와 국내적 인재풀의 양성이 포함된다.[17)] 과연 이러한 능력과 관련해 우리는 현재의 우리 자신에 대해 어떤 평가를 내릴 수 있을 것인가? 2008년 7월 대통령자문 미래기획위원회가 발표한 『선진화와 한국의 위치』라는 보고서에 따르면, 세계 13위의 GDP 규모를 가진 한국의 실제 국가위상은 GDP의 29퍼센트 수준에 불과한 것으로 나타났다. 즉, 경제력만큼의 국가위상을 견지하지 못한다는 의미인 것이다. 또 OECD 30개국을 포함한 총 40개 나라에 대한 국가선진화지수 평가에서도 한국은 30위에 그쳤으며, 그중 국제화지수는 35위에 불과한 것으로 보도되었다.[18)] 국제기구를 통한 공동활동 평가에서 드러난 한국 공무원들의 영어 구사력은 최하위권으로 알려졌다. 2008년에 불거진 '미국산 쇠고기 파동'에서 여실히 드러난 것처럼, 강화된 동물성 사료 금지조치와 관련한 미국 식품의약국(FDA)의 보도자료를 오역한 것도 회자되는 예 중의 하나이다.[19)]

한국의 외교역량에 대한 비판과 관련해 자주 듣게 되는 정부 측 반론은 주로 '부족한 인력'에 대한 것이다. 즉, 한국의 외교담당 전문인력의 규모가 너무 작아 일상적인 현안을 챙기기에도 역부족이며, 따라서 장기적이며 전략적인 기획을 하기에는 턱없이 부족하다는 논지를 지칭한다. 실제로 이러한 반론이 타당한 측면도 적지 않다. 아래 〈표 14-1〉에서 보듯이 한국의 외교전담 인력은 정체/감소의 추세를 오랜 동안 이어왔다. 이는 1997년 이후 금융위기로 인해 적잖은 수의 군소 공관들을 폐쇄했던 까닭도 있지만, 외교 기능의 급속한 확대를 받쳐주지 못한 국내 인식의 문제도 일부 있었던 것으로 보인다. 또 1998년의 정부 총예산 중 0.78퍼센트를 차지했던 외교부의 예산 비중이 2005년에는 0.68퍼센트로 줄어든 것을 보더라도 이러한 논리에 적실성이 아주 없다고 할 수는 없다.[20)]

표 14-1
대한민국 외교통상부 정원 추이 (정규직원 총원: 명)

1990	1997	1998	2000	2005	2006	2007	2008
1,602	1,664	1,569	1,526	1,618	1,730	1,944	1,923

출처 『21세기 외교역량 강화를 위한 비전과 과제』 (서울: 외교안보연구원, 2006), p. 91; 외교통상부, 『한국외교 60년, 1948-2008』 (서울: 외교통상부, 2009), p. 353.

관점을 조금만 바꿔서 이 문제를 다시 한 번 살펴보자. 우선 인구 10만 명 당 33.6인의 외교인력을 가진 한국이 자주 비교되었던 것은 덴마크(335인), 호주(103인) 및 네덜란드(190인) 사례였지만, 반면에 한국보다 훨씬 더 크고 강한 나라인 미국(58인)과 일본(42인)이 별로 비교 대상으로 언급되지 않았던 것은 왜일까? 뿐만 아니라 동남아에서 대 미국 및 대 중국 외교를 가장 능숙히 수행하는 것으로 알려진 싱가포르의 외교인력 총원은 1,309명(2008년 기준)으로 우리보다 턱없이 적은 실정이다.[21)] 특히 〈표 14-1〉에서 보듯이 2005-8년 기간에 외교통상부의 정규직원 총수가 22퍼센트나 늘었지만, 이 기간 동안 한국외교가 특별히 더 나아지고 큰 문제가 발생하지 않았다고 보기도 어렵다. 바로 여기서 생기는 질문이 있는데, 이는 곧 적은 인력 규모와 부족한 예산의 문제만 해결되면 과연 한국 외교가 중대한 문제들로부터 자유로울 것인가 하는 점이다.[22)]

한국의 외교역량 강화를 논의하기 위해 열린 몇 년 전의 한 회의에서 나왔던 발언들이 이에 대한 부분적인 해답을 제공하는 것으로 보인다. 한 학자가 제시했던 "냉엄하고도 처절한 강대국 국제정치의 와중에서 약소국인 한국의 존망을 위해 외교부가 얼마나 피말리는 고민과 노력을 했던가?"라는 평가는 우리에게 적잖은 생각을 하도록 만든다. 그 회의가 열렸던 2005년 당시 외교통상부 김성환 기획관리실장(2011년 여름 현재 외교통상부 장관)도 한국 외무공무원의 전문성 부족과 무사안일한 복무자세에 대해 겸허한 비판이 필요함을 인정하고 있다.[23] 뿐만 아니라 구체적인 각론도 없이 기회 있을 때마다 외교부서의 인력 규모 확대를 요청하는 문제점도 적시되고 있다.[24] 여기에 더해 순환보직제의 영향으로 국/과장 평균 재직 기간이 1년여 남짓인 상황에서 외교업무의 전문성과 직무의 연속성을 담보하기란 여간 어렵지 않게 되어 있지만, 이와 같은 문제의 근원적 해결에 대한 진지한 논의를 찾아보기는 쉽지 않다.[25]

한국의 외교역량과 관련해 자주 제기되는 정부 측의 또 다른 반론은 주로 한국의 전략환경이 갖는 근원적인 특수성과 어려움에 대한 것이다. 동북아 역내 강국들이 곧 세계 강국인 상황을 감안하면 이 또한 크게 틀리지 않는 말이다. 그러나 어려운 환경과 그것이 주는 한계를 그대로 인정하고 만다면 왜 탁월한 능력과 도전정신의 배양이 필요한 것인가? 주어진 환경과 한계보다 훨씬 더 중요한 것은 아무리 힘든 상황에서도 어떻게든 국익을 지키고 국민을 수호하려는 치열한 '정신'(spirit)을 배양하고 유지하는 것이 아닐까? 상당히 조심스러운 얘기일 수도 있지만 실제로 적지 않은 사례들이 한국 외교에서 이러한 '정신'이 부재함을 드러내 보여주기에, 소위 '구조적 한계'를 뛰어넘고자 하는 '행태적 힘'(의지)의 부족에 우리는 주목할 필요가 있다.[26]

이와 관련해 크게 세 가지 유형의 문제를 적시할 수 있겠다. 우선 첫째로 외교부처가 정부 내에서 적절한 때에 제대로 자기 목소리를 내고 있는지의 문제를 들 수 있다. 한 내부 평가에 따르면 "인력의 문제에서 행정자치부에 치이고 예산의 문제에서는 예산처에 밀리는 외교통상부에서는 자주 정치적 차원의 결단, 즉 대통령의 지원을 기대한다"고 쓰고 있다.[27] 그러나 외교통상부의 위상을 이렇게만 치부할 것이 아니라 과연 부처의 명예를 걸고, 또 부처장의 자리를 걸고 반드시 지켜야 할 핵심 국익의 마지노선 사수를 시도했던 적이 몇 번이나 있었는지 되돌아보아야 할 것이다. 이미 6장에서 논했듯이, 권위주의 체제하에서 대통령의 지시에 밀려 대 중국 수교협상에서 얻을 수 있었던 또 주장할 수도 있었던 이익들을 그냥 놓아버린 것은 당시의 억압적 상황에서 어쩔 수 없는 것이었다고 칠 수도 있다. 그러나 9장에서 언급했듯이, 국내정치적 난점이 있었다 하더라도 중국산 마늘에 대한 세이프가드가 왜 불합리하며 어떤 강한 보복을 당할 수도 있는지에 대해 왜 끝까지 전문 지식에 근거해 부처의 명운을 걸고 반대하지 않았는지 외교당국으로서는 자신 있게 답하기 쉽지 않을 것이다.[28]

둘째로는 상황 변화에 차이를 두지 않는 고착적 해법에의 집착보다는 '중형 강국'으로서 한국이 발휘할 수 있는 유연성과 창의성에 기반을 둔 대외관계를 설계해야 한다는 점이다. 지금까지의 우리 외교는 지나치게 '소국(小國) 멘탈리티'와 냉전적 인식에 기반을 두고 있어, 우리가 나름대로 할 수 있는 것과 해야할 것들에 대한 인식과 준비가 부족했던 것으로 평가된다. "약소국이 강대국과 동맹을 맺는 것은 안보를 추구하기 위함이지만 …… 다른 잠재적 강대국이 초강대국의 지배에 도전할 때, 그 약소국은 국제정세를 활용할 수 있는 더 많은 공간을 확보하게 되어 강대국들의 압력에 저항할 수 있게 된다"는 말이 우리에게는 남의 일처럼만 보이는 것은 왜일까?[29] 변화를 두려워하고 항상 일률적으로 준비되어 있는 답안(SOPs)에만 의존해 수행하는 외교의 앞날이 그리 밝을 수만은 없다. 왜 우리는 한반도의 지정학적 위치를 강대국에 대한 '지렛대'(leverage)로 활용하려는 주동적 모습을 보이지 못하는 것인가?[30] 그런 측면에서 작지만 무시할 수 없는, '전면방위'와 외교력을 이상적으로 조화시키는, 창의적인 의제 설정에 탁월함을 보이는, 그리고 강대국들 사이에서 생존의 공간을 기막히게 확대해가는 싱가포르의 사례는 우리에게 시사하는 바가 적지 않다.[31]

아마도 더 심각한 문제는 바로 세 번째 유형이겠는데, 앞서 제시했던 내부평가에 따르면 "한국 외교에서는 중요 문제에 대해 상당 기간 고민하고 해법을 내놓는 사람은 없이 자리 변경만 빈번"하다는 점이다.[32] 즉, 핵심 현안에 대해 내부 환경의 변화와는 무관하게 지속적으로 문제의식을 갖고 치열하게 고민하는 사람들이 많지 않다는 의미인 것이다. 물론 이를 외교부처만의 문제로 볼 수는 없으며, 오히려 한국의 관료사회 전체에 만연되어 있는 '무사안일 증후군'에 가깝다고 봐야 할 것이다. 어쨌든 분명한 것은 인력과 예산 부족이 초래한 문제로만 치부하기에는 그리 적절치 않은 그 뭔가가 이 문제의 중심에 자리잡고 있다는 점이다.[33]

몇 가지 구체적인 예들을 한번 살펴보자. 논란의 여지가 많았던 한일어업협정과 관련해, 독도의 중간관리수역 포함의 문제는 차치하더라도 협상과정에서 쌍끌이 어선의 조업권을 통째로 누락시킨 실수는 무사안일한 복무자세 말고는 따로 설명하기가 어렵다. 결국 일본과의 재협상을 통해 쌍끌이 80척을 확보했지만, 그 대가로 고급어종 49척을 일본에 양보할 수밖에 없었기에 이는 국익에 손실을 끼친 것으로 볼 수밖에 없다. 2008년 최대의 풍파를 몰고 왔던 미국산 쇠고기 수입협상에서 '30개월 미만 쇠고기만 수입', '7개의 SRM(특정위험물질) 모두 제거', '내장 전체 수입금지', '사골뼈 및 골반 제거'의 주요 조건을 한국정부가 협상 전에 일괄 포기한 것 또한 국익의 관점에서 쉽게 이해할 수 없는 문제이다.[34] 정권 차원의 편향된 정치적 고려에 대해 담당 부처의 기능적인 목소리도, 또 최소한의 대 미국 협상력과 압박의 사례도 찾아보기 어려웠기 때문이다.[35]

더 나아가 2008년 7월 미국 지명위원회(BGN)가 독도의 위상을 '주권 미지정 지역'으로 변경한 사실을 우리 외교부나 미국 주재 공관에서는 파악조차 못했으며, 북방 4개 도서나 센카쿠/댜오위다오와는 달리 독도에 대해서만 유독 '실효적 지배'의 원칙을 미국이 적용하지 않은 경위도 제대로 알고 있지 못했다. 수십 년의 맹방인 미국에서조차 독도를 'Dokdo'가 아닌 'Liancourt Rocks'로 기명하고 있음에도 '실효적 지배'에 기반을 둔 '조용한 외교'만을 한국정부가 외쳐온 것은 안일한 자세였다고 해도 과언이 아닐 것이다. 그 가능성은 비록 낮으나 일본에 의한 독도에서의 무력 시위 또는 점거의 개연성이 전무하다고 볼 수는 없다. 만일 독도에서 한-일 간 분규가 발생한다면, 또 "반나절도 걸리지 않아 뺏길 수도 있다"는 전임 해군참모총장의 평가까지 나온 상태에서 우리 외교는 과연 비판으로부터 전적으로 자유로울 수 있는가?[36] 만약 실제로 그런 상황이 벌어진다면 '실효적 지배'에만 의존해온 우리의 대응책은 무엇인가? 외교통상부가 '독도TF'를 만드는 데 채 하루도 걸리지 않았지만, 그 실질적인 기능에 대해서는 많은 이들이 적잖이 회의적이었다. 그 이유는 그 이전에 만들어진 여러 TF들 - '독도배타적경제수역TF,' '해저지명TF,' '독도역사TF' 등 - 도 상당 부분 일회성의 비판 무마용이었기 때문이다.[37]

뒤집어 보는 사례: 만약 명민외교가 이루어졌다면?

한-중 관계에서 이미 이루어진 핵심적인 결정사항을 사례로 명민외교의 틀을 사용할 경우 어떤 대안적 미래를 재구성할 수 있고, 어떤 평가를 내릴 수 있으며, 또 한국외교 전반에 대해 어떠한 함의를 도출할 수 있을 것인가? 2008년 5월 27일 중국 국빈 방문시 이명박 대통령이 후진타오(胡錦濤) 중국 국가주석과 합의한 한-중 '전략적 협력동반자관계'(戰略合作夥伴關係)를 대상으로 '뒤집어 보는' 사례연구를 한번 재구성해보자.

수교 이후 이미 16년째에 들어간 2008년 당시의 한-중 관계는 협력관계의 성장 속도와 보폭에 있어 타의 추종을 불허할 정도라고 해도 과언이 아니었다(자세한 사항에 대해서는 8장의 논의를 참조). 따라서 한-중 관계를 기존의 '전면적 협력동반자관계'(全面合作夥伴關係)에서 '격상'(昇格, upgrading)시킨다고 해서 원론적으로 큰 문제가 될 것은 없을 수도 있다. 그러나 실제로 이러한 격상이 진행되었던 과정의 각론을 앞에서 제시한 명민외교의 틀을 중심으로 살펴보면, 한국 외교당국이 그보다 더 잘할 수 있었던 일들과 또 하지 말았어야 하는 일들이 있었음을 발견하게 된다.

신중론의 부재(不在)

하루가 다르게 발전해온 양국 관계의 '격상' 그 자체는 긍정적이며 바람직한 일이었지만, 다른 한편으로는 그것이 갖는 다양한 함의에 대해 사전에 치밀한 고려가 있었어야 함을 의미하기도 한다. 사실 한-중 관계가 발전하고 '격상'되는 것 그 자체를 문제삼기보다는 왜 그 구체적인 유형으로 '전략적 협력동반자관계'가 양국 간에 합의되었는지에 대한 규명이 필요하기 때문이다. 한국정부는 김대중 정부 당시(1998년)와 노무현 정부(2006년) 때 두 번에 걸쳐 한-중 관계의 '전략적 동반자관계'로의 격상을 중국에 요청했다 거절당한 적이 있다. 따라서 2008년에 중국 측이 '전략적 협력동반자관계'로의 격상을 제의했을 때, 왜 이 시점에서 중국이 이에 동의하는지에 대해 치밀한 논의와 진지한 고려가 있었어야 했다.[38] 중국 측 제의를 흔쾌히 수용한 면을 찾기는 쉬웠지만, 아쉽게도 한국 측이 위에 제시한 것과 같은 진지한 고민과 치밀한 고려를 했다는 정황을 발견하기는 힘들었다. 이는 곧 명민외교의 첫 번째 전제인 신중론을 제대로 따르지 않았음을 의미하는 것이다.

2007년 12월 이명박 대통령의 당선 이후 중국은 이 대통령의 '친미적' 성향이 한-중 관계에 부정적 영향을 미칠 수도 있다는 우려를 기회 있을 때마다 내비쳤고, 그 한 표현으로 2008년 1월 왕이(王毅) 외교부 부부장을 이 당선인에게 특사로 파견했다.[39] 2004년 겨울 첸치천(錢其琛) 전 외교부총리를 특사로 파견했을 때 부시(G. W. Bush) 대통령은 당선인이라기보다는 재선에 성공한 현직 대통령이었기에 실제로 중국정부가 당선인 신분의 인사에게 특사를 보낸 것은 이때가 처음이었다. 이로 인해 당시 한국의 새 정부는 한-미 관계의 강화가 곧 중국을 우리 쪽으로 당겨오는 역할을 한 것이라는 선입견을 갖게 되었다. 이러한 낙관적 선입견은 한국정부로 하여금 보다 치밀한 신중론을 견지하지 못하게 만들었고, 점점 중국의 페이스에 말려드는 결과를 가져왔다.[40] 다시 말해 양국 관계의 '격상'이라는 좋은 일의 시발이 어느 측에서 먼저 제안되었는지 그 자체가 논란거리라는 점은 신중론을 견지하지 못한 결과 중의 하나인 것이다.

충분한 사전 연구/대비의 결여

1998년, 2006년 그리고 2008년 무려 세 번에 걸쳐 제기된 '전략적 (협력)동반자관계'로의 격상 논의를 감안할 때, 한국의 외교당국은 이것이 중국의 대외관계에서 도대체 무엇을 의미하는 개념인지에 대한 치밀한 연구와 준비가 있었어야 했다. 그러나 아쉽게도 그런 사전 조사와 철저한 대비가 되어 있지 않았던 정황들이 다수 포착되었다. 필자는 2008년 8월 중순 서울에서 열린 한 관학(官學) 연계의 비공개 회의에 참석한 적이 있다. 그 회의가 '전략적 협력동반자관계'로의 '격상'이 이루어진 지 석 달 가까이 지난 시점에 열렸음에도 불구하고, 참석한 외교통상부 간부 및 산하 연구기관의 연구원들은 여전히 우리가 중국과 합의한 동반자관계의 유형(戰略合作夥伴關係)이 중국-러시아 사이에 맺어진 유형(戰略協作夥伴關係)과 다른 것임을 모른다는 것에 놀랐던 기억이 있다. 뿐만 아니라 한-중 간에 합의한 유형이 중국과 인도 및 파키스탄 사이에 맺어진 것과 동일하다는 사실조차 잘 모르는 듯 했다.[41)]

이러한 사실의 확인과 그 차이에 대한 인식이 왜 중요한가? 우선 중-인도 및 중-파키스탄 관계의 성격을 고려할 때, 우리가 이들 양자관계와 동일 유형의 동반자관계를 수립한 것을 과연 '격상'이라고 평가할 수 있는지의 문제가 있다. 전략적 우려를 기저에 깔고 현안별 조건부 협력을 상정하는 관계(중-인)와 전통적 우호를 기반을 둔 최대협력관계(중-파) 사이에서 '격상'된 한-중 관계의 좌표는 과연 어디에 있는 것인지 묻지 않을 수 없기 때문이다.[42)] 경제, 외교, 사회, 문화의 전반적 영역에서 지속적 발전을 지향하는 '전면적 협력동반자관계'로서의 한-중 관계를 오히려 전략이라는 개념을 사용해 그 범위를 국한시킨 측면이 없지 않아 보인다.

중국이 제시하는 동반자관계는 소위 "동맹을 맺지 않으며, 서로 적대하지 않고, 또 제3국에 대해 위해를 주지 않는"(不結盟 不敵對 不針對第三國) 협력관계를 의미한다.[43] 즉, 보는 관점에 따라서는 한-미 간에 맺은 '가치에 기반을 둔 전략동맹' 자체가 한-중 '전략적 협력동반자관계'와 양립하기 어려운 것으로 간주될 수도 있다. 다만 현재로서는 한-미 동맹관계를 잠정적이나마(중국의 지속적 발전 유지의 명제와 미-중 간 국력 차이로 인해) 중국이 묵인하는 것으로 볼 수도 있다. 실제 한 중국학자의 주장에 따르면, 한-중 '전면적 협력동반자관계'의 전략적 가치는 한-미-일 동맹관계를 약화시키고 미국의 동북아 전략을 희석시키는 데에 있다고 한다.[44] 따라서 양국 관계의 '격상'은 한-미 관계와 동북아에서의 미국의 입지를 보다 약화시키기 위한 것이라는 논리로 귀결될 수도 있는 것이다.

이와 관련해 주목할 사건이 바로 이명박 대통령의 방중 첫날인 5월 27일에 발생했다. 중국 외교부 대변인 친강(秦剛)이 "한-미 군사동맹은 지나간 역사의 유물이며 냉전 시대의 동맹을 가지고 전 세계, 각 지역의 당면문제를 처리하려 해서는 안될 것"이라고 언급했기 때문이다. 이에 대해 한국 외교통상부는 즉각 "한-미 동맹이 역사적 과정의 일부분임을 밝힌 것"뿐이라며 큰 의미를 두지 않는 논평을 냈으나, 오히려 친강은 5월 29일에 "자신의 발언은 중국 외교부의 공식 입장이자 계통을 밟아 이루어진 것"이라며 이를 반박하는 일이 발생했다.[45] 중국의 입장에서는 이제 한국이 중국과 미국 모두와 전략적 관계를 맺었으니 대외 행위에 있어 - 대미 관계를 포함해 - 보다 신중하고 유의할 것을 한국 측에 공개적으로 통보한 것이라고 봐도 큰 오류가 없을 것이다.[46] 더군다나 중국의 관점에서는 양국 관계의 '격상'이 한국 측의 제안에 따라 이루어진 것이기에 한국정부의 보다 신중한 처신을 주문할 수도 있다는 점이다.

양국의 공식적 설명에 따르면, 한-중 전략적 협력동반자관계는 단순한 양자관계를 넘어 그 협력의 대상영역을 "지역 및 전 세계 이슈로 확대하고 또 국제적 중대 사안에 있어 협조를 강화"함을 주된 목표로 지향하고 있다.[47] 그러나 북한 문제(급변 사태에 대한 논의 포함) 및 천안함, 연평도 사건 등과 같은 국제적 중대사안을 통해 본 한-중 간 실제의 협력은 이러한 수사적 표현이 무색할 정도로 제대로 이루어지고 있지 않음에 주목할 필요가 있다. 과연 무엇이 '격상'되었고 '제고'되었는지를 곰곰이 생각하게 만드는 대목이라 하겠다.

대안(1)

만약 앞서 제기한 명민외교의 조건들을 한국정부가 제대로 지켰더라면 최소한 다음의 두 대안 중에서 하나를 선택했을 것으로 보인다. 우선 매 5년 새로운 대통령이 들어설 때마다 한-중 관계를 규정하는 명칭(提法)을 새로이 바꾸는 것이 과연 바람직한지 - 또는 정말 '실용적'인지 - 에 대한 심각한 고민을 했을 것이다.[48] 새로운 정부가 이전 정부와 뭔가 차별화하려는 생각을 갖는 것은 충분히 이해할 수 있지만, 그것이 꼭 대외관계의 모든 면에 적용되어야 하는지에 대해 필자는 부정적 인식을 갖고 있다.[49] 또 이와 관련해 외교통상부를 포함한 각 관련 부처는 사전 연구에 기반을 둔 진솔한 의견을 적극적으로 개진했어야 했다. 또 청와대에서는 이에 대해 보다 신중한 정무적 판단을 했어야 했다. 그러나 실제 과정에서 그러한 대비와 진지한 고민이 있었다는 흔적을 발견하기는 어려웠다.

설사 한-중 관계를 규정하는 공식 명칭을 바꾸기로 했다 하더라도, 우리의 입장에서 '전략적'이라는 접두어를 붙이는 것이 가장 적절했는지에 대해 보다 진지한 검토가 있어야 했다. 한국의 외교안보 담당자들이 이해하는 중국 측 입장은 "'전략적'이라는 접두어를 붙임으로써 한-중 관계가 단순한 양자관계에서 지역 및 국제적 현안에 대한 협력까지 포괄하게 되었다"는 것으로 귀결된다.[50] 문제는 한국이 이미 중국과 맺고 있던 '전면적 협력동반자관계'가 이를 상당 부분 포함하고 있으며, '전략적'이라는 접두어가 오히려 한국의 다른 대외관계 대상국들에게 오해 내지는 우려를 만들어낼 수도 있음이 간과되었다는 점이다.[51] 우리의 다양한 양자관계를 자세히 바라보고 있는 제3의 '관중'들에 대해 둔감한 우리 외교의 아쉬운 단면이라 할 것이다.

5월 29일 베이징에서 가진 한국특파원 간담회에서 이명박 대통령은 "한-미 관계와 한-중 관계는 상반된 것이 아니라 상호보완적"이라고 언급했다. 그러나 며칠 뒤인 6월 2일 유명환 외교통상부 장관은 서울에서 개최된 총영사회의에서 "저쪽으로(미국) 눕자니 이쪽(중국)이 걸리고, 이쪽으로 눕자니 저쪽이 걸린다"며 소위 미-중 간 균형외교의 어려움을 토로했다.[52] 그렇다면 한국이 미국, 중국과 공히 - 그 개념조차 그리 명확치 않은 - '전략적' 관계를 맺은 것이 앞으로 균형외교의 어려움을 경감하는 쪽으로 작동할 것인가 아니면 오히려 더 무겁게 만들 가능성이 큰 것인가?

대안(2)

새로이 들어선 정부가 이전 정부와 뭔가를 차별화하고 싶은 상황에서 - 또는 한-미 관계의 강화 천명에 우려를 표시한 중국을 다독거리기 위해 - 한-중 관계의 공식명칭을 바꾸는 것이 절실하고 또 필요했다면, 사실 가장 좋은 대안은 바로 한-중 관계에만 독자적으로 적용되는 새로운 명칭 또는 범주를 주동적으로 착안해 이를 중국과 합의하는 것이었다. 즉, 중국이 이미 인도나 파키스탄과 맺은 관계의 유형을 그냥 피동적으로 받아들이기보다는 오랫동안 중국이 묵시적으로 인정해온 남북한 관계의 '특수성'을 근거로 한-중 관계에만 따로 적용되는 동반자관계 유형을 우리가 능동적으로 제시하고 중국과 이에 대해 협상했어야 한다는 점이다.[53]

최소한 두 가지 이유에서 이와 같은 주장의 정당성이 부각되는데 첫째, 미국(建設性關係), 러시아(戰略協作夥伴關係), 일본(戰略互惠關係) 등은 자신에게만 적용되는 양자관계의 유형을 갖고 있으며, 조금만 더 창의적인 고민을 했더라면 한반도가 지닌 특수한 상황을 감안할 때 우리도 이를 충분히 얻어낼 수 있었을 것으로 보인다. 둘째, 우리가 한-중 관계의 특정 유형에 대해 2008년 5월에 합의하고 그 내용 채우기를 8월 이후에 시작했음을 감안하면, 중국이 이미 인도 및 파키스탄과 맺은 관계의 내용과 크게 다르게 설정하는 데 난점이 있을 수 있음을 우리 외교당국은 미리 파악했어야 했다.[54] 아쉽게도 필자는 이 같은 고민을 치열하게 한 흔적을 우리 외교당국으로부터 쉽게 찾을 수가 없었다.

책을 맺으며

『칭찬은 고래도 춤추게 한다』는 책이 있다. 긍정적인 평가와 격려의 한마디가 갖는 힘이 크다는 것을 분명히 알지만, 이 책을 맺는 시점에 아쉬움, 우려, 안타까움과 조바심이 교차되는 글을 쓸 수밖에 없음은 바로 한반도가 처한 지금 그리고 여기의 상황이 몹시도 어렵고 절박하기 때문이다. 외교란 '역사의 무게'를 지고 진화하는 생물이다. '역사의 무게'란 한번 결정되면 바꾸기 어려운 전례(前例)와 기록을 의미한다. 마치 하나하나가 다 분리된 채 발생하는 듯 보이는 개별 현안과 사건들도 이를 세밀히 바라보는 주변과 이웃 국가들에게는 하나의 통합된 한국의 이미지와 평판(reputation)으로 지금 이 순간도 축적되고 굳어지고 있음을 인지해야 한다. 필자의 생각에는 왠지 국제사회와 주변국들의 한국에 대한 이미지와 평판이 '간단히 생각하고 다룰 수 없는 상대'와는 거리가 있어 보인다. 하루라도 빨리 이러한 평가와 인식의 재생산이 단절되도록 구체적인 노력이 이루어져야 할 것이다. 정부 차원에서는 어떻게든 '말은 적게 하고 가능한 실제 행동으로 보여주는' 내실외교를 수행해야 하며, 일단 공식적으로 결정된 사항에 대해서는 적극적으로 실천에 옮기는 일관된 모습을 보여야 할 것이다.

'단독 패권'으로서 미국의 위상은 약화되는 추세에 있고, 중국의 부상은 그 도래 시점에 대한 논쟁을 떠나 이미 이루어지고 있는 것으로 평가받고 있다.[55] 향후 언젠가 미국과 중국의 국력이 균형을 이룬다고 상정할 때, 상당 기간 세계 각국은 대 미국 그리고 대 중국 관계를 상황에 맞게 조절해 나갈 시간을 가질 수밖에 없을 것이다.[56] 당분간 한국 또한 - 13장에서 상술했듯이 - 워싱턴과 베이징 양자로부터 반감을 사지 않는 한도 내에서 둘 사이의 적절한 중간 지점을 찾아 거기에 머물려 하겠지만 시간이 갈수록 그러한 처신이 쉽지 않음을 인지하게 될 것이다.

종국에 그 어느 시점에는 자신만의 기준을 통해 미국과 중국 중 어느 쪽이 한국에게 더 '유용'(有用)한지를 판단할 수밖에 없는 시점이 올 것이다. 중국의 전 지구적 부상이 완료되는 시점에도 여전히 중국을 바라보는 한국인들의 우호적 인식과 긍정적 기대가 유효할지는 알 수 없으나, 그와 무관하게 정부 차원에서의 기준과 잣대를 모색할 필요가 있다. 그 기준과 잣대가 통상 중심일지, 안보 위주일지, 또는 '상대적 자애'(relative benignancy)와 같은 정서적 요인이 될지는 현재로서 단언하기 어려우나 다음의 두 원칙만은 반드시 전제되어야 할 것으로 보인다.

하나는 초당파적인 고민과 노력이 있어야 한다는 점이다. 1998년 이후 한국정치의 당파성이 강해지면서 초당파적 '국책'(國策)의 모색이 필요한 대부분의 상황에서 특정 성향과 이익을 대변하는 의견이 마치 국익 전체를 정의하는 것처럼 드러나는 경우가 많았는데, 이는 반드시 교정되어야만 할 지대한 문제이다. 이를 위해서는 최고 권력자인 대통령의 인식과 이해, 그리고 안보문제에 있어서만큼은 양극화를 지양(止揚)하는 사회적 공감대의 배양이 그 무엇보다도 절실하다. 그래야만이 소위 '5년의 한계'를 뛰어넘는 국익 수호를 위한 지속적인 노력과 일관성의 모색이 이루어질 수 있기 때문이다.[57]

또 다른 하나의 원칙은 이분법이 아닌 방법으로 국익 정의의 기준 모색이 이루어져야 한다는 점이다. '보수'와 '진보,' 또는 '자주'와 '동맹'과 같이 대척점에 있는 두 성향과 입장 사이에서 소모적인 논쟁과 갈등을 벌이는 상황이 너무도 빈번히 벌어지는데, 이러한 상황은 항상 잃는 것이 더 많은 결과를 만들어내고 있다. 따라서 그 어떤 대립되는 정책대안들에 대해서도 열린 마음을 전제로 이분법이 아닌 '비율법'을 통해 상황과 환경에 맞게 적절한 조합의 묘(妙)를 살릴 필요가 있다. 그래야만 정책과 사회가 갈수록 양극단으로 벌어지는 것을 막을 수 있으며, 부분적으로 조합되고 맞물리는 중도적 방향으로 - 즉, 단순한 산술평균이 아니라 현안에 따라 서로 다른 입장이 부분적이나마 함께 대변될 수 있는 - 정책의 '진화'가 이루어질 수 있기 때문이다.

끝으로 세 가지 정도를 더 언급하고 이 책을 맺으려 한다. 첫째, 미국과 중국 공히 한반도의 미래에 대해 상당히 유사한 이익 구조를 지니고 있다는 점이다. 한 중국학자의 보기 드물게 진솔한 기술처럼 "중국과 미국은 통일 이후의 한반도가 어떤 성향을 갖게 될 것인지에 대한 우려를 공유하고 있다 …… 통일한국이 미국 또는 중국 중 일방과만 동맹을 맺거나, 미국 또는 중국 중 일방만이 통일한국에 대한 통제력을 보유하게 되는 상황에 대한 우려를 갖고 있다는 의미이다."[58] 결국은 통일에 대해 상대적으로 유보적일 수밖에 없는 미, 중 양국보다 당사국 한국이 더 적극적으로 통일에 대한 연구, 대비 및 설득을 수행해야만 하는 당위성의 문제를 가리킨다. 독일 통일 이후 소위 '통일비용'에 대한 우려를 통해 확산되고 있는 통일 기피심리를 차단하고, 통일을 통해 얻는 이익이 그 비용보다 훨씬 더 큼을 인지할 필요가 있다.

둘째, 중국은 이제 미국급의 초강대국으로 발전하고 있으며 그 영향력은 이미 한국이 충분히 체감하고 있는 상황이다. 오랫동안 한-미 관계를 주목하고 그 연구에 박차를 가해온 중국이 향후 한국이 미국에게 해온 만큼의 똑같은 대접을 우리에게 요구할 것은 자명하다.[59] 갈수록 한-미 관계와 한-중 관계가 연계되어 우리를 옥죌 것이 분명한 상황에서 주어진 선택은 두 가지이다.[60] 하나는 미국에 하는 만큼 중국에 똑같이 할 수밖에 없는 '두 시어머니 모시기'를 받아들이는 방안이 있겠고, 다른 하나는 중국의 전략적 의도가 불확실한 상황에 대한 '역외 보험'으로 한-미 동맹의 필요성을 인정하는 전제 위에서 우리의 자율에 기초한 '호흡의 공간'을 지속적으로 늘리는 것을 가리킨다. 즉, 동맹이라는 전제를 지키면서도 미국과의 관계를 어떻게 보다 유연하고 자주적으로 가져갈지의 고민과 조정을 통해 대 중국 관계에서도 운신의 폭을 넓히는 것을 의미한다. 물론 필자가 생각하는 바람직한 선택은 미, 중 양국으로부터의 '존중'(尊重)을 제고하는 후자의 방안이지만, 이의 실질적인 수행을 위해 한국정부와 한국사회는 과연 어디까지 '불편함'을 감수할 수 있을 것인가?

셋째, 무엇보다 중요하게는 '소국'(小國) 멘탈리티를 과감히 벗고 우리의 기준에 의한 우리를 위한 국익 개념을 재정의할 필요가 있다. 이를 위해서는 제대로 된 연구와 논의를 통한 과감한 '금기'(禁忌) 깨기가 일정 부분 필요하다. 진정한 의미의 국익은 단순히 무역, 투자, 관광 등을 넘어서는 - 통계수치와 금전만으로는 그 가치를 온전히 다 책정할 수 없는 - 그 무언가를 포괄하고 있음을 잊지 말아야 할 것이다. 이제 우리가 가진 능력과 자신감만큼의 전향적인, 그러나 수사와 선언에만 그치지 않는 외교를 펴고 또 이에 걸맞은 비전을 품을 때가 되었다. '호흡의 공간'을 늘리려는 우리의 노력 때문에 미국이나 중국과의 관계가 장기간 힘들고 어려워지기에는 양국에 대해 한국이 지닌 지전략적 가치가 너무도 크다는 점을 인식할 필요가 있다. 외교는 전례(前例), 기록, 기억, 이미지 등에 대한 중시로 인해 경로의존적 경향이 매우 높다. 따라서 후세가 짊어져야 할 '역사의 무게'를 조금이라도 줄이고 그들의 운신 폭을 넓혀주기 위해 지금 당장 명민외교를 위한 설계와 준비를 시작해야 할 것이다.

주석

1 "A Survey of the World Economy," *The Economist*, September 16, 2006, p. 11; Robert Fogel, "123,000,000,000,000: China's Estimated Economy by Year 2040," *Foreign Policy* (January/February 2010)를 보라.

2 『조선일보』, 2010년 8월 2일, 2011년 2월 19-20(토/일 섹션).

3 『동아일보』, 2008년 4월 1일.

4 이에 대해서는 『세계일보』, 2003년 7월 17일; 『중앙일보』, 2004년 10월 5일; 『중앙Sunday』, 2008년 9월 14일 자를 참조하라. 또 정재호 외, 『통일 추진과정에서의 대 중국 협력 방향』 (서울: 대한민국 국회 외교통상통일위원회, 2010년 10월), pp. 18-19를 보라.

5 예컨대 Philip J. Powlick, "U.S. Public Opinion of the Two Koreas," in Tong Whan Park (ed.), *The U.S. and the Two Koreas: A New Triangle* (Boulder, CO.: Lynne Rienner, 1998), pp. 197-228; David I. Steinberg (ed.), *Korean Attitudes Toward the United States: Changing Dynamics* (Armonk, N.Y.: M. E. Sharpe, 2005); Mitchell B. Reiss, "Drifting Apart? The U.S. -ROK Alliance at Risk," *Korean Journal of Defense Analysis*, Vol. 21, No. 1 (2009), pp. 11-31을 비교하라.

6 이에 대해서는 『중앙일보』, 2008년 9월 1일; 『環球時報』, 2008년 9월 2일; Jae Ho Chung, "South Korea's 'Soft' Clash with a Rising China: The History War and Beyond," *Asian Survey*, Vol. 49, No. 3 (May/June 2009), pp. 468-483을 보라.

7 천안함 사건과 관련해 한 고위 외교당국자는 중국에 대해 "좌절"을 느꼈다고 필자에게 토로하였다. 2010년 11월 19일 서울에서의 인터뷰.

8 이양수, "제2 한·중 수교가 필요할 때다," 『중앙Sunday』, 2010년 6월 27/28일; 유용원, "압록강 도하훈련하는 中," 『조선일보』, 2010년 7월 10일; 김수정, "오만한 중국, 한국의 자업자득 아닌지," 『중앙Sunday』, 2010년 7월 25/26일; 이각범, "힘의 논리에 빠진 중국 다국네트워크로 견제하자," 『중앙Sunday』, 2011년 1월 2/3일을 보라.

9 '명민'은 그 본래 의미가 "총명하고 민첩하다"는 것으로 지(智)와 행(行)을 함께 내포하고 있다. 『동아새국어사전』 (4판) (서울: 두산동아, 2003), p. 804를 보라.

10 이와 관련해 "국제사회는 (약육강식이라는 측면에서) 동물의 세계와 많이도 닮아 있다. 아무리 아름다운 희망과 바람도 현명한 자기보호 자체를 대

체할 수는 없다"는 리셴룽(李顯龍) 싱가포르 총리의 예전 언급은 우리에게 시사하는 바가 적지 않다. *Strait Times*, November 6, 1984를 보라.

11 예컨대 한국의 독자적인 전략적 '자기 분석'의 필요성에 대하여는 Ralph Cossa, Korea: *The Achilles' Heel of the U.S.-Japan Alliance* (Stanford, CA: Institute for International Studies, May 1997), p. 9; Larry M. Wortzel, "Planning for the Future: The Role of U.S. Forces in Northeast Asian Security," *The Heritage Foundation Backgrounder*, July 26, 2000 〈http://www.heritage.org/library/backgrounder/bg1388-html〉을 보라.

12 한국에 있어 중국이 갖는 중요성을 감안할 때 제대로 된 정책연구를 위해 절실히 필요한 것이 하나 있다. 바로 방대한 중국 관련 원문 자료 - 특히, 중국 내에서 발간되는 단행본, 학술지, 연감 등 - 를 제때에 받아 한 곳에 제대로 모아두는 노력을 지칭한다. 특히 제때에 구입하지 않으면 취득이 매우 힘든 단행본의 수집은 정부의 적극적인 지원을 통해서만 가능한 것으로, 총리실 산하 경제인문사회연구회와 국회도서관 간의 협력을 통해 지금이라도 당장 시행되어야 할 과제라 하겠다.

13 조희용, "정부와 중국정치연구," 정재호 (편), 『중국정치연구론: 영역, 쟁점, 방법 및 교류』 (서울: 나남, 2000), p. 522.

14 정부 부처에서는 항상 "전문가도 부족하고 제대로 써먹을 연구도 없다"고 하지만, 이는 대체로 학계를 자세히 모르기에 나오는 피상적 판단이라고 필자는 생각한다.

15 중국 외교 관련 정부 내, 그리고 관학 간 분절화에 대하여는 "중국 외교 전문인력이 없다," 『동아일보』, 2010년 12월 17일을 보라. 또 정재호, "중국정치연구의 영역, 쟁점, 방법 및 교류에 관하여," 정재호 (편), 『중국정치연구론』, pp. 25-26; 조희용, "정부와 중국정치연구," p. 526을 보라.

16 필자가 2002-3년의 1년 동안 워싱턴에 머물며 체감했던 관학교류의 수준과 비교하면 그 차이는 상당히 큰 것으로 평가된다. 미국의 상황에 대하여는 Donald E. Abelson, *American Think Tanks and Their Role in U.S. Foreign Policy* (New York: McMillan, 1996); Kenneth Lieberthal, "Special Roundtable: Bridging the Gap between the Academic and Policy Worlds," *Asia Policy*, No. 1 (January 2006), pp. 7-15를 보라.

17 국방부 정책실 내 중국 전담 직위가 하나밖에 없음도 중국의 부상에 대한 한국정부의 수사적인 호들갑을 잘 보여주는 사례이다. 그러다보니 빈약한 실무진에다 자리 이동이 빈번한 군 고위층의 이해 부족이 겹쳐 양국 군부 간 소통의 불균형이 자주 초래되곤 한다. 한국의 국방무관은 중국 국방부의 과장을 만나기도 쉽지 않지만, 주한 중국 무관은 국방부 정책실장이나 정보

본부장 등을 수시로 만나는 불균형이 생기는 것이다. 2009년 4월 21일과 6월 8일 서울에서 국방부 인사와의 인터뷰.

18 『동아일보』, 2008년 7월 26일; 『조선일보』, 2008년 9월 4일 자를 보라.

19 "공무원 영어실력이 국가경쟁력," 『뉴스메이커』, 2008년 5월 27일, pp. 42-43.

20 『21세기 외교역량 강화를 위한 비전과 과제』 (서울: 외교안보연구원, 2006), p. 92.

21 전게서, pp. 70, 83을 보라.

22 2010년 말 대 중국 외교를 강화하기 위해 중국과(課)를 2개로 늘리고 인력의 추가 확충 및 예산의 증액에 대한 방침이 발표되었다. 일상업무와 의전에 허덕이던 부서가 확충된다니 물론 반길 일이지만, 단순히 조직의 확대를 통해 대 중국 외교가 강화되고 개선될 것이라고 믿는 것은 지나치게 단순한 발상일 것이다. 이 영역에서는 투입=산출의 등식이 잘 성립되지 않으며 상당한 시간 차(lag)를 두고 그 결과가 드러나기 때문이다. 더욱이 제대로 된 사전 설계와 전략적 구상 없이 이루어지는 조직 확대는 오히려 현안 발생 시 지나친 기대와 실망만을 안길지도 모른다. 확충 관련 보도는 『조선일보』, 2010년 10월 16일을 보라.

23 『21세기 외교역량 강화를 위한 비전과 과제』, pp. 67, 84를 보라.

24 『21세기 외교역량 강화를 위한 비전과 과제』, p. 98을 보라.

25 "공무원 영어실력이 국가경쟁력," p. 43. 또 이하원, "경쟁없는 외교관 사회," 『조선일보』, 2008년 7월 24일 자를 보라.

26 이에 대해서는 William Mark Habeeb, *Power and Tactics in International Negotiation: How Week Nations Bargain with Strong Nations* (Baltimore: Johns Hopkins University Press, 1988), pp. 10-33을 보라. 어찌보면 2005년 이후 한국의 FTA전략은 이러한 행태적 힘의 적절한 구사가 갖는 파생효과를 비교적 잘 보여준 사례라 할 수 있다. 물론 밑그림으로서의 전략과 그 구체적 내용에 대한 제대로 된 협상과 집행은 별개의 문제일 수도 있다.

27 『21세기 외교역량 강화를 위한 비전과 과제』, p. 75에서 인용.

28 그 내용과 시점까지 정해놓고 협상에 들어간 2008년의 쇠고기 협상에서도 우리 나름의 압박전략과 국익을 위한 외교부의 반대를 찾아보기란 쉽지 않으며, 그 전체 모습이 한-중 수교협상 때와 퍽이나 닮아 있다. 특별취재팀, "쇠고기 협상 왜 실패로 끝났나?" 『조선일보』, 2008년 12월 19일.

29 Mustafa Chaudhary, "Dynamics of Superpower-Small Power Relationship," in Syed Farooq Hasnat and Anton Pelinka (eds.), *Security for the Weak Nations: A Multiple Perspective* (Lahore, Pakistan: Izharsons, 1986), p. 33.

30 예컨대 Howard Wriggins, "Up for Auction: Malta Bargains with Great Britain, 1971," in William Zartman (ed.), *The 50% Solution* (Garden City, NY: Anchor Books, 1976), pp. 208-234; Ulf Lindell and Stefan Persson, "The Paradox of Weak State Power: A Research and Literature Review," *Cooperation and Conflict*, Vol. 21 (1986), pp. 87-90을 보라.

31 싱가포르는 1994년 클린턴 대통령의 친서에도 불구하고, 규범의 형평성이라는 원칙을 지키기 위해 미국인 청년 마이클 페이(M. Fay)에 대한 태형을 감행했다. 또 2004년 중국으로부터의 엄청난 후폭풍을 감수하면서 당시 부총리이던 리센룽이 휴가를 내고 대만을 방문하는 놀라운 외교실험을 감행하기도 했다. 원칙과 일관성을 강조하는 싱가포르의 외교정책에 대해서는 魏煒, 『李光耀時代的新加坡外交研究(1965-1990)』(北京: 中國社會科學出版社, 2007), pp. 90-92, 123-40, 314-8; Teo Kah Beng, "Singapore," in Evelyn Goh (ed.), *Southeast Asian Strategic Relations with the U.S. and China* (Singapore: IDSS, 2005), pp. 40-48을 보라.

32 『21세기 외교역량 강화를 위한 비전과 과제』, p. 59에서 인용. 이와 비슷한 평가가 곧 "한국의 외교문제들은 대체로 제대로 해결되지 않고 봉합되는 것이 특징"이라는 점이다. 이하원, "경쟁없는 외교관 사회," 『조선일보』, 2008년 7월 24일을 보라.

33 물론 외교부(다른 부처들의 경우도 그렇지만) 내에도 '바로 이런 사람들 때문에 그나마 한국 외교가 굴러가고 있구나'라고 느끼게 만드는 치열한 전문가들이 존재하지만, 그들이 대다수를 차지하도록 만드는 제반 노력이 필요하다. 그런 의미에서 외교관의 선발, 교육, 양성, 관리의 제 측면에 대한 참으로 진지한 성찰과 함께 이에 기반을 둔 중장기적이고 치밀한 설계가 그 어느 때보다도 절실한 시점이다.

34 『조선일보』, 2008년 5월 8일; 『중앙Sunday』, 2008년 6월 8일 자를 보라.

35 2008년 6월 19일 특별기자회견을 통해 이명박 대통령이 "국민들이 무엇을 바라는지, 어떻게 받아들이는지를 챙겨보지 못했다"고 유감을 표명한 데서 당시 협상에 임했던 한국정부의 판단 오류가 드러난다.

36 일본의 독도 무력점거 가능성에 대하여는 『조선일보』, 2008년 7월 25일 자를 보라. 그리고 안병태 전 해참총장의 한-일 해상전에 대한 평가에 대하여는 유용원, "독도에서 한일 전면전이 터진다면?" 『조선일보』, 2008년 7월 26-27일(토/일 섹션)을 보라.

37 이에 대하여는 『동아일보』, 2008년 7월 29일; 『중앙일보』, 2008년 7월 31일; 『조선일보』, 2010년 9월 13일 자를 보라.

38 아쉽게도 '전략적 동반자관계'로의 '격상'을 먼저 제의한 주체가 누구였는

지에 대해 일부 논란이 존재한다. 한국의 언론 보도 및 2011년 2월 청와대에서의 인터뷰에 따르면, 이는 중국 측이 2008년 1월 왕이(王毅) 특사를 통해 한국에 제의한 것으로 되어있지만(『조선일보』, 2008년 5월 28일 자) 중국 측의 관점은 이와 다르다. 양제츠(楊潔篪) 외교부장이 유명환 외교부장관과의 회동 시 "한국 측의 제안에 따라 전략적 관계로의 격상에 동의한다"고 발언한 것으로 되어 있기 때문이다. 2008년 9월 20일 서울에서의 인터뷰. 양 부장의 이 같은 발언의 근거는 아마도 2008년 1월 이명박 대통령 당선자를 만났던 왕이가 당선자와의 대담을 말미에 정리하면서 "미국과는 강화, 일본과는 개선, 그리고 한-중 관계는 업그레이드, 즉 격상이 필요하다고 보시는 것"이라고 구술한 것에 대해 한국 측의 반대가 없자 이를 한국의 제안인 것처럼 본부에 보고한 것에서 찾을 수 있을 것이다. 2008년 10월 23일의 인터뷰. 이후 인터뷰로 명시하는 근거들은 모두 2008년 5월부터 12월까지 필자가 외교통상부 및 관련부서의 여러 관계자들과의 인터뷰를 통해 확인한 사항임을 밝힌다.

39 중국 측의 이러한 우려에 대해서는 『明報』, 2009년 3월 10일; 夏立平, "論美韓同盟的修復與擴展," 『美國問題研究』, 1期 (2008), pp. 72-79; Jianwei Wang, "Korea-China Strategic Partnership: A Myth or Reality?" (서울대 맥아더세미나 제2차 세미나: 2009년 5월 26일)〈http://masi.snu.ac.kr/xe/?mid=seminar&document_srl=270〉을 참조하라.

40 당시 일각에서는 외교안보라인의 핵심에 '중국통'이 부재한 것에 그 원인을 돌리기도 했지만, 당시의 분위기로 볼 때 중국통이 있었더라도 과연 청와대의 그 같은 분위기를 바꾸는 데에 있어 적극적인 역할을 할 수 있었을까라는 의문은 여전히 남게 된다.

41 사실 이러한 정보는 그리 어렵지 않게 구할 수 있는 것이며, 외교통상부와 주 중국 한국대사관에 구비된 中華人民共和國外交部 政策研究司 (編), 『中國外交 2007』 (北京: 世界知識出版社, 2007), pp. 128, 190, 201을 보기만 해도 알 수 있는 것이었다. 한국의 언론매체까지도 이와 관련해 오보를 내곤 했는데, 한-중 전략적 협력동반자관계가 중-러 간의 그것과 동일한 것이라는 보도로 『동아일보』, 2008년 5월 28일 자를 보라.

42 이와 관련해 Vidya Nadkarni, *Strategic Partnerships in China: Balancing without Alliances* (London: Routledge, 2010), chs. 3, 5를 참조하라.

43 張建華 (主編), 『解決中國再度面臨的緊要問題』 (北京: 經濟日報出版社, 2000), p. 508.

44 張玉山, "中韓全面合作夥伴關係的回顧與展望," 『亞非縱橫』, 4期 (2007), p. 6을 보라.

45 이에 대하여는 『조선일보』, 2008년 5월 30일 자를 보라.

46 이 발언과 관련해 한국정부는 중국정부에 대한 '주의' 요청을 검토한다는 보도가 있었으나 더 이상의 해명이나 설명은 나오지 않았다. 『동아일보』, 2008년 6월 3일 자를 보라.

47 한중전문가공동위원회, 『미래 공동발전을 향한 한중 전략적 협력동반자관계』 (서울과 베이징, 2010년 4월 23일), pp. 13, 14를 보라.

48 1998년, 2003년, 그리고 2008년에 걸쳐 한-중 관계를 규정하는 명칭이 각각 '협력동반자관계,' '전면적 협력동반자관계'와 '전략적 협력동반자관계'로 이미 세 차례나 바뀌었기에, 앞으로는 수사적 표현보다 내실을 기하는 데에 외교당국이 보다 많은 노력을 기울여야 할 것이다.

49 필자는 한-중 관계의 '전략적 관계'로의 격상을 서두를 필요가 없음을 이미 대통령 취임 전에 피력한 바 있다. Jae Ho Chung, "Pragmatic Realism: A Key to Managing Relations with China," *Korea Herald*, February 19, 2008을 보라.

50 2008년 8월 19일 및 9월 20일 서울에서의 인터뷰.

51 외교부의 한 고위 관계자는 '전략적'이라는 어휘가 '격상'을 가장 잘 보여주는 상징성을 갖는다고 생각해 채택된 것이라고 필자에게 설명했다. 2008년 8월 19일의 인터뷰. 2008년 한양대 중국문제연구소에서 열린 한 세미나에서도 외교통상부 당국자가 "'전략적'과 '전면적'의 차이를 명확히 말할 수 없으나 격상은 분명하다"는 궁색한 논리를 제시했다. 형혁규, "한중관계의 담론적 유의미성," 『중소연구』, 120호 (2008/2009년 겨울), p. 44 각주 1.

52 『동아일보』, 2008년 6월 3일.

53 2008년 6월 베트남은 자신에게만 적용되는 '전면적인 전략적 협력관계'(全面戰略合作關係)의 구축을 중국과 합의했다.

54 동남아에서 대 미국 및 대 중국 외교를 가장 능숙하게 수행하는 것으로 평가받는 싱가포르가 중국과 맺은 관계는 '우호적 호혜협력관계'(友好互利合作關係)이다. 유럽에서 대 중국 협력관계를 가장 잘 유지하는 나라인 독일이 중국과 맺은 관계의 유형이 '양호한 발전을 유지하는 관계'(保持良好發展關係)임을 감안하면, 한-중 관계는 지나치게 큰 개념과 앞서 나간 수사(修辭)에 매달려 실용의 진수를 제대로 살리지 못한 것으로 보인다. 『中國外交 2007』, pp. 117, 213을 보라.

55 이에 대해서는 Charles A. Kupchan, "After Pax Americana: Benign Power, Regional Integration, and the Sources of a Stable Multipolarity," *International Security*, Vol. 23, No. 2 (Fall 1998), pp. 63-69; David P. Calleo, "The Tyranny of False Vision: America's Unipolar Fantasy," *Survival*,

Vol. 50, No. 5 (October-November 2008), pp. 61-78을 참조하라.

56 10여 년 전과 비교해 이 '균형'의 시점은 점차 앞당겨지는 것으로 보인다. 특히, 동아시아에 위치한 국가들의 대부분은 지정학적 이유로 인해 기타 지역의 국가들보다 훨씬 짧은 '적응'의 기간을 가질 수밖에 없을 것이다.

57 '내부 분열'을 막아야만 대 중국 외교에서 우리가 활용할 수 있는 선택의 폭이 넓어짐은 주지의 사실이나, 과연 이를 어떻게 이룰지에 대한 국가적 고민은 여전히 부족한 듯하다.

58 唐世平, 『塑造中國的理想安全環境』 (北京: 中國社會科學出版社, 2003), pp. 102, 108을 보라.

59 Peter Hartcher, "As China Rises, It Demands a Deference We Should Be Wary to Give," *The Age*, June 1, 2010을 보라. 이미 일부 중국 측 학자들은 앞으로 한국이 한-미 동맹을 약화시키고 중국과 보다 친밀히 지낼 것을 우리에게 '권고'하고 있다. 예컨대 毛吉康, "中國的崛起與韓國的東北亞戰略選擇," 『當代韓國』, 3期 (2009), pp. 18-19를 보라.

60 필자는 이를 '한-중 관계의 한-미 관계화(化)'라고 부른다. 정재호, "세계 속의 동아시아, 중국의 부상, 그리고 한국," 『동아시아 브리프』, 17호 (2010년 8월), p. 11을 보라.

부록

부록

1. 2002-2003년의 설문조사에 응한 미국인 전문가 명단[1)]

Muthiah Alagappa(The East-West Center)

Guy Arrigoni(Department of Defense)

Peter Beck(Korea Economic Institute)

David Brown(SAIS)

Richard Bush(The Brookings Institution)

Victor Cha(Georgetown University)

Paul Chamberlin(Korea-US Consulting)

Stephen Costello(Atlantic Council)

Bonnie Coe(Atlantic Council)

Bernard Cole(National War College)

Ivo H. Daalder(The Brookings Institution)

Toby Dalton(Department of Energy)

Bruce J. Dickson(George Washington University)

William Drennan(United States Institute of Peace)

Kerry Dumbaugh(Congressional Research Service)

Robert Dujarric(The Hudson Institute)

Nicholas Eberstadt(American Enterprise Institute)

Joshua Eisenman(The Nixon Center)

Gordon Flake(Mansfield Center for Pacific Affairs)

---

1 직위는 설문/인터뷰 당시의 것임.

Banning Garrett(Independent Consultant)

Bates Gill(CSIS)

Bonnie Glaser(CSIS)

Selig Harrison(Center for International Policy)

Robert Hathaway(The Woodrow Wilson Center)

Lonnie Henley(Department of Defense)

Balbina Hwang(Heritage Foundation)

Frank Jannuzi(Congressional Stafffor Sen. Joe Biden)

Shirley A. Kan(Congressional Research Service)

Chad Kirkley(US Marine)

David M. Lampton(SAIS & the Nixon Center)

Kirk Larsen(George Washington University)

James Lilley(American Enterprise Institute)

James M. Lindsay(The Brookings Institution)

Scott Livezey(US Navy)

G. Eugene Martin(Asia Pacific Strategies)

Michael McDevitt(Center for Naval Analysis)

Eric McVadon(former rear-admiral of the US Navy)

Michael Meserve(Department of State)

Mike Mochizuki(George Washington University)

Larry Niksch(Congressional Research Service)

Dean Nowowiejski(US Army)

Don Oberdorfer(SAIS)

Kongdan Oh(Institute for Defense Analysis)

James Przystup(National Defense University)

Kenneth Quinones(International Center)

Alan Romberg(The Stimson Center)

Steven Scjlaikjer(US-China Security Review Commission)

David Shambaugh(George Washington University)

David Steinberg(Georgetown University)

James B. Steinberg(Brookings Institution)

Robert L. Suettinger(Mayer, Brown, Rowe and Maw)

Robert Sutter(Georgetown University)

Michael Swaine(Carnegie Endowment for International Peace)

James K. Swanson(US-China Security Review Commission)

Nancy Bernkopf Tucker(Georgetown University)

Larry Wortzel(Heritage Foundation)

2. 2004년과 2007년의 설문조사에 응한 중국인 전문가 명단[2)]

賈慶國(북경대학교 국제관계학원)

郭定平(복단대학교 정부관리학원)

宮少朋(중국외교학원)

金燦榮(인민대학 국제관계학원)

金熙德(중국사회과학원 일본연구소)

唐世平(중국사회과학원 아태연구소)

門洪華(중앙당교)

朴鍵一(중국사회과학원 아태연구소)

范紀涉(중국사회과학원 아태연구소)

2 직위는 설문/인터뷰 당시의 것임. 2004년과 2007년 두 차례의 설문/인터뷰에 다 응한 경우는 총수의 67%에 달함.

龐中英(인민대학 국제관계학원)

査道炯(북경대학교 국제관계학원)

時殷弘(인민대학 국제관계학원)

石源華(복단대학교 한국연구중심)

蘇浩(중국외교학원)

沈冀如(사회과학원 세계경제정치연구소)

沈丁立(복단대학교 미국연구중심)

楊明杰(현대국제관계연구원)

楊伯江(현대국제관계연구원)

楊紅梅(상해사회과학원)

虞少華(중국국제문제연구소)

葉自成(북경대학교 국제관계학원)

倪世雄(복단대학교 미국연구중심)

鳴白乙(중국사회과학원 유럽연구소)

鳴心伯(복단대학교 미국연구중심)

王帆(중국외교학원)

王少普(복단대학교 국제관계학원)

王義桅(복단대학교 국제관계학원)

王逸舟(중국사회과학원 세계경제정치연구소)

王緝思(북경대학교 국제관계학원)

牛軍(북경대학교 국제관계학원)

于美華(중국개혁개방논단)

袁鵬(현대국제관계연구원)

劉江永(청화대학 국제관계학원)

劉金質(북경대학교 국제관계학원)

劉明(상해사회과학원)

兪新天(상해국제문제연구소)
劉學成(중국국제문제연구소)
李軍(현대국제관계연구원)
李彬(청화대학 국제관계학원)
任曉(상해국제문제연구소)
張小明(북경대학교 국제관계학원)
張璉瑰(중앙당교)
齊保良(현대국제관계연구원)
趙虎吉(중앙당교)
朱峰(북경대학교 국제관계학원)
陳至民(복단대학교 국제관계학원)
楚樹龍(청화대학 공공정책관리학원)
崔志鷹(상해동제대학교)
夏立平(상해국제문제연구소)

찾아보기

ㄱ

가치동맹 353, 414, 429, 443
간접교역 45, 51, 52, 102, 207
간접투자 100, 130
갑오전쟁 46
강대국화 20, 25, 26n1, 56, 85, 97, 390
개혁 · 개방노선 2, 7, 24, 56, 173, 204, 210
거란족 18
거리두기(distancing) 398
경제기획원 165-7
계획경제 53
고구려사 25, 285, 296, 300, 302-9, 342, 356, 360, 376, 389, 412, 430
고르바초프(M. Gorbachev) 48, 136, 203
고이즈미 준이치로 249
고조선 311
공로명 113n4
공명당 153
공산당 10, 53, 58, 74, 391
공중증(恐中症) 236
관세할당 265
관여(개입: engagement) 5, 296, 396, 401
관학교류 432-3
광둥성(廣東省) 100, 162, 163, 239
광주민주화운동 96, 123, 153, 367
교섭사 24, 318n36
교역전략 50, 51, 231
교역통계 102-3
교조주의 75, 110
교차승인 170, 202
구매력 7
구속(binding) 400
9 · 11 사건 228, 230, 353, 397
구조중심론 11
국가계획위원회 108
국가과학기술위원회 156
국가 분열 391
국가선진화지수 434
국가안전기획부(안기부) 154, 174
국가위상 434
국가정보위원회(NIC) 8
국가질검총국(國家質檢總局) 284
국격(國格) 169, 313, 412
국교 정상화 148, 149, 154-5, 168, 171-2, 179, 181, 199, 226, 232, 237, 240, 244, 262, 297
국무원 125, 151, 162
국민당 16, 73, 138, 376
『국방백서』 297, 356
국방정책실무회의 241

국익 428, 429, 432, 434, 437, 448, 450
국제민간경제협의회(IPECK) 166
국제원자력기구(IAEA) 327
군벌 391, 395
군부 167
군사교류 241, 355, 379n9
군산 어뢰정 사건 99, 114n15, 132, 153
군중시위 391
궈모로(郭末若) 305
권병현 173-6
균형(balancing) 4, 401, 402
균형외교 445
급변사태 429
기자조선(箕子朝鮮) 304
기층선거 10
김경원 44
김계관 26n7, 339
김대중 167, 248-9, 368, 371, 441
김동신 241
김복동 165-7
김석우 173, 176
김성환 436
김영남 201, 202
김영삼 167, 245, 246, 249
김용식 41
김일성 76, 79, 81, 112, 171, 178, 199, 201, 209, 326
김장수 241
김정일 83, 171, 215, 328, 340, 429
김종인 155, 167, 185n35, 190n80
김종휘 155, 173
김치분쟁 233, 284-6
김하중 171, 174
꾸이저우(貴州) 16

ㄴ

나진항 333
낙관론 431
남북적십자회담 79
남북정상회담 369
남순(南巡) 210
남아프리카 23, 48, 179, 232
남조선영도소조(남조선소조) 151, 157, 161, 183n19, 186n43
낭만적 삼각구도 228
내실외교 447
내적 균형 366, 400
냉전기 24, 34n61, 70, 85
냉전체제 18, 40, 75, 216, 226, 244
노동당 74, 340
『노동신문』 200
노무현 246, 283, 365, 369-71, 374, 400, 441
노소영 157
노재봉 155
노재원 183n17
노창희 173
노태우 86, 101, 120, 125, 136, 140n15, 149, 153-7, 165-8, 170, 172, 175-8, 366
농림부 267, 278
닉슨(R. Nixon) 41, 43, 78
닝푸쿠이(寧賦魁) 312

ㄷ

다극체제 227

다롄(大連) 105, 133
다자안보체제 5, 6, 400, 407
단오제 312
달라이 라마 298, 363
대국외교 300, 340
대륙동맹 16
대륙붕 43
대만 16, 40, 43, 57, 71, 73, 98, 112, 122, 137, 138, 154, 162, 169, 172, 174, 176, 231, 258n69, 331, 396, 402
대만영사관 180
대만해협 370, 407
대약진운동 57, 75, 82
대외개발원조(ODA) 281
대외개방 50, 54
대외경제정책연구원(KIEP) 167
대외무역 9
대외무역경제합작부 130, 141n24, 158-60, 271, 274
대외무역법 269
대외무역부 44
대외연락부 187n54
대외통상법 42, 44, 60n11, 207
대우 107, 109, 124, 163
대중 투자 100, 107, 124, 129-31, 207, 237-9, 273
대증외교(對症外交) 397
대한민국 97, 101, 124, 172, 213
『대한민국 외교문서』 24, 182n2
대한무역진흥공사(KOTRA) 102, 121, 125, 126, 153, 165, 166
대한석탄공사 105
대한조선공사 108, 212
대한항공 109, 113n6, 133
대한항공 피격 사건 100, 207
덩샤오핑(鄧小平) 7, 58, 149, 153, 160, 167, 171, 172, 210, 231, 273
덩푸팡(鄧樸方) 58, 167
데탕트 50, 70, 78, 83, 84
독도 438, 439
독립변수 25, 228
독일 7, 17
독일통일 353
동반자관계 338
동북공정 33n56, 300, 305-7, 312, 363
동북아 경제권 229
동북아 2과 154, 267
동북아통상과 267
동아시아 금융위기 8, 273
동아시아 발전 모델 393
동아시아전략구상(EASI) 352
동아시아정상회담(EAS) 229
동티모르 392
동해사업 148, 173-81
두만강유역개발계획(TRADP) 229
등거리정책 81

ㄹ

라틴아메리카 392, 395
랴오닝성(遼寧省) 162-3, 166, 305
랴오둥(遼東) 120
랭군 폭탄 테러 100, 114n17, 200, 212, 221n36
러시아 7, 227, 230, 249, 368, 373, 388, 395, 442, 446
럭키금성 125

레노보(Lenovo) 9
로제크란스(R. Rosecrance) 50
루마니아 58
리덩후이(李登輝) 178
리셴녠(李先念) 150, 152
리우샤오보(劉曉波) 403
리우야저우(劉亞洲) 152, 157, 161
리우화치우(劉華秋) 169, 170
리위(李瑜) 156
리펑(李鵬) 150, 170-1
리훙장(李鴻章) 32n45
릴리(J. Lilley) 144n58

ㅁ

마늘분쟁 25, 233, 268-79, 398, 437
마다정(馬大正) 308
마오쩌둥(毛澤東) 7, 16, 43, 44, 54, 75, 110, 136, 210, 303, 376, 395
만주족 18
말레이시아 48, 396
면책특권 126, 135
명민외교(明敏外交) 4, 5, 6, 21, 25, 169, 400, 428, 430-2, 434, 440-6, 450
명조(明朝) 14, 15, 339
모방 59
몽골 396
무관부 241
무역사무소 120, 121, 124, 125, 134, 135, 157, 160, 166-7, 177, 206, 208
무역위원회 264
무역의존도 299, 333, 355, 410
무역협정 126, 135
문명충돌 354
문화대혁명(문혁) 18, 40, 76, 80, 89n20, 206
미국 9, 16, 42, 48, 49, 51, 76, 79, 110, 165, 168, 178, 203, 239, 244, 332, 339, 358, 361, 367, 370, 372, 388, 395, 396, 428, 435, 439, 441, 446, 447
미국산 쇠고기 파동 434, 438, 453n28
미래전략방정식 3, 5
미사일방어계획(MD) 370, 383n51
미얀마 396
미-일 동맹 362, 410
미-중 관계 6 10, 12, 21, 85, 228, 231, 248, 314, 340-1, 389, 394, 402, 405-7, 428
민족공조 249
민족주의 55, 65n57, 231
민주화 391-3
민항기 사건 97-98, 132, 153

ㅂ

박동진 44, 185n32
박세직 144n58
박용옥 241
박정희 41, 42, 58, 96, 152, 153, 273
박철언 154, 165, 167
반기문 277
반미주의 5, 360, 374, 375
반일감정 17, 71
반패권 48

발해 311
방기(abandonment) 410
방법론 22, 263
배반비용 230
배타적 경제수역(EEZ) 313
백두산 312, 412
백선엽 113n6
뱅코 델타 아시아(BDA) 330
버섯전쟁 280-2
베를린 선언 249
베트남 85, 206, 232, 396, 456n53
벼랑 끝 전술 198, 216, 324, 327, 340
변강사지연구중심 305
변종규 174
병자호란 15
보이보(薄一波) 150, 167
봉쇄 401-2
부메랑 효과 236
부산 105, 133
부상국 13, 428
부시(G. W. Bush) 369, 441
북경아시안게임 101, 120, 123, 133
북-미 교역 200
북방외교추진본부 153, 185n29
북방정책 86, 120, 154, 156, 165, 167, 168, 206, 232, 244
북-소 관계 79, 81, 83, 99, 214-5
북-일 교역 79, 199
북-중 관계 70-73, 77, 80, 82, 83, 111, 136, 175, 212-4, 229, 326, 330-2, 337, 339
북중동맹조약 89n22
북한 51, 52, 57, 58, 102, 152, 154, 160, 162, 165, 409
북핵 위기 18, 25, 70, 215, 231, 246, 300, 324, 369, 429, 444
분단국가 81, 177
분절적 권위주의 148
불법체류자 243
불확실성 12, 20, 21, 226, 227, 232, 412
브레즈네프(L. Brezhnev) 76, 82
브레튼우즈(Bretton Woods) 76, 82
비공식 채널 152
비교방법 22
비대칭 동맹 365
비망록 176
비정부기구(NGOs) 311, 321n55
비확산안보구상(PSI) 370

ㅅ

4개 현대화 80
사대(事大) 14, 15
사대부 15
사스(SARS) 285
사우디아라비아 48, 172, 179, 180
사이버 민족주의 303
사회과학원(CASS) 58, 66n65, 273, 307, 328, 373
산둥성(山東省) 99, 108, 120, 125, 133, 134, 151, 155-6, 162, 163, 166, 212, 239, 274
산업 내 무역 235
산업자원부 263
3대혁명소조 82
삼성 124
삼양사 104, 115n28
상공부 165

상하이(上海) 105, 133, 162, 239, 240
상해협력기구(SCO) 352
상호경제지원협의회(CMEA) 72
서부대개발 10
서울아시안게임 213
서울올림픽 60n1, 98, 101, 121, 130, 132, 133, 207, 213
석탄 104-5
선경(SK) 157, 167
선도국가 394
선딩리(沈丁立) 329
선린우호 171, 189n66, 338
선양(沈陽) 240, 356
선지루(沈冀如) 328
선쥐에런(沈覺仁) 127
선투(沈圖) 97
섬유산업 107, 129
세계무역기구(WTO) 269, 271-2, 280, 283, 285
세계문화유산 312
『세계지식』(世界知識) 58
세계혁명 73
세력전이 354, 405
소국 멘탈리티 437, 450
소련 48, 51, 73, 78, 81, 96, 110, 121, 136, 154-5, 162, 168, 203, 231, 324, 352, 390-1
소수민족 391
소프트 파워 18, 314, 394, 406
속국 310
수교의정서 171, 189n66, 338
수교협상 151, 160, 178
수렴점 405
수입제한조치(세이프가드) 263-4, 268, 272, 274, 278, 281, 282, 437
수정주의 11, 75, 394
수직분업 106, 129
순망치한(脣亡齒寒) 16
순치상의(脣齒相依) 16
순환보직제 436
쉬둔신(徐敦信) 173
쉐판(薛帆) 15
스탈린 75
스포츠 교류 42, 52, 100, 111, 208
스포츠 외교 101
시베리아 개발 207
시장 다변화 51
시진핑(習近平) 344n20
신병현 153
신의주 331
신정승 173, 174
신중론 431-2
신화사(新華社) 44, 114n15, 121, 130, 132, 142n39
신흥공업국 53, 57, 58, 121, 273
실패국가 324, 353
실효적 지배 439
싱가포르 57, 99, 122, 172, 232, 396, 435, 438, 454n31
싱크탱크 161, 423n63, 432
쌍용자동차 9
쑹젠(宋健) 156
쑹핑(宋平) 150
쓰촨(四川) 16, 73, 240

ㅇ

아세안(ASEAN) 229, 352

아시아개발은행(ADB) 121
아태경제협력체(APEC) 169, 170, 229
아편전쟁 47, 55
아프가니스탄 85, 203
안남(安南) 14
안병태 454n36
안보의 딜레마 47
압축성장 390
양대 패권(bigemony) 394
양빈(楊斌) 331
양상쿤(楊尙昆) 171, 178
양안관계 10, 112
양제츠(楊潔篪)
연락사무소 162
연루(entrapment) 410
연성 갈등 297, 312
연안파(延安派) 74
연평도 피폭 사건 363, 376, 389, 430, 444
연합사 3
연해지역 10
영국 60n6, 180
영도자교류협정 74
영변 326
영합적 관계 3, 12, 165, 269
예방전쟁 398
예쉬안닝(葉選寧) 152
예젠잉(葉劍英) 152
예페이(葉飛) 101
옐친(B. Yeltsin) 231
옥수수 교역 103-4
완리(萬里) 150
완충국가 49, 399, 421n41
왕광야(王光亞) 339
왕이(王毅) 249, 300, 327, 441, 455n38
왕전(王震) 150, 152
외교 다변화 245
외교역량 435-6
외교인력 434-5, 437
외교통상통일위원회 373
외교행낭 126
외국인 직접투자 54
외무부(외교통상부) 42, 126, 150, 154, 171, 174, 179, 274, 292n61, 309, 435, 436, 437, 439, 442, 444
외적 균형 366
외환보유고 7
외환은행 134
우다웨이(武大偉) 309, 363
우루과이 라운드 265, 288, 403
우수리강 78
우쉐첸(嗚學謙) 98, 101
원자바오(溫家寶) 338
위안무(袁木) 125
위에펑(岳楓) 152, 157, 161
위험 분산(양다리 걸치기) 5, 13, 296, 365, 402, 404
위화도 333
유고슬라비아 58, 206, 248, 391, 395
유명환 445, 455n38
유엔(UN) 16, 41, 43, 73, 78, 149, 157, 169, 172, 246, 325, 327, 331, 340, 370, 395, 403
유학생 242, 243, 256n49, 355
6 · 23 선언 43, 79, 152, 363
6자회담 3, 229, 327-8, 335, 341,

363, 376, 401
의용군 73, 87n8
이규성 121
이라크 369
이명박 374, 430, 440, 443, 445
이범석 98
이분화(二分化) 13
이상옥 140n17, 169, 170-1, 173, 175, 179, 180, 192n97
이상희 241
이순석 157
이스라엘 23, 48, 172, 232
이승만 41, 44
이시영 169
이어도 313
이용준 174
이정린 241
이종석 384n67
이채진 154
EP-3 사건 352
인권문제 362, 403
인도 5, 393, 442, 446
인도네시아 23, 172, 232, 392, 395, 396
인도차이나 44, 91n36
인민해방군 152, 160, 356
인천 105, 133
인터뷰 23, 44, 148, 405
일사양용(一史兩用) 303-5
일본 7, 13, 17, 21, 42, 43, 52, 71, 79, 99, 162, 168, 178, 180, 227, 233, 246-7, 298, 339, 361, 396, 435, 446
임진왜란 31n39

ㅈ

자동개입조항 328
자력갱생 50, 53, 84, 198, 202, 337
자오난치(趙南起) 189n70
자오쯔양(趙紫陽) 45, 58, 117n43, 149, 150, 151, 273
자오충산(趙崇山) 15
자위대 228
자유무역협정(FTA) 230, 286, 453n26
자유주의 19, 22, 50
자주국방 368, 400, 411
자칭린(賈慶林) 309
장롄꾸이(張璉瑰) 329
장루이제(張瑞杰) 175, 192n100
장쑤(江蘇) 239
장제스(蔣介石) 83
장징궈(蔣經國) 83
장쩌민(江澤民) 156, 176
장춘위(姜春雲) 156
장팅옌(張庭延) 170-2
재외동포법 306
재정경제부 263
저우언라이(周恩來) 317n23
저장성(浙江省) 239
전국인민대표대회 101, 170
전두환 96, 98, 153, 166
전략물자수출통제협의회(COCOM) 72
전략적 균형자 5, 20, 370
전략적 균형추 20
전략적 대안 19, 396
전략적 딜레마 2, 16, 21, 86, 338, 341, 395, 396, 406, 409, 430

전략적 모호성 413
전략적 보완재 298, 376
전략적 유연성 3, 298, 370, 383n54, 410-11
전략적 이중 플레이 3
전략적 협력동반자관계 241, 402, 414, 429, 430, 440-6
전면적 협력동반자관계 3, 19, 241, 283, 313, 402, 414, 440, 443, 445
전방위 개방 54
전세기 133
전수방위 228
전역미사일방어(TMD) 404
전통적 우호관계 338, 346n32
전환기 24, 34n61, 85, 96
정경분리 162
정묘호란 15
정상회담 175-6, 190n81
정일권 113n6
정전협정 41
정종욱 245
정주영 184
정책엘리트 361-2, 364, 369, 380n20, 389
정책연구 432
정치국 111, 121, 149, 160
제네바 합의 326
제한주권이론 82
조공관계 14, 15, 17, 71
조선경제연구회 58, 160
조선족 45, 100, 255n41
조성태 241
조용한 외교 439
조이제 156
졸릭(R. Zoellick) 282
종속변수 4, 12, 40, 228
종파사건 40, 74, 82, 88n15
종합국력 12
주권 48
주룽지(朱鎔基) 275
주변 국가 399
주체사상 81, 83, 84, 210
주 타이베이 대표부 181
주한미군 367-8
줄타기 외교 215
중개무역 105
중국국제무역촉진위원회(CCPIT) 108, 121, 125, 141n22, 156, 158, 166
중국국제상회 158, 160
중국국제우호연락회 152, 184n21
중국 모델 393
중국민항총국 97
중국붕괴론 8, 391, 416n12
중국석탄수출입총공사 105
중국 외교부 58, 108, 126, 134, 150, 158-60, 170, 172, 274, 301, 308
중국위협론 11, 248, 299, 394
중국은행 134, 331
중국화(漢化) 18
중립 399
중부굴기(中部崛起) 10
중-소 분쟁 3, 18, 47, 70, 75, 79, 198, 206-7
중-소 화해 204-5, 232
중앙외사영도소조 150, 183n15
중점성(重點省) 163-4
중화(中華) 55

중화민국 40
중화인민공화국 40, 41, 43, 55, 96, 303
중형강국 431, 437
지니계수 392
지린성(吉林省) 163
지방정부 136, 148, 161-2, 309, 310, 313
지속성장 10, 428
지역강국 393
지역공동체 428
지역연구 22
직교역 127
직접투자 131
진수지(金樹基) 179, 180
진흥동북(振興東北) 10, 334
쩡칭훙(曾慶紅) 340

ㅊ

차별관세 135, 139n8
차오강촨(曹剛川) 241
책봉(冊封) 305
천리마운동 57, 82
천수이볜(陳水扁) 353, 364
천안문 사건 8, 121, 122, 125, 150, 152, 161, 163, 173, 208
천안함 사건 363, 376, 389, 430, 444
천윈(陳雲) 150
청사공정(清史工程) 313
청와대 167, 170, 370, 444
청와대 습격 사건 83
청일전쟁 376
청조(清朝) 2, 15, 180, 388, 395
체면(面子) 269
체코슬로바키아 82, 206
쳰치천(錢其琛) 101, 149, 150, 151, 162, 170-2, 178, 327, 441
초강대국 48, 49, 437
총영사관 240
최태원 157
최혜국 대우 126
츠하오톈(遲浩田) 241
친강(秦剛) 443
친황다오(秦皇島) 105
7·4남북공동성명 79
칭다오(青島) 99, 133, 212, 240

ㅋ

카터(J. Carter) 326
캐나다 43
켈리(J. Kelly) 326
코시긴(N. Kosygin) 76
쿠바 42
클린턴(W. Clinton) 353
키신저(H. Kissinger) 203

ㅌ

탈냉전기 25, 230
탈북자 300
탈이념화 54
태자당(太子黨) 152, 160
톈지윈(田紀云) 121, 127, 151, 157, 208
톈진(天津) 105, 133, 163, 174, 239
터키 5
통상외교 46

통일 58, 112, 354, 375, 389, 398, 409, 449
통일다민족국가 307
통일비용 449
투자보장협정 129, 131, 135, 160
티베트 16, 73

ㅍ

파키스탄 5, 442, 446
판문점 41
패권경쟁 4, 11, 406
패권국 11-13, 388, 390, 394, 428
편승(bandwagoning) 4, 399
포위심리 47
포항 105
폴리에틸렌 276, 277, 279
푸산(浦山) 121
푸에블로호 사건 77, 83
푸젠성(福建省) 107, 162
프랑스 393-4
필리핀 57, 180

ㅎ

하드 파워 406
하타케야마 노보루 282
학계 433
학습 모델 53
학습효과 9
한국석유공사 313
한국언론재단 23
한국전쟁 16, 27n9, 73, 74, 84, 137, 160, 175, 177, 358, 376, 401-2,
한-미 동맹 2, 5, 6, 19, 85, 247, 296, 361, 364, 371, 399, 401, 402, 407, 409, 410-11, 413-4, 430, 443, 450
한미미사일협정 411
한·미·일 3자조정감독그룹(TCOG) 229, 352
한미주둔군지위협정(SOFA) 372, 384n61
한반도 비핵화 174
한반도에너지기구(KEDO) 229, 333
한성하오(韓昇昊) 155-6
한-소 수교 232
한영택 174
한일어업협정 438
한-중 교역 19, 45, 99, 100, 101, 111, 121, 127-8, 208, 212, 233-5, 270-1
한-중 수교 18, 24, 179-80
할슈타인 원칙 43
합리적 선택 22
합영법 57, 82, 202
항일투쟁 338
해양동맹 16
해외직접투자 9, 158, 237
햇볕정책 248, 369
허루장(何如璋) 388
헝가리 168, 206
헤이룽장성(黑龍江省) 78
현대 109
현상유지 397, 404
현실주의 19, 22, 47
현안별 지지 403-4
현홍주 190n82
혈맹 16, 329, 337, 400

협력적 자주국방 371, 400
호주 13, 435
호혜성(互惠性) 51
홍위병 82
홍콩 57, 99, 102, 108, 109, 123, 130, 153, 162, 169, 174, 271
홍콩중문대학 23
홍콩총영사관 132, 153-4, 240
화교 99, 180
화이질서(華夷秩序) 14
화평발전 9
화해세계(和諧世界) 9, 340
확산 모델 56-7, 58
환경협력 362
황금평 333
황병태 58, 245, 257n58, 402
황장엽 117n41, 191n92, 201, 346n31
황화(黃華) 96, 152
효순, 미선 사건 2, 369
후르시초프(S. Khrushchev) 75, 76
후야오방(胡耀邦) 45, 58, 149, 150, 273
후진타오(胡錦濤) 327, 338, 440
후치리(胡啓立) 111
휴대폰 276-7, 279

지은이 **정재호**

정재호(鄭在浩) 교수는 서울대학교 국어교육과를 졸업한 후, 미국 Brown University에서 역사학석사(1985), 그리고 University of Michigan에서 정치학박사학위(1993)를 받았다. 1996년 서울대학교 외교학과 교수로 부임하기 전 홍콩과기대학(香港科技大學)에서 3년간 조교수로 재직했으며, 미국 Brookings Institution 초빙연구원(2002-3)과 중국인민대학 국제관계학원 초빙교수(2007)를 지냈다. 서울대학교 국제문제연구소 소장과 중국연구소 소장을 역임했으며, *China Quarterly*에 실린 6편을 포함해 70여 편의 학술지 논문과 편집서 게재 논문이 있다. 단독저서로 『중국의 중앙-지방관계론』(1999), *Central Control and Local Discretion in China*(Oxford University Press, 2000), *Between Ally and Partner: Korea-China Relations and the United States*(Columbia University Press, 2007)와 *Centrifugal Empire*(Columbia University Press, 2016)가 있다. 국문편집서로 『중국정치연구론』(2000), 『중국 개혁 · 개방의 정치경제』(2002), 『중국의 강대국화』(2006), 『중국연구방법론』(2010), 『미 · 중 관계 연구론』(2014)과 『평화적 세력전이의 국제정치』(2016)가 있으며, 영문편집서로 *Provincial Strategies of Economic Reform in Post-Mao China*(공편, M. E. Sharpe, 1998), *Cities in China*(Routledge, 1999), *Charting China's Future*(Rowman & Littlefield, 2006), *China's Local Administration*(공편, Routledge, 2010), *China's Crisis Management*(Routledge, 2011)와 *Assessing China's Power*(Palgrave McMillan, 2015)가 있다. 2009년에 서울대학교 학술연구상을 수상했으며, 현재 서울대학교 정치외교학부 교수로 재직 중이다.

중국의 부상과 한반도의 미래

초판 1쇄 발행 | 2011년 8월 15일
초판 5쇄 발행 | 2017년 6월 30일

지은이 | 정재호
펴낸이 | 성낙인
펴낸곳 | 서울대학교출판문화원

출판등록 | 제15-3호

주소 08826 서울 관악구 관악로 1
대표전화 02-880-5252 | 팩스 02-888-4148
전략기획팀(출판상담 및 홍보) 02-880-5217
출판관리팀(주문상담) 02-889-4424, 02-880-7995
이메일 snubook@snu.ac.kr
홈페이지 www.snupress.com

ISBN 978-89-521-1237-8 93300